한국 해군 1번 잠수함 초대 함장의 潛水艦 회고록

잠수함과 함께

한국 해군 1번 잠수함 초대 함장의 潛水艦 회고록

잠수함과 함께

안병구 지음

도서출판
다룰아사달

서문(序文)

　세상에서 가장 안전한 배는 어떤 상황에서도 침몰하지 않는 배일 것이다. 잠수함은 침몰했다가도 다시 생생하게 물 위로 올라오니 가장 안전한 배일 텐데 사람들은 가장 위험한 배라고 생각하는 것 같다. 잠수함이란 배를 생각지 않고 물속을 생각하기 때문이다.

　탱크나 장갑차는 쉽게 눈에 뜨이고 머리 위로 날아다니는 전투기는 고개만 들어도 볼 수 있지만, 군함은 바닷가에 가야만 겨우 볼 수 있다. 설령 바닷가에 가도 볼 수 있을지 없을지 장담할 수 없다. 잠수함은 그것을 넘어 바닷가에 가도 전혀 보이지 않는다.

　잠수함은 사람들의 눈에서 먼 군함이다. 평소엔 보이지도 않고 느낄 수도 없다. 그러나 전쟁이 터지면 가장 먼저 느껴지고 바라보는 군함이다. 잠수함은 전쟁이 터져야 느껴지는 '전쟁 무기'였다.

　이제 잠수함은 '평화 지킴이'가 되었다. 2차 세계대전 이후 반세기 넘도록 대규모 전쟁이 없었던 것은 잠수함 때문이라는 사실을 이해하는 사람은 많지 않다. 과학이 발달할수록 잠수함의 역할과 중요도는 더욱 높아질 것이다. 현존하는 해군 함정 중에서 100년 후에도 존재할 함정은 오로지 잠수함뿐이라니 이제는 눈에서는 멀더라도 머리에선 멀어지지 않는 잠수함이면 좋겠다.

잠수함과의 인연이 맺어져 우리 해군의 잠수함 확보사업에 참여하고 첫 잠수함 장보고(張保皐)함의 초대 함장과 잠수함 부대장직을 거치며 경험했던 얘기는 나만이 할 수 있는 얘기여서 모두가 흥미롭게 들을만한 얘기라고 생각한다. 특히 한국 해군 잠수함에 관한 역사를 연구해야 할 필요가 생긴다면 그들에겐 꼭 해주고 싶은 얘기다. 그래서 전역 직후에 『잠수함, 그 하고 싶은 이야기들』이라는 제목으로 졸저를 출간했었는데 다시 살펴보니 부족한 점이 많이 발견되어 전면 수정해서 그 개정판으로 낸다. 문재(文才)가 부족하니 역시 졸저이지만 숙제를 끝낸 마음이다.

2017년 10월
해군 예비역 준장 안병구

차 례

서문(序文) •4

제1장 잠수함이란 무엇인가?

　　잠수함의 태생과 전사 •13
　　잠수함의 파괴력 •24
　　잠수함은 약자(弱者)의 무기 •27
　　잠수함은 평화 유지자(peace keeper) •30
　　잠수함의 해상 전술 •39

제2장 한국 해군 잠수함 태동기 비화

　　잠수함 대부(代父) 이종수(李種秀) 제독과의 만남 •55
　　어떤 잠수함을 어떻게 확보할 것인가? •82

제 3 장 한국 해군 잠수함의 초창기 과제들

승조원 선발 •111
독일 파견 전 국내 교육 •118
독일 교육 훈련 •132

제 4 장 독일에서의 사건들

가족 상봉사건 •171
쇼크 마운트(shock mount) 쇼크 •187
생체실험 사건 •195

차 례

제 5 장 잠수함과의 희비 여정

잠수함 승조원 •223
첫 잠수함 초대 함장이라는 직무 •237
귀국 항해 •259
귀국 날 맛본 지옥과 천국 •272
태평양 속 급성 맹장염 환자 구출작전 •283
러시아 K(Kilo)급 잠수함과의 인연 •304
잠수함을 팔러 다니다 •343

제 6 장 잠수함 단상

잠항(潛航)이라는 것 •377
심도(深度) •385
신(神)만이 아는 그림 •396
조리장(操理長) •405
잠수함 식품 시대 •412
아! 천안함! •418
잠수함 영화 비평 •435
독일 잠수함의 아버지 칼 되니츠(Karl Doenitz) 제독 •454

제 7 장 한국 해군 잠수함의 미래

한국 해군 잠수함은 불완전한 잠수함 •467
한국 해군이 3,000톤급 잠수함을 건조하는 이유 •469
한국 해군이 핵잠수함을 가져야 하는 시기 •472

후기(後記) •476

제 1 장
잠수함이란 무엇인가?

잠수함의 태생과 전사

"잠수함은 도둑보다 나쁘다!"

도둑은 '몰래 다가가' 훔치기만 하지만 잠수함은 '몰래 다가가' 파괴시키려 하니 도둑보다 나쁜 존재다? 틀린 말은 아니다. 그런데 크게 다른 것이 하나 있다. '몰래' 한다는 것은 도둑이나 잠수함이나 같지만 도둑은 잠수함처럼 '몰래' 하기 위해서 물속 같은 위험한 세계로 들어가진 않는다. 잠수함은 그 '몰래'를 위해서 자신을 파괴할 수도 있는 물속으로 들어간다. 어려운 말로 '은밀(stealth)'을 추구하기 위해 생명을 건다고 한다.

잠수함이 위험한 환경 속에 자신을 넣어 상대에게 보이지 않게 한다는 것은 주위의 색깔과 비슷하게 몸 색깔을 만들어 강한 상대가 자신을 찾아내지 못하게 하는 카멜레온식 피신이나 방어가 아니라 상대방에게 '몰래 다가가 갑자기 공격'하기 위해서다. 몰래 갑자기 공격하는 것은 '기습(奇襲)'이다. 즉 잠수함은 '기습 공격'으로 상대를 파괴시키기 위해 생긴 배다.

군대가 보유하고 있는 무기를 어떤 무기는 공격용이고 어떤 무기는 방어용으로 구분할 수 있는가? '방어용 무기'라는 말을 쓰는데 나는 그 말이 성립될 수 있는 것인가에 의문을 갖는다. 방어용이라고 한다면 옛날 군인들이 쓰던 방패 같은 것이 해당될 것인데 사용 목적이 방어인 방패도 필요시엔 공격용 무기가 될 수 있다. 근접전투가 벌어져 무기를 놓친 군인이 방패로만 막다가 나중엔 방패로 상대를 쳐서 쓰러뜨리면 방패가 공격용 무기가 된 것이다. 영화에서도 흔히 볼 수 있는 장면이다. 무기로 분류되지 않은 장비라도 사용방법에 따라 무기가 될 수 있다.

무기에 '방어용'이라는 정의을 갖다 붙이는 것은 상대가 공격해 올 때만 사용하겠다는 운용개념을 얘기하는 것이지 무기의 속성이나 사용방식이 방어용으로 사용할 때만 반응 내지는 사용 가능해진다는 말은 아닌 것이다. '방어용'이라는 무기는 어느 경우라도 공격을 받으면 반격용으로 사용하겠다는 의미를 갖고 있는 것이니 그것은 곧 '공격용'이라는 반증이 되는 것이다. 그래서 무릇 '무기'라고 할 때는 한결같이 '공격용'인 것이지 '방어용'이라고 할 순 없다는 것이 내 생각이다. 모든 무기체계가 한결같이 공격을 위해서 만들어졌다는 속성에서 보면 잠수함의 태생 이유가 '기습 공격'이라는 것이 특별한 이유가 될 거 같지 않지만 '기습 공격' 그 하나를 위해 자신에게 위협이 될 수 있는 악조건 속으로 들어간다는 특성은 잠수함의 특별한 태생 이유다.

물속으로 들어가서 적을 공격하면 유리하다는 인식은 잠수병들이 물속으로 헤엄쳐 가서 적 함선을 공격했던 고대부터 있었던 인식이었다. 고대 그리스인들이 "바다 밑으로 잠항할 수 있다면 보이지 않게 되어 무적의 위치에 오를 것이다."라는 기록을 남겼다니 그런 인식은 바다 밑으로 잠항할 수 있는 방법을 만들어내기 위해 끊임없이 노력하는 원인이 되었을 것이다. 그런 노력은 현재에도 계속되고 있지만 '바다 밑에 오래 머물 수 있는 기계'를 만들기 시작한 것은 15세기 레오나르도 다 빈치(Leonardo da vinch)가 잠수기계의 원리를 설계한 후부터라고 한다. 그러나 물속이라는 환경은 수백 년 동안 오래 머물 수 있는 방법을 허용치 않다가 19세기 말이 되어서야 지금과 유사한 방법의 수중 체류방법이 고안되었다.

미 해군의 첫 잠수함 SS-1과 제작자 존 홀랜드

19세기 말은 물속에 오래 머물 수 있는 방법을 만들어내기 위해 많은 사람들이 목숨을 잃으며 실험과 도전을 시도한 수중 체류방법 개발 경쟁의 시대였다.

마침내 20세기의 시작인 1900년에 미국 해군이 세계 최초로 아일랜드 태생 교사 겸 기계 기술자였던 홀랜드(John p. Holland)가 제작한 고압공기로 발라스트 탱크를 조절해서 잠항, 부상을 하고 수상에선 가솔린 엔진을 사용하고 수중에선 배터리로 추진하는 길이 16.4m, 직경 3m, 추진력 50마력, 수중톤수 74톤의 잠수함 홀랜드VI호를 세계 최초로 정식으로 해군 함정으로 수용하여 SS-1이라 함정 번호를 부여하고 해군전력으로 등록한 것이 잠수함의 태생이었다. 수면하(Sub-Surface)를 뜻하는 SS는 잠수함을 나타내는 군함 분류 용어로 오늘날까지 사용되고 있다.

초기의 잠수함의 추진력이었던 가솔린 엔진이 디젤엔진으로 바뀌어 현재의 재래식 잠수함과 같은 잠수함이 완성된 것은 1912년이었으니 세계대전이 일어나기 불과 2년 전이다. 그러나 해군 함정으로서의 잠수함이 어떤 전투를 할 수 있고 얼마나 위력적일 것이냐에 대해선 아무도 알 수 없었다. 하물며 어떻게 잠수함에 대항할 것이냐에 대해선 연구도 준비도 없었다. 그런 상태에서 제1차 세계대전이 터졌다. 자연히 제1차 세계대전은 군함으로서의 잠수함의 데뷔무대가 되었고 그 데뷔는 전쟁사를 바꿀 수 있을 만큼 충격적이고 호화찬란했다.

제1차 세계대전

잠수함이 해군 함정으로 등록을 마친지 불과 14년 후에 찾아온 데뷔무대, 1차 세계대전에서 잠수함은 예상도 못 했던 요란한 입장식으로 등장했다. 그 입장식은 1차대전 발발 며칠 후인 1914년 9월 22일, 북해에서 독일 잠수함 500톤급 U-9이 영국 장갑순양함(HMS Aboukir, Hogue, Cressy) 3척을 단 한 시간 동안에 같은 장소에서 침몰시킨 대사건이 그것이었다. 영국은 12,000톤급 순양함 3척 외에 넬슨 제독이 그의 전(全) 생애(生涯) 동안 수행한 전투에서 희생시킨 병사 수보다도 많다는 1,459명의 승조원이 수장당하는 피해를 입었고 U-9의 피해는 전무했다. 너무도 거창한 골리앗을 너무도 완벽하게 쓰러뜨린 다윗의 입장식은 믿을 수 없을 만큼 무시무시하고 호화찬란하여 놀란 입을 다물지 못하게 했다.

나는 U-9의 전사를 오래전에 접했지만 1992년 독일에서 잠수함 함장 교육훈련을 받으면서 U-9의 전사를 다시 접하게 되었는데 그때는 U-9 함장 오토 베디겐(Otto Weddigen) 대위를 생각하며 처음 전사를 대했던 때와는 달리 가슴이 두근두근했던 기억이 있다. 잠수함 역사에 도대체 오토 베디겐 대위만큼 숨이 찰만한 전과를 누린 잠수함 함장이 있을까? 그날 오토 베디겐 대위는 어떤 기분이었을까? 대잠전 개념이 없었던 시기라는 점을 감안하더라도 상상이 되지 않았었다. 어뢰가 목표물에 명중하여 내는 폭발음만큼 잠수함 승조원들의 사기를 높이는 황홀한 음악은 없다고 했다. 나는 전적으로 동의한다. 그가 들었을 '잠수함 승조원의 음악'은 나의 상상이 되어 귓속을 맴돌았다.

1차대전 발발과 동시에 영국 장갑 순양함
3척을 1시간 이내에 침몰시킨 U-9과 함장 오토 베디겐 대위

독일 해군 잠수함들은 대전 초기엔 수상함을 집중공격하여 전과를 높이더니 영국이 외국으로부터 들어오는 자원에 의해 유지된다는 점을 간파한 후로는 통상 파괴전에 주력해서 골리앗 해양강국 영국의 숨통을 죄는 정도까지 전과를 올렸다. 잠수함의 데뷔무대 결산은 독일 잠수함 178척, 병력 5,364명 손실에 연합군 측 선박은 1,200여만 톤 침몰, 특히 영국은 전체 선박의 90%에 해당하는 2,000여 척 900만 톤 침몰에 병력 14,000여 명을 잃었으니 그 피해는 세계최강 해양국가를 거의 궤멸상태로 몰아넣기에 충분했다. 이렇듯 잠수함이 해군 함정이 되어 전쟁에 데뷔한 무대는 잠수함은 효과적인 '전쟁 수단'이 될 수 있다는 사실을 확인시켜 준 의미 있는 무대가 되었다.

제2차 세계대전

영국은 1차 대전 동안 독일 잠수함에 등에 식은땀이 날 정도로 혼이 났음에도 불구하고 잠수함을 '신사답지 못한 비굴한 무기'로 치부하더니 2차대전 발발 직전인 1935년에 맺은 영·독 해군협정에서 독일의 군함 톤수를 영국의 35%로 제한하면서 잠수함만은 45%까지 허용하고 특별한 경우 100%까지 허용하여 2차대전에서 다시금 잠수함에 의해 목줄이 죄어지는 경험을 하게 되니 마치 잠수함을 위한 전쟁 드라마 시나리오가 만들어지는 것 같이 되었다.

2차대전이 발발하자 독일 잠수함에 의해 예상치 못했던 깜짝 드라마가 펼쳐지면서 1차 대전 시작 때와 같은 무대가 열렸다. 그 드라마는 2차대전이 시작되는 영국의 선전포고가 내려지고 며칠 지나지 않은 1939년 10월 13일, 독일 잠수함 500톤급 U-47이 영국 스코틀랜드의 해군 군항 스캐퍼 홀로우(Scapa Flow)에 침입하여 항내에 계류해있던 30,000톤의 전함 로얄 오크(HMS Royal Oak)호를 격침시킨 사건이 바로 그것이다.

스캐퍼 홀로우항은 출입로가 네 개 있었는데 대잠망을 쳐놓고 영국 함정만 드나드는 출입로 외에 다른 세 개의 출입로는 모두 막아놓았었으나 U-47은 그중 영국 해군이 가장 완벽하게 막아놓았다고 안심했던 출입로로 침투하여 항내에서 거함을 침몰시킨 대사건이었다. U-47 함장 귄터 프린(Günther Prien) 소령은 초승달의 야밤에 출입로를 막아놓은 침몰 상선과 육지 사이가 만조로 수위가 높아지는 몇 분간의 시간을 틈타 부상상태로 침입하여 적의 안마당에서 거함 전함을 승조원 833명과 함께 수장시키고 유유히 사라져 2차대전 벽두에 세계를 경악시킨 주인공이 되었다.

내가 그의 전사를 접한 것은 대위 시절 잠수함 공부를 하던 때였는데 그의 영문판 자서전을 번역하다가 끝내지 못한 일이 있었다. 독일에서 잠수함 교육을 받으며 되니츠 제독의 회고록에서 다시 읽고 대위 때 느끼지 못했던 감흥을 느꼈다. 프린 소령은 당시 잠수함 전단장이던 되니츠 대령으로부터 침투가 가능하겠는가 질문을 받고 보안을 유지하기 위해 부장에게도 알리지 못하고 한 달여간 혼자 자료를 면밀히 조사하고 작전계획을 치밀하게 수립한 다음 되니츠 대령에게 침입작전을 수행하겠노라고 답변한다.

스캐퍼 홀로우항은 1차대전 종전 시 항복에 불복하는 독일 함정들을 모아놓고 독일 해군들이 스스로 자침 하도록 강요받았던 굴욕의 장소였다. 프린 소령은 작전 감행을 명령받고 초승달 저녁 침투가 가능하도록 계획한 시간에 기지를 출항하고 나서야 비로소 승조원들에게 작

스캐퍼 홀로우 침투후 독일 전함의 환영을 받으며 귀환하는 U-47과 함장 귄터 프린 소령

전계획을 알린다. 전사를 다시 읽으며 흥분에 휩싸였던 부분은 그가 혼자 고뇌하며 작전계획을 수립하고 되니츠 대령에게 작전을 수행하겠노라고 대답하는 부분과 출항하고 나서 승조원들에게 작전계획을 알리던 부분이다. 스캐퍼 홀로우 침투작전은 침투와 기습이라는 잠수함 작전의 진수를 보여준 것이었다. 잠수함 함장 직무 시작을 앞두었던 나에게 "잠수함 함장은 이렇게 하는 겁니다!"라고 말하는 것 같아서 옛날 대위 시절 읽으며 느끼지 못했던 흥분과 긴장감을 느꼈었다.

장보고함을 인수한 후, 독일에서의 교육훈련을 모두 끝내고 한국으로 돌아오기 직전 1993년 3월 어느 날, 그가 스캐퍼 홀로우 침투를 위해 출항했던 빌헬름스하펜항을 방문하여 항구 입구 방파제 위를 걸으며 오랫동안 상념에 잠겼었다. 그때 그는 이 방파제를 통과하고 나서 승조원들에게 "우리는 스캐퍼 홀로우에 들어간다. 돌아오지 못할지도 모른다……."고 밝혔다. 그때 그의 심정이 어땠을까 생각하며 북해를 바라보니 54년 전의 그가 가까이 느껴졌다. 잠수함 함장은 승조원 전원과 함의 생사를 혼자 결정해야 하는 사람이라는 사실이 무겁게 다가왔었다. 나는 지금도 그를 생각할 때마다 잠수함 함장의 외로움과 고뇌를 떠올린다. 그는 내가 잠수함 함장 근무를 하는 동안 내내 나를 지켜보는 감독자였다.

스캐퍼 훌로우항에서 U-47의 공격을 받고 침몰한 영국 전함 30,000톤 로얄 오크함

2차대전의 잠수함 전은 대서양에서의 연합군 대 독일, 태평양에서의 미국 대 일본의 전투로 구분된다. 대서양에서의 전투는 독일 해군이 불과 56척의 잠수함으로 시작했지만 무제한 통상 파괴전으로 다시금 영국의 목줄이 죄어지고 연합군이 전전긍긍하는 사태가 재현되었다.

독일 잠수함들은 대서양 수송로에 퍼져있다가 어느 한 척이 수송선단을 발견하면 인근의 잠수함들을 공격위치로 집결시켜 수송선단을 일시에 공격하는 늑대떼 작전(Wolf-pack operation)으로 연합군 수송선단을 괴롭혔다. 총결산은 독일 잠수함 739척을 침몰시키기에 연합군 측은 항공모함 6척을 포함해 함정 148척 침몰, 43척 손상, 상선 2,800여 척 2,330만 톤을 침몰당해야 했다.

2차대전 기간 동안 연합군을 괴롭혔던 독일 U보트는 500톤급 TypeⅦ으로 불리는 잠수함이었다. 이 잠수함은 1차대전 후 허용된 잠수함 보유 톤수 내에서 최대한의 척수를 만들어내기 위해 되니츠 제독이 결정했던 잠수함형인데 독일 해군은 그런 크기의 잠수함으로 조류를 타고 표류하는 방식 등을 써서 미국 샌프란시스코 연안까지 작전 반경을 넓히기도 했다.

2차대전을 수행한 이 500톤급의 TypeⅦ U보트는 한국 해군이 초창기 잠수함 크기를 정하는 데 애를 먹게 하는 예가 되기도 했다.

2차대전 기간 중 연합군을 괴롭혔던 독일 해군 500톤급 U보트 TypeⅦ

1차대전에서와 마찬가지로 미국의 참전으로 영국이 기사회생되긴 했지만, 보유 상선의 68%를 잃어 바다를 통해 유지되는 해양국가로서의 국가존립이 불확실해지는 지경까지 이르렀었다. 오죽했으면 전후에 영국 처칠 수상이 "대전 중 진실로 두려웠던 것은 독일의 U보트부대였다."라고 술회했을까. 당시 독일 잠수함 한 척에 대응하기 위해 연합군 측은 수상함 25척, 항공기 100대를 동원해야 했다는 것이고 연 병력 600만이 투입되었다는 통계다.

   태평양에선 미국 잠수함이 52척 침몰 된 것에 비해 일본은 항공모함 8척을 포함해 대소함선 1,152척 486만 톤이 미 해군 잠수함에 의해 격침되어 전쟁지속의 기력이 빠지는 원인이 되었다. 태평양에서 미국 잠수함이 일본 수상함과 수송선을 공격하는 공격적 작전을 펼쳤던 것과는 달리 일본 잠수함은 태평양의 고립도서 기지에 병력과 물자를 수송하는 등의 수동적 운용에 투입되어 일본의 패망을 촉발시켰다는 분석이다. 공격을 위해 태어난 잠수함을 잘못 운용한 예가 되었다.

   이렇듯 1, 2차 세계대전은 잠수함을 전쟁에 데뷔시키고 잠수함이 효과적이며 공격적인 '전쟁 수단'이라는 것과 거대한 적에 대항할 수 있는 '다윗(David)'임을 증명시킨 "잠수함 전쟁"이 되었다.

잠수함의 파괴력

 잠수함의 공격 속성에 이어 두 번째로 꼽고 싶은 특성이 '파괴력'이다. 잠수함의 무기는 대함·대지 미사일, 기뢰 등도 있지만 아직까지 주무기는 어뢰다. 잠수함의 어뢰는 현존하는 군함의 어떤 무기보다도 파괴력이 크다. 현존하는 어떤 군함의 어떤 무기로도 구축함급 함정을 단 한 발로 침몰시킬 수 없지만 잠수함 어뢰는 그보다 더 큰 함정도 단 한 기에 침몰시킬 수 있다.
 먼 전사의 예를 들 필요도 없이 1999년에 태평양에서 있었던 다국적 참가 탠덤 트러스트(Tendum Trust) 훈련에 참가했던 우리 잠수함 이천함이 어뢰 실사훈련에서 미 해군 퇴역 순양함 15,000톤급 오클라호마시티를 단 한 기로 침몰시켜 사격 목표물이 사라져서 훈련을 할 수 없게 되어 다른 나라 해군들의 불평을 산 일이 있었던 게 그 예이고 더 가까이는 2010년 3월 26일 서해 백령도 해역에서 북한 잠수함에 원통하게 당한 우리의 1,200톤급 천안함 폭침 사건이 어뢰 단 한 기로 이루어진 결과였다는 예를 봐도 잠수함 어뢰의 파괴력을 알 수 있을 것이다.
 '어뢰 한 기에 한 척'은 2차대전 때부터 있어 온 전통적인 잠수함의 목표치지만 현대식 어뢰는 컴퓨터 장치에 고성능 센서, 폭약의 개발 덕으로 명중률과 폭발력이 더욱 높아져서 정말 '물건'이 되었다.
 우리 해군의 장보고급 잠수함은 어뢰 14기를 적재할 수 있는데 나는 함장 근무할 때 전투가 벌어진다면 이 근사한 물건 14기로 '어떠한 경우'라도 최소한 10척은 잡을 수 있다고 자신하고 다녔다. 1982년 영국과 아르헨티나 간의 포클랜드 전쟁에서 영국 핵잠수함 S-48 컹커러(HMS Conqueror)함이 아르헨티나의 12,000톤 순양함 벨그라노(Belgrano)호를 어뢰 단 두 기로 격침시키자 해전의 전세가 급격하게 역전되어 결국 영국이 승리하게 되는 계기가 되었던 걸 보면 어느 함정, 선박을 불문하고 10척 정도 잡을 수 있다면 적어도 승패에 결정적이 되지 않겠나 자신감을 가슴 가득히 갖고 다녔던 게 상기된다.

어뢰는 정말 든든한 '물건'이다. 어뢰의 파괴력이 그렇게 큰 것은 두부에 장착된 TNT 500kg에 버금가는 특수 폭약 때문이기도 하지만 대형 함정이나 선박을 단번에 두 동강 낼 수 있는 '폭발방식' 때문이다. 어뢰는 접촉신관과 감응신관을 선택해서 폭약을 폭발시킬 수 있는데 어뢰를 선체에 충격시켜 폭발시키는 접촉신관보다는 감응신관으로 선박의 선저(船底) 바로 밑에서 폭발시키면 순간적인 폭약 폭발력과 해수에 의한 충격이 더해져서 선박의 중앙 부분을 급격히 수면방향으로 솟구치게 했다가 선박의 하중에 의해 순간적으로 내려뜨리는 호깅-새깅(hogging-sagging) 현상 때문에 용골이 단번에 두 동강 나는 것이다. 선박의 선수와 선미를 잇고 있는 용골이 부러지면 선박은 쉽게 분리된다. 아무리 예비부력이 좋더라도 선체가 두 동강 났을 때 떠 있을 수 있는 선박은 없다. 선박이 두 동강 나면 순식간에 서로 마주 보며 수면에서 사라지게 되어있다. 바로 1-2-0 (one-two-zero)라는 거다. 배가 한 척이던 것이 두 척이 되었다가 사라진다는 의미다. 잠수함 어뢰는 반드시 선박을 두 동강 낸다는 뜻이기도 하다.

재미난 사실 하나는 어뢰의 이런 파괴력은 잠수함의 크기에 관계없이 대동소이 하다는 것이다. 잠수함의 중어뢰 발사관은 직경 533mm

로 국제 표준화되어 있으니 거기에 맞는 직경 약 21인치, 길이 7m 정도의 중어뢰면 500톤의 독일해군 206급 잠수함이나 우리나라의 1,200톤 장보고급이나 오스트레일리아의 3,000톤 콜린스급 잠수함에서 발사하나 파괴력은 대동소이하다. 체급은 다르나 펀치는 똑같이 살인펀치를 가진 권투선수는 존재하기 어려울 것이나 어떤 크기의 잠수함이건 똑같이 구축함을 두 동강 낼 수 있는 '살인펀치' 어뢰를 갖고 있다는 사실은 존재한다는 것이다.

잠수함은 약자(弱者)의 무기

잠수함이 해군 함정이 되기 이전 수중에서 잠수함으로 수상함을 공격한 예는 1864년 남북전쟁 당시 미국에서 일어났다. 헌리(H. L Hunley)라는 사람이 만든 여덟 명이 수동으로 추진기를 돌려 움직이는 잠수함이 긴 장대 끝에 폭약을 매달고 찰스턴(Chalston)항에 정박해있던 영국 군함 후사토닉(HMS Housatonic) 호를 수중공격하여 격침시킨 사건이 그것이다. 그 잠수함도 폭약 폭발 여파로 후사토닉호와 함께 침몰되긴 했지만 양현에 수십 문의 대포를 갖고 있고 250명이 타고 있던 거함이 불과 8명이 탄 자그마한 잠수함에 의해 날아갔다는 사실은 당시의 전투개념으로선 엄청난 충격사건이었다. 그런데 헌리는 그 잠수함을 데이비드(David)라고 명명했다. 데이비드라는 이름은 성경에 나오는 거인 골리앗을 쓰러뜨렸다는 영웅 다윗 바로 그 이름이다. 헌리는 그의 잠수함이 작지만 거대한 적을 쓰러뜨릴 거라고 믿어 그런 이름을 붙였을 거라고 나는 생각한다. 또 잠수함의 본성과 가치를 함축시킨 예시적인 명명이라고 생각한다. 그 예시적 명명을 증명이라도 하듯 약 50년 후에 찾아온 세계대전에서 여실히 나타났던 것이다.

최근 들어 동남아시아 국가들이 경쟁적으로 잠수함 전력을 강화해 나가는 것은 잠수함이 약자의 무기라는 사실을 실증적으로 보여주는 예가 아닐까 생각된다. 세계의 군사 전문가들은 냉전 이후 가장 복잡한 분쟁의 요소가 있는 지역으로 아시아를 꼽는다. 1994년 연안국으로부터 200해리까지 모든 자원에 대한 연안국의 독점적 권리를 인정하는 국제해양법협약이 발효되면서 냉전 이후의 각국 간의 가장 중요한 분쟁 요소는 '해양의 영토화'가 될 거라는 것이었다. 동남아시아는 중소해군국들이 인접되어있어 이 해양의 영토화라는 분쟁 요소가 세계에서 가장 복잡해질 수 있는 지정학적 특성을 가진 지역이다.

동남아시아에서 가장 소국인 도시국가 싱가포르가 1997년부터 잠수함 승조원을 스웨덴에 보내어 스웨덴 해군의 중고 잠수함 1,500톤의 배스터고트랜드(Vastergotland)급 2척을 이용해 양성훈련을 시킨 후 도입하고 2000년과 2002년에 1,130톤의 챌린저(Challenger)급 중고 잠수함 4척을 도입해 갑자기 잠수함 6척을 보유하는 동남아시아의 잠수함 강국이 되었다. 2020년에 노후 챌린저급을 대체할 목적으로 2013년에 이미 독일에 218SG급 2척을 신조 주문했다.

베트남은 1997년에 북한으로부터 100톤 크기의 유고급 잠수정 2척을 도입하여 특수작전 목적으로 운용하더니 러시아로부터 3,000톤 크기의 킬로(Kilo)급 잠수함을 2014년에 3척, 2016년에 3척, 모두 합해서 6척의 잠수함 전력을 단기간에 구축하는 야심 찬 계획을 집행했다. 중국과의 해양분쟁에 대비한다는 것으로 알려졌지만, 국가의 경제력에 비해 무리할 정도로 잠수함 전력 구축에 집중하는 대표적인 국가가 되었다.

말레이시아도 2002년에 프랑스에 1,600톤 스코르펜(Scorpene)급 잠수함 2척을 건조 주문하여 2008년과 2009년에 1척씩 인도받아 운용 중이다.

인도네시아는 1960년대엔 당시 소련 중고 잠수함 1,300톤 위스키(W)

급 잠수함 12척을 운용할 정도로 잠수함 전력 강국이었으나 1970년대에 노후되어 전부 폐선 처리하고 1981년에 독일로부터 1,200톤 209급 잠수함 2척을 신조 주문하여 운용하여 오다가 2012년에 한국에 1,200톤 장보고(Changbogo)급 잠수함 3척을 건조 주문하여 2018년 말까지 인수할 예정이다. 다시 제2차 증강계획으로 3척을 신조하여 추가시키려는 야심 찬 계획을 추진하고 있어 인도네시아는 조만간 동남아시아에서 잠수함 전력 최강국이 될 것이다.

이와 같이 동남아시아의 중소 해군국들이 20세기 후반부터 일제히 잠수함 전력 증강에 막대한 국부를 투입하는 현상이 나타나는 것은 '신냉전'이라는 말을 만들어 낼 정도까지 이르렀다. 이 좁은 해역 내에 독일, 프랑스, 한국, 스웨덴, 러시아산 잠수함들이 자국의 해양이익을 지키려 정중동(靜中動) 하게 된 이 현상을 나는 잠수함이 '약자(弱者)의 무기'라는 반증에서 찾는다. '작지만 매서운(leaner but meaner) 수단'을 가지려는 것은 약자의 속성이자 정당성이다.

잠수함은 평화 유지자(peace keeper)

20세기에 두 차례에 걸친 거대한 전쟁 이후 반세기 넘게 대규모 전쟁은 없었다. 갈등과 대치의 긴 냉전 기간을 거치긴 했어도 그래도 그 시기는 대규모 전쟁이 없었던 평화의 시대였다고들 한다. 바로 그 대규모 전쟁이 없는 평화의 시대를 유지 시키는 숨은 주역이 잠수함이라고 한다면 의아해할 사람들이 많을 것 같다.

1900년에 비로소 해군함정의 분류에 속할 수 있었던 잠수함이 반세기 넘게 대규모 전쟁을 방지하는 주역이 될 수 있었던 역사는 역시 미국에서 시작되었다.

역사이래 최악의 전쟁이었던 2차 세계대전이 일본 나가사키, 히로시마에 떨어뜨린 폭탄 두 발 때문에 대번에 끝이 났다. 일본 제국주의자들이 찬양한 자살공격과 전원몰사의 옥쇄작전에 골머리를 앓던 미군과 미국 국민들은 그토록 지독했던 제국주의자들의 두 손을 번쩍 들게 했던 그 폭탄에 경외심을 갖기 시작했다. 미국 국민들은 그렇게 좋은 물건이 있으면서 그동안 왜 우리 아들, 딸들을 죽게 했느냐며 소리치기 시작했다. 앞으로 전쟁이 일어나면 그 폭탄과 그 폭탄을 가져다가 떨어뜨릴 비행기만 있으면 되니 돈 많이 들여서 다른 무기 만들 필요가 없다. 국방비를 줄이고 산업개발에 써라. 미국 국민들은 아우성치기 시작했다.

그런 아우성은 핵폭탄과 폭격기 예찬 광풍을 일으킨다. 그때 그런 광풍을 한껏 누렸던 군이 공군이다. 그 폭탄을 옮길 수 있는 수단을 가진 군은 공군밖에 없다고 외친다. 국민들은 쌍수를 들고 그 외침에 호응하고 국방비가 공군력 확장으로 기운다. 바로 1950년대 '공군 지상주의 시대' 얘기다. 한 나라에 국민을 호도하는 광풍이 일단 한번 불면 그 광풍은 비극적 종말을 맞게 할 수도 있다는 것을 역사는 증언하고 있다. 일본 제국주의를 일으켰던 광풍이 그런 것이 아닐까.

국민들의 열화와 같은 호응에 한껏 힘을 얻은 공군지상주의자들이 급기야 '육군 축소론'과 '해군 무용론'을 외치기 시작한다. 육군은 공군이 끝낸 전쟁지역에 들어가 뒤처리할 정도면 된다. 해군은 전쟁을 막는데 어떤 이바지도 못 하면서 함정 건조에 막대한 돈을 쏟아부어야 하고 유지비도 많이 든다. 함정 건조할 예산을 공군력 강화에 쓰고 해군은 없애자. 해군은 없어도 된다. 공군지상주의자들은 세상이 온통 자기들 것인 양 부르짖었다. 한 나라에 비이성적인 광풍이 한번 불면 그 광풍은 비상식적, 비인간적인 광풍이 될 수 있음을 또 역사는 증언하고 있다. 독일 제3 제국의 출현 같은 것 말이다. 그 광풍이 지속되었다면 지구상의 평화가 지속되었을까 의문을 가져보는 것은 상상의 즐거움이기도 하다. 현재의 세계 최대 해양강국 미국의 50여 년 전의 풍경이다.

그러나 그런 광풍은 그리 오래가지 않았다. 자본주의와 공산주의로 갈라진 세계는 핵 개발 경쟁이 벌어지며 냉전의 시대가 열린다. 미사일 개발이 이루어지니 폭탄을 옮겨다 떨어뜨릴 필요 없이 앉은 자리에서도 대륙을 가로질러 핵폭탄을 쏠 수 있게 되었다. 핵폭탄을 쏠 수 있을 뿐만 아니라 핵미사일을 요격할 수 있는 시스템이 개발되고 폭격기에 의한 폭탄투하의 가치가 추락하자 그토록 세상을 광풍으로 몰아넣던 공군지상주의자들의 목소리는 자취를 감춘다. 공군이 대번에 쫄딱 망한 것이다. 메뚜기도 여름 한 철이었다.

그 메뚜기가 천지가 좁다고 뛰고 있을 때 물고기 한 마리가 조용히 북극 빙산 밑을 가로질러 얼음을 뚫고 북극점에 도달했음을 세계에 알린다. 1958년 세계 최초의 핵 추진 잠수함 노틸러스(USS Nautilus)호의 항해가 그것이다. 그 사건은 조용히 일어났지만, 세계 전략가들을 경악시킨 대사건이 되었다. 핵미사일을 핵잠수함에 장착하면 어떤 결과가 될 것인가. 세계 전략가들은 노틸러스호의 항해를 인지한 순간부터 인식한다.

아니나 다를까 1960년대에 들어서자마자 미 해군은 폴라리스 전략 핵잠수함에 A-2, A-3 핵미사일을 장착했음을 공표했다. 고정된 대륙간 탄도탄 발사기지가 아니라 움직이는 핵미사일 발사기지가 탄생한 것이다. 핵폭탄을 폭격기에 실어서 떨어뜨린다는 개념은 이제 구시대적 발상이 되어 버렸다. 공산주의 진영의 구소련도 핵미사일을 갖춘 핵잠수함을 진수시켰음은 물론이다.

1965년에 이르러 미 해군은 A-2, A-3 핵미사일 대신 다탄두로 개량된 포세이돈 C-3 핵미사일을 전략 핵잠수함에 장착하더니 10여 년 후인 1974년엔 사정거리 4,000마일의 다탄두 핵미사일을 가진 최신형 트라이던트(Trident)급 전략 핵잠수함을 취역시키면서 이제 미 해군의 대국민 홍보를 중단한다고 선언했다.

전략 핵잠수함 취역일에 뜬금없이 대국민 홍보를 종료한다니 무슨 말인가. 그러나 그 선언은 의미심장한 함축된 중요한 선언이었다.

미 해군은 '해군 무용론' 광풍이 세상을 휘몰아치던 시기부터 시작하여 끊임없이 막대한 예산을 대국민 홍보에 투입해 왔었다. 그 내용은 "해군은 나라의 발전을 위해 중요한 역할을 하는 군이며 전쟁을 방지하는 핵심군"이라는 국민과 의회를 계몽하고 이해시키는 내용이었다. 해군이 필요 없다고 외치는 국민들을 향하여 미국 해군은 20여 년 동안 묵묵히 그러나 착실히 내실을 다지며 노력해 왔다. 그러나 이제 미국 국민과 의회는 세계로 나가는데, 중요한 역할을 할 수 있는 군대가 어떤 군대이며 전쟁을 방지하고 전쟁이 일어난다면 종국적인 승리를 가져올 수 있는 군이 어떤 군이라는 걸 온 국민이 상식적으로 알게 되었다는 의미의 선언이었다. 그것은 이제 핵무기가 힘의 원천이 된 이상 힘의 균형을 유지하며 최종적인 승리와 생존성을 보존할 수 있는 것은 이제 폭격기도 아니고 대륙간 탄도탄도 아니고 대서양 아니면 인도양 아니면 북극 빙산 밑 어느 부정의 위치에서 단 한 척으로도 한 개 대륙을 초토화시킬 수 있는 다탄두 핵미사일을 갖고 숨어있는 해군의 "전략 핵잠수함"이라는 사실을 이제 힘들여 알리지 않아도 되겠다는 강자의 자신에 찬 소리였다.

나는 미 해군 역사에서 이 부분을 대단히 좋아한다. 그리고 그런 선언을 할 수 있게까지 국가와 해군의 미래를 위해 소신을 갖고 희생을 감수했던 미 해군의 지도자들을 존경한다. 세상에 아름답고 멋진 일이 많다 해도 그만큼 아름답고 멋진 일이 있을까. 존재 자체가 없어질 뻔했던 미국 해군을 절치부심 이끌어 각고의 노력 끝에 국가를 위해 없어서는 안 될 존재로 인정받게 한 것은 거쳐 갔던 지도자들의 "소신과 희생"이었다고 나는 생각한다. 원자력을 잠수함의 추진방식으로 적용하자는 주장에 미친 사람 같은 취급을 받으면서도 소신을 가지고 투쟁했던 리코버(Hyman G. Rickover) 제독 같은 분의 일대기는 왜 미국 해군이 강군일 수밖에 없는가를 생각하게 하는 부러운 역사다.

핵 개발의 냉전 기간은 아슬아슬했으면서도 대규모 전쟁은 일어나지 않았다. 일어날 수 없었다. 전쟁의 결과를 분명히 알 수 있게 하는 "강자(强者)"가 있었기 때문이었다. 전쟁을 방지하고 평화를 유지하는 것은 바로 "힘(power)"이라는 것의 증명이었고 그 주인공은 바로 잠수함이었다는 분석이다. 그래서 냉전 이후에 잠수함은 "평화 유지자 (peace keeper)"란 별명이 붙여졌다.

미 해군 전략 핵잠수함의 핵미사일 발사관
한 대륙을 초토화시킬 수 있는 이 전략 핵잠수함 때문에 지구상의 평화가 유지되고 있다.

미 해군 전략 핵잠수함의 핵미사일 탑재 장면   전략 핵미사일 발사 실험 장면

 2000년은 미 해군이 세계 최초로 잠수함을 해군 함정으로 정식 수용한 지 100년째 되는 해였다. 그 해에 미 해군은 해군 함정으로서의 잠수함 탄생을 기념하면서 현존하는 함정 중에서 또 다른 100년 후까지 존재할 함정은 잠수함밖에 없을 것이라는 견해를 밝혔다. 현재 해군력의 상징이다시피 되어있는 항공모함이나 첨단 이지스 구축함 등은 과학의 발달에 따라 조만간 사라질 것이라는 뜻이고 잠수함은 인류의 소망인 '평화'를 유지하는 소임을 앞으로 100년간은 더 유지할 것이라는 의미다.

 잠수함에 기대하는 거대한 소임이 전략 핵잠수함에만 해당하는 것이지 중소해군국들이 보유한 재래식 잠수함들과는 관계가 없는 일이 아니냐 반문할 수도 있을 것이다. 그러나 냉전 이후의 상황과 잠수함 성능, 무기의 발달 정도를 가늠해보면 재래식 잠수함도 그 역할이 핵잠수함에 못지않을 것이란 것을 어렵지 않게 유추할 수 있다.

우선 국제적 상황은 냉전시대의 사상이나 이념보다는 실질적인 국가이익을 추구하는 시대가 장기간 이어질 거라는 것은 상식화되어 있다. 그것은 국가 간의 갈등 내지는 분쟁이 필연적으로 발생할 것 또한 오래전부터 예견되었던 것이고 도처에서 이루어지고 있는 국지적 분쟁은 그 실증일 것이다.

재래식 잠수함은 21세기에 들어서서 공기불요추진체계가 추진방식으로 적용되기 시작해서 초기 단계라 할 수 있는 현재의 15~17일 정도의 잠항 지속능력은 적어도 20~30일 정도까지는 발전될 것이다. 무기체계의 성능개량 경험상 초기성능의 1.5~2배의 개량은 항상 이루어져 왔다. 재래식 잠수함 추진력의 원천인 배터리가 산업현장에서 개량이 이루어지고 있는 상황을 보면 어려운 유추가 아니다. 즉 잠항 지속 가능 문제가 과거처럼 재래식 잠수함의 결정적 취약점이 되지는 않을 것이다.

그다음은 무기다. 어뢰야 파괴력이 최상인 것은 확실하지만 이제 미사일체계가 일반화되리라는 전망이다. 그러나 대함 미사일을 발사하기 위해서는 목표물에 대한 정보획득과 최종식별에 문제가 있다. 잠수함 자신의 접촉장비로는 대함미사일을 발사할만한 거리에 있는 해상 목표물의 정보는 획득이 곤란하므로 제3의 수단으로부터 전달받아야 하고 최종식별 또한 간단치가 않다. 그래서 나는 해상 목표물에 대한 공격은 특별한 경우가 아니면 대함 미사일보다는 어뢰 공격이 확실할 거라는 생각을 한다. 자신이 접촉해서 확실히 확인하고 파괴력이 미사일과는 비교도 안 될 만큼 큰 어뢰는 해상 목표물에 대한 잠수함의 최상의 무기이다.

　그러나 재래식 잠수함이 평화의 유지자가 되기 위해서는 대지 크루즈 미사일이 효과적일 것이다. 대지 미사일의 목표물은 우선 움직이지 않고 고정되어 있으며 정보가 이미 획득되어 있고 최종 식별상의 문제도 없다. 단지 미사일의 성능만 확실하다면 여타 문제는 그리 복잡하지 않다. 미사일의 성능이란 사정거리, 정확성, 파괴력일 것인데 어느 요소라도 현재의 과학 수준으로 제어, 발달이 가능하다. 우선 사정거리는 몇백km만 되어도 무방하다. 국가의 수도 내지는 산업 요충지 같은 전략 목표물들은 대개 해안선 내지는 해안에서 가까운 교통지역에 위치해 있으므로 바다로부터의 거리는 단거리라는 사실이다. 수천km를 잠수함으로 다가가 수백km 사정거리의 크루즈 미사일을 발사하는 것은 수천km를 날아갈 수 있는 미사일과 다를 게 없다. 이 경우 발사 위치를 임의로 결정할 수 있고 상대의 대응시간을 줄이거나 불가능하게 할 수 있어서 육상 발사 장거리 미사일보다 효과적인 것은 말할 필요가 없다.

　현재의 과학으로 미사일의 성능을 가장 업그레이드 시킬 수 있는 요소가 정확성이다. 유도방식이 아니더라도 관성항법이라든가 미사일에 장착된 카메라로 지형을 촬영하면서 사전에 입력된 지형 데이터를 비교해 위치를 확인하며 비행하는 지형영상대조법이나 위성항법 같은 기술은 이미 알려진 미사일 비행기술이다. 요새는 택시나 용달차 운전기사도 GPS 네비게이션 장치로 고객의 목적지나 짐을 전달할 장소의 위치를 정확히 찾아가는 시대다. 전 세계 지표의 위치가 손바닥 같이 드러나 있는 세상이니 크루즈 미사일의 탄착 오차가 m 단위에 이르렀다는 것이 놀랄 일이 아니다. 크루즈 미사일의 폭발력은 물론 핵탄두

만큼은 안 되겠지만, 재래식 폭약으로도 지정된 전략 목표물은 충분히 파괴할 수 있으니 해상에서 군함이나 선박 타격으로 얻는 결과보다 훨씬 큰 효과를 볼 수 있다. 또 한 가지는 재래식 잠수함에서도 핵탄두를 가진 미사일을 발사할 수 있다는 사실이다. 이 경우 핵탄두를 확보하느냐가 문제일 것이지만 핵잠수함을 운용하기 어려운 국가에서도 핵미사일을 발사할 수 있는 대안으로서의 재래식 잠수함이 불가능하지 않다는 사실이다.

결론적으로 장차 재래식 잠수함도 이제까지 보여왔던 무기체계의 위치에서 명실공히 한 차원 높은 전략적 역할을 수행할 수 있을 것이라는 사실이다. 그것은 앞으로 100년간은 '평화 유지자'의 소임을 할 수 있을 거라는 전략 핵잠수함에 기대하는 가치를 따라갈 수 있을 것이라는 것이다.

잠수함 해상 전술

잠수함은 어떻게 싸울까? 요새는 잠수함의 역할과 임무가 다양해져서 어떻게 싸우느냐의 범위도 규정하기가 쉽지 않지만, 바다에서 잠수함의 공격목표물을 대상으로 하는 해상 전술의 통상적인 절차는 목표물을 접촉하고 접근해서 공격하고 공격이 실패하면 다시 공격을 시도하고 공격이 끝나면 곧바로 덮쳐올 반격을 예상해서 회피하는 단계로 이루어지는 것이 보통이다.

접촉 단계

첫 단계인 접촉단계는 목표물을 찾아내는 단계다. '접촉'이란 말은 '발견하다, 찾아내다'라는 의미의 해군 전술용어다. 이 단계에서 가장 중요한 사항은 어떠한 경우라도 목표물을 '먼저 접촉해야 한다'는 것이다. 상대방에게 먼저 접촉 당하면 기습이란 이루어질 수 없다. 사전 정보에 의해 목표물의 출현이 예상된다 하더라도 현장에서 절대적으로 먼저 접촉해야 한다. 현장에서의 접촉은 목표물의 전파발신 접촉, 음향접촉, 시각접촉 순으로 이루어지지만 2차 세계대전 중반 때까지만 해도 시각접촉이 전부였다. 2차대전 잠수함전의 주무대였던 대서양에서 독일 잠수함들이 목표물인 연합군 수송선단에 일거에 달려들어 공격하는 늑대떼 작전(Wolf-pack operation)을 펼치면서 목표물을 먼저 접촉하기 위해 승조원을 연에 태워서 하늘로 올려 수평선 너머를 관측하게 하는 방법까지도 썼었다. 먼 거리까지 관측할 수 있는 기발한 방법이긴 했지만, 항공기가 내습하거나 구축함이 갑작스럽게 접근하여 연을 회수할 여유가 없으면 연줄을 끊고 긴급 잠항을 해야 했으니 연에 탔던 승조원의 운명이 어떻게 됐을 것인지는 상상이 어렵지 않다. 기습을 위한 '선 접촉'은 이토록 절실한 열쇠였다.

접근 단계

잠수함에서 사냥감으로 부르는 목표물을 접촉하면 공격하기 위해 접근을 해야 한다. 이 접근단계는 잠수함 함장의 역량과 철학이 투영되는 단계라고 할 수 있다. 함장의 역량과 철학이란 '접촉 당하지 않고 최적의 공격위치에 도달하는 것'이다. 이 단계는 100% 함장의 단독 플레이 단계라고 해도 과언이 아니다. 목표물의 움직임에 따라 접근 방향, 심도, 속력, 소음 조절, 잠망경 운용방법 등이 전적으로 함장의 결심으로 신속하게 이루어져야 하기 때문이다. TV 동물의 왕국 프로에서 간혹 보는 아프리카 초원에서 사슴을 공격하기 위해 치타가 수풀에 몸을 감추고서도 배를 땅에 바싹 붙이고 살금살금 접근하는 모양과 비교하면 쉽게 이해할 수 있을 것 같다.

이 단계에서도 절대적인 사항은 목표물에 접촉 당하지 않아야 한다는 것이다. 만일 피접촉 된다면 피접촉 되자마자 기동력이 우수하고 온갖 대잠무기를 갖춘 대잠함들이 몰려오고 그들이 요청한 항공기들도 내습해서 대번에 생사의 궁지에 빠지게 되기 때문이다. 그래서 이 단계에서 목표물에 피접촉 된다는 것은 단순히 작전실패에 그치는 것이 아니라 '쫓는 자에서 쫓기는 자로', '사냥꾼에서 사냥감'으로 전락한다고 말한다. 잠수함 함장은 이러한 것을 천국에서 지옥으로 떨어진다고 한다. 한마디로 '접촉' 당하느냐 아니냐가 천국과 지옥을 가르는 분수령이니 잠수함은 어찌 보면 기구한 운명을 가진 배이기도 하다.

이 접근단계에서 다른 어려운 점의 하나는 내가 목표물에 접촉 당했는지 아닌지를 판단해야 하는 일이다. 잠수함에선 내가 접촉 당했는지 아닌지를 알게 해주는 게 아무것도 없다. 단지 목표물의 움직임으로 판단할 수 있을 뿐이다. 대잠함은 소나(sonar) 장비로 음파를 발산해서 잠수함을 찾는다. 소나의 음파는 5~15KHz의 저주파 고출력이어서 가까이 있으면 음파가 잠수함 선체에 맞는 소리가 핑핑 들린다. 그러나 음파가 잠수함 선체에 핑핑 맞는다 해도 반드시 접촉 당한 것은 아니다. 잠수함 선체에 맞고 반향되는 음파가 대잠함 소나의 수신장치에 도달하지 않으면 접촉은 이루어지지 않는다. 지상의 레이더 장치와 같은 원리다.

잠수함에선 대잠함의 소나음파를 들으면 대잠함까지의 거리를 산출할 수 있다. 그때의 해수 상태와 대잠함 소나 종류의 분석, 잠수함 함수 함미에 장치된 청음 센서에 음파가 도달된 시간의 차이 등등이 계산되어 음파의 최대 접촉 예상거리가 잡히니 그 거리 이내로 들어가지 않으면 된다. 그런데 갑자기 대잠함 소나의 작동모드가 바뀐다든가 음파송신 주기가 달라지면 그것은 대잠함 음탐사가 잠수함에 "나 당신을 접촉한 것 같소!"라고 보내는 신호 같은 것이니 잠수함으로선 고마운 일이기도 하다. 소나 스코프상에 뭔가 잡힌 거 같을 때 확인하려고 생각 없이 작동모드를 바꿔 잠수함에 신호를 보내는 게 대부분 대잠함 음탐사들이 하는 짓이기 때문이다. 그러나 그것은 대잠함 음탐사들의 잘못만도 아니다. 부사관 직별교육시 음탐탐색 절차에서 그렇게 가르치니 말이다.

전쟁연습 구역 안에서 대잠함들과 공방전을 하다 보면 음탐학교에서의 교육수준까지 감 잡을 수 있다. 음탐장비의 탐색모드를 자유분방(?)하게 바꾸다가 내가 있는 쪽으로 구역탐색 모드로 접근해 오면 십중팔구 나를 접촉했다고 봐야 한다. 그러나 그렇게 설익은 음탐사라면 그를 속이는 것은 여반장이다. 잠수함 외부로 고압공기를 0.5초만 내뿜으면 수중에 거품허상(bubble false target)이 생기는데 이 거품은 소나음파를 반향 시키는 효과를 낸다. 그 위치를 빠져나와 가만히 관찰하노라면 실력없는 대잠팀이라는 걸 판단할 수 있다. 변침 변속해서 서둘러 거품 허상 쪽으로 갔다가 되돌아가는 모습을 보면 말이다.

틀림없이 그 배 음탐사는 "확인결과 수궤임!"이라고 음탐관에게 보고했을 것이고 함장은 그러려니 하고 배를 돌릴 것이다. 반대로 "잠수함으로부터 발사된 고압공기 수궤 가능성 있음. 권고 인근 재탐색!"이라고 권고하고 인근 재탐색을 실시하는 대잠팀이라면 그 대잠함의 함장은 행복한 함장일 것이다. 수궤란 수중에 있는 공기덩어리 같은 것인데 음파 반향을 일으켜 수상한 음탐사들을 종종 골탕먹이는 존재물이다.

소나 스코프상에 불확실한 접촉물이 나타났을 때 태연하게 작동모드를 유지 하거나 어떤 신호나 조짐을 나타내지 않고 접촉물 분석이 확실히 이루어질 때까지 적절히 움직이는 도사 같은 음탐사나 함장은 매우 드물다. 수상함의 일거수일투족이 잠수함에는 행동의 근거가 된다는 걸 이해하는 대잠팀이라면 그 팀은 대단히 강한 대잠능력을 가진 팀일 것이다.

내가 대위 때 미국에 대잠과정 유학을 갔다 와서 해군 작전사 전술학교에서 구축함 음탐관들을 대상으로 대잠 단기교육과정 교관으로 있으면서 미 해군 잠수함에서 본 그런 사실을 힘주어 설명하고 강조했지만 음탐사들의 대잠탐색 방법은 변하지 않았다. 20여 년이 지나 잠수함 함장을 하면서 대잠함들과 훈련을 해보니 여전히 수상함의 소나 음파가 잠수함에겐 '음향 등대'임을 아는 듯한 음탐사는 드물었다. 전쟁연습상의 적(敵)인 나에겐 다행이었지만 한국해군의 대잠능력이 머물러 있는 현상을 다시 보는 건 씁쓸한 일이었다.

한 마디로 잠수함 전술의 접근단계는 허(虛)와 실(實)을 배합해서 공격을 위한 최적의 위치에 도달해야 하는 잠수함 함장으로선 가장 심혈을 기울이는 행동단계인 것이다.

공격 단계

공격단계는 생사의 양단을 갈라야 하는 순간이다. 이미 적진 마당에 들어와 있으니 두 가지 길밖에 남아있지 않은 단계다. 죽이느냐 죽느냐다.

바람직한 공격위치는 목표물의 좌우 45도 전방, 거리는 4마일 내지 5마일이면 좋지만, 꼭 45도 전방이 아니어도 측방으로부터 전방 쪽이면 괜찮다. 현재는 어뢰의 성능이 좋아져서 목표물의 어느 방향이더라도 공격이 가능하지만, 후방에서 공격하는 것은 어뢰의 항주거리가 길어지고 목표물이 어뢰를 인지했을 경우 회피할 시간도 길게 허용하게 되므로 바람직하지 않다. 그래서 전방에서 발사해야 공격시간도 짧아지고 명중률도 높고 어뢰를 회피할 수 있는 시간을 줄일 수 있다.

일단 공격이 시작되면 필살(必殺)해야 한다. 그렇지 않으면 필사(必死) 당하는 상황으로 급변하기 때문이다. 그러기 위해 첫 기의 실패에 대비해 즉각 재공격이 가능한 상태로 공격에 들어가야 한다. 첫 기 실패에 대비해서 과거엔 2기 동시발사 또는 연속발사 방법을 썼으나 요즘은 어뢰 간의 상호 음향간섭 발생 가능성 때문에 일정한 간격을 두고 발사하는 방법을 쓴다.

공격이 성공했다 해도 위험이 사라진 것은 아니다. 오히려 더 큰 위험이 닥쳐올 수 있는 것은 공격 직후이다. 어뢰를 발사했다는 것은 잠수함이 있다는 명백한 위치(flaming datum)를 노출시킨 것이니 단독 목표물이었다 하더라도 다른 곳에 있는 지원세력에게 잠수함의 존재를 알렸을 것이고 다수 목표물이었다면 옆에 있는 다른 목표물이 공격해 올 것이므로 공격 이전부터 공격 후의 회피방법을 강구해 놓아야 한다.

회피 단계

회피는 그야말로 허(虛)와 실(實)을 조합해야 한다. 목표물의 입장에서 반드시 갔을 것이라고 생각하는 방향으로는 가지 말아야 하고 가지 않았을 것이라고 생각할 방향이 회피할 방향이다. 목표물 함장과의 생각 싸움을 넘어서야 기습이 완성되는 것이다.

잠수함의 해상전술이란 결국 허(虛)와 실(實)을 조합해 다가가 오로지 한 가지 목표인 '기습'을 완성하고 다시 허(虛)와 실(實)을 조합해 사라지는 것이다.

잠수함 대 잠수함

현역시절 타군 장교들이나 잠수함을 잘 모르는 사람들로부터 받았던 대답하기 곤란했던 질문 중의 하나가 "잠수함을 방어하는 데 가장 좋은 수단이 잠수함이라면서요?"라는 것이었다. 심지어 해군 장교들도 그렇게 말하는 이가 많았다. 우리 해군이 잠수함을 확보하려고 노력하던 1980년대 초에 북한 해군의 막강한 잠수함 세력에 대항하기 위해서는 우리도 잠수함을 가져야 한다는 논리로 내세웠던 말인데, 사실 그 말은 전략적으로는 맞는 말이지만 전술적으로는 맞는 말이 아니다. 전략적으로 맞는다 함은 세력의 대칭적 측면에서 상대의 의사만큼 우리도 자의대로 세력을 운용할 수 있다는 가능성을 보여서 잠수함에 의한 작전을 억제한다는 측면과 우리 잠수함 세력의 위협에 대비해야 할 소요를 증가시킨다는 점에서 적의 잠수함 세력에 효과적으로 대항할 수 있는 세력임은 분명하다. 그러나 전술적으로 효과적인 방어 세력이냐 하는 데 있어서 전혀 맞지 않는 말이 된다.

우선 잠수함은 물 위에 있는 수상 목표물을 공격하기 위한 배지 물속에 있는 위협물을 방어하기 위해 만들어진 배가 아니라는 것이다. 물속에서는 시야가 확보되지 않아 눈으로 볼 수가 없고 전파가 통하지 않아 레이더 같은 장비로도 물체를 식별할 수 없어 오로지 음향장치로 물속이나 수면상의 물체를 식별한다. 음향장치는 소리를 듣기만 하는 수동 청음장치와 음파를 발산해서 물체에 맞고 돌아오는 반향음을 듣는 능동 청음장치가 있는데 숨으려고 물속에 들어간 잠수함이 음파를 발산하는 것은 스스로 자기 위치를 나타내는 짓이 되므로 불가피한 경우가 아니면 능동 음향장치를 사용하지 않는다. 그래서 잠수함은 눈으로는 볼 수 없으나 듣기만 하는 예민한 청각을 가진 '맹인' 같다고 하면 거의 틀림없는 말이 될 것이다.

물체 식별을 위한 음파발산 뿐만 아니라 자신으로부터 나오는 어떠한 소음도 최소화시켜서 '은밀'을 유지하려는 것이 잠수함의 본성이라는 점을 놓고 보면, 듣기만 하는 잠수함이 다른 듣기만 하는 잠수함을 가장 잘 찾아낼 수 있고 가장 잘 공격할 수 있다는 말은 맞지 않는다. 소리 안 내고 숨어있는 맹인을 가장 잘 찾아낼 수 있는 사람이 다른 맹인일까. 아니면 잘 볼 수도 있고 잘 들을 수도 있는 사람일까? 전자의 맹인이라고 답하는 사람은 없을 것이다. 따라서 잠수함은 다른 잠수함을 찾아내는 것부터 맞지 않는 무기체계일 뿐만 아니라 공격하기도 쉽지 않은 수단이라는 점을 감안하면 전술적으로 잠수함이 잠수함을 잘 방어할 수 있다는 말은 맞지 않는다는 점을 이해할 수 있을 것이다.

핵잠수함은 다른 이야기일 수 있지만, 일반 재래식 잠수함을 찾아내고 공격하는 데 가장 효과적인 수단은 현재까지 대잠항공기라고 할 수 있다. 왜냐하면, 재래식 잠수함은 수중 추진력을 얻기 위한 배터리 충전을 위해 주기적이든 비주기적이든 반드시 선체의 일부를 수면상으로 돌출시켜야 하는 치명적인 약점이 있고 대잠항공기는 잠수함에 접촉 당하지 않고 잠수함의 선체 일부라도 수면상에 나타나면 놓치지 않는 탁월한 접촉장비를 갖고 있으면서도 압도적인 기동성과 우수한 대잠무기를 갖추고 있기 때문이다.

잠수함과 항공기의 대결

잠수함과 항공기의 관계는 전사적으로 매우 흥미로운 대응과 맞대응, 추격과 반 추격의 역사를 갖고 있다. 제2차 세계대전 종반 가까이인 1944년 이전에는 잠수함은 항공기로부터 그렇게 위협을 받진 않았었다. 당시까지의 잠수함은 배터리를 충전하려면 수상으로 완전히 부상해야 했지만, 작전구역의 외곽에서 수면으로 올라와 충전작업을 하는 데 그리 어려움이 없었다.

　잠수함 함장이 작전구역에서 별 어려움이 없이 충전작업을 할 수 있다면 그게 바로 잠수함의 '행복 시간(happy hour)'이란 거다. 전쟁연습을 할 때 적당한 해상상태에 하늘에도 해상에도 대잠세력이 보이지 않는 구역에서 느긋이 충전할 수 있을 때 그 옛날 전쟁 때 잠수함 함장들이 행복 시간이라고 불렀던 그 시간의 의미를 실감할 수 있었다. 느껴야 느낄 수 있다는 말 정확하다.

　그러던 어느 날 갑자기 공중으로부터 항공기 공격이 나타났다. 외진 곳에서 살짝 올라와 행복 시간을 누리고 있던 독일 잠수함들이 대서양에서 무수히 격침되었다. 주간에는 항공기들이 구름 속에서 갑자기 나타나 잠수함을 공격했고 야간에도 쥐 죽은 듯이 충전작업을 하는 잠수함들을 용케도 찾아내 벼락을 때리듯 내리쳤다. 바로 레이더가 처음 발명되어 항공기에 장착되었던 1944년부터의 얘기다. 잠수함엔 아직 전파탐지 장비가 장착되지 않았을 때이니 잠수함들은 속절없이 당하기만 했다. 귀신이 곡할 노릇이었다.

　완전 부상에서 충전작업을 할 수 없게 된 잠수함에 새로운 충전방법이 고안되어 항공기들로부터 위협을 벗어났으니 대응에 맞대응, 그게 바로 물속에서 충전하는 스노켈(snorkel)이라는 것이다. 네덜란드 사람 스노켈에 의해 고안된 이 스노켈 방법이란 잠수함이 수면 근처의 수중에 머물러 있으면서 수면 위로 공기 흡입용 마스트만을 내놓고 공기를 흡입해서 디젤엔진을 작동시켜 배터리를 충전시키는 방법이다. 현재까지 재래식 잠수함이 사용하고 있는 방식이다.

　잠수함이 수면에서 사라졌으니 항공기들이 허탕을 치기 시작했다. 잠수함 선체가 아닌 자그마한 마스트만을 물 밖으로 내놓고 있기 때문에 초기의 파장 1.2m의 레이더파로는 잠수함을 접촉해 낼 수 없었기 때문이었다. 다시 잠수함들의 행복 시간이 찾아오는 듯했다.

그런데 어느 날 야간 스노켈 중인데도 불구하고 갑자기 머리 위에서 항공기의 폭탄 벼락이 떨어지기 시작했다. 스노켈 마스트를 찾아낼 수 있는 파장 9cm 신형 레이더파가 발명되었기 때문이었다. 다시 맞대응이 나타난 것이다. 그 신형 레이더파는 대서양에서 독일 잠수함 세력을 몰락시키는 직접적인 원인이 되었고 해전의 주도권이 연합군 측으로 넘어가게 하는 거창한 결과를 초래했다. 그것으로 잠수함 함장들의 행복 시간은 끝이 났다. 당시 독일 잠수함 함장들의 행복 시간만 끝났다는 게 아니라 그 시간 이후 현재까지 모든 재래식 잠수함 함장들의 행복 시간에 종을 쳤다는 것이다. 현재는 잠수함의 행복 시간이란 말을 없애야 할 정도로 상황이 더 나빠졌다. 요즘의 대잠항공기는 스노켈 마스트의 몇십 분의 일 크기의 잠망경뿐만 아니라 낚싯대 굵기의 잠수함 통신 안테나만 내놓아도 잡아내는 정밀 레이더를 갖추고 있고 더구나 잠수함이 있을 만한 해역에 뿌려 놓아서 잠수함의 소음이나 음파를 잡아 대잠항공기에게 전달하는 소노부이(sonobuoy) 같은 첨단 장비를 갖추고 있으니 재래식 잠수함들이 어디에서든지 느긋이 충전을 할 수 있는 '행복 시간'이란 이제 다시는 찾아오지 않을 것이라는 걸 확실히 말할 수 있다.

철판으로 된 잠수함 선체가 지자기의 왜곡현상을 일으키는 현상을 감지해서 잠수함의 유무를 밝혀내는 자기왜곡 탐지장비(MAD : magnetic anomaly detecter) 같은 장비는 충전작업을 하지 않고 천심도에 머물러 있는 잠수함까지 찾아낼 정도가 되었으니 항공기의 잠수함에 대한 대응 능력은 끊임없이 진화하고 있다.

이에 이르러 잠수함의 대 항공기 대응은 멈춘 것인가?

천만의 말씀이다. 항공기에 대한 대응능력이 멈췄다면 이제 잠수함은 불필요한 무기체계의 길을 걸을 수밖에 없을 것이지만 잠수함의 중요성은 더 증대되고 있다. 왜일까?

잠수함의 기존 속성을 더욱 진화시키는 변신을 하고 있기 때문이다. 그 진화란 '더욱 조용한', '더욱 보이지 않는' 잠수함이 되어 더욱 '은밀' 해지는 것이다.

잠수함 선체 형상과 구조물을 변화시켜 바닷물과의 마찰에서 발생하는 소음을 줄이고 자체 소음의 원인이 되는 엔진, 추진기, 내부 장비에 소음감소 설치기법을 적용하고 선체 외부에 흡음판을 붙여 방출되는 소음을 더욱 줄이고 외부로부터 발사된 음파를 흡수시켜 더욱 조용한 잠수함이 된 것이다. 철판 선체를 비자성으로 처리하여 지자기 왜곡현상을 줄이기도 했다.

그러나 무엇보다도 재래식 잠수함의 최대 약점인 배터리 충전을 위한 선체 노출의 필요성을 없앤 것이 그 대표적인 진화가 될 것이다. 21세기 시작과 더불어 나타난 공기불요 추진체계(AIP : air independent propulsion)가 바로 그것이다.

공기불요 추진체계란 배터리를 충전시키기 위해 공기가 필요했던 디젤엔진을 사용하지 않고 공기가 필요치 않은 방법을 사용해서 충전시키는 방법을 말한다. 대기 중의 공기를 사용하지 않고 배터리를 충전시키는 방법은 여러 가지가 시도되었으나 가장 효과적인 방법으로 선택된 것이 연료전지(fuel cell)라는 방식이다. 이는 산소와 수소를 화학반응 시키면 물과 전기가 발생되는 원리를 이용해서 이때 발생 된 전기를 배터리에 저장했다가 추진기를 회전시키는 동력으로 사용하는 방법이다. 자동차나 일반사업분야에도 파급되어 미래 에너지원으로 개발되고 있는 분야이기도 하다. 현재 각광받고 있는 친환경 전기 자동차가 잠수함의 추진체계 개선으로부터 시작된 것이다.

디젤엔진 대신 소리가 전혀 나지 않는 화학반응 방법은 이제까지의 시끄럽던 잠수함을 '완전히 정숙한' 잠수함으로 변신시켰다. 125데시벨(db) 이상의 소음을 감소시켰으니 '굉음'에서 '적막'으로 바뀌었다 해도 과언은 아닐 것이다. 그러나 조용한 잠수함이 된 것보다도 더 중요한 변신은 충전하기 위해서 선체의 일부를 수면 밖으로 노출시켜야 했던 최대의 약점을 떨쳐버렸다는 점이다. 말 그대로 공기가 필요치 않으니 수면 가까이 갈 필요도 없고 수면 밖으로 노출될 염려도 없다. 아무리 정밀한 항공기 레이더라도 수중에 있는 잠수함을 접촉해내지는 못한다. 더욱 조용한 잠수함이 된 것과 더불어 '더욱 보이지 않는' 잠수함으로 변신한 것이다.

공기불요 추진체계는 잠수함의 잠항작전 가능 시간을 비약적으로 증가시켰다. 원자력 추진 잠수함은 한 번도 부상하지 않고 수개월 동안 수중작전을 지속할 수 있지만, 기존 재래식 잠수함은 배터리의 만충전 상태에서 최저속으로 움직여도 최대 4일밖에 수중작전을 지속할 수 없었다. 이 공기불요 추진체계는 수중작전 가능 시간을 15일 내지, 17일로 증가시켰다. 잠수함에 적재된 산소와 수소의 양에 따라 제한을 받을 순 있지만, 그 시간은 한 개의 목적된 작전을 완전 잠항 상태에서 완료할 수 있는 시간이니 이제까지 재래식 잠수함을 묶어놨던 올가미가 반쯤은 풀어진 것이라고 해도 무방할 거 같다.

잠수함의 진화에도 불구하고 변함없이 잠수함의 공격성을 유지 시켜 주는 것이 있으니 바로 바닷물이다. 바닷물은 예나 지금이나 잠수함의 은밀성을 지켜주는 보호막 역할에서 변한 게 없다. 현대 과학이 수면 위의 공간을 꿰뚫고 있는 것만큼 수면하(水綿下) 세계에 대한 극복은 아직 미치지 못하고 있다는 뜻이다. 지구 밖 우주에서 지상에 있는 차량의 번호판을 읽을 수 있는 정도지만 수중 100m 깊이에 잠항해 있는 잠수함의 존재는 아직 밝혀내지 못하고 있다는 것이 그 증거다.

잠수함과 항공기의 대결의 역사는 여전히 진행되고 있으나 21세기 들어 나타난 공기불요 추진체계로 인해 잠수함의 맞대응이 약간 우위에 놓이게 되었다고 할 수 있다. 첨단 과학이 바닷속을 대기공간을 보는 것만큼 볼 수 있는 상태가 되지 않는 한 잠수함의 공격성은 유지될 것이다. 앞으로 최소한 100년간은······.

제 2 장
한국 해군 잠수함 태동기 비화

잠수함 대부(代父)
이종수(李種秀) 제독과의 만남

무얼 배우고 왔나?

어렸을 때 부모님이나 선생님께 들은 칭찬이나 감동스런 얘기 하나가 그 사람의 인생의 방향을 정하는 계기가 되었다는 얘기를 위인들의 자서전에서도 읽었고, 흔히 있는 명사들의 대담 TV 프로 같은 데에서도 가끔 볼 수 있다. 그런데 그런 얘기들은 자기 인생을 극적으로 표현하기 위한 과장이거니 생각했었는데 30여 년 넘는 해군 장교생활을 마감하고 나서 가만히 뒤돌아보니 내 해군 생활도 초급장교 시절 감격했던 계기 하나 때문에 방향이 잡혔던 게 아닐까 생각이 든다.

그 방향이란 잠수함 장교가 되어 한국 해군 1번 잠수함 초대함장이 되고 전대장, 전단장 등 잠수함 부대장의 길을 걸어온 바로 그 방향이다. 그 방향은 내가 해사에 입교하던 1970년엔 물론이고 장교로 임관하던 때나 1번 잠수함의 인수함장으로 내정되던 1988년 이전엔 전혀 예상하지도 않았던 방향이다.

인생의 길이란 결국, '사람과의 만남'에서 방향이 잡히는 것일 텐데 나의 해군 장교의 길은 19년 선배인 이종수(李種秀) 제독(9기생)과의 만남으로 나도 모르게 이미 정해졌던 방향을 걸어온 것 같기만 하다.

내가 이종수 제독을 처음 만난 것은 중위 시절인 1976년 5월 하순경이었다. 미 해군에서 대잠전 유학과정을 마치고 돌아와 작전사 훈련단 전술학교 교관으로 발령받아 훈련단 사령관실에 전입신고를 하러 갔을 때 사령관이시던 분이 당시 대령이셨던 이종수 제독이셨다. 당시는 대령 계급인데도 사령관으로 불렀다. 그분을 처음 만난 그 날이 돌이켜보니 내 해군 장교생활의 방향이 정해지는 '만남의 날'이 된 게 아닌가 생각된다.

그 당시는 미 해군에 유학을 갔다 온 장교는 배워온 것을 다시 전파교육 하라는 뜻으로 대부분 훈련단 전술학교에서 교관으로 1~2년 근무시켰다. 당시 미 해군 유학이란 미국이 한국에 주는 원조금액에서 장교들에게 군사교육을 시켜주는 비용을 제하는 방식의 군원 유학이었는데 중위~대위들 장교 사이에선 제일 인기가 좋았던 과정이 대잠전 과정이었다. 응시자격이 중위부터라는 것을 알고 4월에 소위에서 중위로 진급하고 5월인가 유학시험장에 갔더니 선배들이 "누구 심부름 왔냐?"라고 묻던 것을 기억한다. 전부 대위들인데 갓 중위로 진급한 내가 설마 기합 빠지게 유학시험을 보러 왔으리라고는 생각지 않았던 것이다. 그런데 결과는 3명 선발하는 1차 해군 시험에 뽑히고 이어 2차 미 8군 영어 듣기능력 테스트에도 통과되어 기합 빠지게도 2년, 4년 선배와 함께 꿈에도 그리던 미국행 비행기를 타게 되었다. 해사를 졸업한 지 약 1년 만에 국비유학생으로 비행기를 타던 그 날은 내 인생에서 태어나서 처음 잊을 수 없는 뿌듯한 승리감으로 행복을 느꼈던 날이다. 그 날 느꼈던 감격은 내가 생각하기에 해군장교 생활을 하는 내내 매사의 목표가 되어온 것 같기만 하다. 느낀 자가 느끼고 이겨본 자가 이길 줄 안다는 말을 나는 100% 이해한다.

6개월의 유학과정을 마치고 귀국하니 같이 갔던 4년 선배는 함정으로 가게 되어 있었고 2년 선배와 나는 훈련단 전술학교 교관으로 인사발령이 되어있어 그 선배와 같이 훈련단 사령관실에 전입신고를 하러 갔다. 그 날이 내 해군 장교생활의 방향을 잡아주는 시발점이 될 줄이야…….

눈이 부리부리하고 약간 거구이셨던 그분이 우리 둘 앞에 서서 전입신고를 받더니 대뜸 옆에 있는 선배에게 "자네는 무얼 배우고 왔나?"라고 묻는 것이었다. "전입을 환영하네, 배운 것을 잘 전파교육 해보게."라는 등의 의례적인 말을 할거라고 예상하고 있었는데 뜬금없는 질문에 당황했던지 대위이던 그 선배는 "예! 대잠전 전술을 배우고 왔습니다!"라고 대답했다. 그 대답을 듣고 고개를 끄덕끄덕하더니 대뜸 나에게도 똑같은 질문을 하는 게 아닌가.

"자네는 무얼 배우고 왔나?"

그 질문. 지금 돌이켜보니 나에게도 똑같이 했던 그 질문에 순간적으로 한 내 대답이 결국 내 해군생활의 방향을 결정짓는 단초가 될 줄이야.

짧은 순간이었지만 옆에 선 선배에게 처음 무엇을 배우고 왔느냐고 물을 때부터 나는 이상한 생각이 들었다. 우리가 미 해군에 대잠전 유학을 갔다 온 장교들이란 것을 모를 리가 없을 텐데 무얼 배우고 왔느냐니 도대체 무슨 대답을 원하는 것인가 하는 생각이 든 것이다. 그렇게 머리를 굴리고 있는데 나에게도 똑같은 질문을 하는 순간 나는 대잠전 전술을 배우고 왔다는 대답은 정답이 아니라고 생각이 들었다. 이것은 대잠전 전술을 배우고 왔다는 대답을 들으려는 것이 아니고 독특한 무엇을 배운 게 있느냐는 질문일 것이다. 거기까지 생각이 미친 나는 "예! 잠수함을 배우고 왔습니다!"라고 대답했다.

바로 그 대답. 예상치 못한 질문에 순간적으로 한 그 대답이 이제와 생각하니 내 해군 장교생활의 방향을 잡아주는 운명의 대답이 된 것 같다. 순간적으로 한 대답이었지만 내 딴엔 몇 초 동안 재빠르게 머리를 굴려서 한 대답이었고 그렇게 답이 튀어나온 데는 내 나름대로 이유가 있었다.

당시 북한의 잠수함 위협에 대비해 미국은 우리에게 구축함을 주고 우리와 연합대잠전 훈련을 많이 했다. 장교들 대상의 대잠전 군원유학도 그 일환이었는데 막상 가서 교육을 받아보니 한국에서 유학 전공 과목으로 시험 보았던 수준에서 별로 벗어나는 게 없어 기대가 사라져 갔다. 그런데 그중에서도 흥미가 생기고 관심이 갔던 것은 잠수함 학교에서 실습받은 교육이었다.

대잠전 교육을 받은 곳은 미국 동부 로드아일랜드주 포츠머스에 있는 대잠전 학교였는데 근처에 있는 뉴런던 잠수함 기지 내 잠수함 학교에 가서 하루 동안 잠수함에 대한 교육을 받은 것이 가장 인상에 남았다. 기지 내 부두에 계류해 있던 시커먼 모습의 잠수함을 본 것도 그때가 처음이고 잠수함 조종 훈련장이며 탈출훈련 타워, 잠수함 박물관에서 본 모든 것들이 신기하고 놀랍기만 했다. 이런 잠수함을 모르고 잠수함 잡는 전술만 달달 외웠구나 생각하니 잠수함을 공부해야겠다는 생각이 드는 것이었다.

1976년 필자가 중위 시절 군원 유학 중 코네티컷주
뉴런던 미 해군 잠수함 학교에서 훈련장비 설명을 듣던 광경(맨 오른쪽이 필자)
이 사진은 필자가 잠수함과 인연을 맺은 첫 사진이다.

1976년 뉴 런던 잠수함 학교에 전시해 놓은 U보트 앞에 선 필자.
당시는 잠수함 자체를 잘 몰랐다.

해군의 잠수함 전문가 하나 나오겠구먼~

나는 그 날 이후로 시간만 나면 대잠전 학교 옆에 있는 미 해군대학 도서관에 가서 잠수함에 관한 책을 찾아 읽는 것을 흥미로 삼았다. 잠수함에 관한 책이라야 지금 생각하니 잠수함 발달사와 잠수함 구조에 관한 일반적인 설명이고 1, 2차 대전시의 잠수함 전사에 관한 내용이었지만 그것만으로도 흥미진진했다. 한국에서는 구경도 못 했던 책이었기 때문이었다. 없는 돈을 쪼개어 해군대학 구내 책방에서 잠수함에 관한 책을 두세 권 샀는데 미국에서 찾은 무슨 보물같이 생각되기도 했다. 저녁에 독신장교 숙소에서 그 책을 읽는데 시간 가는 줄 몰랐다. 한국으로 돌아오는 비행기 안에서 생각이 드는 게 잠수함 잡는 전술을 배우러 왔다가 전술교육은 뒷전으로 밀어놓고 잠수함 책만 읽다 가는구나 생각이 들었다.

그래서 훈련단 사령관의 질문에 서슴없이 잠수함을 배우고 왔노라고 대답한 것이다. 나로서는 상당히 솔직한 대답이었다. 그런데 그 대답을 들은 사령관의 반응이 나를 더욱 당황하게 하였다. 내 대답을 들은 사령관이 눈을 크게 뜨면서 "오 ~그래! 자넨 대잠전 과정을 갔다 온 게 아닌가?" 내가 대잠전 과정을 갔다 왔다는 걸 뻔히 알면서도 물었다는 내 생각이 맞았다는 생각이 들었다.

"예! 대잠전 과정을 갔다 왔으나 더 배운 것은 잠수함입니다!"

중위가 대령 앞에서 전입신고하는 자리이니 턱을 바싹 끌어당기고 기합 든 듯이 큰 소리로 대답해야 했다. 내 큰 목소리가 거슬렸는지 "목소리 낮추고 거기 좀 앉게." 하는 게 아닌가.

전입신고만 하고 나올 줄 알았는데 책상 앞에 있는 소파에 앉으라며 손으로 가리켰다. 이거 잠수함에 대해 질문하려고 그러는 게 아닌가.

큰일 났다. 실은 잠수함에 대해 책 읽고 온 게 전부인데 괜히 엉뚱한 대답을 했다……. 내 머릿속은 벌써 후회스러운 생각으로 가득 찼다.

사령관은 당번에게 차를 가져오라고 하더니 대잠전 유학을 갔다 왔으면서 잠수함을 배우고 왔다고 대답한 연유를 묻는 것이었다. 무언가 이상하게 돌아가는 것 같은 느낌이 들면서 이젠 애매하게 대답하면 안 되고 더 곤란하기 전에 솔직하게 대답하겠다는 생각이 들었다. 그래서 대잠전 학교 교육내용은 거의 공부하고 간 것이어서 별 흥미가 없었고 잠수함 학교에 갔을 때 본 잠수함에 관한 것에 관심이 생겨 잠수함에 대한 책만 읽다 온 것 같아 그렇게 대답했노라고 이실직고했다. 잘못을 인지했을 때는 즉시 정직해지는 게 상책이다.

내 말을 진지한 표정으로 듣고 난 사령관은 "그~으~래~ 잠수함이 그렇게 흥미를 끌더란 말이지. 그럼 이것도 잠수함에 관한 것이니까 갖고 가서 보게. 내가 번역했던 잠수함 책자야." 하시면서 파란 겉표지의 얇은 책자 두 권을 주시는 것이었다. 그 책자는 일본 잠수함의 탱크 구조에 관한 것이었는데 일어를 잘하시던 그분이 중령 때 번역해서 해군 교재창에 의뢰해 인쇄해 놓은 책자였다. 지금 안목으로 보면 기초적인 구조설명이었던 것으로 생각되지만, 당시는 그런 것에 관심도 가진 사람이 없었던 때였으니 선구자적 노력의 산물이었던 셈이다. 나중에 알게 된 사실은 이종수 제독은 잠수함에 남다른 관심을 가졌던 분이셨다는 것이고 그 이후 나와 이어지는 일들이 그것을 여실히 증명했다.

전입신고를 하러 갔다가 예기치 않게 사령관과 오랫동안 얘기를 한 것도 예외적인 일이었는데 사무실을 나오기 직전에 그는 명령하듯 이렇게 말했다.

"안 중위는 이제부터 만사 제쳐놓고 잠수함 공부만 해라. 알겠나!"
그리고는 사령관실을 나오면서 문을 닫기 직전에 그분이 하던 말을 내가 들었다.
"해군에 잠수함 전문가 하나 나오겠구먼……!"

같이 있던 선배는 앞서 나가고 내가 뒤따라 나올 때 뒤에서 그분이 혼자 하듯이 한 그 말 때문에 나는 하루 종일 가슴이 울렁거렸었다.
내가 잠수함 전문가가 된다? 뉴런던 잠수함 기지에 있던 그 시커먼 잠수함의? 세계대전 때 그렇게 맹위를 떨쳤던 잠수함의?
가슴이 울렁거리지 않을 수 없는 일이었다. 내 마음은 벌써 잠수함 전문가가 되어 있는 듯했다. 그로부터 16년 후에 나는 한국 해군 1번 잠수함 초대 함장이 되었다.

전입신고하던 날 훈련단 사령관이 나에게 명령하듯 잠수함 공부만 하라고 하던 게 빈말이 아니었음을 며칠 후 참모회의에 갔다 온 전술학교 교장을 통해서도 전해졌다. 사령관실에서 참모회의를 하고 온 전술학교 교장(당시 중령)이 나를 부르더니 "안 중위, 사령관이 자네에겐 잡다한 일 시키지 말고 잠수함만 공부하도록 배려하라니. 왜 그런 거야? 이제부턴 대잠전 단기과정 강의 준비하는 것 하고 잠수함에 관한 연구만 해!"하는 것이었다.
새까만 중위가 전입신고 때 한 말을 소속 부서장에게까지 지시하다니 이건 보통 일이 아니었다. 단단히 공부하지 않으면 안 되겠다는 생각이 들었다. 그때부터 나는 잠수함에 관한 지식을 찾아 헤매는 목마른 탐구자가 되었다.

우선 진해에 있는 해군부대들이 갖고 있는 잠수함에 대한 자료를 조사하기 시작했다. 해군대학, 해군사관학교 도서관, 함대 사령부, 구축함 전단, 기지 사령부 자료실을 전부 뒤져 책자나 자료들이 무엇이 있는가 조사했다. 참으로 놀라운 사실을 발견했다. 잠수함 관련 책자나 자료 보유현황 제로(zero)였다.

미국에선 기지 책방에도 흔히 있던 잠수함 전사 책자 하나 없었다.

어째 이리도 잠수함에 대한 자료가 없단 말인가? 우리 해군은 잠수함에 대해선 이리도 무지한 채 대잠전술에 열을 올리고 있단 말인가? 임관한 지 2년밖에 안 된 초급장교 생각에도 한심하기 짝이 없었다. 잠수함에 대해서 공부를 단단히 해야겠다고 마음먹었는데 어떻게 무얼 갖고 공부를 한단 말인가. 막막하기도 했지만, 한편으로는 이 불모의 분야가 바로 내 것이라는 생각을 하니 내심 흥분도 생겼다.

그 후 잠수함을 공부할 수 있는 길은 미국 잠수함밖에 없다는 생각이 든 것은 한미연합 대잠훈련 때문이었다. 당시는 매 분기마다 일주일간씩 한미연합 대잠훈련을 했는데 매번 미 해군 재래식 잠수함 한 척과 구축함 두 척이 훈련차 한국에 왔다. 이 연합 대잠훈련에 오는 미국 잠수함에 가봐야겠다는 생각이 들자 한 가닥 희망을 발견해 낸 것 같아 가슴이 두근거렸다.

그러나 어떻게 미 해군 잠수함을 탈 수 있단 말인가. 연합 대잠훈련 기간 동안 미 잠수함에 한국 측 연락장교로 파견되는 인원은 통상 훈련을 주관하는 구축함 전단의 소령, 중령급 참모나 수리 중인 함정의 부장, 함장 중에서 지정되었기 때문에 전술학교의 초급장교 교관 중위가 갈 수 있는 자리가 아니었다. 나는 궁리한 끝에 훈련단 사령관의 빽을 쓸 수밖에 없다고 생각했다. 그래서 훈련을 앞둔 어느 날 용기를 내어 훈련단 사령관실을 찾아갔다. 전입신고 이후, 두 번째로 이종수 제독을 만난 것이다.

그동안 사령관님의 지시대로 잠수함에 관한 공부를 하고자 책자나 자료를 찾아봤으나 우리 해군은 가진 곳이 없으니 미 해군 잠수함에 가서 지식을 쌓을 수 있도록 미 잠수함에 훈련 연락장교로 파견시켜 달라고 요청했다.

내 설명을 듣더니 사령관은 "그것참 좋은 생각이구먼! 그야 어렵지 않지." 하면서 너무도 흔쾌히 내 청을 들어주셨다. 훈련단이 훈련 주관부대는 아니더라도 파견인원을 누구로 해달라는 건 훈련단 사령관으로선 문제도 안 되는 일이었다. 며칠 후에 나온 훈련 지시서에 미 잠수함 파견 연락장교란에 내 이름이 올라 있었다. 그렇게 해서 혼자 열망하고 가슴 졸이던 미 해군 잠수함을 탈 수 있게 되었다. 출항하기 전날 나는 흥분에 들떠 잠을 설칠 정도였다.

미 해군 잠수함 파견

미 해군은 현재는 핵잠수함만 운용하고 있으나 1980년대 초까지 재래식 잠수함을 운용했다. 연합 대잠훈련을 할 때는 괌이나 일본 사세보에 전개해 있던 탱(Tang)급 재래식 잠수함이 왔는데 내가 처음 탄 2,800톤 새먼(USS-573 Salmon)함도 그중 한 척이었다.

난생처음 미 잠수함 새먼함에서 보낸 일주일간은 가뭄 끝에 비를 만난 나무가 마음껏 물을 빨아들이는 갈증 해소의 시간이었다. 아침부터 자기 전까지 보는 것, 듣는 것, 읽는 것 하나하나가 잠수함의 지식이 되어 머리에 눈에 쏙쏙 들어와 팍팍 박혔다. 잠수함의 내부 구조는 물론 승조원들이 생활하고 당직 근무하고 노는 것까지 모두 나의 지식이 되어 쌓여갔는데 훈련 막바지 부분에 전쟁연습 단계에서 나는 이게 바로 잠수함이구나 하는 공부를 제대로 할 수 있었다.

미국 유학 중에도 듣지 못했고 대잠전 전술 교범에도 별로 나와 있지 않은 잠수함의 대대잠전술은 한 마디로 놀라움이었다. 대잠 경계진을 침투하기 위해 대잠세력을 혼란시키는 유인 행동하며 허점만을 찾아 교묘히 침투해 들어가는 교활하다시피 한 행동 하나하나가 대잠교범 이론만을 달달 읽은 나에겐 무릎을 치게 만드는 일이었다. 이런 줄도 모르고 우리는 대잠전술이라는 걸 열심히 하고 있으니 이게 무엇이란 말인가.

그런데 처음 잠수함을 탄 경험으로도 난 감지덕지한 지식을 한껏 쌓았다고 생각했는데 그것과는 비교도 안 될 굉장한 소득을 얻은 것이 있었다. 바로 잠수함의 대대잠 전술교범을 볼 수 있었다는 것이다. 대잠전교범이 잠수함을 어떻게 잡는가에 대한 교범이라면 대대잠 전술교범은 어떻게 대잠세력을 피하고 공격하느냐에 대한 교범이니 말하자면 적(敵)의 작전계획을 본 것이다. 그것이 내가 정말 잠수함 전문가가 되게 하는 비밀무기가 되었다.

내가 시도 때도 없이 질문을 많이 하니까 귀찮았던지 새먼함 작전관은 나에게 이걸 보면 알 것이라면서 비밀 교범 몇 가지를 내어주며 읽기만 하고 베껴가진 말라고 하는 것이었다. 아니! 그런 것이 있었단 말인가! 생각해 보면 당연한 일인데 그때는 그런 것이 있는 줄을 몰랐다. 읽기만 하라는 것도 감지덕지했다.

물속에 있어 밖에 나갈 일도 없으니 잠수함 내부는 하루 종일 책 읽기에 안성맞춤이었다. 나는 침을 꼴딱꼴딱 삼키며 한 페이지 한 페이지를 하루 종일 그리고 밤늦게까지 읽었다. 대잠경계진 접근, 침투방법, 어뢰 종류, 특성, 어뢰 공격 방법, 기뢰부설시 접근, 부설, 이탈 방법, 특수요원 이탈, 회수방법 등등. 작전관 방에는 그런 교범들이 캐비넷에 가득히 있었다.

부럽다는 말로는 부족할 거 같고 우린 언제나 이렇게 되나 생각하니 한숨이 나왔다. 우리도 지금은 잠수함 비밀 책자를 보관하기에 캐비넷 하나 정도론 부족할 만큼 많아졌지만, 그때는 그게 그렇게 부러웠었다.

미국 잠수함을 처음 타고 보낸 일주일간은 나의 해군 장교생활에서 가장 많이 보고 가장 많이 배우고 가장 많이 느낀 경이와 도약의 시간이었다. 지금 생각해도 그만큼 짧은 시간에 내가 갑자기 성장했다고 느껴졌던 시간은 없었던 것 같다. 훈련을 끝내고 새면함을 내릴 때 내가 얼마나 부자가 된 듯한 기분이 들었던지 모른다. 내가 생각해도 정말 잠수함 전문가가 된 듯한 기분이었다. 정말 전문가가 되기엔 16년이 더 필요했었는데도 말이다.

훈련이 끝나고 며칠 후 나는 새면함에서 얻어 온 책자와 자료들을 갖고 다시 훈련단 사령관실을 찾았다. 새면함 작전관이 나에게 비밀이 아닌 책이며 자료를 챙겨준 게 있었다.

"사령관님께서 잠수함에 탈 수 있게 해주셔서 많이 배우고 자료도 이렇게 많이 얻어 왔습니다." 했더니 대견해 하시던 표정이 지금도 역력하다.

내가 가져온 자료들을 이것저것 살펴보시더니 하시는 말씀이 "이제 연합 대잠훈련 할 때마다 미국 잠수함엔 연락장교로 안 중위가 계속 가거라. 다른 장교가 가면 놀다만 오지, 남는 게 없어. 잠수함에 계속 가서 공부해 봐!" 하시는 것이었다.

그래서 나는 그 이후 새먼함에 두 차례 더, 그다음에 온 그레이 백 (USS-574 Grayback)함에 두 차례 합쳐 모두 다섯 차례나 연달아 미 잠수함에 파견되었었다. 당시 한국 해군 장교로서 그렇게 여러 차례 잠수함을 타 본 장교는 없었다. 덕분에 미 잠수함에 있는 대대잠 전술교범은 거의 다 섭렵했다. 훈련 때마다 훈련 지시서에 미 해군 잠수함 파견 연락장교로 매번 내 이름만 나오니 잠수함을 타보고 싶어하는 선배들의 눈총도 받긴 했지만 나는 장교들 사이에 이미 잠수함 전문가가 되어 있었다.

잠수함에 관한 지식이 늘어나면서 내가 맡았던 대잠전 단기교육과정 강의내용도 훨씬 충실해졌다. 대잠전 단기과정은 소위~중위 장교들을 대상으로 일주일 동안 하는 필수 보습교육 과정이었는데 교범에 나와 있는 내용 외에 잠수함에서 실제로 대응하는 전술을 얘기해주니 대단히 흥미로워했다. 그런 소문 때문인지 연합 대잠훈련 직전에 훈련 참가 함정의 장교들을 대상으로 특별 집체교육도 담당하게 되었다. 그 내용은 실제로 훈련에서 적용할 수 있는 것이어서 대단히 인기가 좋았다.

예를 들면 이런 내용이었다.

대잠함에서 잠수함을 찾아내기 위해 보통 소나(sonar)를 사용하지만 소나는 잠수함을 찾기보다는 쫓아내거나 대잠함 위치를 알려주는 '음향 등대'다. 잠수함은 소나 접촉 거리의 최소 2배 밖에서 먼저 듣는다는 사실을 알아야 하고 그걸 이용해야 소나의 기능을 살릴 수 있다.

잠수함이 대잠경계진 침투나 공격시 통상 잠망경심도에서 접근한다. 이때 잠수함 함장이 잠망경을 수면에 노출시키는 한 번에 5~6초 정도다. 오래 관측할 필요가 있을 때에도 여러 번 노출시켜서 관측하지 결코 10초 이상 노출시키지 않는다. 그것은 수상함의 전탐사들을 속이기 위한 것이다. 수상함 항해 레이더의 회전수가 분당 24회 정도이니 5~6초라면 레이더 스코프상에 1~2회 회전 동안만 잠깐 나타났다가 사라지는 좁쌀만 한 허상 펄스로 보인다. 그런 펄스는 스코프상에 흔히 나타나는 것이어서 전탐사들은 허상으로 간과하기 십상이다. 그러나 그 부분을 유심히 관찰하고 있으면 같은 위치에서 비슷한 펄스가 다시 나타날 것이다. 그때는 잠망경이라고 판단해도 좋다. 잠수함 함장이 잠망경을 내렸다가 다시 올린 것이기 때문이다. 대잠함 두 척 중 한 척은 소나를 작동하고 다른 한 척은 레이더를 작동하고 있으면 십중팔구 잠수함은 레이더를 작동하고 있는 함정 쪽으로 침투를 시도할 것이다. 등등.

 그런 내용들은 대잠함 장교들에게 신선한 것으로 비추어져 매우 흥미로워했다. 실제로 훈련 중에 내가 가르쳐 준 대로 함장님께 권고했더니 잠수함을 몇 번 접촉했다며 전술학교에 일부러 찾아와 신나게 경험담을 얘기하는 장교들도 있었다. 전술학교 '교관 안 대위'가 유명해지기 시작했다. 그 보다도 나를 더욱 유명하게 만든 것은 이종수 제독 때문이었다.
 그분이 어느 날 구축함을 훈련검열 하면서 그 배 작전관에게 "작전관! 잠수함이 스노켈로 배터리를 충전하고 있다가 구축함을 발견했어. 그 잠수함이 스노켈을 중지하고 수면에서 사라지려면 몇 초면 가능한지 알고 있나?" 물었단다. 작전관이 대답을 못 하자 "그런 것도 모르고 대잠작전을 잘할 수 있나. 전술학교 안 대위에게 잠수함 교육 좀 받아야겠군……." 하셨다는 것이다. 그 배를 타고 있는 다른 장교가 나에게 전해준 말이다. 내가 미국 잠수함 교육을 갔다 와서 결과보고를 하는 자리에서 잠수함이 하는 양태를 얘기했던 것을 이종수 제독은 기억하고 있다가 구축함 장교들에게 알고 있는지 확인하고 다녔던 것이다. 그분이 그러고 다니시니 내가 유명해지지 않을 수 없었다. 나는 그런 말을 전해 들을 때마다 저 양반이 왜 저러고 다니시나 내심 불안하기까지 했다. 나를 너무 과대평가하고 계신 것 아닌가 생각도 들고 이러다가 무슨 일 당하는 게 아닌가. 불안감이 생길 지경이었다. 너무 올라가면 자고로 불안한 법이다.

얼마 지나지 않아 사령관은 나에게 커다란 과제를 안기는 것이었다. 장교들을 대상으로 교육할 수 있도록 잠수함 단기교육과정을 만들라는 것이었다. 대잠작전을 해야 하는 장교들이 잠수함에 관한 지식이 너무 없으니 잠수함에 관한 기초지식을 모아서 일주일 정도 교육시킬 수 있도록 준비하라는 것이었다. 미국 잠수함에서 얻어 온 자료와 내가 보고 배운 것을 종합하면 충분히 교육내용이 될 수 있을 것이니 교육과정으로 만들어 놓으면 나 다음에 다른 장교가 와서도 교육시킬 수 있지 않느냐는 것이었다. 그때는 내가 전술학교에 근무한 지 1년 반 정도가 지나고 있어서 함정근무를 해야 할 시기가 다가오고 있어 사령관은 내가 전술학교를 떠난 다음을 염두에 두고 하시는 말씀이었다.

드디어 일이 생겼구나. 생각이 들었다. 대잠전 집체교육 때 참고사항으로 얘기해주는 것과 잠수함 부분만을 떼어내서 교육과정으로 만드는 것은 차원이 다른 문제였다. 일주일간이라야 실제 교육 기간은 5일 밖에 안 되겠지만, 사실 내가 가진 것을 전부 쥐어짜도 5일 교육 분량은 안되었다. 어떻게 5일 교육과정을 만든단 말인가.
사령관이 나를 과대평가하셨다는 것과 이렇게 올라가다간 무슨 일을 당하지 내심 불안했던 게 한꺼번에 맞아 들어가는구나 생각이 들었다. 그렇지만 사령관의 지시니 도리가 없었다. 어떻게든 해야만 하는 과제였다.

그로부터 나는 3개월여를 잠수함 교육과정 교수안 작성에 몰두해야 했다. 그동안 모았던 자료를 총망라하고 다른 부분도 첨가시켜서 잠수함 발달사, 전사, 구조, 전술, 강 약점 등으로 정리했다. 그랬더라도 5일간 교육분량으로는 부족했으나 교육이라는 게 얘기가 나오면 얼마든지 시간을 연장할 수 있는 것이어서 그런대로 교육을 진행할 수 있었다. 지금 안목으로 보면 빈약하기 짝이 없는 내용이었지만 여하튼 한국 해군 최초의 잠수함 교육교재였다. 그 교재로 두어 번 교육을 하고 나서 사령관은 장성으로 진급하셔서 서울로 올라가시고 나는 구축함 전탐관으로 발령이 나서 그분과는 2년여 만에 헤어졌다.

지나고 보니 그때 그분은 나에게 일에 몰입시키는 심리기법을 쓰신 게 아닐까 하는 생각이 든다. "안 중위는 중위 중에선 최고야!" 하시며 초급장교의 간을 붓게 하신 것이라든가 다른 장교한테 "가서 안 대위한테 물어봐!"라고 하시며 그 말이 내 귀에 들어오도록 하신 거라든가 모든 게 일부러 그렇게 하셔서 나로 하여금 열심히 하지 않으면 안되게끔 하신 고도의 심리기법을 쓰신 것 같기만 하다. 하여간 나는 그분 때문에 잠수함에 대한 꿈을 몇 번이나 꾸었는지 모른다. 한 가지를 계속 생각하고 있으면 반드시 꿈을 꾼다는 사실을 나는 그때 확실히 경험했다. 길을 가다가 운전석 옆에 위로 올라간 연통이 있는 트럭을 보고 그 연통이 잠수함의 스노켈 마스트 같이 보여 흠칫 놀라 한참 동안 쳐다보기도 했던 기억이 난다. 지금 생각하니 무언가에 초점이 맞춰져 있던 행복했던 초급장교 시절이었다.

한국 해군 잠수함의 그림을 그려내라!

이종수 제독을 다시 만난 것은 그로부터 5년여가 지난 1983년 1월 초였다. 그때는 내가 소령으로서 제5해역사(현재 제2함대)에서 고속정 편대장으로 근무하고 있을 때였는데 고속정 2척을 지휘해서 인천 근해 이작도 기지에 전개해 있던 어느 날 느닷없이 날아든 전보 한 통으로 그분과 다시 만나게 된다.

해군본부에서 해역사령부로 왔다는 전보를 중개해 주어 받아보니 "소령 안병구. 명일 0,800시까지 본부 인사에 보고 조치할 것."이란 내용이었다. 느닷없는 일이었다. 군대에서 인사에 보고하라는 지시는 왕왕 비리나 사정에 연관된 사람에게 떨어지는 달갑지 않은 통지인데 해상전선에서 열심히 임무를 수행하고 있는 장교를 갑자기 본부 인사에 출두시키라니 도대체 무슨 일인가?

즉시 귀인 하라는 지시를 받고 편대와 함께 인천으로 복귀해서 사령부에 문의하니 이유를 아는 사람이 아무도 없었다. 본부인사에 전화를 해봐도 마찬가지였다. 이튿날 아침 일찍 본부 인사에 가서 장교인사담당 과장에게 물어도 모른다는 것이고 인사부장 지시로 전보를 친 것이니 인사부장에게 가 보란다. 필시 무슨 일이 있구나 싶었다. 인사부장실에 가서야 감을 잡을 수 있었는데 바로 기획관리참모부장 부탁으로 오라고 한 것이니 빨리 그분에게 가 보라는 말을 듣고 나서다. 기획관리참모부장은 바로 이종수 소장이셨다.

이종수 제독이라면 필시 잠수함 때문일 것이다. 그분이 나를 부를 이유는 그것 외에 없었다. 기획관리참모부장실에 들어서자마자 그 생각이 맞다는 것을 알았다.

"여어, 안 소령! 오랜만이다! 잠수함 때문에 일이 터져서 불렀어!" 하시는 것이었다.
차 한잔 마신 후에 이종수 제독의 설명이 시작되었다.

국가 지도부에서 갑자기 잠수함 보유 문제에 대해 해군의 견해를 물어왔다. 잠수함 문제는 해군에서 먼저 제기하고 건의했어야 할 사안이었는데 반대로 문제가 제기되었고 해군에서 준비되어 있지 않아 적절히 대처하지 못했다.
지난달에 총장이 갑자기 교체된 이유 중의 하나도 그것이다. 그래서 신임 총장이 복무계획 보고를 할 때 이 문제에 대한 해군의 확고한 의지를 밝혀야 할 필요가 생겼다. 해군의 의지란 잠수함을 가능한 한 조속히 확보하는 것이다. 문제는 어떤 잠수함을 어떤 방법으로 확보하느냐다. 그러니 '안 소령이 앞으로 3개월 이내에 해군이 가져야 할 잠수함의 그림을 그려내라!'는 것이었다.
그 말을 듣는 순간 쿵 하고 뭐가 내려앉는 듯한 느낌이 들었다. 소령 장교인 나에게 해군이 가져야 할 잠수함의 그림을 그리라니……. 갑자기 이 무슨 엄청난 과제냐…….
앞으로의 일이 전광석처럼 머릿속을 스치면서 이거야말로 큰일 났구나, 생각이 들었다. 초급장교 때 이 양반 때문에 한껏 주가가 올라갔던 것은 좋았는데 결국 이런 일에 떨어지는구나. 인과응보(因果應報)냐 자업자득(自業自得)이냐 별생각이 다 났다.
"옛날에 공부한 거로 다시 한 번 실력발휘 해보라구 ~."
사무실을 나오기 전에 하시던 추켜세워 주시는 듯한 그 말도 흥분되기보다는 시험대에 올라가라는 야속한 말로 들렸다.

그로부터 나는 이틀 만에 편대장직을 인계하고 해군본부로 부임했다. 소속은 작전참모부, 보직은 88위원회 위원이라는 비편제 임시보직이었다. 88서울올림픽에 맞추어 잠수함을 확보해서 올림픽 개최 직전에 잠수함 보유를 공표한다는 취지로 총장의 특명 운영 비밀 위원회 이름이 만들어져 있었고 위원장은 기획관리참모부장, 위원은 선발 예정이라지만 우선 발령 난 것은 나 혼자였다.

고속정들을 이끌고 바다 위를 휘날려 다니다가 갑자기 본부 2층 구석 사무실 책상 앞에 앉으니 허망하기 이를 데 없었다. 책상, 걸상, 캐비닛 한 개씩만 있을 뿐 말 붙일 사람도, 읽어볼 책자 하나 없는 그야말로 텅 빈 사무실이었다. 막막하다는 게 이런 것이구나 싶었던 게 기억된다.

하여간 내 임무는 3개월 이내에 해군이 확보해야 할 잠수함의 TLR(TLR: Top Level Requirement : 최고수준 요구서)을 만들어 내는 것이었다. 요새는 전력획득 분야에서 ROC(Requirement Of Capability : 성능 요구서)라는 용어를 사용하지만, 당시는 해군이 조함사업에 TLR이란 용어를 썼었다.

TLR이란 획득해야 할 전력의 모양을 그려내는 그림으로 갖추어야 할 각 분야의 수준을 정의하는 것이었다. 문제는 왜 그렇게 되어야 하는가에 대한 논거를 확실히 정립해야 하는 것이었다. 그것은 내가 알고 있던 잠수함이 어떻게 생겼으며 어떤 전술을 사용하고 무슨 강점 약점이 있다는 지식과는 차원이 다른 문제였다. 전력건설 업무나 교육 배경도 없던 나는 우선 TLR이란 것이 무엇이고 어떻게 작성해야 되는가에 대한 공부부터 해야 했으니 그런 두뇌노동이 필요 없는 바다 위의 질주가 그리워지기도 했다.

하여간 그로부터 몇 달간은 임관 이후 나에게 찾아온 최초의 고민과 고난의 시간이었던 것 같다. 논의해 볼 수 있는 사람이 없다는 게 가장 괴로웠다. 비밀위원회라는 것도 그렇고 잠수함 자체를 알고 있는 사람이 없다는 것도 나 혼자 고민해야 하는 이유였다. 혼자 몇 날 며칠을 고민하다 보니 나에게 이런 과제를 준 이종수 제독이 원망스럽기도 하고 소령 장교에게 이런 짐이 떨어지는 우리 해군의 현실이 안타깝기만 했다. 그렇더라도 도대체 다른 도리는 없었다.

TLR과 열심히 씨름을 했지만, 3개월 내에 만들어내는 일은 무리였다. 도중에 이슈화된 획득방안 문제가 예상외로 복잡하게 되어가면서 잠수함 관련 내용이 총장의 복무계획 보고서에는 들어가지 못하고 별도 보고계획으로 잡히면서 다행히 TLR을 완성할 수 있는 시간도 늘어났다. 3개월여가 지날 무렵 대강의 틀을 만들어 놓은 상태에서 예상치 못한 문제가 튀어나와 TLR의 핵심인 톤수를 결정하는 데 애를 먹긴 했으나 외국의 잠수함 건조 조선소팀들을 불러 설명회를 가진 것이 큰 도움이 되어 그렇게도 큰 짐이었던 과제가 풀렸다.

6개월여 만에 해군본부 정책회의에서 잠수함 TLR이 통과되던 날, 하늘로 날아갈 것 같이 후련했던 기억은 해군 장교생활 중에 잊혀지지 않는 기억 중의 하나다. 해상에 있다가 갑자기 불려와 텅 빈 사무실에서 느꼈던 막막했던 때와는 격세지감이었다. 미국 유학시험 합격 소식을 접하던 날 이후로 두 번째로 통쾌하고 후련했던 날이었다. 인생은 종종 그런 승리감이 있어야 살맛 나는 것인데 말이다.

TLR이 확정되고 나서 나에게 주프랑스 한국 대사관에서 근무할 기회가 생겼다. 주프랑스 대사관 국방무관 보좌관으로 가게 되어있던 장교의 신상에 문제가 발생해서 후보로 올라있던 내가 나가야 한다는 것이었다. 그때는 정책회의에서 TLR이 확정된 이후 총장이 대통령에게 1번함은 국외 건조하고 2번함은 국내 조립건조, 3번함부터 완전 국내건조 하겠다는 계획을 보고해서 허락을 득한 상태라 사업이 본격적으로 시작되기 직전이었다. 사업이 본격적으로 시작되더라도 내가 할 역할이 있긴 하겠지만, 이종수 제독은 나의 유럽행을 허락하셨다. TLR 결정으로 사실 내 역할은 끝난 것이고 사업이 시작되면 협상, 계약, 사업관리 등으로 이어질 테니 그것은 내가 할 수 있는 분야가 아니었다. 그런 것을 아시는지 나를 다르게 쓰시는 게 낫다고 생각하셨는지 유럽으로 가라고 허락하시면서 하시던 말씀이 생각난다.

"획득방안이 결정되었으니 첫 번째 잠수함 건조는 독일 아니면 프랑스로 가지 않겠나. 유럽에 가 있으면 역할이 있을지 모르니 가 있어."

하시는 것이었다. 그 허락 덕분에 나는 예상치 않았던 유럽 근무를 하게 된다.

고속정 편대장으로 서해를 휘돌아다니다가 갑작스런 전보 한 통으로 해군본부에 불려가 임관 이후 가장 고심스런 시간을 보내고 1년도 안 되어 전혀 생각지도 않았던 유럽 근무를 위해 가족을 데리고 파리행 비행기를 타니 인생이란 게 이렇게 앞을 알 수 없는 것인가, 앞으로는 또 어떤 일이 기다리고 있을까 자못 흥미로웠다. 파리 근무가 시작되면서 나는 특히 주프랑스 독일 대사관 무관과 관계를 돈독히 쌓으면서 무언가 본국에서 소식이 오기를 기다렸다. 실은 나는 내심 1번 잠수함 건조는 프랑스 보다는 독일 쪽이 될 거라 생각하고 있었기 때문이었다.

내가 출국한 이후 국내에선 프랑스와 독일이 협상 대상으로 떠오른 모양이었다. 하루는 대사님이 나를 부르시더니 "안 소령, 해군에서 잠수함 사업을 한다는데 혹시 알고 있소?" 묻는 것이었다. 부임 이후 대사에겐 잠수함 사업에 대해서는 얘기한 바가 없었던 터라 대사가 먼저 물으니 의외였다. 내가 어떻게 잠수함 사업에 대해 물으시냐고 되물었다. 프랑스 외무장관이 보자고해서 갔더니 한국 해군의 잠수함 사업에 참가하고 싶다는 말을 하더라는 것이다. 그래서 내가 파리에 오기 전까지 진행되었던 일을 대강 얘기해주고 곧 외국 건조 조선소가 결정될 것이라고 말해줬다. 그랬더니 대사님이 "우리 대사관에 바로 당사자가 와 있었구먼." 하시면서 반색을 하시는 것이었다.

당시는 아웅산 테러사건이 벌어진 지 얼마 지나지 않았을 때였는데, 프랑스가 파리에 있던 북한의 일반 대표부를 총대표부로 격상시킨 일이 있어서 대사가 본국으로 소환되었다가 한 달 만에 복귀하는 등 한불 관계가 매우 악화된 상태에 있었다. 대사는 한불 외교관계가 별로 안 좋은 이때 프랑스와 잠수함 사업이 성사되면 좋지 않겠느냐며 자주 나를 불러 어떻게 진행되고 있느냐고 물으셨다.

어느 하루는 나를 다급히 부르시더니 "안 소령, 프랑스 재무장관은 한국이 프랑스와 잠수함 사업을 하면 100% 차관을 줄 용의가 있다고 하니 외무부에 보고서를 낼 테니 국방부에도 통보되겠지. 그리 알고 있어!" 하시는 것이었다. 대사는 한불관계 개선을 위해선 대단히 좋은 이슈라고 생각하는 것 같았으나 나는 프랑스 쪽이 될 수 있을까 의심스러웠다. 이상한 것은 국내에서 협상이 이루어질 만한 시간이 지났는데도 소식이 없다는 것이었다.

파리 근무를 시작한 지 1년여쯤 지난 1984년 말경 본국으로부터 잠수함 사업이 무기한 보류되었다는 소식이 왔다. 이상하다는 느낌이 있긴 했지만, 막상 무기한 보류라는 소식을 접하고 보니 맥이 빠졌다. 떠날 때의 분위기로는 무기한 보류라는 건 정말 전혀 예상할 수 없는 일이었다. 그럼 TLR 만드느라고 그렇게 고심했던 건 뭐냐, 헛고생했단 말인가……. 무엇인가 희망을 가지고 노력하시던 대사님을 쓴 입맛을 다시게 한 것은 물론이고 주불 독일 무관을 어리둥절하게 만들었다. 곤란하고 씁쓸하고 고약했다. 허망하고 실망스러워 이젠 잠수함에 대해선 근처에 가지 말아야겠다는 생각까지 들었다. 파리 근무를 택한 게 잘했구나, 자위(自慰)하면서 허망을 달랬다. 앞을 알 수 있는 인생이 어디 있던가.

1985년 말경 파리 근무를 끝내고 귀국했다. 귀국해서는 그동안 못 채운 해상근무 개월 수를 채우려고 무조건 배를 태워달라고 요청해서 구축함 부함장으로 발령을 받았다.

제1함대 소속 대구함 부함장으로 동해 해상에 다시 서보니 지난 몇 년간의 부산했던 변화들이 주마등 같이 지나간다. 구축함 부함장 근무를 끝내고 미사일 고속함(PGM 351) 함장 근무를 시작한 1987년 초경 해군본부에 전격적으로 다시 잠수함 사업단이 구성되었다는 소식이 들렸다. 그러나 나는 애써 관심을 접었다. 우선은 동기생 중에서 거의 꼴찌인 해상근무 기간을 채우기 위해선 함정근무를 계속해야 했기 때문이고 다음은 지난번 사업이 무기한 보류된 것에 실망이 커서 언제 어느 때, 또 사라질지 모른다는 생각 때문이었다. 잠수함은 잊어버리자고 애써 얼굴을 돌렸다.

그런데 잠수함이 내 전생의 과제였나 생각이 들도록 또 나를 옭아매려고 달려왔다. 미사일 고속함 함장근무가 끝나갈 즈음 연락이 오는 것이었다.

　잠수함 사업이 재개되어 독일과 건조계약을 체결했다. 곧 감독관 팀이 독일로 나간다. 안 중령이 오면 국내에서 사업단 기획과장을 맡았다가 1번함 함장을 하는 것으로 내정했다. 수용 여부를 답하라…….

　건조계약이 체결됐어? 1번함 함장?
　그동안 일부러 얼굴을 돌리고 있던 마음이 움직이기 시작했다. 며칠 간 생각을 하다가 OK 대답을 했다. 1번함 함장이라는 말이 강하게 나에게 다가온 것이 첫 번째였고 내가 작성했던 TLR을 그대로 적용해서 독일 209급으로 계약되었다는 사실이, 결심을 하게 만들었다. 내가 꼭! 이것이라고 생각했던 잠수함이라니!.
　잠수함 사업단으로 발령받고 동해에서 서울로 오기 위해 대관령을 넘으면서 잠수함은 내 전생의 과제인 모양이다 생각했다. 내가 시작했으니 내가 마무리를 하라는 뜻이 아닐까…….

　그러나 1번함 함장이 되기 위해선 많은 고난이 나를 기다리고 있었다. 1983년 처음 사업단이 구성되었을 때 관리관이었던 김 대령이 장성으로 진급해서 사업단이 재구성되자 다시 사업단 단장이 되어 계약을 성사시킨 것까지는 좋았는데 이 양반이 계약 당시에 있었던 인원들은 한 명도 남김없이 전부 데리고 독일로 나가면서 이후 국내에서 할 일은 전부 나에게 맡겨놓고 나간 것이다. 국내에서 할 일이란 승조원을 선발해서 사전교육을 시켜서 독일로 데려가는 일이었다. 그런데 그 일이 예상찮게 나에겐 악전고투가 되었다. 그때 약 1년 2개월여간 겪었던 서럽고 야속했던 일들은 다시 생각하기도 싫은 기억으로 남아있다.

예상치도 않았던 일들로 우여곡절을 겪으며 1년 2개월 시간을 견뎌 첫 잠수함 인수 승조원들을 인솔해서 독일로 향하기 전, 1990년 10월 말 이종수 제독을 찾아뵈었다. 그때는 전역하셔서 서울 광화문 근처에 사무실을 내고 사업을 하고 계셨다. 옛날 내가 초급장교 시절 훈련단 사령관실에 전입신고하러 들어갔을 때부터 얘기를 하며 즐겁게 같이 점심을 먹었다. 전입신고하던 날 용기를 주느라고 한마디 해줬더니 내가 예상외로 열심히 하더란다. "햐! 이놈 봐라! 초사가 있네." 생각하셨단다. 역시 그분은 나에게 격정지법(激情之法)의 심리기법을 쓰셨던 것이다.

"저에게 잠수함만 공부하라고 격정지법 쓰신 덕분에 첫 잠수함을 인수하러 갑니다."

"그래 말야! 참 기분이 좋구먼. 나도 이런 날이 올 줄은 몰랐어." 하시며 정말 기분 좋으신 표정을 지으셨다. 그러면서 또 예의 그 심리기법을 쓰셨다. "안 중령이 잘해 갖고 올 거야~."

독일만 가면 모든 것이 해결될 것으로 보이던 일들이 또다시 예상 못 한 갈등과 고심의 시간을 겪는다. 독일에 도착해서 2년 후 함을 인수할 때까지가 오히려 더 고심과 고투의 시간이었으니 세상일이라는 게 앞을 모르니까 가는 것이지 앞을 안다면 간다는 사람이 얼마나 있을까. 인생 이치이리라.

첫 잠수함 장보고함을 인수해서 귀국한 1993년 5월 말경 장보고함 모형을 유리상자에 넣어서 다시, 이종수 제독을 뵈러 갔다. "이런 잠수함을 인수해 갖고 왔습니다." 했더니 감격해서 울먹거리는 것 같은 목소리로 내 손을 잡고 "안 중령! 정말 해냈구먼! 정말 해냈어!" 하시며 큰 눈을 껌벅거리시던 모습이 눈에 선하다.

당신이 잠수함만 공부하라고 시켰던 초급장교가 20여 년 후에 첫 잠수함의 초대함장이 되어 잠수함을 인수해 갖고 왔다는 사실이 믿어지지 않는 표정이셨다. 그때의 그분이나 나나 내가 첫 잠수함의 초대함장이 될 줄이야 어찌 알았겠냐만 "한국 해군에 잠수함 전문가 하나 나오겠구먼!" 하시던 초급장교의 가슴을 그리도 울렁이게 했던 그 말씀 한마디가 결국 그것이 계기가 되어 여기까지 왔다는 사실은 그동안의 시간을 뛰어넘게 했다.

그 날 점심을 사주시며 옛날 얘기를 즐겁게 하시던 것이 나와는 마지막 상면이 되어 버렸다. 잠수함 전단장이었던 2000년 봄, 갑자기 들려온 그분의 부음은 허망하기 이를 데 없는 인생의 순간을 느끼게 했다. 언젠가 진해에 오시면 꼭 잠수함을 타고 항해를 시켜드리겠다고 약속했었는데 그 약속도 이루지 못했다. 무엇이 그리 바빠 그런 즐거움도 못 드렸단 말인가 이것저것 생각해보니 후회되는 일이 한둘이 아니다. 장례식에도 갈 수 없어 안타깝게 앉아 생각하니 인생의 인연이 이렇게 끝나는가 허망하기만 했다. 가시고 나니 그분이 나의 보이지 않는 의지처였다는 생각이 드는 것이다. 무언가 시키신 일을 이루고 보고드릴 때 좋아하시는 모습을 보는 게 또한 나의 행복이었다는 생각이 드는 것이었다.

해군 장교생활을 마감하고 나서 다시 가만히 생각해보니 내가 마치 그분이 연출하셨던 잠수함이라는 드라마에 출연했다가 마감을 한 느낌이 드는 것이다.

초급장교 시절에 나에게 사기를 불어넣어 잠수함에 집중하게 했다가 중요한 시기마다 잠수함 과제를 안겨주어 고생도 시키고 고민도 하게 하고 결국 1번 잠수함을 인수해오는 역할까지 할 수 있게 하셨으니 잠수함 드라마의 연출은 완벽히 하신 것이다.

세상일이라는 게 시작하는 사람이 있고 그 시작의 열매를 따먹으며 누리는 자가 있고 그 때문에 고통받는 자도 있게 마련인 이치에 부쳐 보면 한국 해군 잠수함 역사에 관한 한 이종수 제독은 정녕, 시작한 당사자이셨으면서도 누리지는 못하신 보이지 않는 연출가이자 대부이셨다는 생각을 지울 수가 없다.

한 가지 일이 성사되면 자기가 공로자라고 내세우며 그리도 많이 쏟아져 나오는 세상, 한국 해군의 잠수함 사업이 성공하자 저마다 역할을 했다며 나서는 사람도 많았다. 그러나 그분은 주요 고비마다 대부(代父)역할을 하셨으면서도 여전히 드러나지 않으셨다.

한국 해군 잠수함의 대부 이종수 제독
(1933~?000)

남이 알지 못하는 인연의 내역을 밝혀 이제나마 그 성함 석 자를 드러내 보지만, 반길 이 없으니 허허롭기만 하다. 그러나 한국 해군의 잠수함 전력구축은 진정 이종수 제독께서 시작하셨고 진행 시켰다는 역사를 그분의 연출에 맞춰 움직였던 배우, 첫 잠수함의 초대 함장이 분명히 증언한다.

어떤 잠수함을 어떻게 확보할 것인가?

최고수준 요구서(TLR)

잠수함 함장, 전대장, 전단장 근무를 끝내고 잠수함과는 직접적 업무에서 떨어져 해군본부 정보작전참모부 차장으로 재직하던 2001년 봄 어느 날, 기획관리참모부에서 근무하는 잠수함 장교 후배 한 명이 변색이 되어 누렇게 보이는 문서 하나를 가지고 내 사무실을 찾아왔다. 비밀문서 정리작업을 하다가 기안자가 내 이름으로 되어있는 오래된 문서가 있기에 갖고 왔으니 한번 보라는 것이었다.

1983년 내가 소령 때 작성했던 잠수함 최고수준 요구서(TLR : Top Level Requirement) 문서였다. 16절지 시험지에 삐뚤빼뚤 타이핑된 글씨가 지금 수준으로 보면 우습기까지 한 문서였으나 여태까지 보관되어 온 것이 신기해서 한참을 뒤적이며 감회에 젖었던 기억이 있다. 작성할 때 정한 비밀보존 연한이 지난 다음부터는 중간중간에 파기 일자를 연장한 기록이 보이다가 최근에 '영구보존'으로 재분류했다는 큼지막한 붉은 도장이 찍혀있었다. 처음에 내가 써놓았던 대로라면 오래전에 없어졌을 문서의 파기 일자를 연장시켜 놓은 그동안, 거쳐 갔던 비밀문서 보관 책임자와 영구보존으로 결정해 놓은 사람이 누구인지는 모르나 얼마나 고마운 마음이 드는지 모른다. 비밀문서란, 보관 연한이 도래하면 반드시 파기해야 보관책임을 면하는 것인데, 정리할 때마다 문서 내용을 살펴보고 보관가치를 따져서 보관연장 품의를 올려 결재를 받아 연장하지 않는 한 보존되지 않는다는 점을 생각한다면 그동안 거쳐 갔던 보관 책임자들이 모두 그런 수고를 했을 것이니 참으로 다행스럽고 고마운 일이었다.

현재는 성능요구서(ROC : Requirement Of Capability)라는 용어를 쓰지만, 당시는 최고수준 요구서라는 용어를 사용했다. 최고수준 요구서란 함정을 건조하기 전에 건조해야 할 함정의 임무, 크기, 형태, 성능, 특성, 부가요소 등 내용을 포함하는 문서로 보통 'TLR'이라고 불렸는데 나로서는 1983년 1월 초 어느 날, 서해에서 고속정 편대장 근무를 하다가 갑자기 해군본부로 불려가 잠수함 TLR을 만들라는 명령을 받을 때까지는 듣도 보도 못한 말이었다.

잠수함 TLR 작성 실무자로 불려 왔다는 것은 내가 잠수함에 대해 대단히 많이 알고 있다고 본다는 것인데, 잠수함 전문가가 아닌 나로서는 속으론 당혹스러웠다. 잠수함에 관해서라면 대위 시절에 전술학교에서 대잠전 교관으로 있으면서 미국 잠수함에 몇 번 편승해서 보고 들은 것을 강의하고 몇 차례 해군대학에 출강했던 것이 전부였는데 전문 교육을 받은 것도 아니고 잠수함에서 근무해본 경력도 없는 나에게 한국 해군의 잠수함 건조를 위한 TLR을 만들라는 임무가 떨어졌으니, 지금 생각해도 소령급 장교에겐 무거운 과제였던 것 같은데 내가 잠수함에 대해선 누구보다도 많이 알고 있을 거라 생각하고 있던 이종수 제독 때문에 벌어진 일이었다. 그렇게 된 것은 갑작스럽게 벌어졌던 일의 여파라는 것을 나중에 알게 되었다. 인생사에서 '일'이란 항상 갑작스럽게 일어난다고 나는 생각한다. 그 일이란 얼마 전에 있었던 갑작스런 해군참모총장의 경질사건이었다.

1982년 연말을 며칠 앞둔 12월 28일쯤으로 기억되는데 교대시기도 아닌데 갑자기 해군총장이 교체되었었다. 조용한 연말이 아니라 해군 전체가 술렁거렸지만, 서릿발 같았던 정권하에서의 일이었으니 모두 쉬쉬하고 지냈다.

해군 본부에 부임해서 이곳저곳으로부터 들은 얘기로는 잠수함 문제가 해군총장 경질의 중요한 이유였다는 것이었다. 대통령이 해군총장에게 잠수함 확보에 관해 의견을 물었는데, 실망스러운 대답을 해서 대통령이 대노했다는 것이었다. 더 확실한 얘기는 지금까지도 알려지지 않았지만, 이종수 제독도 그런 말씀을 하셨고 당시 기무사 장교로부터 들은 얘기를 종합하면 정확할 것으로 믿었다.

해군본부에 부임하고 보니 보직이 '88위원회 연구위원'이라는 것이었다. 해군 인사편제에도 없는 보직이었다. 해군본부 지휘부에서는 이미 88올림픽에 즈음하여 잠수함 확보를 공표한다는 계획을 잡고 잠수함 획득연구위원회라는 비밀 위원회명으로 '88위원회'라고 결정해 놓고 있었다. 그런데 그 위원회는 위원장 기획관리참모부장 이외에 1차적으로 임명된 위원은 나 혼자였다. 부임하고 보니 책상, 걸상, 캐비넷 하나만 덜렁 놓여있는 급조된 텅 빈 사무실에 앉아서 막막했던 심정이 잊혀지지 않는다.

내가 받은 1차적 임무는 3개월 후에 있을 총장의 대통령에 대한 복무계획 보고서에 넣을 잠수함 TLR을 만들어내라는 것이었다. 지금도 각 군 총장이 교대하면 대통령에게 복무계획 보고를 하는지 모르지만, 당시는 모든 지휘관은 부임한 후 차상급 지휘관에게 복무계획을 보고하는 게 규정이었다.

나는 우선 TLR이라는 게 무엇이고 어떻게 작성하는가부터 공부를 시작해야 했다. 전력증강사업 업무 부서에 근무하는 장교들은 익히 아는 것이었지만 바닷물을 뒤집어쓰며 해상을 달리기만 하다 온 나로서는 용어부터 생소했다.

그런데 연구를 진행하면서 알게 된 것은 그 작업이 보통 복잡한 일이 아니라는 것이었다. 나는 우리가 필요한 잠수함은 '어떤 잠수함?'이라는 명제만 간단히 풀면 되는 줄 알았는데 그 명제를 풀기 위한 요소가 생각했던 것보다도 복잡했다.

우선 우리 잠수함을 어떤 목적으로 어떻게 운용할 것인가부터 시작해서 상대가 되는 북한 잠수함보다는 적어도 열등하지는 않아야겠고 주변국 잠수함들과도 능력 면에서 견줄 수 있어야 하고 동, 서, 남해 작전해역에서 작전하는 데 지장이 없어야 하는 등의 직접적인 요소 외에 가능한 예산도 봐야 하고 장차 30년 이상 운용할 것이니 잠수함 발전 추세도 예상해야 하는 등 고려해야 할 요소를 풀기 위한 논거는 내가 갖고 있던 잠수함 지식만으로 해결될 수 있는 문제가 아니었다. 그런 요소들에 공통적으로 논리를 적용할 수 있는 '몇 톤?'이라는 잠수함 톤수가 말하자면 TLR의 핵심이었다. 몇 톤이라는 잠수함 톤수만 찾아낼 수 있다면 나머지는 수월하게 풀어낼 수 있는 것들이었다.

TLR 연구를 시작한 지 2개월여 지났을 때 구축함 함장 근무를 끝낸 김 모 대령이 88위원회 위원으로 보강되어 부임하면서 잠수함 문제에 대한 업무가 서서히 활성화되기 시작했다. 나는 TLR 작성 작업에 매달리고 김 대령은 군비처장, 조함단장 등과 획득방안에 대한 논의를 하는 것으로 업무가 자연스럽게 나누어졌다.

3개월인가 지날 즈음 김 대령이 지휘부에 자주 불려가더니 '획득방안'에 대한 문제가 현안으로 떠올랐다. 해군이 필요한 잠수함의 형태뿐만 아니라 그런 잠수함을 획득할 수 있는 방안까지 보고해야 한다는 방침이 정해졌다는 말이 전해지면서 TLR보다는 '획득 방안'이 더 이슈가 되는 것 같은 분위기로 변해갔다. 얼마간의 논의 끝에 '획득 방안'은 해군 단독으로만 결정할 수 있는 문제가 아니고 국방부, 합동 참모 본부, 국방과학 연구소 등 관계기관과 협의가 필요하다는 결정이 내려지면서 88위원회가 해체되고 '잠수함 사업단'으로 개편되어 '율곡 5203사업'으로 정식으로 전력증강사업 리스트에 오르게 되었다. 사업단으로 간판은 바뀌었으나 보강된 인원은 없이 그동안 논의 그룹이었던 군비처장, 조함단장, 김 대령, 그리고 나, 4명이 전부였다. 통상적으로 부임 3개월 이내에 하던 총장의 복무계획 보고는 잠수함에 관해서는 획득 방안을 관계부서와 긴밀히 협의할 필요가 있어 충분히 검토해서 별도 보고하겠다고 건의하여 허락을 득했다는 말이 들려왔다. 그 즈음 내가 작업하고 있던 잠수함 TLR은 형식에 맞추어 다른 분야는 거의 틀을 잡았으나 핵심이 되는 잠수함 톤수는 '적어도 1,000톤 이상'이라는 개념만 잡았을 뿐, 결정적으로 몇 톤이라는 숫자는 결정 못 하던 상태였다. 몇 톤이라는 숫자가 결정되어야 TLR은 마무리가 되는 것이었다.

5개월 만에 찾은 잠수함 톤수

잠수함 톤수의 폭을 잡고 획득방향에 대한 잠정 결론을 내린 다음 최종 확인을 위해 잠수함 수출국 조선소들로부터 프레젠테이션을 받아보자는데 의견이 일치되었다.

독일의 HDW, 프랑스의 DCN, 이탈리아의 Italcantieri, 네덜란드의

RDM사에 텔렉스를 쳤다. 인터넷이 없던 시기이니 텔렉스가 중요한 국제 통신망이었다. 전문은 아주 간단해서 지금까지도 또렷이 기억하고 있다.

"귀사의 제품에 관심을 갖고 있습니다. 서울을 방문해서 프레젠테이션을 해 주실 수 있겠습니까(We are interested with your production. Would you please visit Seoul and have presentation for us)?"

보안상 '잠수함'이란 명사를 넣지 않았어도 신기할 정도로 그 이튿날 모두 답신이 도착하는 것을 보니 잠수함 수출국들은 이미 한국 해군이 잠수함을 가지려 한다는 정보에 촉각을 곤두세우고 있음을 분명히 알 수 있었다.

우리는 일주일 간격으로 날짜를 정해주고 한 달간에 걸쳐 율곡사업단 회의실에서 독일 HDW 조선소의 209급, 프랑스의 아고스타(Agosta)급, 이탈리아의 사우로(Sauro)급, 네덜란드의 왈너스(Walnus)급 잠수함에 대한 성능, 다른 잠수함에 비해 내놓을 수 있는 우수성, 건조 조건 등에 대한 상세한 설명을 듣고 질문을 많이 했다.

그 프레젠테이션은 목마른 시기에 나타난 단비 같았다. 그동안 불분명하고 애매했던 점들을 비교하고 데이터를 얻고 질문을 해서 답을 얻는 것은 마치 흐릿했던 시야가 벗겨지는 듯한 기분이었다.

나는 그중에서도 독일팀과 가졌던 장시간의 토의를 잊을 수 없다. 독일팀은 첫 번째 팀으로 설명회를 시작했는데 유명한 잠수함 설계자 가블러(Ulrich Gabler) 박사가 직접 7명을 데리고 왔었고 자료도 많이 갖고 와서 설명하는 게 진지하고 성실한 느낌이 들어서 좋은 인상을 받았다. 특히 가블러 박사는 U보트 설계부터 당시까지 독일의 잠수함을 설계해 온 세계적인 잠수함 설계자로 독일 잠수함 설계의 전설로 남아있는 사람이었다. 흰 머리카락이 장발로 휘날리고 기다랗고 하얀 수

염에 상하로 헐렁한 흰옷을 입고 있는 모습이 마치 동양의 전설에 나오는 도사 같은 인상을 준 노인이었지만 카리스마가 느껴지는 게 보통 아니었다. 그렇지만 아마추어 같은 내 질문에 진지하게 대답해주어 매우 좋은 인상을 받았다.

지금도 생각나는 것이 내가 "209급 잠수함이 해상에서 4엔진으로 배터리를 60%에서 100%까지 충전하는데 소요되는 시간은 얼마쯤 걸립니까?"라고 묻자, 가블러 박사가 "한국에는 아직 잠수함 장교가 없는 것으로 아는데 안 소령은 어째 그런 질문을 할 줄 아는가?"라고 칭찬 비슷한 말을 해서 사업단 인원들이 나를 쳐다보던 게 기억된다. 당시는 내 딴엔 제법 안다고 한 질문이었는데 지금 생각하면 가블러 박사가 '역시 잠수함은 모르는구나……'라고 속으로 생각했을 것 같아 부끄러운 생각이 드는 것이다.

잠수함의 배터리 충전은 만충전과 보충전이 있는데 만충전은 배터리 성능 유지를 위해서 한 달에 한 번 부두에서 육상 충전기를 이용해서 완전 방전시킨 다음 100%까지 다시 충전하는 것이고 보충전은 해상에서 작전 중에 하는 충전으로 최고 95%까지만 충전하는 방식이다. 100%에 충전에 가까우면 염소가스가 생성되기 때문에 안전을 위해서 보충전으로 100%까지 충전을 시도하지 않아야 하는 것이 안전수칙이고 100%까지 잘 되지도 않는다. 그렇지만 가블러 박사는 진지하게 대답해주었던 것으로 기억된다. 가블러 박사는 가면서 자기가 쓴 '잠수함 설계(submarine design)'란 책의 영어본을 나에게 주고 갔다. 이 글을 쓰면서 그 책을 찾아보니 그의 사인과 함께 1983년 4월 16일이라는 역사의 증거가 눈에 들어온다. 그로부터 30년이 넘게 지났으니 돌아가셨을 테지만 그때, 가블러 박사로부터 받은 인상은 지금껏 생생하다.

독일팀이 내놓은 209급 잠수함은 마음에 쏙 드는 매력적인 잠수함으로 우리에게 다가왔다. 우리가 찾던 조건에 딱 들어맞는 잠수함이었다. 나는 속으로 "이거구나!" 생각했다.

독일팀에게서 받은 인상 때문인지 나머지 나라들의 설명회는 시간이 그다지 오래 걸리지 않았고 매력적으로 다가오는 잠수함도 없었다. 설명회를 거치면서 우리는 잠수함에 관한 지식과 데이터를 많이 확보한 상태였다. 조선소들로부터 설명회를 거친 후 우리는 잠수함 톤수를 확정 지었다.

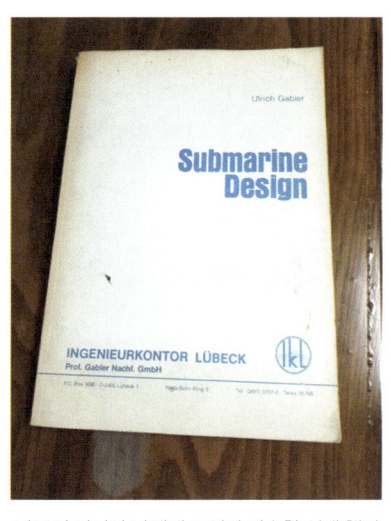
가블러 박사가 나에게 주었던 잠수함 설계 책자

1,200±100톤!

실로 5개월여 만에 찾은 숫자였다. 톤수를 찾으면서 TLR은 완성되었다.

잠수정의 훼방

잠수함 TLR의 핵심인 톤수를 찾는 과정에서 예기치 않게 우리 앞에 나타나 곤혹(困惑)을 겪게 했던 일이 하나 있었다. 그것은 아이러니하게도 우리가 건조한 잠수정 때문이었다.

1983년 초에 국방과학연구소에서 연구목적으로 건조했던 300톤 크기의 잠수정을 공개했다. 이탈리아 모 회사의 지원을 받아 국방과학연구소에서 설계했다는 특수작전용 잠수정이었는데 해군에서 건조 요청한 것도 아니고 시험평가나 작전 운용성 평가를 끝낸 상태도 아니었는데 문제는 해군에서 잠수함사업을 시작한 시기에 맞춰 공개하고 국방부, 합동참모본부에 잠수함 설계 건조능력을 갖췄노라고 선전하고 다녔다는 사실이다. 해군에서 잠수함 획득방법을 찾는데 노심초사하고 있는 시기에 상부에 그런 보고를 하는 것은 우리를 매우 곤혹스럽게 만들었다.

해군 현역이면서 국방과학연구소에 파견 나가 근무하고 있던 물리학 박사 김 모 대령 팀이 그 잠수정 건조를 담당했었는데 해군이 잠수함 전력을 확보할 때는 자기들이 핵심역할을 할 거라는 강한 집념을 갖고 있었다. 해군에서 연구 의뢰한 것도 아닌데 연구개발을 해서 잠수정 건조를 한 것은 평가할만한 일이었으나 예민한 시기에 잠수함을 국내에서 개발할 수 있는데 왜 국외건조를 검토하느냐고 국방부 방산국, 합동 참모 본부 연구개발국 등에 보고하고 다니는 것은 해군본부 지휘부는 물론 잠수함 사업단 인원들을 적잖이 곤혹스럽게 만들었다. 사실 해군본부 지휘부와 잠수함 사업단에선 우리가 국내개발 할 수 있는 능력은 모르긴 몰라도 없다는 점은 인지하고 있는 상태였기 때문이다. 특히 해군 지휘부에선 국방과학연구소 측이 연구개발 예산을 획득하려고 술책을 쓰는 것이라고 몹시 언짢게 보고 있었다.

우리가 겪고 있던 곤혹을 벗어날 천만다행인 기회가 생겼다. 그것은 국방부로부터 잠수함 사업단에 국방과학연구소의 잠수함 설계능력을 파악해서 보고하라는 지시가 내려온 것이었다. 김 대령과 내가 조사위원으로 국방과학연구소 예하 진해 기계창과 잠수정을 건조했던 코리아 타코마 조선소를 방문해서 조사에 들어갔다.

 진해 기계창에서는 잠수함 사업단에서 생각하고 있는 '1,000톤 이상'이라는 개념을 어떻게 알았는지 1,000톤 이상 잠수함 설계는 문제없다고 일관되게 주장했으나 잠수함 설계교육을 받은 인력이나 기준 사양 자료는 제시하지 못했고 조선소 측은 잠수정의 세부설계는 국방과학연구소 측이 한 게 아니라 자기들이 했지만 1,000톤 이상의 잠수함은 인력이나 설비도 없어 건조능력이 있다고는 말할 수 없다고 솔직히 대답했다. 우리가 예상했던 결과 그대로였다.
 우리는 잠수정을 시승해서 상태를 보기도 했다. 그런데 그 시승은 나에게 중요한 확신을 갖게 했다. 장비나 체계가 전투를 할 수 있는 수준에선 한참 멀었고 승조원 한 명이 앞에 있다가 뒤로 움직여도 트림(함의 경사)이 바뀔 정도여서 운용상에도 문제가 많았다. 이런 잠수정을 타고 전투를 한다? 나는 '이것만은 아니다…….' 속으로 단단히 마음먹었다. 3,000톤급 미 해군 잠수함을 타고 전쟁연습을 해본 나에게 잠수정은 정말 아닌 것으로 보였다. 그 조사 기간은 나에게 한국 해군 잠수함 전력이 잠수정으로 시작되어서는 안 된다는 확신을 갖게 해준 중요한 시간이었다.

 국방과학연구소에 대한 설계능력 판단 조사로 국방과학연구소 측이 1,000톤급 이상의 잠수함 설계능력이 없다는 것은 확인했는데 이번에는 국방과학연구소 측이 한국 해군의 잠수함 전력 구축은 잠수정급으로 시작해서 스텝 바이 스텝(step by step)으로 중형, 대형 잠수함으로 발전해가야지 왜 처음부터 큰돈을 들여 대형으로 시작하려는 것이냐는 주장을 하고 다닌다는 소문이 들려왔다.

2차대전 때 독일도 500톤급 잠수함으로 전쟁을 치렀는데 우리는 시작하는 마당에 잠수정급이면 되지 않겠느냐는 것이다. 국방과학연구소 측이 주장하고 다닐 이슈는 아니었지만, 자기들이 설계능력이 없는 크기로 가면 국외도입으로 갈 수밖에 없고 그렇게 되면 자기들이 설 땅이 안 생길 테니 하는 우회적인 주장이었지만 내 눈엔 해군을 망치려는 사람들 같이만 생각되어 이해가 되지 않았다. 국방과학연구소 사람들의 활동은 집요하다는 생각이 들 정도였다. 문제는 당시 방산산업에 관한 한 결정권을 갖고 있던 국방부 방산국 관계자들이 그런 주장이 일리가 있다고 생각한다는 소문이 들려온다는 사실이었다.

그런 소문은 우리를 진땀이 나게 하기에 충분했다. 그런데 그런 주장이 해군을 위해 전적으로 타당하다고 판단되어서라기보다는 국외도입 쪽으로 간다면 한정된 국방예산이 해군으로 쏠린다는 방산국 사람들의 위기의식이 반영된 것이었다.

해군이 예산을 많이 가져간다는 것은 그만큼 육군 예산이 줄어든다는 것을 의미하니 육군이 잡고 있던 방산국으로선 결코 원치 않는 일이었을 것이다. 지금 생각하니 그렇게 보이는데 당시는 난 국방과학연구소 사람들만 이상하게 생각되었다. 그런 것이 국방과학연구소를 방문하는 해군 제독들에게 해군이 큰 잠수함으로 시작하면 다른 함정 건조사업 추진은 불가하다고 입력되어 한 번도 안 나타나던 그들이 잠수함 사업단 사무실에 와서 "국내 개발을 고려해봐야 하는 것 아냐?" 한마디씩 던지는 것이었다. 그 말은 잠수정으로 시작해야 하지 않느냐는 말이었다. 나는 그런 말을 들을 때마다 가슴이 덜컹 내려앉는 기분이었다. 지금 생각하면 정말로 다른 함정 건조사업을 염려해서 그랬는지 아니면 자기들에게 돌아오는 어떤 이익이 사라져서 그랬는지 아리

송하지만 아마 후자였을지도 모른다는 생각이 든다. 그때는 전혀 그런 생각은 하지 못했는데 지금은 그럴 수도 있었을 거라는 생각이 들기 때문이다. 군에서 어떤 프로젝트를 추진할 때 높은 사람들의 한 마디 한 마디는 여러 가지 뜻이 있는 마법 같은 말이란 것을 이제는 이해한다. 그러나 나는 잠수정만은 안된다는 단단한 확신을 잃지 않았었다.

역사적인 정책회의

미국 쪽의 문제도 정리되면서 이제는 획득방안을 구체화 시켜야 한다는 바쁜 마음을 가졌지만, 국방과학연구소의 권고를 듣고 있는 국방부 쪽의 의견이 여전히 국내 개발안을 버릴 수 없다는 것이어서 시간을 더 이상 지체시킬 수 없게 되자 그 해, 7월 중순으로 기억되는데 정책회의를 열어 잠수함 사업에 대한 해군 안(案)을 결정한다는 지시가 내려왔다. 내용은 잠수함에 대한 TLR과 획득방안에 대한 결정이라고 공고되었다. 그때 열렸던 정책회의는 해군 잠수함 역사에 있었던 매우 중요한 회의였고 내가 겪은 잊혀지지 않는 회의다.

그 날 정책회의는 참모 차장실에서 당시 참모차장이시던 8기생 김대용(金大容) 제독 주재로 열렸는데 위원은 참모부장 전원과 각 병과장, 배석 인원은 업무 관련 부서의 실무자 한 명씩이었다. 나는 소령 계급이었지만 실무자로서 필요시 잠수함 TLR 내용설명을 위해 배석했다. 소령 계급자는 나 혼자였다. 회의 내용이야 이미 사전에 업무회의, 보고, 협조, 결재를 거치면서 모두들 인지하고 있는 것이어서 해군 공식 회의로 확정한다는 절차이니 별 복잡하지는 않으리라고 생각하고 회의에 들어갔다.

TLR에 관한 토의는 예상보다도 훨씬 원만하게 진행되었다. 사전에 위원들에게 충분히 입력시킨 때문인지 잠수함의 임무, 주과업, 부과업 등의 내용만 수정한 후 원안대로 가결되었다.

잠수함 톤수 1,200±100톤!

"잠수함 TLR은 원안대로 가결되었음을 선언합니다!" 라며 의장이 방망이를 세 번 두드릴 때 나는 회의실 한쪽 구석에 앉아서 심호흡을 크게 했다. 우리 해군 잠수함은 이제 1,200톤 이상이어야 한다! 임관 이후 가장 고심에 빠지게 했던 짐이 내려지는 순간이었다.

그러나 획득방안 토의에 들어가서는 순탄치가 못했다. 국내개발로 시작해야 한다는 의견과 1번함만은 국외건조를 해야 확실하다는 의견으로 나뉘어 난상토론이 벌어졌다. 국내개발을 주장하는 측은 국방과학연구소에서 나온 김 대령을 비롯해 개발에 참가할 수 있는 체계 분석처의 책임자들이었고 국외건조를 주장하는 측은 각 참모부장 제독들, 군비처장, 조함실장, 잠수함 사업단 측이었다. 특히 국내개발을 해야 한다는 국방과학연구소 측 김 대령의 주장은 집요했다. 전문용어를 사용하면서 논리를 펴가는 설명을 장황하게 이어가자 의장의 몇 차례 제지에도 불구하고 물러서지 않았다. 대령이 제독들 앞에서 그토록 집요하게 주장할 수 있다니 대단하다는 생각이 들 정도였다. 결국, 획득방안에 대해서는 결론을 못 내리고 그 날 토의된 내용을 종합해서 총장에게 보고 후 총장의 최종 결심을 해군 안으로 한다는 사실만 합의하여 가결시켰다. 회의의 분위기는 누가 봐도 제2안이 해군 안(案)이 될 거라는 것을 짐작할 수 있었다.

그러나 그 날 회의가 잊혀지지 않게하는 일이 그다음에 기다리고 있었다. 회의안건에 대한 결론이 마무리될 즈음에 의장인 참모차장이 말을 시작했다. "오늘 토의된 내용을 종합 보고해서 총장님의 최종 결심을 득해 잠수함 확보에 대한 해군 안(案)으로 한다는 계획이 합의 결정되었음을 선언합니다! 폐회선언에 앞서 의장이 오늘 결말을 지어야 할 것으로 생각했던 사항을 얘기해야 하겠으니 귀를 기울여 주시기 바랍니다!"

폐회선언이 이어질 줄 알았던 참석자들은 다시 자세를 고쳐잡고 의장의 말에 귀를 기울이기 시작했다. 장내가 조용해지자 의장이 말을 시작한다.

"오늘 이 회의에 오셔서 열렬히 토의해준 여러분께 감사합니다. 특히 국방과학연구소에 나가서 근무하고 있는 김 대령의 설명으로 잠수함에 대한 지식과 정보를 많이 들었으리라 생각합니다. 김 대령은 여기 모인 모두가 잘 알고 있듯이 잠수함 설계에 대해 알고 있는 유일한 해군 장교입니다. 김 대령이 선구자적 연구로 잠수정을 설계, 건조한 것에 노고를 치하합니다."

여기까지 얘기할 때는 모두 김 대령을 치하하는 것으로만 알았다. 그런데 말의 방향이 이상하게 변해가고 있었다.

"그러나 김 대령! 김 대령에게 할 말이 있습니다. 잠수함 설계에 대해서 알고 있는 사람이 해군에서 당신 한 사람뿐이라는 사실이 문제라는 것을 알아야 합니다. 우리들은 모르오. 나를 비롯해서 여기 모인 각 참모부장도 잠수함을 잘 알지 못하오. 모두들 잠수함을 잘 알지 못하기 때문에 알고 있는 당신 한 사람만을 믿고 따라갈 수 없다는 사실을 당신은 알아야 하오. 그러나 우리가 잠수함을 모르긴 해도 그간의 군 생활 경험으로 보아 지금이야말로 돌다리를 두드리듯 가야 하는 순간인 것만은 잘 알 수 있소. 잠수함이 위험한 무기체계인 만큼 안전하며 확실한 방향으로 가야 하는 것이 지금 우리가 가야 할 방향이 아니오?

  우리에게 잠수함 설계능력이 있다고 당신은 일관되게 주장하고 있으나 보다시피 그 주장에 의문을 갖는 위원들이 많고 지난번 설계능력 판단 여부 조사에서도 국방과학연구소조차 잠수함 설계 인력이 불비하다는 것이 밝혀졌고 잠수함을 건조할 수 있다고 나서는 조선소도 없소. 해군의 장래를 어떻게 혼자만 알고 있는 당신 한 사람의 어깨에 올려놓고 당신만 바라보며 갈 수 있단 말이오? 만일, 당신이 틀렸다면 어떻게 한단 말이오?"

  갑작스러운 변화에 회의장에 있던 모두가 아연 긴장하기 시작했다. 당사자인 김 대령은 어안이 벙벙한 모습이 역력했다. 나는 귀를 의심했다. 그동안 우리를 말없이 짓눌러 오던 일을 대번에 벗겨놓는 말을 들으니 놀라 입이 벌어질 정도였다. 의장의 말이 이어졌다.
  "잠수함 획득사업이 검토되기 시작한 이후부터 국내개발 능력이 있는데 국외건조로 가서 국방비를 외국에 못 주어 안달한다느니 차근차근 가면 될 것을 처음부터 대형으로 가서 위험을 자초하려 한다느니 해군 목소리가 둘이라느니 듣기에 거북한 소리가 귀 아프게 들려왔소.
  김 대령 당신은 이 자리에서도 국내개발 쪽으로 가야 한다는 주장을 일관되고 소신 있게 해왔소. 여기까진 좋소. 그러나 해군의 최종안이 확정된 뒤에 그 안이 당신의 주장과 다르더라도 해군 고위장교로서 여전히 해군과 다른 목소리를 내겠소. 아니면, 해군과 한목소리를 내겠소?"

  의장은 그간 해군이 왜 두 목소리냐고 비난을 비슷하게 해오던 국방부 사람들의 말이 김 대령 때문이라는 것을 분명히 하고 있었다. 김 대령은 눈만 껌벅이며 대답을 못 했다. 나는 그를 잘 볼 수 있는 자리에 앉아있었기 때문에 그의 표정 하나하나 놓치지 않을 수 있었다. 너무도 단도직입적인 물음에 어떻게 대답해야 할지 고심하는 눈빛이었다. 그의 대답이 없는 시간이 꽤나 흐르자 의장의 물음이 재차 이어졌다.

"김 대령! 해군 장교로서 해군과 한목소리를 내겠소. 그렇게 하지 못하겠소?"

대답하지 않고는 도저히 안 될 것 같았는지 김 대령이 한참 만에 입을 열었다.

"잘 알겠습니다……."

회의장은 숨죽은 듯 기침 소리 하나 나지 않았다. 나는 귀를 쫑긋 세우고 의장, 김 대령, 그리고 입을 굳게 다물고 무거운 표정으로 앉아 있는 제독들을 번갈아 쳐다보며 이 희한한 광경을 하나도 빠짐없이 눈에 귀에 담았다.

조용한 시간이 얼마쯤 흐르자 의장이 다시 말을 시작했다. 단단히 작심하고 나온 듯 더 결연하고 차분한 어조로 입을 열었다.

"나는 오늘 정책회의를 주재하러 들어오기 전에 안건 토의와 확정도 중요하지만 잠수함 확보에 해군의 한목소리를 만들어내야 한다는 각오와 다짐을 하고 들어왔소. 창군이래 가장 중요한 조함사업을 앞두고 해군 모두가 한목소리를 내도 부족한 마당에 해군 장교들의 의견통일이 안 되어 있다는 말을 듣는 것은 매우 고통스러웠소. 지금 김 대령의 대답은 내가 다짐을 하고 들어온 바에 미치는 대답이 되지 못하오. 김 대령은 오늘 해군 지휘부의 제독들 앞에서 분명한 대답을 해야 하오. 다시 묻겠소. 해군 장교로서 해군이 추진하고자 하는 잠수함 확보 방안에 대해 한목소리를 내겠소? 그렇게 못하겠소?"

이쯤 되면 애매한 대답으로는 순순히 넘어갈 상황이 아니라는 걸 회의장에 있는 누구라도 느낄 수 있었다. 김 대령도 그것을 느꼈는지 한참을 뜸 들인 후에 예상외로 차분하고 분명한 목소리로 대답했다. 마치 마음을 정리한 사람 같았다.

"해군에서 결정한 방향에 대해서 동의하고 한목소리를 내겠습니다.……"

그 대답을 듣고 나서야 한결 부드러워진 목소리로 의장은 마감 말을 시작했다.

"김 대령, 분명한 대답을 해주어 고맙소. 앞으로 그 분명한 대답대로 할 것으로 믿겠습니다. 마지막으로 여기 모이신 모든 분에게 당부합니다. 여러분도 잘 아시다시피 잠수함 확보는 해군 창설이래 크나큰 숙원사업입니다. 그간 이런저런 견해로 마치 해군이 분열된 것처럼 외부에 비쳤었습니다. 오늘을 기해서 더 이상 그런 소리는 듣지 맙시다. 모두 한목소리로 해군의 숙원사업에 동참합시다…….

잠수함 사업에 관한 정책회의 폐회를 선언합니다!"

탕! 탕! 탕!

의장은 만족스러운 듯 힘있게 방망이를 두드렸다.

나는 군 생활을 30년 넘게 하면서 별의별 회의에 다 참석해 봤지만 그 날의 의장만큼 최종적인 결정은 내리진 못했으나 무리하지 않고 목적했던 방향으로 갈 수 있도록 결연함과 단호함으로 마무리하는 회의를 본 적이 없다. 그 날 그분의 의지에 회의장에 있는 모두를 숨죽이도록 장악했던 그 목소리가 아직도 귀에 생생하다. 난생처음 정책회의에 참가했다가 나는 군 생활 내내 머리에서 떠나지 않는 깊은 인상을 받았다. 회의라는 것은 어떤 종류의 회의이건 간에 정리와 결정을 내리는 '모멘트'일 것인데 그 주재하는 사람의 의지와 철학에 의해 얼마나 달라질 수 있느냐 하는 것을 그때 똑똑히 보았다. 그 날의 회의는 군 생활 내내 나에게 회의의 정의가 되었다.

 국방부, 합동 참모 본부, 국방과학연구소 등에 해군본부에서의 그 정책회의 소문이 파다하게 퍼졌다. 그래서 그런지 가끔 나타나 "국내 개발 해야 하는 것 아냐?" 한마디씩 던져 진땀나게 했던 몇몇 제독들의 방문도 신기할 정도로 사라졌다. 한국 해군 잠수함 사에 관한 한 그 날의 정책회의는 분명 역사적인 날 중의 하루였다는 생각이다. 그때 우리를 괴롭혔던 잠수정은 결국 해군에서 특수작전용으로 인수했고 그 후로도 2척이 더 건조되어 도합 3척을 운용했다.

 한참을 지나 내가 잠수함 함장 근무를 끝내고 잠수함 전대장, 전단장 재직시 다시 한 번 그 잠수정 때문에 노심초사했던 시기가 있었다. 3척 모두 잠수함 전대에 속해서 임무출항은 별로 시키지 않고 거의 훈련출항만 하고 있었는데 모선에 적재하고 나가서 훈련을 시킬 때면 늘 마음이 조마조마했었다. 장비가 조악하고 내구성이 약해 안전한 귀환이 염려될 정도였다. 그럴 때마다 나는 그 옛날 해군의 잠수함 전력을 잠수정으로 출발해야 한다고 집요하게 주장하던 사람들을 떠올리며 입맛을 다시지 않을 수 없었다. 그 3척은 2016년 모두 폐선 처리되어 역사 속으로 사라졌다.

 누가 나에게 한국 해군 잠수함 사에 공헌한 것이 무엇인가를 스스로 꼽으라고 한다면 잠수함 TLR을 작성하던 시기에 잠수정으로는 안 된다고 소신을 갖고 강력하게 반대했던 사실을 첫 번째로 내놓고 싶다. 첫 잠수함 함장 직무는 누구라도 해냈을 일이다. 그러나 누구라도 한국 해군의 잠수함 전력을 잠수정으로 시작해도 된다고 하지 않았을 것이라고 확신할 수는 없으니 그것은 방향 결정에 내가 분명히 공헌한 게 있지 않을까 생각하는 것이다. 한국 해군이 잠수함 전력 구축을 시작하면서 잠수정이 건조되어 있는대도 불구하고 잠수정으로 시작하지 않은 것은 천만다행이었다고 지금도 생각하고 있다. 현역 때 가끔 잠수함사업 초기를 상기하며 새면함을 타고 받았던 인상과 경험으로 잠수정으로는 안 된다고 그토록 열심히 주장했었으니 결국 미 해군 잠수함 새면함이 우리 해군 잠수함사에 공헌한 게 아닐까 생각이 들기도 했다.

시간이 지나면 누가 옳았고 글렀는지는 밝혀지는 법. 한국 해군 잠수함 사에 잠수정에 관한 것은 분명히 결말지어졌다.

3척 건조되었다가 2016년에 모두 폐선된 350톤 잠수정 '돌고래'.
이 잠수정은 승조원 한 명이 움직여도 함경사가 변했다.

획득방안 결정

국방과학연구소의 잠수함 설계능력 확보 주장에 신뢰를 줄 수 없고 잠수정의 상태는 해군의 수중전력이 되기에는 미흡하다는 우리의 보고를 들은 해군 지휘부는 그러할 것을 알고 있었다는 듯 별 특별한 지시가 없었고 사업단이 잠정적으로 검토하고 있는 방향에 별다른 의견을 달지 않았다. 그 검토하고 있는 방향이란 '적어도 한 척은 국외건조로 시작해야 확실하다'는 방향이었다.

잠수함 사업단으로 개편되면서부터 획득방안이 해군 지휘부의 주요 현안으로 자리 잡았다. 국내개발은 어렵고 국외건조로 시작하는 것이 확실하다는 공감대는 이루어졌으나 국방과학연구소 측에서 국방부 측에 국내개발을 해야 한다고 주장하는 강도가 예상외로 거세서 국방부 쪽을 설득하는 데 집중해야 할 판에 "미국 쪽의 문제"라는 게 나타났다.

국방부 측으로부터 나온 언질인지 해군 지휘부로부터 나온 의견인지는 모르겠지만 잠수함을 획득하는 데 있어서 미국 쪽과 논의 없이 단독으로 간다는 것은 한미동맹관계 차원에서 바람직하지 않다는 것이었다. 지금 생각하면 일면 우스운 면이 없지 않지만, 당시는 6·25 전쟁 이래 군사력 분야에서 미국에 거의 전적으로 의존하고 있는 상태였기 때문에 미국을 제치고 공격성 전력획득을 추진한다는 것은 문제가 될 수 있다는 점은 일면 이해가 가는 일이기도 했다. 그런데 미국은 이미 오래전에 핵 추진 잠수함 일변도의 정책을 취하여 재래식 잠수함 건조기술이나 인력을 정리해가고 있는 마당에 미국의 지원으로 재래식 잠수함을 획득하는 방안을 택한다는 것은 맞지 않는다는 의견도 있었지만, 아무튼 미국 쪽의 입장을 확인해야 한다는 결정이 내려졌다.

미국 쪽의 문제를 정리하는 절차로 택한 것이 미 해군총장에게 우리 총장 명의의 공한을 보내기로 한 것이었다. 내용은 이런 것이었다.

"한국 해군이 재래식 잠수함을 확보하고자 한다. 그러나 한국에 잠수함을 건조할 수 있는 능력을 갖춘 조선소가 없어 미 해군의 지원하에 확보사업을 추진하는 방안을 검토하고자 한다. 미 해군이 지원해 주기를 바라는 분야는 첨부에 기재한 분야다. 한미 해군의 돈독한 동맹관계를 더한층 진작시킬 수 있는 사업이 될 것으로 확신하니 적극 검토해 주기 바란다……."

그리고는 첨부에 재래식 잠수함 건조에 관계되는 특수분야 열댓 가지를 나열했다. 잠수함 설계기법, 첨단 소음 감소기법, 특수용접기술, 수중음향 분석기술, 추진용 배터리 제작기술 등등 재래식 잠수함에 관한 모든 것을 잃어가고 있던 미 해군으로서는 눈이 크게 떠지는 제목일 거라는 것을 어렵잖게 짐작할 수 있었지만 '지원 불가'라는 답이 오길 바라는 우리의 의도였다.

그런데 그 공한을 주한 미 해군 사령관을 통하여 발송하고 나서 예기치 않은 일이 생겼다. 총장이 어느 파티석상에서 주한 미 대사 워커(Walker) 씨를 만났는데 미 대사가 매우 언짢은 어조로 "한국 해군에서 미 해군에 보낸 공한의 내용을 알고 있다. 그 문제는 일개 군끼리만 협의할 문제가 아니다. 나는 미국 정부에 한국 해군총장의 공한에 답신을 보류하도록 타전했다."라고 말했다는 것이다. 총장이 참모부장들과의 회의 석상에서 밝힌 내용이어서 즉각 우리에게도 전해졌다. 미국 대사의 말은 자기가 소관 할 국가 간의 중요한 군 전력사업인데 왜 자기를 거치지 않고 미국 정부기관과 추진하느냐는 것으로 해석되었다.

해군 대 해군 채널로 미국 쪽의 입장을 정리하는 것으로 가늠하려던 우리 해군의 의도는 마치 몰래 뭔가를 추진하려다 들통 난 것 같은 고약한 분위기를 만들었다. 총장이 공한 발송 전에 국방부, 합동 참모 본부에 통보하고 동의를 받았기에 망정이지 내부적으로도 꽤 시끄러워질 뻔한 일이었다.

나는 당시 잠수함 획득사업으로 전개되는 업무들이 중요한 역사자료가 될 것으로 생각해서 사업일지를 만들어 일기 형식으로 기록하고 있었는데 미국 대사 워커 씨가 우리 총장의 공한에 답신을 보류시켰다는 것을 전해 듣던 날 "예상치 않은 주한 미 대사 워커 씨의 등장, 우리 총장의 공한에 답신치 말도록 훼방. 山重水復 疑無路(산과 물이 중첩되니 길이 있을지 의문이구나)"라고 써넣었다. 내가 외우고 있던 구절이었는데 이상하리만치 머리에 떠오르는 것이었다. 미국 대사가 우리 총장에게 노골적으로 불만을 표시했다는 것은 간단한 일이 아니었다. 워커 씨가 한국 해군의 잠수함 확보 노력을 '워커 발'로 지그시 누른 것이었다. 심상찮은 기분이 들었다.

지금은 없지만, 당시 미 군사고문단(JUSMAG : Joint United States Military Advisory Group)팀이 해군본부 내에 사무실을 갖고 있었다. 그곳에 나와 있는 중령 한 명의 말을 들어보니 미 대사가 본국 정부에 미국 민간 조선소를 한국 해군과 연결시켜 지원토록 하는 방안이 있다고 보고했다는 것이었다. 미 대사는 우리 해군총장에게 브레이크를 걸어 놓는 것같이 얘기는 했지만 속으로는 미국 회사가 이익을 취하도록 하는 방안을 찾고 있었다는 것이 된다.

한국의 정치, 경제, 사회에 막강한 영향력을 행사하던 주한 미 대사의 위력은 그 후 다른 소문으로도 감지되기 시작했다. 미국 내에 재래식 잠수함을 건조할 수 있는 조선소를 새로 세워서 한국 잠수함을 건조하도록 한다느니, 유럽에서 건조는 하되 미국 조선소가 책임을 맡아 추진하게 한다는 등. 미국 측에서 나왔다는 소문들이 끊임없이 들려왔다. 모두 미국이 이익을 취하기 위한 방향이라는 것임을 부인할 수 없었다.

결국, 우리 총장이 미국 대사를 정식으로 방문해서 그간의 경위와 입장을 설명하고 협조를 요청해서 워커 씨가 이제야 이해를 하게 되었다고 했다. 본국에 타전해서 공한에 대한 답신을 하도록 조치하겠다는 약속을 듣고 나서야 미 대사관 쪽 문제는 일단락되었다. 심각한 기분이 들었던 때보다는 상당히 호전되었다.

한 달여 만에 도착한 미 해군총장의 답신도 다행히 당초 우리가 바랬던 내용으로 되어 있었다. 답신의 개요는 이런 것이었다.

"한국 해군의 잠수함 획득에 대한 국가적 결정을 내린 것으로 안다. 미 해군은 그것으로 인해 대잠전, 소해전, 대공전등에 소요되는 노력이 감소 되지 않길 바란다. 미 해군은 재래식 잠수함에 관한 전문지식을 상실한 분야가 많아 한국 해군을 지원하는 것이 불가능하지는 않으나 매우 어렵다. 그러나 한국 해군이 미국의 민간회사와 협조하는 것에 반대하지 않는다……."

그 답신으로 미국 쪽의 문제는 이제 완전히 정리된 것으로 모두 인식했다. 미 대사가 브레이크를 걸었던 것에서 보면 그래도 순탄하게 풀린 셈이었다. 나는 미국이라는 나라가 우리나라에 그토록 영향력을 크게 행사할 수 있는 것을 그때 처음으로 실감했다.

미국 쪽으로부터 상당한 거부가 있을 것으로 예상했던 것에서 벗어난 그때, 나는 일지에 외우고 있던 두 번째 구절을 써넣었다. 柳暗花明

一枝開(버드나무 그늘에 꽃이 밝으니 한 가닥 길이 열리는 것 같구나)

　미국 쪽의 부담을 털고 제1안은 국내개발, 제2안은 1척 국외 도입 후 1척 국내조립 건조하고 그다음부터는 완전 국내 건조라는 안으로 설정해 놓고 가능성과 장단점을 따지며 연일 토의를 계속했다. 잠수함 사업단은 물론 해군본부 고위급 장교들이나 일반 장교들에게도 의견을 물어 집약시킨 바람직한 선택은 제2안이었다.

　총장의 최종결심으로 미루어진 획득방안은 쉽게 결재가 나지 않았다. 총장은 대단히 신중을 기하는 모습이었다. 제2안인 국외 건조 후 후속 함 국내건조 방안을 해군 안(案)으로 갖고 국방부, 합동참모본부와 토의를 몇 번 거치게 하고 잠수함 사업단의 김 대령을 미국에 출장 보내어 해군 관계자들과 회의를 하게 해서 미국 쪽의 최종 입장을 다시 확인하는 조치를 하는 것이었다.

　이윽고 제2안이었던 1척은 국외건조 하고 1척은 국내조립 건조 후 그 이후는 국내 완전건조한다는 방안을 대통령에게 보고한 것이 1983년 8월 중순경이었다. 총장이 대통령에게 보고하고 온 그 날은 해군본부가 축제 분위기에 싸였었다. 며칠 전에 동해에서 구축함 강원함이 간첩선 모선을 격침 시켜 총장 부임 이후 첫 승전고가 나온 데다가 잠수함 획득방안 보고를 하자 대통령이 "해군에서 방안을 잘 찾은 것 같아~."라며 치하를 했다는 것이다. 그 말은 해군의 잠수함 획득방안이 완전히 결정된 것을 의미하는 것이었다. 통로에서 제독들과 마주쳐 경례하면 모두 얼굴에 미소를 띄우며 답례를 하는 것이었다. 그날 저녁 총장은 참모부장들과 기분 좋게 한잔하지 않았을까 생각했다.

며칠 후에 다시 해군본부를 들뜨게 하는 소식이 전해졌다. 청와대 수석회의에서 율곡사업 얘기가 나왔는데 대통령이 율곡사업의 우선순위가 잘못되었다고 지적하면서 예를 들면 해군의 잠수함사업 같은 것이 우선순위가 뒤에 처져 있는 것이라고 했다고 한다. 해군본부에서는 즉각 잠수함의 율곡사업 순위가 위로 껑충 뛰어오르고 관리 참모부에서는 예산배정을 수정하느라고 야간작업에 돌입했다. 앞으로의 계획이 어떻게 되느냐고 잠수함 사업단으로 물으러 오는 참모부서 실무자들이 많아졌다. 연구검토가 끝나고 대통령의 지시도 있었으니 이제 조선소 선정과 계약, 사업관리 업무가 다가오고 있었다. 한국 해군의 잠수함 사업은 순풍에 돛을 올린 듯이 보였다.

잠수함 획득방안이 결정되고 분위기가 호전되자 국방과학연구소에서는 다른 제안을 갖고 토론을 요구해왔다. 3번함까지는 지금 결정한 방향으로 가되 4번함부터는 설계와 개발주체를 국방과학연구소가 맡도록 방향을 확정해 달라는 요구였다. 그러나 그런 목소리는 이미 힘을 잃었다. 거기에 관심을 가지는 사람도 없었고 분위기도 싸늘해졌다.

4번함 이후부터는 다른 잠수함이 될 것으로 판단했는지 모르지만 9번함까지 동일형으로 가는 마당에 국방과학연구소가 들어서서 설계, 개발할 영역은 없었다. 결국, 국방과학연구소는 한국 해군 잠수함 설계, 개발 영역에 발을 들여놓지 못했다.

해군본부가 고무적인 분위기 속에서 잠수함 사업이 진척되고 있을 때 나는 사업단을 떠나 프랑스 파리 한국 대사관 무관 요원으로 나가지 않으면 안 되는 상황이 생긴다. 1983년 10월, 나는 예상치도 않은 유럽근무 임무를 받고 가족을 대동해서 파리로 날아갔다.

파리로 날아가면서 나는 이것은 잠수함 TLR 때문에 고생한 공로로 주는 상(賞)이겠거니 생각이 들었다. 그러나 유럽에 가 있어도 잠수함 사업과 연계될 줄 생각했던 예상은 1년여 지난 다음 잠수함 사업 무기한 연기라는 소식을 접하고 크게 낙망하여 잠수함과는 정이 떨어지는 지경이 되었다.

한국에 돌아온 후 동해에서 구축함 부함장으로 근무하고 있던 1987년 초쯤에 해군본부에 잠수함 사업단이 다시 설치되었다는 소식을 접했다. 그러나 나는 그동안 육상 근무가 길어져 부족해진 해상근무 개월 수를 채워야 했기에 거기에 관심을 가질 수 없었다. 구축함 부함장 근무를 끝내고 미사일 고속함 함장으로 근무하고 있던 1987년 말경 독일과 잠수함 건조계약을 전격적으로 체결했다는 소식이 들려왔다. 무기한 보류라더니 그렇게 전격적으로 건조계약을 체결할 줄은 예상 못 했다. 1983년에 확정시켜 놓았던 잠수함 TLR과 획득방안을 그대로 살려 전격적으로 체결할 수 있었다는 말을 들으니 그때의 노력이 헛되지 않았었다는 생각을 했다. 300톤의 잠수정을 한국 해군의 잠수함 전력으로 시작해야 한다는 목소리와 국내 개발해서 국방비를 아껴야 한다는 주장과 싸우던 그때의 시간은 헛되지 않았던 것으로 결말 지어진 것이다.

독일 HDW사와의 건조계약이 발효되어 잠수함 건조 감독관팀이 독일로 파견되기 직전인 1988년 초 나는 미사일 고속함 함장 근무를 끝내고 다시 잠수함 사업단에 불려 왔다. 독일에서 건조해 올 1번 잠수함 인수함장으로 내정되었으니 감독관팀이 파견된 후 국내에서 관련 업무 처리를 책임지라는 것이었다. 정떨어졌던 잠수함이 나의 운명인 것처럼 다가왔고 고난이 시작된다는 것을 그때는 생각지도 못했다. 사람은 1초 앞도 모르는 존재 아닌가.

제 3 장
한국 해군 잠수함의 초창기 과제들

승조원 선발

  1987년 말에 체결된 우리 해군의 잠수함 건조 계약 내용은 잠수함 3척을 건조하되 1번함은 독일 건조, 2번함과 3번함은 국내 대우조선에서 건조하는 것이었고 계약형태는 해군이 대우조선과 건조계약을 체결하고 대우조선은 독일 HDW사와 건조계약을 체결한 것이었다.

  1988년 초 사업단에 다시 와서 부임한 곳은 서울역 앞에 있는 대우빌딩 18층이었다. 그동안 계약체결 과정에서 대우조선 측과 업무처리를 긴밀히 하기 위해 해군 사업팀이 사복을 입고 아예 대우조선 빌딩 사무실에 들어와 근무하고 있었던 것이다. 나도 졸지에 사복으로 민간회사 빌딩으로 출근하는 회사원같이 되었다. 회사원 같은 출근이 한 달여 계속되다가 사업팀 인원이 모두 썰물 빠지듯 독일로 나가 나 혼자 남아 있어 대우조선 사무실을 반납하고 해군본부 사무실로 군복 입고 출근하기 시작했다. 해군본부 사무실에 출근하여 앉아 생각하니 1983년 초에 느닷없이 불려와 텅 빈 사무실에서 느꼈던 막막한 기분이 다시 느껴졌다. 그동안 계약단계에 있었던 인원을 한 명도 남김없이 모두 독일로 데리고 나가는 사업단장에게 서운한 마음이 사라지지 않았지만, 그들과 한 달간 같이 있으면서 그나마 해야 할 일을 감 잡은 게 다행이라면 다행이었다.

  내가 할 일은 독일로부터 연락 오는 일을 처리하는 것과 승조원들을 선발해서 1년여 동안 교육시켜서 독일로 데려가는 일이었다. 한마디로 얘기하면 아주 간단한 일 같았으나 그것이 고난의 시작일 줄은 전혀 몰랐다.

우선 할 일은 승조원 선발계획과 그들을 1년간 교육시킬 계획을 짜는 일이었다.

내가 선발해야 하는 인원은 1번함 승조원 32명 중 사업단장이 내정해서 독일로 데리고 간 부장과 교육 내용상 인수 직전에 독일로 오도록 계획된 8명을 제외한 장교 5명, 부사관 17명과 독일 교육에 포함 시키기로 계획된 2번함 인원 중에서 함장 내정자 외 장교 6명, 부사관 5명, 3번함 인원 중에서 이미 독일로 간 함장 내정자 외 장교 4명, 부사관 5명 총 43명이었다.

승조원을 선발하는데 고려해야 할 첫 번째 인사사항은 1번함이 1991년, 2번함은 1993년, 3번함은 1994년에 인수할 계획이어서 그 시기에 근무를 시작하는 것으로 계산해서 동급 수상함의 동급 보직 계급에 근접할 수 있도록 선발해야 한다는 사실이었다. 함 인수계획은 그 후 약 1년간씩 지연되었지만 원래 계획대로 진행된다 해도 1989년에 선발할 예정이었으니 1번함은 최소한 2년, 2번함은 4년, 3번함은 5년 후를 예상해서 선발해야 한다는 계산이 나온다. 특히 장교들은 그 시기에 맞는 계급과 해사 졸업기수를 예상해서 선발해야 하는 게 중요했다. 승조원 선발이라는 문제가 간단치 않은 일이라는 게 드러나기 시작했다.

나 혼자 일을 하려니 도저히 안 되겠다 싶어서 1번함 부서장 2명을 우선 선발해서 같이 일을 해야겠다고 생각했다. 1991년에 1급 수상함 부서장이 될 해사 35기 2명을 1번함 작전관, 무장관으로 선발해야 하는 계산이 섰다. 계산을 잘했더라도 누구를 선발하느냐는 문제는 또 다른 것이다.

그 두 명은 나와 같이 나머지 승조원들을 선발하는 업무부터 독일 가서 배를 인수해서 훈련하고 본국으로 돌아와 또 최소한 1년여간은 같이 배를 타야 하니 최소 6년 이상 나와 같이 근무해야 할 부서장이다. 장교 2명 선발하는 일부터 간단치가 않았다.

고심 끝에 미사일 고속함에서 같이 있었던 부장과 동해에서 알게 되었던 고속정 정장이던 장교를 불렀다. 사람을 뽑을 때는 알지 못하고는 아무나 뽑을 수 없는 노릇이다. 내 설명을 듣더니 오겠다고 해서 즉시 인사조치 했는데 그 두 명은 결국 나의 성공적인 인원선발이 되었고 나중에 모두 잠수함 함장이 되었다.

당시 다행이었던 일 하나는 본부 인사에서 잠수함 승조원 선발 대상 지명은 나에게 전권을 준 것이었다. 나의 건의를 그대로 수용해서 발령을 내겠다고 해서 고마운 일이었는데 그것은 내가 전적으로 책임을 지라는 말이나 다름없었다. 승조원 선발이 더 무겁게 다가왔다.

어떤 가이드 라인을 가지고 선발할 것인가? 그것이 문제였다. 통상적인 인사라면 차라리 좋겠다. 그런데 이건 국내 교육을 1년여는 해야 하고 독일 가서 2년여 교육훈련을 받은 다음 잠수함을 인수해서 고된 훈련을 거쳐야 한다. 한국 해군의 숙원사업인 잠수함 획득이 이들 손에 달려있다. 2차대전 시 죽음을 무릅쓰고 출항했던 U보트 승조원들의 사생관은 아니더라도 긴 시간 동안 화합할 수 있는 품성과 인내심, 책임감이 없으면 안 된다. 그런 이들을 어떻게 가려낼 것인가?

장교들 선발대상을 정하는 일은 그다지 힘들지 않았으나 부사관이 문제였다. 인원은 27명밖에 안 되었지만 9개 직별로 나뉘어 있고 각 직별마다 기수가 다르니 장교만큼 정확히는 아니더라도 함을 인수해서 근무가 끝날 때까지 편제 편성에 어긋나지 않게는 선발해야 되는 것이었다.

부사관 대상 인원을 판단해보니 1,200여 명이었다. 다행히 전산 자료가 되어있을 때여서 인사의 협조를 얻어 대상자 전원의 인사자료를 뽑아서 검토에 들어갔다. 두 사람이 들어야 할 만큼 많은 전산자료를 마다하지 않고 모조리 뽑아준 당시 부사관 인사처 덕분에 작업을 순조롭게 진행할 수 있었다. 일하다가 보면 마디마디 보이지 않는 조력자, 협력자가 있다. 그래야 일이 이루어진다. 당시 인사담당은 나에게 그런 사람들이었다.

나와 1번함 부서장 내정자로 부임한 두 명이 1,200여 명의 전산 자료를 중징계 경력, 각종 교육 이수성적, 근무평정 결과를 기초로 1차 검토한 결과 600여 명으로 폭을 좁힌 다음 다시 검토해서 120여 명으로 선발자 대상을 좁혔다. 대상자 수의 10분지 1로 폭을 좁혀놓고 보니 실마리가 보이는 듯하다. 그러나 그것은 서류심사에 불과하다. 이 120명 안에서 어떻게 적절한 인원을 뽑느냐.

대상으로 정한 120명에 대해서는 서류자료 외의 개인자료를 수집하기로 했다. 그들의 교육을 담당했던 교관, 같이 근무했던 선후배, 동기생들을 접촉해서 그의 사람 됨됨이에 대한 얘기를 듣기로 했다. 그래서 셋이 진해로 내려가 일주일 여 머물면서 암행 비슷한 활동을 했다. 개인 자료수집은 우리가 예상했던 대로 서류에서는 볼 수 없었던 귀중한 사실을 알게 되었다. 전산자료의 근무 평정란 의견은 평정하는 사람에 따라 정반대의 기록이 발견되지만, 주위 사람들로부터 듣는 얘기는 방향이 거의 일치한다는 것이었다. 그런 조사를 마치니 대상 인원이 100여 명으로 줄어들었다. 귀중한 자료같이 생각되었다.

그 100명에 대해 신체검사를 시켜보고 우리는 깜짝 놀랐다. 장교들은 한두 명 탈락되었을 뿐인데 부사관들은 70%가 탈락되는 게 아닌가.
승조원 선발작업을 시작하기 전에 해군본부 의무감실에 잠수함 승조원 선발 신체검사 규정을 만들어 달라고 요청했지만, 잠수의학을 전공한 의사가 한 명도 없고 연구능력도 없어서 단기간 내에 작성이 불가하다는 답만 왔을 뿐이었다.

잠수함에 관해 우리 해군은 솔직히 하나도 준비되어있는 게 없었다. 운용인원에 대한 교육 내지는 양성은 물론이고 건조를 위한 전문 설계 인력 양성, 군수, 보급, 잠수의학 같은 연관 분야에 대한 준비 같은 것은 말할 것도 없었다. 단지 하나 내가 1983년 초 처음 해군 본부에서 잠수함 TLR 때문에 고심할 때 정보 자료실에서 우리 선배들이 1974년에 "잠수함 획득 연구위원회"라는 걸 구성했던 기록을 보고 깜짝 놀랐던 기억이 있을 뿐이다. 그러나 그 위원회는 회의를 두 번 열었던 기록 외에는 남겨진 게 없었다.
다른 한 가지 구두로만 들었던 얘기는 1970년대 말에 미국 해군으로부터 퇴역 예정인 탱(Tang)급 잠수함 1척을 인수해서 잠수함 확보에 대비해 훈련용으로 사용할 용의가 있느냐고 물어왔다는 것인데 우리 해군에서 정비예산이 많이 든다는 이유로 거부했었다는 것이다. 그래서 나는 잠수함에 관해서는 그 시작은 해군보나는 국가 지도부에서 시발시켰다는 걸 안다. 당시는 해상 대간첩작전이 급한 현안 문제였고 예산의 여유가 없는 상태에선 시도하기가 용이한 일은 아니었을 것이지만 작은 준비가 하나도 없었다는 건 아쉽지만 분명한 사실이다.

잠수함 승조원 선발 신체검사 규정이 없으니 할 수 없이 독일 해군 규정을 사용할 수밖에 없었다. 그 규정을 적용해서 검사했더니 70%가 탈락이라…….
아무리 최상급 인원이라고 봤어도 신체조건이 맞지 않는다니 달리 도리가 없었다. 처음 추렸던 600명 중에서 중상 그룹으로 식별한 50명을 추려내어 신체검사를 시켜보니 또 65% 정도가 탈락 되었다. 다시 50명을 가려내 신체검사를 시켜보고서야 우리는 부사관 27명을 채울 수 있었다. 나중에 추려낸 인원에 대해선 역으로 신상 조사를 해야 했다. 처음부터 신체검사를 먼저 해서 충분한 인원을 선정해 놓고 그중에서 신상 조사로 결정했어야 할 일이었다.
잠수함 승조원 신체검사 규정은 처음엔 독일 해군 규정을 쓰다가 지금은 우리 신체조건에 맞게 많이 하향 조정되었지만 바뀌지 않은 한 가지 사항은 고막의 압력 평형 조건이다. 재래식 잠수함은 스노켈로 인한 함내 기압변동이 있을 때 코를 잡고 불어내어 고막에 미치는 내외부 압력을 일치시키지 않으면 통증을 견디지 못한다. 잠수함 승조원을 선발하는데 신체조건 외에도 폐소공포증 같은 정신과적 선별도 따라야하는 것이지만 당시는 그런 것에까지 고려할 여력도 준비도 없었다.

하여간 나를 포함해서 먼저 불려 온 부서장 2명을 포함한 장교 17명, 부사관 27명의 신체검사를 마칠 때까지 6개월여를 소비했다.
예상치 않은 시간의 소비였지만 잠수함을 인수한 후나 본국으로 돌아와서나, 그리고 지금도 그 시간이 허비했던 시간으로 생각되지 않는다. 우여곡절이 있었긴 해도 그 승조원들이 결국 내가 바라던 것들을 모두 해냈기 때문이다. 나는 그걸 '잠수함과 함께' 했던 여정 속에 누린 인복(人福)이었다고 늘 생각한다.

독일 파견 전 국내 교육

잠수함은 건조에 약 4년여가 걸린다. 1987년 12월 계약체결 후 1991년 12월 말 인수예정 전에 1년간 국내 교육, 2년여간 독일 현지 교육훈련이 계획되어 있었다. 승조원 선발을 끝낸 것이 1989년 7월 초였는데 일정을 맞추려면 7월 말부터는 국내 교육을 시작해야 했다. 선발작업 준비를 하면서 교육계획을 수립해 놓았었다.

국내 교육 기간 동안 승조원들의 소속은 해군본부 잠수함 사업단이고 교육장소는 진해에 있는 교육사령부로 잡혔다. 선발된 승조원 전원이 교육사령부에 파견명령으로 인사명령이 나면서 나의 공식 보직은 잠수함 승조원 '교육훈련 책임장교'였다. 교육사령부는 거의 장소만 제공하는 부대였고 모든 교육계획과 집행은 전적으로 나의 책임으로 진행될 예정이었다. 그런데 그게 생각처럼 순탄치가 않게 될 줄은 예상치 못했다.

1989년 7월 20일로 기억되는데 선발한 승조원 전원을 교육사령부에 집합시켰다.
그리고 앞으로 전개될 일에 대해서 자세히 교육했다. 대한민국 해군의 첫 잠수함 승조원이 된다는 사실에 모두는 고무된 표정이었다.

"앞으로 1년 동안 국내에서 전개될 교육훈련은 작전사 주관 수중적응훈련 4주, 국방과학연구소 주관 잠수함 기초이론교육 5주, 교육사 주관 영어교육 25주, 컴퓨터 운용교육 5주, 사업단 주관 잠수함 건조 사양서교육 4주, 독일 교육과정 지침서교육 4주 등이다.

독일 가서는 함에 장착할 장비에 대한 이론 및 운용교육을 거의 2년여 받은 다음 1번함 승조원들은 함을 인수해서 함 운용훈련에 돌입하고 2, 3번함 요원들은 교육완료 후 곧바로 귀국해서 국내에서 건조되는 함 인수 준비를 해야 한다……."

앞으로의 교육계획과 일정에 대해서 상세히 교육한 다음 나는 첫날 집합시 하려고 마음먹었던 말로 마감했다.

"우리는 대한민국 해군이 창군이래 숙원 하던 잠수함을 인수하러 갈 준비를 하기 위해 오늘 처음 여기 모인 것이다. 앞에서 교육한 대로 앞으로 1년여 이곳에서 사전 준비교육을 받고 독일로 가서 다시 2년여 현지 교육훈련을 받은 후 1번함 승조원들은 잠수함을 인수해서 독일 해군과 운용훈련까지 마치고 귀국할 것이고 2번, 3번함 핵심요원들은 독일교육 후 귀국해서 국내에서 함 인수 준비를 해야 한다. 앞으로 장기간 같이 일해야 하고 잠수함 운용을 처음 시작하는 임무를 수행해야 한다. 앞으로 이루어야 할 과제는 명확하나 그 과제를 이루기 위한 과정이 얼마나 어렵고 위험할 것인지는 나도 모른다. 그것에 대해 자세히 얘기해 줄 수 있는 사람은 사실 아무도 없다.

그럼에도 불구하고 오늘 집합 첫날에 분명히 결심해야 할 사항이 하나 있다. 잠수함 승조원이라는 말을 듣고 신체검사를 했겠지만, 첫 잠수함 승조원으로서 앞으로의 과업과 임무에 변함없이 응할 것인지 아니면 그럴 자신이 없어 그만두겠다든지 앞으로 이틀 시간을 줄 테니 최종 결심을 해야 한다. 잠수함 첫 승조원으로서 생사를 걸고 같이 가겠다면 이틀 후 이 자리에 다시 집합하고, 원하지 않는다면 오지 않아도 좋다. 나름대로 생각하고 판단해서 최종적으로 결심하기 바란다. 다시 오지 않는 사람은 근무하던 곳으로 돌아가겠다는 의사로 알고 아무 이상 없이 복귀 인사조치 하겠다…….''

다소 비장하고 엄숙하게 말을 한 다음 해산시켰다. 지금 생각하면 다시 집합했다고 인사법적으로 구속할 아무 근거도 없는 것이지만 내 나름대로는 앞으로 닥칠 어떤 경우에도 대비해 다짐을 받아 놓아야 한다는 생각에서였다. 내 머릿속에 앞으로의 시간이 어떤 '난제'가 될 수 있다는 염려가 자리 잡고 있었기 때문이었을 것이다. 처음 고무되었던 표정과는 다르게 모두는 무거운 표정으로 돌아갔다. 모두 다시 집합할 것이라 생각은 들면서도 나는 혹시나 하는 염려로 이틀을 기다렸다.

이틀 후, 한 사람도 빠짐없이 모두 다시 모였다. 그래서 우리는 7월 24일 수영훈련부터 시작했다. 2주간 수영훈련 후 2주간은 해난구조대에 보내어 스쿠버 훈련을 시켰다. 스쿠버 훈련은 나를 제외하고는 모두 처음이라서 전원이 좋아했다. 나는 프랑스 근무할 때부터 스쿠버를 하고 있던 터라 승조원들 수중 적응훈련 종목으로 넣은 것이다.

서서히 문제가 나타나기 시작한 것은 영어교육을 시작하고부터다. 독일에서 교육은 영어로 하도록 계약되어 있었으므로 영어교육 기간을 가장 길게 잡았었다. 영어교육은 약 5개월간 교육사 어학실습실에서 주로 회화 테이프를 듣는 것이었다. 당시 해군에서 사용하던 영어

1989년 7월. 독일 파견 전 국내 교육시 해난 구조대에서 스쿠버 훈련을 받던 승조원들

교재인 ALC(American Language Cource) 테이프였었는데 장교들에겐 좋은 기회였으나 부사관들에겐 부담되기 시작하는 것 같았다. 아침 8시부터 저녁 5시까지 계속 테이프를 듣고 있자니 지루함도 느끼고 늘어지기도 하는 것이었다. 한 2개월여 지날 즈음부터 변화를 주려 생각하고 오후 3시부터 5시까지는 매일 운동을 시켰다. 주로 축구를 시켰는데 축구를 하지 않는 인원은 무슨 운동이든지 원하는 걸 하도록 했다. 지루함도 없애고 체력단련으로서도 좋은 변화였는데 그것으로 교육의 흥미나 의욕을 완전히 돋울 수 있는 것은 아니었다. 영어능력의 기초가 튼튼하지 않은 상태에서 테이프만 오래 듣는다고 귀가 열리는 것은 아니었으나 말을 하면서 회화교육을 시키는 강사가 있으면 좋겠는데 그런 예산은 일전 한 푼 책정된 게 없었으니 방법이 없었다.

어떻게 회화강사를 구할 수 있을까 고민하다가 진해에 있던 미 해군 지원단장을 찾아갔다. 당시 진해에 있던 미 해군지원단은 팍스(Fox) 대령이란 분이 단장으로 있었는데 그에게 나의 신분을 밝히고 장차 독일로 파견할 잠수함 승조원 사전교육을 시키고 있는데 영어회화 강사가 필요해서 그러니 지원단 인원 중에서 무보수로 봉사를 좀 해줄 수 있는 사람이 없겠느냐고 간곡히 요청했다. 지금 생각하면 염치없는 짓을 한 것 같은데 그렇지만 활기차던 중령 계급 때 아닌가······.

갑작스러운 나의 요청에 팍스(Fox) 대령은 좀 알아보겠으니 며칠 후에 다시 와보라고 하여 갔더니 자기 예하 인원들은 근무시간을 뺄 수 없어서 자기 부인에게 얘기했더니 자기가 봉사하겠다고 해서 나머지 두 달간은 팍스(Fox) 대령 부인이 와서 일주일에 이틀, 하루에 두 시간씩 회화 강사를 해줬다. 그 부인은 미국 여성으로는 드물게 자녀를 다섯이나 낳고 성격이 쾌활하고 활동적이었으며 매력적인 여성이었다. 한국 해군 잠수함(潛水艦) 역사에 기여한 유일한 미국 여성이다.

국내 교육이 1년여 가까이 지속되자 예상치 않았던 일들이 감지되기 시작했다. 첫째는 승조원들 간의 분위기가 처음처럼 의욕적이고 활기있는 모습에서 뭔가 변화되고 있는 것 같은 느낌이 들기 시작했다는 것이다. 마침내 두어 명이 신상면담을 요청해 왔다. 얘기를 해본바, 가족들이 왜 위험한 잠수함 근무를 하냐고 자꾸 묻는다고 한다. 주위에서 잠수함은 극히 위험하다는 말들을 많이 했을 터였다. 신상면담을 요청한다는 것은 자기도 가능하면 근무하던 곳으로 가고 싶다는 뜻인 것이다.

나는 속으로 염려하고 있던 문제가 노정되는구나 생각이 들기 시작했다. 그 염려란 교육 기간이 3년여 계속되는 동안에 아무 문제가 없겠느냐 하는 것이었다. 그 문제가 벌써부터 나오기 시작하는 건가? 1년도 안 되어 이러기 시작하니 앞으로 2년 이상 남은 기간에 얼마나 많은 문제가 생길 것인가?

나는 신상면담을 요청한 승조원에게 주위 사람들의 말은 모르고 하는 소리이고 현대 잠수함은 옛날과 달리 근무하기에 가장 안전한 배라는 점을 예를 들어가며 열심히 얘기해 줬다. 주위의 말에 흔들리지 말고 가족들을 안심시키고 조금 더 기다려보라. 잠수함에 승선한 것을 정말로 잘한 결심이라고 알게 될 거다.

교육 중간에 결원이 생긴다면 보통 문제가 아니었다. 그동안 시간이 허비된 것은 차치하고라도 예비인원까지 뽑은 건 아니었으니 다시 인원을 선발해서 신체검사까지 마치려면 교육을 제대로 진행할 수가 없고 결원을 보충하지 않는다면 함 인수에 차질을 일으킬 시킬 수 있다. 벌써부터 나는 교육의 내용과 질을 추구하는 것 못지않게 여하히 선발된 인원을 잘 유지해서 독일까지 가느냐가 중요하다는 것을 인식하고 있었던 터다. 몇 명의 신상면담이 있는 후부터 나는 그런 문제에 더 신경이 쓰였다. 해군본부에는 기관장교 출신 대령과 중령 장교 둘이서 잠수함 사업단을 지키고 있었는데 독일로부터의 연락사항을 처리하고 있었을 뿐 진해에서 진행되고 있는 승조원 교육에는 손을 놓고 있었다. 승조원 교육은 좌우간 어디로부터도 지원을 받을 수 없다는 게 답답했다.

처음과 다른 분위기로 느껴지는 다른 하나는 교육사령부에 눈치가 보이기 시작했다는 것이다. 기존 교육과정으로 배속된 인원이 아니고 외부에서 온 50여 명이 교실도 부족한데 오랫동안 교실을 사용하고 있고, 어학실습실도 전용하고 있는 데다가, 연병장을 점거해서 교육사피 교육생들 체육활동을 제대로 할 수 없다며 노골적인 불평 소리가 들려오는 것이었다. 남의 집에서 지내는 것 같은 눈치가 점점 더해졌다. 국내 교육이 끝나는 1990년 5월 중순을 손꼽아 기다리며 하루하루를 지냈다. 국내 교육을 1년씩이나 길게 잡은 게 후회되었지만 엎질러진 물이었다.

나는 사실 국내 교육 기간을 되도록 충분히 잡아야 한다고 생각했었다. 2년씩이나 계속되는 독일교육을 잘 받을 수 있도록 준비를 단단히 해야 한다고 생각했고 무엇보다도 선발된 인원들이 잠수함 승조원이 될 수 있는 '일체감'을 형성시킬 시간이 필요하다고 생각했기 때문이다.

잠수함 승조원에 대한 나의 개념은 서로 간에 '결속력'이 중요하다는 것이었다. 결속하기 위해선 친밀감이 있어야 한다. 친밀감은 서로 알고 가까워지는 유대에서 생긴다. 가까워지기 위해선 시간이 필요하다.

그래서 국내 교육 계획이 잡힌 건 다행스러운 일이라고 생각했었다. 그러나 교육계획이 변화와 흥미를 이을 수 있는 내용도 되지 못하고 교육준비도 부족했고 승조원들 자신의 이해도 부족해서 바라던 바대로 되는 것 같지가 않았다. 승조원들 사이의 친밀감, 신뢰심, 단결심이 생길 수 있는 기회가 되길 바랐던 시간이 오히려 길게 느껴지기 시작했다. 세상일 기대했던 대로만 되는 게 아니었다.

그런데 계획된 국내 교육 종료를 한 달여 남겨놓은 어느 날 본부 사업단으로부터 본부로 올라오라는 연락이 왔다. 본부에 올라가서 들은 사항은 독일에서 연락이 왔는데 건조공정에 문제가 생겨 승조원들의 독일교육 시작을 4개월 늦춰야 하니 국내 교육 연장계획을 짜야 한다는 것이었다.

이게 무슨 소린가? 계획되어 있는 국내 교육도 빨리 끝나길 하루하루 기다리고 있는데 4개월을 연장해? 큰일 났구나 하는 생각이 들었다. 지금 승조원들 분위기로는 무언가 변화가 있어야 하고 그 변화는 독일로의 출국이어야 했다. 그런데 4개월 연장이라?

이걸 어떻게 해야 하나? 분명 무슨 일이 일어날 것이다. 무언가 위기감이 느껴지기 시작했다.

영어교육 13주, 수중탈출훈련 1주, 독일교육과정 지침서 교육 4주 등으로 연장교육계획을 다시 짰다. 승조원들의 분위기는 말할 수 없이 가라앉았다. 나는 2번함부터 건조하기로 된 대우조선소를 단체견학하고 한산도를 다녀오고 자주 단체 등산을 다니는 등 어떻게든 연장기간 동안의 변화를 꾀하려고 노력했다.

1990년 7월. 독일 파견 전 국내 교육시 해양의료원 10m 수조에서 승조원들과 탈출훈련 중인 필자

그러나 신상면담을 요청하는 승조원들의 수가 하나둘 늘어나더니 나중엔 독일에서 2년여 동안 교육받을 기간에 왜 가족은 못 데리고 가게 계획했느냐고 묻기 시작했다. 어느새 승조원들은 독일에 가있는 건조 감독관들 10여 명의 가족을 동반해서 파견되어있다는 사실을 파악하고, 왜 우리들은 혼자 가 있어야 되냐고 묻는 것이었다. 그 문제는 국내 교육을 시작할 때 이미 명확히 밝혔던 것이어서 그간 아무 질문이 없었으나 이것저것 상황파악을 한 승조원들이 문제를 제기하는 것이었다.

가족문제는 나중에 독일 체류 중 가장 나를 괴롭혔던 문제로 비화된다. 그러나 당시는 그것이 나중에 가장 심각한 문제가 되어 나를 괴롭힐 줄은 꿈에도 생각지 못했다. 승조원들은 장비운용교육을 장비 제작사가 있는 곳으로 옮겨 다니며 교육을 받아야 하고 해상훈련에 들어가면 독일에 있을 시간이 거의 없기 때문에 애초에 가족 비동반으로 계획을 수립한 것이라는 궁색한 대답으로 넘어갔지만 따지고 보면 그것이 정확한 대답은 못 되는 것이었다. 하여간 사업계획 초기에 간과한 승조원 가족문제가 나중에 해군본부가 골머리 아픈 문제로까지 비화 될 줄은 아무도 몰랐다.

국내 교육이 연장되면서 나는 교육사령관을 찾아갔다. 처음 국내 교육을 시작할 때 파견신고 하던 날 뵙고 두 번째로 뵙는 것이었다. 국내 교육이 연장되었다는 것을 보고하고 교육사에서 너무 오래 있어서 실무자들에게 불편을 주어 죄송하다고 그동안 들었던 교육사 참모들의 불평을 염두에 두고 말씀드렸다. 당시 사령관은 해사 15기 권정식 소장이셨는데 의외로 그동안 신경을 써주지 못해 오히려 미안하다고 하시며 뭐 도와줄 게 없느냐고 물으셨다. 나는 지금 승조원들이 매우 지루하게 느끼고 있으니 오셔서 정신교육 말씀을 한번 해주시면 좋겠고 영어회화 강사비를 조금 지원해 주실 수 있으면 영어교육을 변화 있게 진행할 수 있겠노라고 요청했다. 권 사령관님은 얼마 안 있어 승조원들 교실에 오셔서 한 시간 정신교육 해주셨다. 여러 가지로 불편하고 힘들겠지만, 한국해군 최초의 잠수함 승조원이라는 선구자적 임무를 잘 완수하길 기대한다는 말씀은 내가 바라던 바로 그 말씀이었다. 그뿐만이 아니라 교육사령부 예산도 충분치 않을 텐데 영어 강사비를 지원해 주셔서 2개월 동안 진해 미 지원단의 부사관 2명을 일주일에 4시간 승조원 부사관들과 대화를 해주는 대가로 강사비를 지불할 수 있었다. 권 사령관은 승조원들 교육 시작 이후에 우리를 찾아오고 도와준 주 유일한 제독이셨다. 외로웠던 시기의 그 감사를 잊을 수 없다.

교육연장 기간에 했던 일 중의 하나가 결혼한 부사관들 집에 가정방문을 한 것이다. 주위에서 하는 말들을 듣고 불안해한다는 가족들에게 얘기도 해줄 겸 가정의 화목 정도를 보면 문제아는 되지 않는다는 내 나름의 믿음이 있어서 여러 가지를 알아볼 생각으로 가정방문을 해보기로 했다. 저녁 시간에 방문해서 차를 한잔한다는 조건으로 부사관 전원의 가정을 모두 방문해 봤다.

나중에 독일 교육훈련을 모두 마치고 한국으로 돌아와 이혼으로 가정이 깨지는 사례가 두 집이 생긴다. 그중 한 집은 독일 가기 전에 가정방문을 했을 때 고개가 갸우뚱해지는 무언가가 느껴지던 집이었다. 독일에 가기 전부터 집안의 냉기가 느껴지던 것이다. 사람의 느낌이라는 것이 가짜가 아니다. 그래서 나는 그 두 집의 원인이 독일생활 2년여의 격리 때문이라고 말하는 사람의 말을 전적으로 믿진 않는다.

성공 이발 사업

국내 교육기간 동안 했던 일 중에 지금도 승조원들과 만나면 가장 성공적인 사업이었다고 즐겁게 이야기하는 일이 하나 있다. 이발 사업이 그것이다.

이발교육은 국내 교육계획에 포함되어 있던 종목은 아닌데 국내 교육 중간에 내 독단으로 억지로 시킨 교육이었다. 소령 시절 프랑스에서 근무할 때 시내에서 처음 이발을 하고 낭패스러웠던 기억이 있어서 승조원들이 독일서 생활하는 중에 닥칠 곤란한 일이 무엇일까 연구하다가 이발을 생각해 냈다. 선발된 승조원 중 영내거주 하사가 5명 있었는데 이들을 몇 개월간 오후 시간에 교육사 이발병 양성학교에 보내 이발교육을 시켰다. 잠수함 승조원 교육받으러 왔는데 이발교육을 시킨다고 입이 튀어나올 정도로 불만을 품었던 그들이 독일 교육 중은 물론 그 이후 지금까지 가는 곳마다 각광받는 주인공이 되는 성공적인 교육이 된 것이다.

이발교육 효과는 독일 교육이 시작되자 금방 나타나기 시작했었다. 독일 조선소 승조원 사무실 옆에 전용 화장실이 있었는데 그 화장실에 딸린 넓직한 공간에 의자를 놓고 승조원들 이발을 동시에 시켰더니 기다랗던 머리가 하루 만에 단정한 모습이 되었다. 개별적으로 시내 이발소에서 했다면 이발비도 큰 액수일 뿐만 아니라 시간도 시간이고 머리 깎은 모양이 영 이상하게 되기 때문이다.

승조원들의 머리가 항상 단정하자 어느 날은 수석 감독관으로 와있는 모 대령이 나에게 감독관들도 이발 좀 해줄 수 없느냐고 간곡히 부탁하는 것이었다. 감독관으로 와있는 해군 인원 12명이 모두가 시내 이발소에서 이발하고 있는데 이발비보다도 모양을 이상하게 깎아놔서 고민이 많으니 부탁 좀 들어달라는 것이다. 해군이니까 승조원들 이발하는 날 같이 이발은 시켜 주겠는데 이발 소요품도 사야 하니 시내 이발비의 반만 내라고 했다. 시내 이발비 전액을 내라고 해도 좋다며 좋아하는 것이었다. 그렇게 해서 독일 조선소에 있는 한국 해군들의 머리는 국내에서 깎은 것처럼 항상 단정해졌다.

　어느 날 독일 조선소에 파견되어있는 대우조선 감독관 대표가 시내에 있는 내 숙소로 찾아왔다. 긴한 부탁이 있다며 하는 말이 독일 조선소에 와있는 대우조선 엔지니어들이 이발 때문에 곤란을 겪고 있으니 시내 이발비를 낼 테니 해군같이 이발을 좀 해줄 수 없느냐는 것이었다. 1번 잠수함이 독일에서 건조되는 동안 현장실습을 하기 위해서 대우조선 엔지니어들 100여 명이 와 있었는데 해군들 머리가 항상 단정하니 자기들도 그렇게 좀 깎아줄 수 있도록 협조해달라고 한다. 인원이 100여 명이나 되는데 '우리 이발사'들이 너무 힘들어 안 되겠다고 사양했다. 우리의 이발 담당 하사들은 어느새 '우리 이발사'로 호칭이 올려져 있었다. 그런데 이후에도 몇 차례 내 사무실에 와서 또 부탁을 하는지라 우리 이발사들에게 상황을 얘기했다. 우리 이발사들이 일단 해보고 힘이 들면 안 되겠다고 하면 되니까 해보겠노라고 대답하는 것이었다. 우리 이발사들은 이미 대우조선 엔지니어들의 개인적 로비활동의 대상이 되고 있었다.

　그래서 우리는 일주일에 이발 날짜를 잡아 대우 엔지니어들까지 깎아주는 이발 사업을 하게 됐다. 시내 이발비의 반액만 받아 이발 기구와 소모품을 사고 나머지는 우리 이발사들이 수고비로 나눠 갖도록 했다. 대우 엔지니어들과의 유대도 좋아지고 한국사람 모두의 머리가 단정해졌다. 이발 사업은 대성공이 되었다.

그런데 그때의 이발 사업은 그것으로 그치는 게 아니었다. 한국에 돌아와 얼마가 지난 다음 우리 이발사들은 헤어져 다른 잠수함들을 타게 된다. 특히 림팩 훈련차 하와이에 갔던 잠수함을 탔던 옛날 우리 이발사가 태평양을 한 달간 항해해서 하와이에 입항을 앞둔 시점에 함장을 비롯해서 승조원 전원의 머리를 단정하게 깎는 활약을 해서 훈련 후에 공로자로 선정되었었다는 얘기나, 해사 순항훈련 분대 함정을 탔던 다른 우리의 이발사들도 외국 항구 기항 전에 실력 발휘한 얘기들을 들으면 만나서 얘기하는 시간이 너무 짧아진다.

그때의 우리 하사 이발사들은 2017년 현재 주임원사나 준위가 되어 아직 현역으로 있다. 어디에 근무하든 필요시 즉각 이발기술을 발휘해서 주위를 놀라게 하고 있다는 것이고 집에서 부인은 물론 자녀들 이발 때문에 돈을 들이지 않는다니 그때 국내 교육 시에 닦은 기술로 성공 이발 사업은 계속되고 있다.

이발 사업은 나중에 그렇게 성공하지만, 국내 교육 종료를 기다리는 것은 한마디로 죽을 맛이었다. 근무하던 곳으로 돌아가면 안 되겠느냐고 신상면담을 요청하는 부사관들이 점점 늘어나는 게 가장 큰 고민이었다. 나의 갖가지 설득에도 불구하고 결연하게 돌아가겠다고 나오는 승조원이 나올까 봐 내색은 안 했지만 조마조마하며 지냈다.

마침내 출국지시가 내려오고 출국 절차를 밟으면서는 그런 분위기가 사라졌지만 조금 더 연장됐다면 틀림없이 인원 유고가 발생했을지도 모른다.

1990년 10월 말경, 인원 44명을 버스에 싣고 진해서 김포공항으로 올라와 독일행 비행기에 올라 5명씩 조를 책임진 조장들로부터 자기 조원들이 모두 비행기에 탔음을 확인했다는 사인을 받고 나서 자리에

털썩 주저앉아 느꼈던 그 후련함과 해방감을 나는 잊지 못한다. '교육훈련 책임장교'의 임무가 끝나는 순간이었다.

"아! 이제 가는구나!"

그때 느꼈던 후련함은 옛날 잠수함 TLR이 정책회의를 통과하던 날 느꼈던 후련함 그것이었다. 마치 날아갈 것 같고, 사람 살맛 나게 하는 그런 후련함이었다.

"자, 봐라! 간다고 하지 않았느냐?"

쪼그라졌던 어깨가 펴지는 듯했다. 그렇게 즐거운 여행의 시작은 없을 것이다. 그 날 저녁 프랑크푸르트행 대한항공 비행기에서 아마 나는 가장 행복한 승객이었을 것이다.

독일 교육 훈련

독일생활이 시작된 것은 1990년 10월 말부터였다. 독일 북부 덴마크 가까이 발틱해 연안에 있는 킬(Kiel)시가 우리가 머물 장소였고 그곳에 있는 유서 깊은 조선소 HDW사에서 우리의 첫 잠수함 장보고함이 건조되고 있었다. 거처는 독일 조선소 측에서 시내에 승조원 2~4명씩이 지낼 수 있는 일반 가정집의 숙소를 임대하여 마련하고 HDW 조선소 내에 승조원 전용 교실과 사무실이 준비되어 있었다.

장보고함이 건조되었던 독일 Kiel의 HDW 조선소
독일의 HDW 조선소는 함부르크와 킬 두 곳에 있었는데, 킬에 있는 이 HDW 조선소에서는 2차 세계대전 기간 동안 31척의 U보트가 건조되었다.

교육은 맨 처음 독일 해군에서의 잠수함 기초교육부터 시작되었다. 킬로부터 남동쪽 한 시간 거리에 있는 발틱해 연안 노이슈타트(Neustadt)의 잠수함기지에서 잠수함 기초지식교육 2개월, 다시 북서쪽 발틱해 연안 한 시간 거리에 있는 에켄훠르데(Eckernforde)의 해군 교육기지에서 2개월간 전술이론 교육을 받는 것이 독일 교육의 시작이었다. 독일 해군의 기초교육 기간엔 승조원 전원이 기지 내에 있는 숙소에서 지내다가 주말엔 킬에 있는 숙소로 돌아와 지낼 수 있어서 상당히 순조롭게 시작되었다.

차량은 조선소 측에서 승조원용으로 승합차와 승용차를 합쳐 10대를 제공해서 승조원들이 운전하고 그룹별로 이동하는 데 불편이 없었다. 차량이 있어 이동에 문제가 없는 것은 좋았으나 나는 독일에 있는 기간 내내 이들 차량이 항상 걱정거리였다. 속도 무제한으로 유명한 독일 도로 때문에 교통사고라도 발생하면 큰일이라는 걱정이 사라질 수 없었다. 그래서 가급적 장교가 운전하고 속력은 시속 120킬로를 넘지 말라고 수시로 잔소리를 했다.

독일 해군의 기초교육이 끝난 다음 본격적으로 장비교육이 시작된다. 장비교육은 독일 체류 기간의 대부분을 차지하는데 장비별로 장교들의 병과와 부사관들의 직별을 고려해서 교육 해당자들이 결정되어 장비 제작사가 있는 함부르크, 브레멘, 뤼베크 같은 지방 도시나 미국, 영국 등 외국으로 이동해서 교육을 받았다. 교육 해당자가 많은 경우는 교육자가 조선소로 와서 교실에서 이론교육을 한 다음 실습은 5~7명씩 그룹으로 나누어 몇 차례 제작사로 이동해서 교육을 받는 방식이었다. 장비교육은 장비별, 병과별, 직별별, 기간, 장소의 조합으로 맞춰져야 하기 때문에 지방이나 외국으로 나가는 그룹 외엔 조선소에 남아서 차기 그룹이 구성될 때까지 자습해야 하는 경우도 생겼다.

교육이 진행되면서 부사관들의 교육 이해도가 예상보다 낮다는 것을 인지하게 됐다. 국내에서 반년 넘게 영어교육을 했지만, 강의를 이해한다는 것은 사실 쉽지가 않은 일이었다. 교육하는 사람 대부분이 독일인이었기 때문에 옆에서 통역사가 영어로 통역했는데, 강의가 끝난 다음에 장교들이 다시 설명해주는 것으로 해오다가 장교들과 논의한 끝에 강의자료를 요약 번역해서 부사관들에게 나누어주어 이해도를 높이고 자습에도 이용하게 하자는데 의견의 일치를 봤다.

그래서 조선소 교실에서 합동교육을 할 때는, 그날 교육받은 교재를 장교들이 나누어 요약번역을 하고 부사관들이 받아서 컴퓨터로 입력하여 넘기면 다른 한 팀은 복사하고 제본까지 해내는 작업이 벌어졌다. 그러려면 자기 숙소에 가서 저녁을 해먹기보다는 조선소 근처에서 적당히 해결하고 밤늦게까지 마치 신문사에서 기사를 마감해서 신문을 만들어 내는 부산한 광경이 벌어졌다. 그날 교육받은 내용은 그날 끝내야 다음 날 교육을 이해할 수 있으니 그럴 수밖에 없었다. 그런 작업은 승조원 일부가 제작사로 교육을 떠나면 조선소에서 대기하는 그룹이 맡았다. 이미 교육을 받고 온 교재를 번역, 제본하는 일은 끊임없이 해도 모자랐다. 그러니 장비제작사로 교육을 받으러 떠나는 게 일종의 해방시간이 되는 것이었다.

독일에서 교육을 받으면서 장교들의 번역 작업 덕분에 교육 효과가 높아진 것은 물론이다. 부사관들이 자기 직별에 대한 기본지식은 충분해서 약간의 팁만 있으면 금방 이해가 높아지는 수준이라 요약번역으로도 충분했다. 모든 일의 성공 이면에는 알려지지 않았으면서도 필요했던 일들이 있다. 그때 독일에 같이 있었던 승조원 장교들의 활약은 잠수함 사에 그런 일 중의 하나다.

HDW 조선소 교실에서 합동 교육을 받는 승조원들

그런데 독일 교육이 진행되면서 예기치 않은 일로 갈등을 겪었던 게 하나 있다. 독일 오기 전에 닥칠 일에 대해 예상을 많이 하려고 노력했었는데 꿈에도 예상치 못했던 일이라 마음고생을 해야 했다.

독일 교육 기간 중의 승조원들의 신분은 '유학생'이고 나의 직함은 '유학생 선임장교'였다. 우리 유학생들 소속은 독일 조선소에 나와 있는 해군 감독관실이었다. 해군 감독관실은 장보고함 건조 감독을 위해 나와 있는 조함병과 장교 12~14명으로 구성되어 있었는데 초기엔 잠수함사업단장이 나와 있다가 귀국하고 조함병과 대령이 수석 감독관으로 있었다. 감독관 사무실과 승조원 교실, 사무실은 조선소 내 같은 건물에 있었다.

그 감독관실 인원 가운데 건조감독관이 아닌 '교육훈련 책임관'이란 직책을 가진 나보다 해사 1년 선배인 항해과 장교가 한 명 있었다. 그의 직무는 승조원들의 교육을 주관할 장비 제작사, 독일 조선소, 독일 해군 측과 교육일정, 숙식, 소요사항 등을 사전협조해서 교육이 이상 없이 진행되도록 지원하는 것이었다. 그런데 항해과 장교가 나와 승조원들 사이에 끼어들어 갈등이 야기되는 일이 생긴 것이다.

갈등의 시작은 그가 승조원 장교 몇 명을 데려다가 자기 사무실에 관련된 행정작업을 시킨 것에서 시작되었다. 나는 그런 사실을 모르고 있었는데 어느 날 장교 한 명이 나에게 자기는 교육훈련 책임관 실 작업 요원 같다며 불평을 하는 것이었다. 이유를 물은즉 그곳에 불려가 사업단 본부로 보내는 보고서 작성을 오래도록 했다는 것이었다. 승조원 장교들은 교재 번역작업에 매달려야 하는데 불러서 작업을 시켰다는 것에 기분은 상했지만, 보고서를 낼 일자가 촉박해서 그랬으려니 생각하고 넘어갔다. 그 후로도 자주 장교들을 불러서 작업을 시킨다는 것을 들었지만 참고 넘어갔다. 나는 함장 내정자이지만 인사명령이 날 때까지는 유학생 선임장교일 뿐이니 왜 우리 유학생 장교를 불러다가 작업을 시키느냐고 교육훈련 책임관에게 따질 권한은 사실 없는 것이었다. 그는 그런 사실을 철저히 이용하는 듯했다.

그런데 그럼에도 불구하고 참을 수 없는 일이 벌어졌다.

내가 지방으로 교육을 갔다 오니 나 없는 사이에 교육훈련 책임관이 조선소에 남아있던 승조원들에게 "나는 너희들의 지휘관이다. 교육훈련받는 동안 내 말을 제대로 따르라! 그렇지 않으면 국물도 없다. 잠수함 승조자 명단은 내가 작성할 거니까 내 말 똑바로 듣고 제대로 이행하라!"라는 말을 했다는 것이다. 그의 말은 앞으로 인수할 잠수함에 누구를 태울 것인가를 마치 지휘관처럼 자기가 결정할 것이라는 뜻이었다. 함별로 승조할 인원을 선발하느라고 6개월을 고생했는데 자기가 승조할 인원을 결정한다니 일의 시발을 전혀 모르는 어처구니없는 말이라 한숨이 나왔다. 일의 시발에 무지한 것은 차치하고라도 곧 잠수함을 인수받아 난관을 헤쳐나가야 할 함장과 승조원들 사이를 결속시키는 지원은 못할망정 이간시키는 짓을 하다니 그것은 더 이상 참을 수 있는 일이 아니었다. 사실 그는 우리 승조원들이 독일에 도착하던 날 내가 보는 앞에서 승조원들에게 이제부터 자기는 유학생 제군들의 지휘관이니 이제부터 자기의 지시에 따라 교육일정이 이상 없도록 잘 따르라는 말을 해서 내가 깜짝 놀랐었지만, 막 도착한 순간에 뭐요? 지휘관? 하며 따질 수가 없어 그냥 참고 지내왔던 참이었다.

일척을 각오하고 사무실로 그를 찾아갔다.

"승조원 장교들에게 작업시킨 걸 알고 있다. 장교들은 교재를 번역해서 부사관들에게 나누어줄 책자를 만드는 작업이 바쁘니 더 이상 작업을 시키지 말아달라……

당신이 어째서 우리 승조원들의 지휘관이냐? 독일에 도착하던 날 내 앞에서 승조원들에게 지휘관이라고 했던 것을 참고 지내왔는데 사업단장의 참모인 당신이 어째서 우리 지휘관이냐? 교육 중이라 같은 유학생 신분이지만 내가 함장이 될 사람이다. 인사명령이 없어 지휘관이라는 말을 못하고 있는데 당신이 승조원들의 지휘관이라니 무슨 말이냐? 지휘관을 따지자면 사업단장이 우리 지휘관이지 당신은 아니다. 당신은 승조원들의 교육이 잘 진행되도록 지원하는 사업단장의 참모다.

승조원들은 함 인수 시기, 계급, 편제 편성을 따져 6개월 동안 내가 직접 선발한 사람들이다. 이미 1번함부터 3번함까지 내정되어 있으니 쓸데없는 말로 승조원들 분위기를 어수선하게 만들지 말기 바란다……."

작심하고 그동안 불편했던 말을 다 쏟고 언쟁을 하다 나왔다. 그런데 그는 이후로도 나와 승조원들을 결속시키는 지원을 하기보다는 승조원들에게 자기 위치를 세우려는 듯한 행동을 그치지 않았다. 지휘관에 대한 그의 인식이 무엇이었는지 나는 지금도 그때의 그의 행동을 이해하지 못한다. 군대에서 "지휘관이란 인사권자의 정식 인사명령에 따라 임명된 단위부대의 장(長)으로 부대의 성공, 실패에 대한 전적인 책임을 가지며 그 부대원들에 대한 인사권과 상벌권을 행사할 수 있는 자"라는 엄숙한 정의가 있는데 말이다. 한때 괴로웠으나 내공을 길러준 경험이라 생각하고 잊혀질만도 하련만 잊혀지지 않는다. 이 글을 쓰기 위해 그때의 일기를 읽어보니 그의 말을 듣고 숙소에서 혼자 고민하던 심정이 되살아나 입이 다셔지고 한숨이 나왔다.

독일에서 승조원들의 생활은 별 이상 없이 안착되었으나 시간이 가면서 숙소 간의 시설 차이 때문에 조선소의 승조원 숙소담당 이사와 가끔 밀고 당기는 일들이 있었다. 승조원들의 숙소는 킬시 동쪽 교외 하이켄도르프(Heikendorf)와 라보에(Laboe) 지역에 있는 민간인 집에 한 집에 2~4명씩 기거하는 숙소로 분산되어 있었는데 후속으로 올 인원들의 집을 준비하면서 시설이 달라 수용하지 못하겠다고 하면 계약서대로의 집인데 왜 안되느냐고 우기는 것이었다.
건조계약서에 승조원 숙소는 '표준 독일집(standard German house)'으로 준비하는 것으로 되어있는데 어떤 집은 침대가 한 방에 하나씩 있는 집도 있고 두 개가 한 방에 있는 집도 있고, 목욕실도 욕조가 있는 집도 있고 샤워 코크만 하나 덜렁 벽에 걸려있는 집도 있고, TV도 있는 집이 있고 없는 집도 있고, 우리로서는 너무 차이가 나니 침대가 한 방에 하나, 목욕실과 TV가 있어야겠다고 하면 그것도 독일집의 '표준 수준'이라는 것이다. 독일 사람들과 무슨 계약을 할 때는 매우 구체적으로 상세하게 해야 된다는 사실을 절실히 느꼈다. 논쟁을 없게 하려면 1인용 침대가 한 방에 하나씩, 규격 얼마 이상의 욕조가 있는 목욕실에 욕조와 샤워 코크가 있어야 하고 몇 인치 이상 TV가 한 방에 하나씩 있어야 한다는 식으로 해야 했다.

승조원 숙소 시설을 가지고 담당 이사와 되겠다 안 되겠다 밀고 당기니 조선소 내 독일인들 사이에 잠수함 함장 안 중령은 꽤 까다로운 장교라고 소문이 났다는 것이다. 나는 그런 말을 듣고 별로 신경 안 썼는데 나중에 잠수함을 인수한 후 조선소 측과 정말 따져야 하는 일이 생겼을 때 나를 '트러블 메이커(trouble maker)'로 부르며 비난하는 일의 시작이 될 줄은 꿈에도 모를 일이었다. 독일 사람들은 음흉한 면도 있다.

하여간 잠수함을 획득한다는 사실에만 집중해서 간과한 작은 사항이 실제 실무자들을 매우 아쉽고 안타까운 일에 부닥치게 했었다는 사실이다. 그러나 독일 사람들은 일단 계약된 사항에 대해서는 준수심이 대단한 장점도 있어서 처음 계약할 때 빈틈없이 해야 한다는 것이다.

조선소에 체류하면서 지방으로 제작사 교육을 가면 조선소 식당에서 점심을 안 먹게 되는데 전 기간 동안 승조원의 점심 식사비가 건조비에 이미 들어가 있는 상태라서 나중에 이걸 따졌더니 순순히 환불해 주어 독일을 떠나기 전에 그 돈으로 독일 해군 잠수함 전단 장교회관을 대관해서 우리를 가르쳐주었던 조선소와 독일 해군 관계자들을 모두 초청해서 크게 송별연을 열었었다.

나는 킬 시내에서 주차위반을 한 번 하고 독일 사람들이 어떤 사람들인지 깨우친 적이 있다. 사각형으로 주차선이 그려진 도로 옆의 주차장소였는데 앞에 주차한 차가 사각형 두 개에 걸쳐서 애매하게 주차를 해놓아서 맨 끝에 남아있던 주차 사각형 반 정도에 걸치게 해서 내 차를 주차해 놓았다. 일을 보고 나와보니 차 앞유리창에 메모용지와 함께 주차위반 딱지가 붙어 있었는데 메모용지에 이렇게 적혀 있었다. '귀하의 불량주차는 주차위반 범칙금 40마르크 대신 26마르크를 부과함'

주차위반 딱지는 유니폼을 입은 시청직원인 듯한 아줌마들이 붙이고 다녔는데 사각형 밖으로 나온 내 차 길이를 줄자로 재어서 계산기를 두들겨서 정확히 65%의 범칙금을 부과했는지 내내 의문이었다. 바퀴 하나가 선 밖으로 나오면 얼마나 부과할까? 며칠 후에 날아온 고지서를 갖고 가서 감액된 범칙금을 냈다. 독일 사람들이 어떤 사람들인지 깨닫게 하는 범칙금이었다고 생각했다.

장비교육이 한창이던 1991년 7월에 이르러 한 가지 사건이 일어난다. 우리가 지금까지도 '이산가족 상봉사건'이라고 부르는 사건인데 내가 잠수함과 연관되어 온 이후로 가장 괴롭고 고민했던 사건이다.

전원 일시 귀국

1991년은 나에게 고난의 한 해였다. 이산가족 상봉사건과 교육훈련 책임관과의 불화가 본부에 악의적으로 보고되어 잘못하면 귀국조치

될 뻔했던 고난의 해였다.

 그 고난의 한 해가 가고 1992년 1월 초, 1번함 후속대 인원 7명이 독일에 도착했는데, 건조공정이 지연되어 승조원들이 5개월여 귀국했다가 함 인수 직전에 다시 독일로 와야겠다는 말이 나온다. 사실 1991년 7월 말경 건조공정 지연 건으로 국방부 특검팀이 독일 조선소에 와서 검열을 하고 갔던 일이 있었다. 애초의 계획은 1991년 12월 31일 인수 예정이었던 것이 1992년 9월 초로 연기되었다가 다시 1992년 10월 말로 연기되었다는 말이 나온다. 사업단 본부와 독일 감독관 실은 공정 지연 때문에 전전긍긍하는 모습이 완연했다. 승조원들의 장비제작사와 독일 해군 기초교육은 1992년 3월 말 종료하기로 되어있는데 그 이후 5개월여는 공백이 불가피하다는 것이다.

 1992년 2월 말경 승조원들 일시 귀국이 결정된다. 3월 말 귀국했다가 8월 말에 다시 나오란다. 그래서 우리 승조원들은 3월 말에 장비교육을 마치자마자 전원 한국으로 돌아왔다. 전혀 예상치 못했던 일이었다.

 장보고함과 함께 귀국할 것으로 알고 있었는데 맨손으로 귀국하자니 묘한 기분이었지만 국내에서 5개월여를 지낼 생각을 하니 나로서는 막막하기만 했다. 국내 교육할 때의 기억이 되살아났기 때문이기도 했고 국내에 있는 동안에 승조원들에게 또 무슨 일이 일어날지도 모르고 그에 따라 또 무슨 곤란한 후속 일을 해야 할지 걱정이 되어서였다. 다행히 8월 말 다시 출국할 때 인원변동 없이 나갈 수 있었지만, 연애에 몰입했던 총각 승조원 한 명이 안 나가겠다고 해서 설득하느라고 애를 먹긴 했다.

잠수함 기지 문제 제기

1992년 3월 말에 일시귀국해서 8월 말 다시 출국할 때까지 두 가지 중요한 일이 있었는데 그중 하나는 건설되고 있던 잠수함 기지를 둘러보고 문제점을 발견하여 작전 사령관에게 보고했는데, 일이 확대되어 본부까지 보고되고 본부에서 정책회의까지 열리는 일이 벌어진 일이다.

잠수함 기지는 독일로 출국 전에 진해항 우측 소모도 지구에 건설하기로 결정되었다는 것만 듣고 나갔었는데 중간에 들어왔을 때는 일부 건물이 지어지고 있고 대부분 지반조성 토목공사가 한창이었다. 내가 잠수함을 인수해서 들어오면 머물 곳이라서 하루는 현장 사무실에 가서 감독관으로 나와 있는 시설 장교에게 전반적인 브리핑을 요청해서 듣고 보니 이상한 점이 한두 가지가 아니었다. 바싹 달라붙어 꼬치꼬치 물어보니 대답을 잘 못 한다. 이게 그냥 넘길 일이 아니구나 싶어 안된다는 것을 반 억지로 건설될 건물들의 기본설계도 묶음을 빌려서 돌아와 일시 귀국 동안 머무르고 있던 독신장교 숙소에서 하나하나 살피기 시작했다. 그 이튿날 시정되어야 할 35가지를 뽑아서 현장 사무실에 제출하면서 작전 사령관에게 보고하겠다고 하고 돌아왔다. 들어간 김에 준비해간 카메라로 현장 사진을 촬영하다가 서너 명이 달려나와 카메라를 뺏으려 하는 바람에 실랑이를 해야 했다. 일이 확대되는 게 그날 밤부터 인지되기 시작했다.

본부에서 급히 내려왔다는 시설 장교 한 명이 내 숙소에까지 찾아와 자초지종을 묻는 것이었다. 내 설명을 듣고 나서 그는 시정요구 사항으로 뽑은 35가지 중 14가지는 현장에서 시정 할 수 있지만, 나머지는 현장에서 수정할 수 있는 사항이 아니라고 했다. 내가 운용부대의 사전검토를 받았느냐 물으니 사전에 검토 요청을 했으나 운용부대에서 인력을 이유로 검토를 보이콧 했다는 것이었다. 무언가 일이 꼬일 것 같은 예감이 들었다.

당시 잠수함이 들어올 때를 대비해 이미 1년 전에 5전단 예하에 잠수함 전대가 창설되어 있었다. 그래서 승조원들이 일시 귀국한 상태에서 그 전대에 배속되었던 것이다. 그 전대의 전대장에게 보고하니 전대장이 놀라는 표정이다. 그 이유는 잠수함이 없어도 어쨌건 현재는 잠수함 전대라는 운용부대가 되어있는 것이니 운용부대로서의 사전검토를 안 한 것이 되기 때문이었다. 전단장에게 보고한다는 얘기를 한 후, 전단장에게 보고하니 별 말없이 작전 사령관에게 보고하라는 지시다. 이때쯤 들려오는 말이 '독일에서 돌아온 잠수함 함장이 잠수함 기지건설에 문제가 있다고 보고하고 돌아다닌다'는 것이었다. 무언가 일을 일으키고 다닌다는 비난성이 배어있는 말이었다. 운용 당사자의 입장에서 당연히 해야 할 일이라 생각해서 보고한 것인데 일이 예상치 않게 점점 확대되어 가는 느낌이 들었다.

며칠 후 작전사령관에게 "잠수함 기지건설 수정 필요사항 검토보고"란 제목으로 21가지 사항을 보고서로 작성해 보고했다. 보고를 들은 작전사령관의 지시인 즉, 잠수함 기지건설은 본부 시설감이 주관하는 사업이니 참모차장에게 보고하라는 것이었다. 참모차장실에 보고 일자를 잡기도 전에 본부에서 내려온 지시는 잠수함 기지 건설에 관한 정책회의를 한다는 것이었다. 시설감이 사전에 참모차장에게 보고하자 참모차장이 정책회의를 해야 한다고 했다는 것이다. 운용자의 입장에서 본 사항을 보고한 것이 이렇게 초스피드로 본부 정책회의까지 열리게 되는 이슈가 될 줄은 당시엔 이상하다는 생각을 했었는데 그로부터 몇 년 후에 왜 그렇게 되었던지 이해가 가는 일이 나타난다.

하여간 나는 임관 이후 두 번째로 본부 정책회의에 참가해서 보고하는 경험을 했다.

결과는 거의 100% 성공이었다. 의장인 참모차장이 "운용부대에서 제기한 수정 필요 사항이 이유가 있고 타당한 것으로 판단되니 운용부대 요구대로 수정토록 할 것!"이란 판결을 내린 것이다. 이런 일도 있나 믿어지지가 않았다.

당시 운용부대의 감시 없이 마구 건설 중이던 잠수함기지 건설 현장.
필자가 사진을 촬영하자 관계자가 뛰어나와 필름을 뺏으려 헸었다.

롯데호텔엔 왜 재래식 대변기가 없나?

수정요구 사항 중 중요한 몇 가지를 나열하면 이렇다.

잠수함 기지는 지휘운용, 교육훈련, 수리정비 시설구역으로 나누어져 있었는데, 이 중에서 건물 셋의 위치를 바꿔야 한다고 요구한 것 중에 음탐사 청음훈련장이 있었다.

청음훈련장은 훈련 시설임에도 불구하고 기본 설계도엔 지휘운용 시설구역인 부두 앞 승조원 사무실 건물 옆에 건립하는 것으로 그려져 있었다. 그것을 교육훈련 시설구역으로 옮겨야 한다고 수정요구 했더니 의외로 너무도 강하게 수정할 수 없노라고 반발하는 것이었다. 정책 회의에서조차 그것은 승조원들 훈련 시키는 시설이니 승조원들 사무실 옆에 있으면 좋지 않느냐고 시설 쪽에서 우기는 것이었다. 나는 교육훈련 시설구역에 대지가 없는 것도 아닌데 왜 저렇게 옮기는 것을 반대하는 것일까 도무지 이해가 가지 않았었는데 나중에야 그 이유를 알게 되었다. 기본설계도에 잡힌 위치는 지반이 암반이어서 건물 세우는데 부속 조치가 필요 없는데, 교육훈련 시설구역은 매립지여서 건물을 지으려면 콘크리트 파일을 수십 개 박아야 한다는 사실이었다. 시설비용이 수억 원 더 들어가니 그렇게 결사코 반대했던 것이다. 시설병과 장교들이 너무나도 크게 반응하던 이유도 바로 그것이었다. 시공사와 다시 싸워야 할 테니 이해는 간다만 그렇다고 최소한 50년간은 서 있을 건물의 위치를 잘못 잡으면 어떻게 한단 말인가. 나는 나중에 이유를 알고 나서도 이해가 가지 않았다. 하여간 수정요구가 합당하다는 위원들의 동의는 거역할 수 없었고 나는 그들에게 미운털이 단단히 박혔지만, 건물 위치는 바뀌었다.

2015년에 잠수함 사령부 창설식에 초대되어 가보니 청음훈련장 건립을 반대했던 그 장소에 사령부 건물이 건립되어있는 게 아닌가. 당시 나는 나중에 잠수함 사령부가 창설되면 기존의 전단건물을 증축해서 사령부 건물로 하고 전단건물을 다른 곳에 지어야 한다고 생각했었는데 그 반대로 된 것이다. 그곳에 청음훈련장 건립을 반대한 것이 사령부 건물을 짓는 결과가 되고 말았지만, 사령부 건물 위치는 그곳은 아닌 것 같았다. 창설식 후에 사령부 건물 내부를 순시하자는데 나는 들어가기조차 싫어 들어가지 않았다. 준장인 전단장이 있는 전단 건물은 독립된 높은 장소에 두고 소장인 사령관이 있을 사령부 건물은 아래쪽 구석에 위치시킨 모습에 나는 어지간히 실망했다. 그 당시처럼 개념 없이 결정된 것을 걸러주는 단계가 없었으니 벌어진 일이 아니겠나 입맛을 다시며 서둘러 식장을 떠났다. 잠수함 사령부 창설식에 초청되어 온 인사 중 이 위치가 그 옛날 음탐 청음훈련장이 들어서려는 것을 한사코 반대해 비워놨던 땅이라는 것을 아는 나는 이방인 같은 생각이 들었다. 어쩌랴, 이미 내 손안의 달걀이 아닌 것을…….

화학지원대라는 건물이 기본설계도엔 부두 앞 예의 그 암반 지역에 그려져 있었다. 부두 쪽으로 가려면 그 건물이 앞을 가로막고 있어 갑갑하고 그 건물을 통과하고 나서야 부두가 보이도록 되어 있었다. 용도상 이전 요구가 아니고 미관상, 사용상이라는 이유로 더 심한 반발을 샀지만, 옆으로 옮겨졌다. 부두가 훤히 보이게 되었다.

잠수함 기지의 필수 건물인 배터리 충전소가 잠수함에 가까이 있어야 한다는 이유로 돌출 부두 끝단에 세우는 것으로 그려져 있어서 부두 가까운 육상에 지어야 한다고 요구했는데, 장보고함을 인수해서 돌아와 보니 수정지시에도 불구하고 부두 끝단에 그대로 세워진 게 아닌가. 그 충전소는 그 후 몇 년 후에 진해항만에 해일 현상이 덮쳤을 때 물에 잠겨 수십억 원의 손해를 입었다.

잠수함 기지 내 건물이 20여 동 지어지는데 건물에 딸린 주차장소가 없었다. 정책회의에서 발표 때 건물마다 주차장 면적을 확보해야 한다고 했더니 그 자리에서 시설감이 했던 말을 나는 또렷이 기억한다. "주차장소는 건물을 다 짓고 나서 자투리땅을 이용해 만들면 되는 것이지 처음부터 확보할 필요가 있는가?"라는 것이었다. 나는 그 말을 듣고 깜짝 놀랐다. 시설감이라는 사람이 저런 인식을 갖고 있으니 이 모양이구나 생각이 들었다. 정책회의에서 주차장 면적을 건물의 일부로 확보하라는 지시가 있었음에도 나중에 내가 전단장이 되어 부대를 운용해 보니 주차장이 부족해 도로나 부두에 주차해야 하는 현상이 벌어졌다. 잠수함 기지 건설 부실의 주범이었던 당시 시설감이었던 장교를 경멸했다.

우스운 일이 하나 있었다. 승조원 사무실 건물에 있는 화장실 내의 대변기 그림이 달라서 물어보니 동그랗게 그려진 것은 수세식 좌변기이고 건빵 모양으로 그려진 것은 재래식 대변기란다. 재래식 대변기라니? 네모형으로 거의 밀폐형처럼 세워지는 건물 내에 재래식 대변기를 쓰면 냄새가 나서 어떻게 하느냐 따지니 좌변기가 고장 날 경우를 대비해서 고장 염려가 없는 재래식으로 반반씩 설치해야 한다는 것이었다. 그래서 내가 물었다.

"그럼 롯데호텔엔 왜 재래식 대변기가 없나?"

그때까지 롯데호텔에 투숙해 본 경험은 없었지만 척하고 짚어본 것이다. 그 시설 장교는 또 잘못 대답하는 것이었다. 롯데 호텔에 투숙하는 사람들은 어느 정도 수준 있는 사람들이니까 사용도 잘하니 그럴 필요가 없으리라는 것이었다.

"온갖 종류의 사람들이 다 사용하는 수세식 좌변기는 고장 염려가 없고 훈련받은 군인들만 사용하는 좌변기가 고장이 더 발생할 거라는 것은 어디에 근거한 거냐?" 그는 대답을 못 했다. 나중에 이미 설치된 재래식 대변기를 좌변기로 바꾸는데 법석을 떨어야 했다.

이미 1층까지 지어진 승조원 사무실을 둘러보고 깜짝 놀랄만한 걸 발견했다. 사무실에서 소리를 냈는데 웅웅 거리는 소리가 나는 것이었다. 이유를 몰라 천정을 뜯고 올려다보니 이게 웬일인가? 천장 위쪽은 벽이 없는 게 아닌가. 천장 위쪽은 끝에서 끝까지 완전히 트여 있었다. 벽돌을 아끼려고 벽의 천장 위에서 지붕까지는 벽돌을 쌓지 않은 것이었다. 그것은 개념이 달라서 그런 것이 아니라 완전한 부실공사였다.

그 후에 완성된 천정을 뜯고 다시 벽돌을 쌓는 부산을 떨었지만, 만족스럽게 쌓아지지 않았다. 믿을 수 없겠지만, 이것은 실화다. 지금이라도 잠수함 기지의 승조원 사무실 천정을 뜯고 보면 확인할 수 있을 것이다. 나는 잠수함 기지건립에 그들 말대로 '트러블 메이커'가 되면서부터 시설병과 장교에 대한 신뢰를 잊어버렸다.

잠수함 기지의 부실공사는 내가 장보고함을 인수해서 돌아온 1993년 첫 장마철을 맞으며 너무도 명백하게 백일하에 드러나게 된다. 그 해는 유난히 비가 많이 왔는데 새로 준공된 잠수함 기지의 모든 건물이 비가 새어서 난리가 났었다는 사실이다. 당시 15개 동 건물의 38군데에서 비가 샜다. 그 숫자를 아직도 기억하고 있다. 비가 샌 것도 난리였는데 장마가 끝나고 염천이 되는 7월이 되자 또 웃지 못할 일이 나타났다. 거의 모든 건물이 붉은 벽돌로 벽을 쌓았었는데 장마가 끝나고 햇볕이 내리쬐자 벽돌 사이에 쌓은 시멘트에서 흰 색깔의 액체가 흘러나와 붉은 벽돌 건물을 모두 흰 건물로 만들어 버리는 게 아닌가. 가격이 낮은 붉은 벽돌은 물론 바다에서 퍼올린 염기(鹽氣)있는 싼 모래를 사용했기 때문이라 했다. 인부들이 동원되어 사다리를 놓고 솔로 닦아내는 법석을 떨더니 흰 액체 유출을 막는 코팅제를 바르느라 또 난리를 쳤다. 흰 액체 유출현상은 장마철 이후면 멈추지 않아 솔로 닦고 코팅제를 바르는 일을 몇 년을 두고 반복했다. 지금도 그 자국은 모든 건물에 남아있다. 역시 믿을 수 없는 실화다.

잠수함 기지의 그런 부실공사가 그냥 넘어갈 리 없다. 1996년경 해군 참모총장이 잠수함 기지의 부실을 밝혀달라고 국방부 특검단에 요청해서 특별검열이 실시되었다. 결과는 총체적인 부실공사였다고 판명됐고 당시 시공사는 향후 5년간 군 관계 공사엔 입찰을 금지하는 처분이 내려졌다. 그런데 이상한 것은 그것으로 인해 누구도 처벌을 받았다는 소문은 못 들었다는 것이다. 당시 신문과 잡지에 나왔던 대로라면 현장을 목도하고 문제를 제기했던 당사자로서 나는 해군 잠수함 기지 건립은 그 시대 정경유착의 희생물이었다고 생각한다. 그 기지에서 잠수함 함장, 전대장, 전단장 근무를 하면서 문제가 나타날 때마다 옛날이 기억되곤 했다. 불과 25년 전, 그 시대가 그렇게 어두웠었나 마음이 씁쓸하다. 당시 해군본부 시설감실 뿐만 아니라 잠수함 기지 건설을 남의 집일처럼 손 놓고 바라만 보았던 운용부대 당사자들을 이 책으로나마 고발한다. 세상사를 알고 나면 마음이 씁쓸해진다고 했더냐…….

기지건설 부실이 아무리 생각을 잡고 있어도 내 초점은 장보고함을 어떻게 잘 인수해서 해상훈련을 잘 끝내고 본국으로 무사히 오느냐에 맞춰져 있었다. 몸은 국내에 있어도 마음은 독일에 가 있었다. 독일로 돌아가서 벌어질 일들에 초점을 맞춰야 한다는 것은 어느 누구의 일도 아닌 나 혼자의 일이었다. 그것만이 전부 같았다.

장보고함 부대창설과 함장 취임

일시 귀국해서 5개월여 지나는 동안에 있었던 중요한 일 두 가지 중 다른 하나는 1992년 8월 1일, 장보고함 부대가 창설되고 내가 대령으로 진급하고 장보고함 함장으로 정식 취임 한 일이다. 세 가지가 동시에 이루어진 그 날은 내 해군 인생에서 중요한 날이었다. 독일에 있는 동안에 나를 매도하고 위협하고 괴롭혔던 모든 일들이 일시에 정리된 날이었기 때문이다. 독일 교육훈련 중에 일어났던 일들로 함장 내정자의 위치를 취소시킬 수 있는 '중도 귀국조치' 위협이나 '유학생 선임자'라는 애매한 직책 때문에 승조원들 앞에서 다른 사람이 지휘관이라고 일갈하는 것을 인내해야 했던 괴로움들이 그 날을 기해 대번에 우스운 옛날 일이 되어 버렸다. 인수 승조원들은 애초의 계획에서 한 명도 빠짐없이 인사명령으로 임명되었다. 애매했던 모든 것이 일시에 정리된 정말 중요한 날이었다. 오랜만에 가슴 뚫리는 후련함을 맛보았다.

나는 그런 우스웠던 일들에 더 이상 정신을 팔 새가 없었다. 앞으로 닥칠 일이 문제였다. 내 마음은 다시 출국하면 곧 인수가 이루어질 것이고 그 이후에 있을 해상훈련에 가 있었다. 장보고함 함장 취임사 전문을 일기에 적어놓았던 것을 다시 읽어보니 그때의 마음이 생생히 되살아난다.

"……생사고락을 함께할 장보고함 전우 여러분!
그간 우리가 장보고함을 탄생시키기 위해 거쳤던 모든 일들, 힘들고 괴로웠던 일들, 우리를 아프게 했던 일들, 또 그런 사람들, 그 모든 것은 앞으로 우리가 넘어야 할 일들에 비하면 아무것도 아니라는 생각을 이 순간부터 해야 하겠습니다……

우리 앞에는 극복해야 할 어려움과 거쳐야 할 시험이 많이 놓여 있습니다. 가깝게는 당장 며칠 후부터 발틱해와 북해의 겨울 바다가 우리를 괴롭힐 것입니다. 한국 해군 잠수함 부대의 기초를 반듯하게 세워야 한다는 우리의 사명과 모두의 기대가 우리의 희생을 요구할 것입니다. 암흑의 바닷속이 우리의 인내를 저울질할 것이며 함내의 열악한 환경이 우리의 체력과 정신력을 시험할 것입니다.
……

모두의 기대를 이룬다는 가슴 가득한 자부심과 긍지가 또한 우리에게 있음도 잊지 맙시다. 우리에게 맡겨진 이 귀중한 소명을 완수함에, 어느 날, 인생의 어느 시기에, 너의 젊음을 바쳤던 해군에서 무엇을 했느냐는 물음이 온다면, 한국 해군 최초의 잠수함 장보고함의 인수 승조원이었노라고 자랑스럽게 대답할 수 있도록 합시다……"

아무리 어렵고 괴로운 일이라도 지나간 것은 한낱 작은 일일 뿐이고 닥칠 일은 아무리 작아 보여도 무겁고 거대한 일이라는 말이 실감나게 다가왔다.

다시 독일로

1992년 8월 18일, 인수 승조원 30명을 인솔해서 다시 독일로 향하다. 이번 독일행은 승조원 전원 '유학생' 신분이 아니라 '인수 승조원'이었고 내 직책은 '유학생 선임장교'가 아니라 '인수 함장'이었다. 신분이 바뀌고 함장으로 다시 독일로 가지만 물리적으로 달라진 것은 별로 없었다.

체재비도 유학생 체재비에서 바뀌지 않았고 부대 운용비도 없었다. 잠수함 사업단은 그런 문제에 대해서 관심을 두지 않았다. 그러나 지난번 출국 때보다 훨씬 당당한 기분이었다. 이제 어느 누구도 내 승조원들 앞에서 지휘관 운운하며 헛소리하는 사람은 없을 것이다. 난 그것 하나로 위안을 삼았다. 우리가 국내에 가있는 동안에 장보고함은 해상 시운전이 완료되어서 완전 가동상태에 있었다. 승조원들이 이미 장비교육과 독일 해군의 잠수함 기초교육을 받았으니 이제 함을 운용하는 훈련만 받으면 된다.

다시 독일로 돌아와 생활 안착을 하느라고 며칠 바빴지만 두 번째 하는 일이라 수월하게 처리하고 곧바로 조선소가 주관하는 체계 교육에 돌입했다.

체계교육이란 장보고함이 부두에 계류된 상태에서 우리 승조원들이 배치되어 그동안 개별장비에 대해서 받은 교육을 장비 간 연동과 상관관계를 익히는 교육이었다. 나는 이 기간 동안에 승조원들이 장비를 작동할 수 있는 기회가 있으려니 생각했는데 조선소 교관들은 전혀 그런 기회를 주지 않았다. 자기들이 작동하고 설명만 하는 것이었다. 우리 승조원들이 장비에 손을 댈 수 있는 것은 인수일 이후에 비로소 가능해진다. 인수일 이전에 승조원들이 장비를 움직이다가 문제가 생겨도 자기들 책임이라는 개념이었다. 독일 사람들의 개념이다.

체계교육 중에 인상적이었던 것은 어뢰 실제 발사시험이었다. 조선소 요원들이 장보고함을 에켄훠르데 해역으로 이동시켜서 계약사항으로 되어있는 어뢰 실제 발사시험을 보여주는 것이다. 목표물인 조선소의 시운전 지원선박에 타고 장보고함에서 발사한 어뢰의 불빛이 목표물 선박 밑을 몇 차례 통과하는 것을 관찰한다. 경이로운 경험이었다. 잠수함에서 어뢰를 발사한 후 목표물에 돌입하도록 저렇게 조종할 수 있다니 놀라운 일이었다. 든든한 마음으로 킬로 돌아왔다.

그다음에는 장보고함에 편승해서 덴마크 스카겐항까지 왕복 항해에 참가했다. 발틱해의 복잡한 수로에 놀랐다. 어떤 해역은 폭이 1마일 정도의 수로가 양쪽에 설치한 부표 사이를 따라 수 마일을 가야 하는 곳도 있었다. 마치 우리 서해안의 물골 같은 수로였다. 그런데 그런 수로에서 산더미만 한 크루즈선과 마주치는 것이었다. 옛날 바이킹들이 활동하던 해역이 이렇게 천수심에 복잡한 바다일 줄이야. 내 앞에 놓인 첫 번째 방해물이구나 생각했다. 해상훈련 나올 때 대단히 조심해야겠다고 생각했다.

스카겐항은 출입항이 용이치 않은 항구였다. 항구로 들어가는 입구에 항상 남쪽에서 북쪽으로 조류가 흐르고 있어서 조선소 시운전 팀장이 알려준 입항방법은 왼쪽 방파제 끝단에 있는 등대를 보고 속력 4노트 침로 350°(T)로 30야드까지 접근한 다음 모터를 정지하고 함수가 방파제 끝을 통과할 때 우현 전타를 써야 입구 중앙으로 들어올 수 있다는 것이었다. 조금이라도 시간을 놓치면 방파제에 충돌할 수 있다. 나를 긴장시키는 또 하나의 방해물이었다.
장보고함을 인수해서 무사히 한국으로 돌아갈 때까지 나타나는 모든 어려움은 나를 굴복시키려는 방해물일 것이다……. 그들과의 싸움이 있을 뿐이다! 나는 전투 앞에 놓인 것이다! 그렇게밖에 생각 들지 않았다.

드디어 장보고함을 인수하다!

장보고함 인수 승조원
1992년 10월 14일, 장보고함 인수일 장보고함에 처음 태극기를 올리고

1992년 10월 14일, 드디어 장보고함을 인수했다.
　장보고함을 올려놓은 리프팅 도크 앞 광장에서 인수식이 열렸다. 본국에서 해군 참모총장과 사업단장, 대우조선 사장과 임원 몇 명이 오고, 주독한국 대사, HDW조선소 회장단 등 300여 명이 참석했다. 의례적인 순서가 지나고 장보고함 마스트에 올려져 있던 독일 국기를 내리고 태극기를 올리는 순간 "국기에 대하여 경례!"를 구령하던 나의 목이 떨렸다. 킬시 경찰 밴드가 애국가 연주를 시작하는 순간엔 눈물이 나올뻔했다. '잠수함'이란 것을 알게 된 지 16년 만이다. 이 순간을 위해서 얼마나 오랫동안 해쳐왔느냐. 그때까지의 내 인생 최고의 순간이 아니었을까. 벅차고 감격스럽고 후련했다.

인수식이 끝나자마자 칼날 같은 독일 사람의 모습이 다시 가르침을 준다. 인수식이 끝나고 배를 리프팅 도크에서 출항대기 부두로 옮기려고 함교에 올라가 양현측 홋줄을 걷고 뒤에서 예인선이 끌어당기길 기다렸는데, 한참이 지나도 당기질 않는다. 왜 안 당기느냐 물었더니 함장이 당기라고 해야 당기지 않느냐고 한다. 예인선이 홋줄을 당기는 것은 그 강도에 따라 갖가지 사고가 날 수 있으니 이제부터 당신 책임이라는 뜻이다. 다시 정신이 차려졌다. 독일 사람들이었다.

조선소 주관 운용훈련

정박상태에서 장비작동훈련에 돌입했다. 함을 인수했으니 이제 우리 배다. 마음대로 작동할 수 있다. 조선소 교관 6명이 배치되어 정박운용훈련을 시작하자 우리 승조원들은 먹이를 찾던 사자같이 달려들었다. 며칠 후면 우리가 직접 배를 몰고 바다로 나가야 한다. 아무도 우리를 대신할 수 없다. 답은 하나, 우리가 모든 것을 할 줄 알아야 한다는 것이다. 승조원들에게 인수식 직후 배를 옮길 때 함교에서 일어났던 일을 얘기했다. 말을 안 해도 승조원 전원의 눈빛은 잘 알고 있다는 것 같았다.

우리 승조원들은 며칠 만에 조선소 교관들을 완전히 녹다운(knockdown)시켜 버린다. 그런 일들은 나도 몰랐는데 조선소 교관들이 나에게 알려주어 알게 된 일이 여러 번 있었다.

우리 승조원 한 명이 직별 해당 장비운용법을 하나하나 꼬치꼬치 묻고 완전히 이해되고 숙달될 때까지 가르쳐달라고 붙잡는 바람에 밤늦게까지 하고도 물러서지 않아 밤을 거의 샜다는 것이었다. 그 교관은 과거에 다른 나라 해군들도 많이 가르쳐 봤는데 한국 승조원같이 지독하게 달려드는 승조원은 처음 봤단다. 나중엔 오기가 나서 같이 밤을 거의 샜다는 것이다. 그러면서도 그는 별로 싫어하는 표정이 아니었다. 나는 그 말을 듣고 기분이 매우 좋았다. '아! 우리 승조원들은 됐다!' 속으로 외쳤다.

퇴근시간을 칼날같이 지키는 독일 사람들이 밤을 새우다시피 하며 우리 승조원들을 가르쳤다니 믿기지 않았다. 그러나 그 이유는 우리 승조원들이 조선소 교관들을 사로잡는 전통적인 우리의 '한국인 방식' 때문이었다. 우리 승조원들은 정박운용훈련이 시작되기 전부터 이미 조선소 교관들을 완전히 장악하고 있었던 것이다. 장비교육 받을 때부터 해당 교관들과 먹고 마시는 시간을 같이 갖고 친밀도를 높여 왔던 것이다. 교관들과 가까워지자 그들 스스로 가르쳐주려고 하고 부속품도 갖다 주기도 하고 그들만이 아는 노하우(know-how)도 알려주는 것이었다. 독일 교관들은 그때까지 HDW 조선소에 와서 잠수함을 가져간 10여 개국 승조원들과는 다른 승조원들을 만난 것이었다. 그러니 교관들도 다른 독일 사람이 된 것이었다.

정박운용훈련 일주일이 끝나기 전에 우리 승조원들은 장비 작동에 통달하게 된다. 이제 바다에 나가 상황에 대처하는 방법만 습득하면 일단은 잠수함 운용능력은 습득하는 것이다. 바다에 나갈 날이 기다려졌다.

 날씨도 좋았던 10월 29일, 우리가 장보고함을 몰고 첫 출항한 날이다. 인수한 지 보름만이다. 킬 항로를 나가며 나는 묄렌오르트 마을의 잠수함 승조원 추모탑을 향하여 경례를 했다. '한국 해군 첫 잠수함이 바다에 나가는 첫날입니다. 순항을 도와주십시오……' 선배 승조원들에게 진심의 경례를 했다.
 발틱해에 나가 하루 종일 모든 장비를 운용하며 기분 좋은 훈련을 하고 들어왔다. 바다에 나가 하루 동안에 그렇게 많이 경험하고 습득하고 성장한 날은 아마 없을 것이다. 저녁 무렵 킬 항으로 들어올 때 우리 승조원들은 아침에 출항할 때와는 이미 다른 승조원이 되어 있었다. 그 이튿날은 출항해서 첫 잠항을 했다. 잠수함으로서 첫 신고를 한 것이다. 이제 우리 승조원들은 모든 입문 절차를 마쳤다.

 그 이튿날 스카겐항을 향하여 출항한다. 심해에서의 훈련을 위해서다. 킬에서 스카겐까지는 280마일, 꼬박 24시간을 달려가야 하는 거리다. 출항하면서 나는 장보고함 탄생 후 첫 난관이라고 생각했다. 밤을 꼬박 새우듯 하며 발틱해 수로를 통과해 스카겐 근해에 이르니 발틱해보다는 훨씬 수면이 거칠다. 곧바로 노르웨이 남단 스카게락(Skagerrak) 해역으로 향했다.
 북해의 텃세는 상상 이상이었다. 파고 6~7m에 풍속 50노트. 항해기로 마스트에 게양 해놓은 태극기가 바람에 떨리다가 반쪽이 떨어져 날아갔다. 여분의 태극기가 없어 그 기간 동안 부상했을 때는 반쪽짜리 태극기를 게양하고 지내야 했다. 그때 반 동강 난 태극기는 잠수함 사령부 박물관에 있을 것이다.

바다는 거칠지만 수심 400여m의 스카게락 해역은 잠수함이 훈련하기에는 안성맞춤의 바다다. 온갖 긴급상황훈련을 하며 하루 저녁을 수중에서 지낸다. 수중에서의 첫 밤샘이다. 바닷속이 그렇게 평온한지도 실감하고 긴급잠항, 긴급부상 훈련으로 잠수함을 실감하기에도 충분했다. 나를 포함해서 우리 승조원들은 하루하루 성장해 갔다. 그때 2주일간 스카게락과 스카겐을 오가며 훈련을 끝낸 후 우리 승조원들은 완전히 잠수함 승조원이 되었다. 다시 킬로 돌아오면서 마치 금의환향하는 기분이었는데 하마터면 발틱해의 마귀에 잡힐 뻔 한다.

부이로 표시된 수로를 통과하면서 변침점에 왔는데 변침점 표시 부이 위치가 이상한 것이었다. 배를 정지해 놓고 확인해보니 지난밤 폭풍에 변침 부이가 밀려 엉뚱한 위치에 가 있었던 것이다. 그 밀린 변침 부이를 보고 그냥 변침했으면 장보고함은 그날 발틱해의 뻘 위에 올라갔을 것이다. 만일 그랬다면, 다음에는 어떤 일들이 벌어졌을지 상상만 해도 끔찍하다. 발틱 마귀의 손아귀를 뿌리쳤구나 생각하며 심호흡을 크게 했다. 앞으로 얼마나 더 많은 마귀가 다가올 것이냐? 나는 나를 쓰러뜨리려는 마귀와의 전투 앞에 있는 것이었다.

독일 해군 훈련

11월 중순에 킬에 있는 독일 해군 잠수함 전단부두에 들어가 독일 해군 교관들에 의해 운용훈련에 돌입했다. 정박운용훈련부터 조선소에서 했던 것과 똑같은 훈련이지만, 판이하게 다른 것은 '시간' 요소가 들어간다는 것이다. 나는 독일 해군훈련이 시작되자 마음에 썩 들기 시작했다. 바로 전투적 요소가 들어가기 때문이었다. 여태까지 우리는 전투적 요소를 생각지 않고 운용방법, 절차, 안전수칙 위주로만 함을 운용하는 훈련을 한 것이었다. 해군훈련은 그것이 아니었다. 긴급성, 신속성을 우선해야 하는 상황대치 훈련은 정신을 번쩍 들게 했다. 바로 이것이다 싶었다.

　독일이 잠수함을 수출하면서 제시한 교육훈련 계획이 매우 짜임새가 있다는 생각이 들었다. 특히 해군 훈련을 시작하면서 더 그런 생각을 하게 되었다. 그때까지 독일은 209급 잠수함을 10개국에 49척을 수출하고 있었는데 209급 잠수함이 중소 해군국가에 맞는 크기에 성능이 좋고 군과 민간 조선소의 협력이 잠수함 수출을 높이는 요인일 거라는 생각을 했다. 특히 우리같이 잠수함을 처음 보유하게 되는 국가에겐 이런 단계적인 교육훈련 계획은 매우 매력적일 것이라는 생각을 갖게 했다.

　독일 해군의 정박운용훈련과 킬 외항에 나가서 조선소 훈련 때처럼 해상운용훈련 일주일씩을 거치면서 우리 승조원들의 함 운용능력은 한결 업그레이드되었다.
　12월 초 다시 스카겐항으로 이동해서 2주일간 스카게락에서의 전투상황 훈련에 돌입한다. 발틱해에서 하지 못한 전투상황훈련을 하기 위해서다. 정박운용훈련과 킬 외항에서의 해상훈련을 거치면서 해군훈련에 매력을 느낀 바 있어 스카게락 훈련에 기대를 가졌다. 그동안 우리 교육을 담당했던 독일 해군 교관 6명을 편승시켜 스카겐으로 출항한다.

스카게락에 도착하니 북해의 겨울 바다가 얼마 전 가을보다는 판이하게 매섭다. 그 매서운 북해의 손아귀에 나는 도착하자마자 잡힐 뻔했다. 풍속이 40노트 이상에 함교에서 팔을 내밀면 바닷물이 손에 닿을 정도의 너울성 파도가 일어 부상항해가 힘든 상태였다. 함교 안으로 너울이 들이치면 물이 함교탑 내부로 쏟아질 것 같아 함교탑 하부 해치를 닫으라고 지시하고 변침을 시도하려는 순간 함교가 너울 속으로 들어간 것이다. 위에서 물 더미가 덮치더니 함교 바닥에 부딪히면서 내 몸이 솟아올랐다. 몸이 물속에 있다고 느껴지는 순간 함교 밖으로 내동댕이칠 거 같아 본능적으로 함교 난간을 잡았다. 함교에 같이 있던 당직사관, 부직사관도 마찬가지였다. 함교가 너울 밖으로 나오자 우리 셋은 함교에 가득찬 물속에 서 있었다. 함교탑 내부가 수영장같이 물로 가득 찼지만 바닷물이 함내로는 한 방울도 안 들어간 것이었다!

하부 해치를 닫지 않았으면 함교탑 바로 안쪽에 있는 전투체계 콘솔 한두 개는 손상이 되었을 것이고 3톤 이상의 바닷물이 함내로 유입되었으니 다른 계통도 온전치는 못했을 것이다. 분명 훈련을 시작도 못하고 킬로 돌아와야 했을 것이다. 장비 손상보다도 우리 셋 중 한 명이라도 함교 밖으로 튕겨 나갔다면 북해에서 불귀의 객이 되었을지도 모른다. 그런 황천에서 인명 구조는 가능치 않았을 것이다.

북해 마귀의 손아귀를 뿌리친 것이었다. 모자는 바닷속으로 날아갔지만, 나중에 독일 교관들과 얘기하면서 스카게락에 오면 모자 세 개는 바쳐야 한다는 것이었다. 독일 해군도 그런 상황을 당해서 소나 콘솔을 교체하는 일도 있었단다. 그러나 나는 이 부분에서 독일 해군 교관들을 나무랐다. 그런 경험이 있었으면 이런 황천하에서 함교탑 해치를 닫아야 한다고 왜 미리 말을 해주지 않았느냐. 만일, 해수가 함내로 유입되었으면 어떻게 할 뻔했느냐며 화를 내니 파고가 그 정도일 줄은 몰랐다며 얼버무린다. 그게 아니라 모든 것은 자기들 책임은 아니라는 생각에 무심했을 것이다. 독일 사람들이다. 어쨌건 북해의 마귀는 장보고함을 낚아채지는 못한 것이었다.

그 이후 황천에서는 함교탑 하부 해치는 반드시 닫았고 부득이 부상항해를 해야 할 상황이라면 상부 해치까지 닫고 함교 당직자는 안전벨트로 몸을 함교에 붙들어 맸다.

북해에서 해상훈련 당시의 장보고함

스카게락에서의 2주일간 독일 해군 훈련은 매우 만족스러웠다.

스노켈을 종료하고 잠항 상태로 돌아가려면 엔진을 정지하고 스노켈 마스트를 하강시킨 다음 마스트 내부에 유입된 해수를 배출시키는 과정으로 5분 이상이 걸리는 절차를 대잠항공기가 출현한 상황을 가정해 스노켈 상태에 있다가 곧바로 긴급 잠항해서 안전심도인 수면 하 50m까지 1분 이내에 도달해야 하는 훈련은 판이하게 다르다. 전자가 조선소 훈련이라면 후자는 해군 훈련이다. 수중전속력에 잠항 전 타각을 꺾으면 배가 40° 이상 기울어져 내리박힐 때 잠망경을 붙잡고 몸을 지탱하느라고 버티던 괴로움도 이제는 격벽에 몸을 기대어 맡겨놓고 여유 있게 조함 명령을 내릴 수 있게 되면서 사라졌다. 나는 해군훈련이 정말 맘에 들었다. 조선소 주관 운용훈련으로만 그쳤으면 큰일 날 뻔했다는 생각이 들었다.

독일 해군 교관들을 대동해서 스카게락에서 훈련하는 동안에 한 가지 중요한 확인을 한 게 있었다. 얼마 전에 독일 해군 잠수함에 편승해서 견학할 때 알게 되었던 공기정화장치 성능확인이다. 독일 해군 잠수함에 장착된 공기정화장치가 우리 것과 달라 자세히 알아본즉 독일 해군도 우리와 같은 것을 사용하다가 성능이 나빠 오래전에 교체했다는 것을 알게 되었고, 이번 훈련기간 동안에 그 성능을 자세히 확인한 것이다. 매뉴얼 대로 절차를 밟아 확인한 자료에 독일 교관들의 확인서명을 받아 놓았다. 그 확인서명은 나중에 조선소 측과의 싸움에서 결정적인 작용을 하게 된다. 조선소 측에 성능미달을 이유로 교체해 달라는 요구를 하기 위한 준비였다.

스카게락에서의 독일 해군 훈련 2주일로 1992년을 마무리했다. 1992년은 한국 해군 잠수함 사에 실로 중요한 해였다. 첫 잠수함 장보고함을 인수하고 전투를 할 수 있을 만큼의 운용능력을 습득했으니 얼마나 중요한 시간인가. 잠수함이란 배를 어떻게 움직여야 하는지도 몰랐던 연초에 비하면 엄청나게 비약적인 도약을 이룩한 해였다.

독일에서의 마지막 훈련을 앞둔 1993년 1월 중순, 예기치 않은 일을 발견하여 HDW 조선소를 발칵 뒤집어 놓게 되었다. 바로 다음에 쓸 쇼크마운트 사건이다. 잠수함 내의 모든 장비는 자체 진동이 선체 또는 옆 장비에 전달되는 것을 막으려고 쇼크마운트라고 불리는 특수 고무로 된 충격흡수장치로 연결되어있다. 이 쇼크마운트에 문제가 있다면 진동소음이 선체에 전달되어서 함의 정숙도를 파괴하는 크나큰 결점이 되는 것이다. 어느 날 갑자기 함내의 쇼크마운트가 균열되어 있다는 하자 보고서를 제출하자 조선소가 발칵 뒤집혔다. 건조공정이 9개월이나 늦어져서 전전긍긍하고 있는 판에 얼마나 더 공정지연을 가져올지 모를 사건이 터지니 조선소가 발칵 뒤집어진 것은 이상한 일이 아니었다. 당장 1월 말로 계획되어 있는 스카게락 훈련을 갈 수 있느니 없느니로 시끄럽다가 훈련은 할 수 있다는 판정을 받고 마지막 훈련차 출항했다. 그 마지막 훈련 기간에 계획된 것은 독일 해군 구축함과의 공방전 훈련과 건조계약사항인 폭뢰시험이었다.

폭뢰를 맞고 확신하다

독일 해군 구축함과의 공방전 훈련은 정말 기다리고 기다리던 훈련이었다. 내가 중위 시절 미국 잠수함을 처음 탔을 때 전쟁연습 단계에서 그 함장에게서 받은 인상대로 내가 할 수 있느냐를 시험해 보고 싶었다. 그러나 그때와 같은 대잠 세력도 많지 않고 훈련구역도 넓어 매우 싱거웠다. 훈련구역으로 설정한 구역 한쪽 끝에서 다른 끝까지 정해진 시간 안에 이동하면서 배터리 상태를 항상 60% 이상으로 유지해야 하는 즉, 스노켈을 자주 실시하면서도 구축함에게는 접촉되지 말아야 하는 훈련이었다. 황천하에서 구축함 한 척을 회피하기는 어렵지 않았다. 훈련은 생각보다 싱겁게 끝났다.

폭뢰시험을 하면서 나는 해상훈련이 시작된 이후 처음으로 겁을 먹었다. 건조계약엔 폭뢰를 잠수함으로부터 50야드에서 4회 투하시켜 함의 강도를 시험하도록 되어 있었다. 잠망경심도에서 구축함과 마주보며 접근하다가 현 측 50야드에서 첫발을 투하했는데 나는 그 첫발 폭음을 듣고 덜컥 겁이 나기 시작했다. 그 폭발음이 우리 배 선체에 맞는 소리는 분명 어느 한 부분이 째지거나 갈라지는 소리였다. 어떻게 마련한 배인데 여기서 갈라지면 어찌 될 것인가? 시험을 중지시키고 함 구석구석을 검사했다. 누수가 되는 곳은 없었다. 두 번째 폭뢰를 받고 보니 더 이상 계속하다간 분명 배에 탈이 생길 거 같았다. 함내를 검사해보니 누수가 되는 곳은 발견치 못했으나 더 이상 계속하고 싶은 마음이 싹 사라지는 것이었다.

구축함을 불러 "본 함은 폭뢰시험 종료를 원함. 시험완료 한 것으로 간주하겠음." 이라는 내용으로 통신문을 보냈다. 저런 충격이 누적되면 선체에 결코 좋을 게 없다는 생각 때문이었다.

그러나 독일 구축함이 "본 함은 4발 투하를 지시받았음. 시험 계속하겠음. 잠시 후 접근 예정!"이라 응답하더니 무작정 짓쳐 들어오는 것이 아닌가. 독일 사람이었다.

할 수 없이 3발째를 맞고 나니 진절머리가 나는 것이었다. 귀가 멍멍할 만큼의 굉음은 참겠는데 배 어딘가가 째지는 듯한 소리는 영 듣기 거북하다. 4발째가 투하될 때까지 시간이 그렇게 길게 느껴질 수가 없었다. 4발째 투하가 끝나자 승조원 전원을 풀어 함내 구석구석을 상세히 검사했으나 누수 되는 곳은 발견되지 않았다. 네 번이나 그런 소리가 났는데도 이상이 없다?

나는 선체를 상하게 하는듯한 소리엔 겁나고 괴로웠지만 끝나고 나니 장보고함 선체강도에 확신이 생기는 것이었다. 독일 사람들이 배는 단단하게 만들었구나……. 기분이 호전되었다.

　대잠 전술에 잠수함에 대한 '긴급공격'이란 게 있다. 잠수함이 인근에 존재하는 징후가 많은데 접촉이 안 될 경우 정확성을 기하지 않고 아무 곳에나 폭뢰를 투하하는 것이 긴급공격이다. 수중에서 폭뢰 폭발음은 잠수함에 위협을 줄 뿐 아니라 공격절차진행을 방해시킬 수가 있어서 효과적인 방어적이며 공격적인 대잠전술인 것이다. 초급장교 시절 대잠전 교관을 하면서 긴급공격의 의미와 효과에 대해서 수없이 반복했지만 직접 폭뢰를 맞아보니 그 효과를 덜 강조했다는 생각이 들었다. 수상함에서 폭뢰를 투하하고 폭발음을 듣는 것은 '쿵'하는 무거운 소리에다 선체가 약간 흔들리는 정도였지만, 수중에서 폭뢰 폭발음은 듣는 것은 어떤 소리와도 비교할 수 없는 찢어지고 갈라지는 듯한 소름끼치는 소리다. 마치 두꺼운 철판을 귀 가까이 대고 반대쪽에서 쇠망치로 세게 때렸을 때 나올 것 같은 소리다. 대잠전술에서 긴급공격은 매우 효과적인 전술이란 것을 확실히 확인했다.

　스카게락에서의 폭뢰 시험을 끝으로 독일에서의 모든 교육훈련을 끝냈다. 독일에서 교육훈련을 시작한 지 2년 3개월 만이다. 오랜 여정이었다. 후련한 마음으로 스카게락 해역과 스카겐항에 이별을 고하고 킬로 향했다. 이제 킬로 가서 마지막 정비를 하고 본국으로 가는 일만 남았다. 복잡하던 발틱해 수로도 아름답게 보였다.

　그런데 킬 입구에 마지막 마귀가 기다리고 있었다. 밤새껏 달려와 새벽에 킬 외항에 도착했는데 이게 웬일인가? 킬 수로 입구부터 짙은 농무가 끼어 한 치 앞이 안 보이는 것이었다. 레이더 항해면 되겠거니 생각하고 킬 수로에 들어섰는데 농무가 어찌나 짙던지 레이더 스코프가 허옇게 나오며 물표 식별이 안 되는 것이었다. 함교에서 함수가 안 보일 정도니 시정은 10m도 안 되는 것 같았다.

외항에서 기다리다가 농무가 걷힌 후에 접근해야겠다고 결심 못 한 게 그렇게 후회될 수가 없었다. 끝없이 무중신호를 내며 최저 속력으로 더듬어가면서 '마지막으로 마귀가 달려드는구나!' 생각이 드는 것이었다. 발틱해에서도 그렇지 않았는데 킬 가까이에서부터 이런 농무가 나타나니 묘한 노릇이었다. 하여간 접근하는 선박이 한 척이라도 있으면 충돌은 피하기 어려웠다. 나는 절규하듯 기적 소리를 연방 내뿜었다. 이마에 땀이 흐를 정도였는데 HDW 조선소 입구에 기다리고 있던 예인선을 발견한 순간 그 반가움이라니. 정말 구세주를 만난 기분이었다. 그러니 마귀는 또 나를 잡지 못한 것이었다. 그것을 끝으로 나는 독일에서 바다에서의 마귀 손아귀로부터는 완전히 벗어났다!

한국 해군 최초의 잠수함 승조원 탄생

1993년 2월 5일, 장보고함 승조원들에게 '잠수함 마크' 수여식을 열었다. 킬에 있는 독일 해군 잠수함 전단 장교클럽 2층 연회실을 대관해서 우리를 교육훈련 시켰던 조선소, 독일 해군 교관들과 관계자들, 지원해 주었던 모든 사람들을 초청해서 대연회를 열었다. 이런 날이 올 것을 예상해서 미리 제작해서 만들어 놓았던 잠수함 마크였다. 여러 사람들이 보는 앞에서 승조원들 한 명씩을 불러내어 내가 직접 가슴에 잠수함 마크를 달아 주고 독일 해군 교관 책임장교로부터는 잠수함 승조자격 인증서를 받게 했다. 어려운 여건을 잘 견뎌내고 훈련까지 잘 끝내준 승조원들에게 정말 고마운 마음이었다. 나에겐 독일 해군 교관 책임장교가 잠수함 마크를 달아주었다. 장보고함 승조원들처럼 적극적이고 열성적인 승조원은 보질 못했다는 그의 말에 모두 박수를 쳤다. 한국 해군 최초의 잠수함 승조원들이 이렇게 탄생 되었다. 독일에서 가장 즐겁고 행복한 날이었다.

독일 해군 훈련을 끝내고 독일 해군 교관 책임장교로부터 잠수함 승조자격 인증서를 받는 필자

제 4 장
독일에서의 사건들

가족 상봉사건

'가족 상봉'하면 추석이나 설날에 종종 이루어지는 남북 이산가족 상봉이 연상되겠지만 잠수함을 인수하면서 가장 고초를 겪었던 사건이 가족 상봉사건이다.

그 내용은 잠수함을 인수할 승조원들이 2년 가까이 독일에서 교육 훈련을 받는 동안 가족을 동반하지 못하도록 사업계획을 세워놓은 것에서 출발한다. 사실은 가족을 동반하지 못하도록 계획을 세운 게 문제가 아니라 여름방학 기간 동안에 가족들이 승조원들을 만나려고 독일로 온 것을 보고자(報告者)가 악의적으로 본국에 보고하여 해군본부가 시끄러워지는 사건으로 비화(飛火)되면서 승조원 전원이 심적으로 가장 고통을 받은 사건이다.

잠수함이 건조되는 동안 독일에 파견되었던 해군 인원은 조함병과 장교들로 구성된 감독관실 인원 12~15명, 각 직별 정비실습 인원 30여 명과 1, 2, 3번함 승조원 50여 명 도합 100여 명이었다. 이중 승조원을 제외한 인원들은 가족동반 외국 근무자 신분인 반면, 승조원들은 가족 비동반의 '유학생' 신분으로 사업 계획서에 구분되어 있었다. 승조원을 선발하여 첫 집합을 한 날 분명하게 교육해야 했던 사항이 2년여 독일에서 교육훈련을 받는 동안은 가족과 떨어져 있어야 한다는 사항이었다. 그때는 전원이 그런 사항에 대해서 별 질문이 없었고 당연하다는 듯이 받아들이는 것 같았다. 그런데 국내 교육이 6개월여가 지날 무렵부터 감독관들은 모두 가족을 데리고 독일에 가 있는데 왜 승조원들은 2년여 동안 가족과 떨어져 있어야 하느냐는 질문을 해오기 시작했다. 승조원들은 그동안 잠수함 사업에 관한 이런저런 소식과 정보를 많이 듣고 구체적인 질문들을 많이 해오는 것이었다. 감독관으로 가 있는 인원들은 고액의 체재비에 가족동반 지원금 주택까지 준다는데 같은 해군인 승조원들은 왜 얼마 안 되는 유학생 체재비만 주고 가족도 만나지 못하고 2년여를 지내라고 되어 있는 것인가 묻는 것이었다. 그러면서 2년여 동안 독일에 혼자가 있어야 한다는데 가족을 남겨 두고 갈 자신이 없으니 파견 인원에서 제외시켜 달라는 인원에서부터 잠수함은 위험하다는 말을 듣고 가족이 인수하러 가는 것을 반대하니 근무하던 곳으로 돌아가고 싶다는 인원에 이르기까지 가족문제 때문에 신상면담을 요청하는 부사관들이 하나둘 나타나기 시작했다.

그때 만일 우리가 중간에 일시 귀국했던 계획을 알 수 있었다면 하등 가족문제에 대한 질문도 제기될 수도 없었고 제기되었어도 설득력 있게 대답할 수 있었을 것이다. 그러나 오로지 2년여 동안 독일에 있어야 한다는 계획만 알고 있는 상태에선 나는 사업계획서에 반영된 원리적인 대답밖에 할 수 없었다.

사업계획서에 애초부터 승조원들은 가족 비동반으로 파독 개념을 잡은 것은 순전히 사업단장의 의지였다. 당시로써는 해군 창군 이후 그렇게 많은 인원을 장기간 외국에 파견시켜 본 관례도 경험도 없었던 지라 차근차근 따져보지 않고 간단하게 개념을 잡았던 게 아닌가 생각이 드는 것이다. 사업단장이었던 김 준장은 문서작성이나 도표를 그리고 도식화하는 데는 탁월한 재주를 갖고 있던 분이어서 수십 쪽에 달하는 잠수함 사업계획서를 손수 작성했다. 참모들이 부담은 줄었지만, 사업단장 자신만의 구상만 반영되는 문제점을 막을 길이 없었다. 자신이 잡은 개념에 이의를 제기하는 것을 극도로 싫어했던 것을 아는 참모들로서는 감히 다른 의견을 낼 수 없었으리라는 점도 내가 유추하는 바였다. 그럼에도 불구하고 사업단장 이하 감독관 요원들이 전원 독일로 출국하기 전에 그가 나에게 열심히 설명해 준 사업계획서에 승조원들이 가족 비동반을 해야 한다고 세운 이유는 세 가지였다.

우선 교육을 조선소 한 곳에서만 받는 것이 아니라 장비제작사가 있는 지방으로 옮겨 다니며 받기 때문에 가족과 지낼 시간이 없고, 처음 받는 교육이라 그날그날 예습 복습을 철저히 하지 않으면 따라갈 수 없어서 가족이 있으면 숙소에서의 학습에 장애가 될 수 있고, 해상훈련이 시작되면 거의 전 시간을 바다에 나가 있어야 하기 때문에 가족과 지낼 수 있는 시간이 거의 없다는 것이었다.

나도 처음엔 그런 이유가 타당하고 그러할 것이라 생각했다. 그래서 신상 면담을 요청해오는 부사관들에게 그런 설명으로 설득했었다. 그러나 독일 생활을 하면서 느껴지는 사항은 사업계획서의 내용과는 판이하게 진행되었다.

우선 장비에 대한 이론교육은 대부분 조선소 강의실에서 이루어졌고 장비운용을 실습할 필요가 있는 직별, 인원만 그룹별로 장비가 있는 지방의 제작사에 가서 실습을 하고 왔다. 지방이라는 곳은 대부분 킬로부터 자동차로 1~2시간 거리에 있는 지방이었고 기간도 일주일을 넘지 않았다. 외국 교육은 미국과 영국 두 곳이었는데 항해 장비여서 항해과 장교와 작전부 부사관 몇 명만 해당되었고 기간도 일주일씩에 불과했다. 그래서 기간이 가장 길었던 장비교육이 가족이 있어선 곤란하다는 이유는 타당치 않았다.

숙소에서 예습, 복습해야 한다는 이유는 더욱 맞지 않았다. 개인주택에 2~4명씩 나누어 숙소를 정해 자취를 해야 했던 승조원들은 주부식 구입을 위해 시장을 보고 식사를 준비하고 뒤처리를 하느라 숙소에서 자습한다는 건 이론에 불과했다. 가족이 있으면 오히려 예습, 복습할 수 있는 시간이 많았을 것이다.

해상훈련 때문에 가족과 지낼 수 없다는 이유도 마찬가지였다. 해상훈련은 배를 인수한 이후에 3개월간 계획되어 있었기 때문에 인수 이전엔 해당하지도 않는 사항이었고 인수 이후라면 가족이 없어도 얼마 있지 않으면 귀국할 것이니 문제 될 것이 없었다.

차근차근 살펴보면 사업계획서에 승조원들이 가족을 비동반하여 독일 교육훈련을 받아야 한다는 이유는 가족문제를 적용시키지 않기 위한 것이었다. 사업단장의 생각은 해군 첫 잠수함을 인수하기 위해 해외에 파견되는 승조원들이 무슨 일반 유학이나 가는 것처럼 가족을 동반해서 가는 게 모양새가 좋지 않고 사명감과 명예심에 충만해서 교육훈련에만 전력투구해야 한다는 것이었지만 그것은 승조원들의 생각이나 입장은 전혀 고려하지 않은 혼자만의 독단이 되었다는 생각을 지울 수 없다.

하여간 나는 국내 교육을 하는 동안 수시로 나타나는 부사관들의 신상면담에 부담이 많았다. 공정지연이 되어 출국 일자가 4개월여 미뤄졌을 때가 가장 불안했다.

신상면담도 많아지고 분위기도 어수선해져서 교육받는 상태도 열의가 없어지는 것 같았다. 독일로 출국만 하면 그런 분위기도 일신되고 신상면담 같은 것도 없어지리라 생각했다. 그래서 드디어 출국하던 날 나는 억눌림으로부터 벗어나는 듯한 해방감을 느꼈었다. 어딘가로부터 탈출하는 정말 후련한 기분이었다. 그러나 국내에 있을 때보다 더 괴로운 일이 벌어질 줄은 그 후련한 마음에 젖어있던 순간엔 꿈에도 생각지 못했다.

독일 체류생활이 시작된 1990년 10월 말부터 얼마간은 외국생활을 처음 해보는 승조원들이 대부분이어서 안착하느라 정신이 팔려있다가 생활이 어느 정도 자리 잡히자 다시 가족문제가 슬슬 언급되기 시작했다. 자비를 들여서라도 가족을 데려와 같이 지내겠다는 인원들이 하나둘 나타나기 시작했다. 나는 상부의 지시가 없으면 안 된다고 말할 수밖에 없었다. 출국 한 달여 전에 결혼했던 모 대위는 아내를 데려올 수 있게 해달라고 울먹이기까지 했다. 해군 예비역 제독이었던 그 대위의 장인은 나에게 국제전화로 "여보시오 안 중령, 내 딸이 결혼한 지 한 달 만에 독수공방하고 있는 게 보기 싫소. 내가 돈을 들여서 그쪽 사위에게 보내는 것도 안 되겠소?"라며 애걸하는 것이었다. 내가 함장 내정자이고 선임자이니 나에게 요청하면 되는 줄 아는 모양이지만 그건 내 권한 밖이었다. 상부의 지시가 그러하니 따를 수밖에 없고 한두 사람만 가족이 와서 지내는 건 전체 인원에게 바람직하지 않다는 대답밖에 할 수 없었다.

승조원들은 숙소 근처 동네에 가족과 같이 와서 사는 감독관실 인원이나 실무실습 요원들 선배 집에 잠시 방문 하는 것도 싫어했다. 자취 생활하는 자신들의 모습이 처량하게 느껴진다는 것이었다. 킬에 사는 해군들 선후배 간에 이상하게 서먹한 분위기가 생겨났다.

독일생활을 시작한 그 이듬해 여름 가까이 오면서 여름방학 기간 동안에 가족들을 데려오겠다는 의사를 나타내는 인원이 늘어나기 시작했다. 이제는 내 선에서 상담으로만 그칠 일이 아니라는 생각이 들어 감독관실을 통해 여름방학 기간 동안에 자비로 가족들을 데려오고 싶어하는 인원이 있다는 사실을 사업단 본부에 보고했다. 한참 만에 전해 온 본부의 반응은 의외였다. 가족들의 방문을 허용할 경우 자비로 가족들이 독일에 올 수 있는 인원이 몇 명인지 파악해서 보고하라는 것이었다. 그것은 가족들이 독일에 올 수 있도록 허용할 것이라는 기대를 갖게 하는 지시였다. 국내에 있는 가족들의 원성이 해군본부에 들어갔기 때문일 거라고 추측하며 승조원들의 분위기가 고무적이 되었음은 물론이다.

여름 성수기에 임박하면 비행기 좌석을 잡을 수 없으니 미리 비행기 예약을 하도록 가족들에게 연락을 취하며 즐거워했다. 우리는 승조원들의 숙소를 가족이 올 수 있는 인원 위주로 배정하는 계획을 세웠다. 가족이 오지 못하는 인원들은 한 곳으로 몰아서 한 집에 3~4명씩 기거하게 하고 한 가족 내지는 두 가족이 한 집에 머물 수 있도록 배정했다. 가족이 오지 못하는 인원은 한 방에 한 명씩 기거하던 것이 두 명씩 있게 하니 불편은 했지만, 가족들을 위해서 모두가 기꺼이 받아들였다.

그런데 여름이 가까이 오는데도 본부로부터 가족들의 독일 방문을 허락한다는 연락이 안 오는 것이다. 가족들은 독일 갈 준비를 마치고 날짜만 기다리고 있다는 것이었다. 여름방학이 코앞에 왔는데도 연락이 없자 나는 승조원들에게 본부의 지시가 없으니 날짜를 연기하고 기다려야 한다는 말밖에 할 수 없었다. 그러나 나의 말로 가족들의 독일행을 중지시킬 수 있는 단계는 이미 지나 있었다. 여름 성수기여서 비행기표 예약을 변경할 수는 없고 예약대로 하든가 아니면 취소하든 가 둘 중 하나였는데 취소하겠다는 인원은 한 명도 없었다.

7월 말경에 여섯 가족이 독일에 도착했다. 부인만 온 가족도 있고 유치원생 한 명 정도 딸린 가족이 대부분이었다. 우리는 계획을 짜 놓은 대로 가족숙소를 배정했다.

나는 감독관실을 통해 가족들의 독일도착 사실을 본부에 보고하고 앞으로 몇 가족이 더 올 예정이라는 것도 보고했다. 보고한 대로 몇 차례에 걸쳐 8월 중순까지 모두 24가족이 독일에 와서 승조원들을 상봉했다.

그런데 그즈음에 이르러 의아스런 일이 벌어진다. 승조원 가족들이 독일로 몰려갔다는 소식에 해군본부가 발칵 뒤집혔다는 말이 들려오는 것이었다. 감독관실에서는 경위를 보고하라는 지시가 내려왔다며 야단법석을 떨었다. 내가 속으로 걱정하던 일이 터진 것이었다. 본부의 허락이 떨어지기 전에 가족들이 독일에 왔다는 사실을 나는 속으로 걱정하고 있었던 것이다. 그러나 자비로 독일에 갈 수 있는 가족 수를 파악해서 보고하라 할 때도 보고했고 7월 말에 몇 가족이 도착했다는 것과 어느 정도 더 오리라는 것도 보고했는데 아무 말이 없다가 느닷없이 경위를 보고하라니 당황스럽기 그지없었다. 그럴 것이었으면 여름방학을 기해 가족 일부가 독일에 오고자 한다고 보고했을 때 딱 부러지게 무슨 소리냐고 했다면 아예 올 생각도 못 했을 것인데 허락할 것처럼 지시해서 사실 벌어진 일이 아닌가.

그런데 이제 와서 경위가 어떻게 해서 이루어졌느냐 심지어 주동자가 누구인가 파악해서 보고하라니 우리들은 황당할 뿐이었다.

이윽고 사업단장이 나에게 국제전화로 독일에 간 가족들을 당장 귀국시키라고 호통을 치는 것이었다. 마치 내가 주도해서 벌어진 일처럼 보는 것 같았다. 내 가족이 독일에 왔었다면 틀림없이 내가 주도했을 거라고 단정했을 것이다. 나는 아들 둘이 모두 초등학교에 다니고 있고 소령 시절 프랑스에 근무할 때 독일에도 여행한 적이 있어서 아내가 큰돈 들여 유럽엘 다시 오는 것에 반대해서 아예 독일에 오게 할 생각이 없었다.

하여간 방금 도착한 가족들을 당장 귀국시키라니 어떻게 한단 말인가. 그건 여름 성수기라서 비행기표를 구할 수 없어 불가능할 뿐만 아니라 승조원들의 감정만 상하게 할 말인데도 사업단장은 하루가 멀다 하고 나에게 닦달을 하는 것이었다. 급기야 사업단장이 판단해서 함장 내정자를 귀국조치 시키라는 참모총장의 구두허락까지 받아 놓았다며 국제전화로 육두문자를 써가며 나를 죽일 놈같이 나무라는 것이었다.

사업단장이 그렇게까지 나오는 것은 모든 일이 내가 주동해서 벌어진 일로 본다는 것이고 내 책임으로 단정한다는 것이 아닌가. 나는 어이가 없어 말을 할 수 없는 정도였지만 국제전화로 사업단장과 싸울 수도 없으니 혼자 가슴만 끓였다. 누구에게도 얘기할 수 없는 스트레스가 쌓이기 시작했다. 가족들을 당장 귀국시키라는 말을 승조원들에게 전하지도 못하고 혼자 끙끙거렸다. 그 말을 곧이곧대로 전하면 승조원들이 어떻게 나올지는 뻔한 노릇이었다. 그랬다면 필시 울고 싶은 애에게 뺨을 때리는 일이 되고야 말 것이라는 게 내 판단이었다. 그렇잖아도 잠수함 승조원으로 자원한 것을 후회하는 인원이 많은데 반발심으로 승조원을 포기하고 귀국하겠다고 할 인원이 속출할 게 뻔한 노릇이었다.

나는 몇 날 며칠을 저녁이면 내 숙소에서 혼자 고심에 잠겼다. 사업단장이 판단해서 나까지 귀국조치 시키라는 지시까지 했다니…….

 잠수함을 인수받으러 온 함장 내정자를 귀국조치 한다는 것은 무슨 뜻인가?

 함장 내정을 취소한다는 것 아닌가? 그렇게 된다면 앞으로 나의 군 생활은 어떻게 될 것인가? 해외에 교육받으러 갔다가 중도 귀국조치 되었던 장교들이 제대로 군 생활을 할 수 있었던 사람이 있었던가? 중도 귀국은 곧 군 생활의 끝이다. 제대다.

 무슨 희망으로 군 생활을 할 수 있을 거냐?

 나는 저녁마다 내 숙소가 있던 라보에 마을의 해변을 혼자 걸으며 가슴을 앓았다.

 나는 다른 한편으로 마음을 졸여야 하는 사항이 또 있었다. 대령 진급심사가 목전에 와 있었던 것이다. 진급심사가 10월인데 8월에 이런 사단이 났으니 그렇지 않아도 진급심사 계절이 오면 없는 말도 만들어 내어 끌어내리려고 하는 판인데 이건 얼마나 좋은 '꺼리'가 되겠나. 나를 귀국조치 시켜도 좋다는 말이 사실이라면 이것은 국내에서 나에 대한 평가가 최악이란 걸 의미하는 것이다. 이것은 무슨 일치냐?

 며칠을 고민하다가 가족들을 귀국시키라는 사업단장의 지시를 승조원들에게 전파했다. 언제까지나 알리지 않고 나만 고심하고 있을 수 없는 일이었다. 반응은 내가 걱정했던 대로였다. 내 말을 무겁게 듣던 승조원 중 몇몇이 조용하며 차분한 어조로 말을 하는 것이었다. 잠수함 교육을 중단하고 가족과 같이 귀국조치 시켜 달라는 것이었다. 사람이 인상 쓰지 않고 조용히 결연하게 나오는 모습일 땐 결기가 있는 것이다. 그때 몇몇 승조원의 모습이 그랬다. 그들과 이미 2년 넘게 지내면서 느껴온 감에 의하면 무언가 일이 터질 것 같다는 느낌이었다. 일이 터진다는 건 승조원 몇 명이 잠수함 타는 것을 포기하고 귀국하겠다고 나오면서 결원사태가 생기고 교육훈련 분위기가 흐트러지고 잠수함 인수에 문제가 생기고 결국 해군의 숙원사업이라는 게 소용돌이에 휩싸이게 되는 그런 사태가 오는 것이다. 그런 악몽이 의외로 간단히 터질 수 있는 순간에 와 있었다.

국내에서부터 결원사태가 생길 사태를 극복하고 이탈 인원 없이 독일에만 가면 잠잠해질 줄 알았던 문제가 이제 정말 문제가 될 상태까지 와 버린 것이었다.

2번함 승조원으로 와 있던 모 상사 한 명은 당장 전역하겠다고 나왔다. 그의 숙소를 방문해 그의 부인과 얘기를 해봤다.

"나는 남편이 잠수함 승조원에 자원한다고 했을 때부터 위험하다는 잠수함을 왜 타려 하느냐고 반대를 했지만, 남편이 원하기에 참아왔다. 이번에 전셋집을 정리하고 큰돈 들여 애 아빠가 있는 곳에 왔는데 당장 돌아가라니 우리가 이곳에 오는데, 도와준 게 하나라도 있냐? 내가 내 돈 들여왔는데 왜 돌아가라 하느냐. 이참에 애 아빠를 잠수함 타는 것을 포기시키고 제대해서 안전하게 살겠다. 애 아빠도 동의했으니 제대하겠다." 라며 단호하게 말했다. 그러나 이런 상황을 알 리 없는 본부 사업단장은 가족들의 귀국예정 일자를 보고하라며 닦달을 해댔다.

연일 국제전화로 욕에 가까운 지청구를 받다 보니 나도 슬그머니 반발심이 생기기 시작했다. 내가 가족들을 오라고 했나? 일은 자기들이 애매하게 해서 생기게 만들어 놓고 왜 나한테만 압박을 가하는가? 생각할수록 억울한 마음만 생겼다. 그래서 한시라도 그가 위협한 대로 나를 귀국조치 시킨다면 투쟁을 벌려 시시비비를 따진 다음 미련없이 전역 원을 내리라 내심 작심하기까지 했다. 그런 생각을 하고 보니 인생이란 게 참으로 알 수 없는 것이구나 새삼 생각이 든다. 모든 것을 걸고 한국 해군의 첫 잠수함 함장을 하려고 왔는데 전역이라?

한 치 앞을 못 보는 게 인생이라지만 꿈에도 생각지 않았던 순간에 꿈에도 생각지 않았던 일로 모든 것을 던져버릴 수도 있게 되었구나 생각하니 허망하기 그지없다.

나는 또 저녁마다 라보에 해변을 걸으며 고심했다. 나를 비난할 국내의 광경을 상상하니 견딜 수 없이 괴로웠다. 모든 게 너무도 힘들었다. 훌훌 털고 돌아가고 싶은 마음이 생기기도 한다. 내가 태어나서 그때처럼 고심해 본 때가 없었다. 나는 그때를 잊지 못한다.

다시 며칠을 고민을 거듭하고 결론을 내렸다.

우선 승조원들이 가족문제로 상부에 '반발'한다는 인상을 주어 더 사건화시켜서는 안 된다. 군대에서 부대원에 의한 반발이라는 것은 어느 경우에도 용납될 수가 없는 것이다. 가족문제는 잠수함 승조원으로서 교육받으러 왔다가 돌아가는 반발 명분으로선 당당한 명분도 될 수 없다.

둘째, 승조원들을 설득해서 가족들을 들여보내는 노력을 해본다. 그것이 안 먹힌다면 나도 사업단장이 위협한 대로 귀국한다!

참으로 내키지 않는 일이었지만 승조원들과 차분히 얘기를 시작했다.

본부에서 승조원들의 가족문제로 사업단장이 곤란한 입장에 처한 모양이다. 그가 완강히 가족을 들여보내라고 하고 있고 그에 대한 대답은 반발하거나 받아들이는 것 둘 중 하난데 어느 쪽을 택해야 한다고 보는가? 국내에서 교육할 때부터 독일 교육 기간 동안 가족과 떨어져 있어야 한다는 것은 익히 알고 있었던 사항 아닌가? 상부의 공식적인 허락 없이 가족들을 오게 한 것은 우리 잘못 아닌가?

처음에는 말도 꺼내기 어렵던 분위기가 하나둘 얘기를 해나가자 몇 명을 제외하고는 여름방학이 끝나기 전에 가족을 귀국시키겠노라고 대답했다. 어려운 대답들을 하는 것이었다. 1년 반 뒤에 올 거라고 살던 집들, 유치원, 초등학교를 정리하고 왔는데 다시 쫓기듯 돌아가게 된 것이다. 여름방학 몇 주일을 유럽에서 보내려고 항공료만 하더라도 거액을 들인 부자들 같은 소비를 해버린 것이다. 모두들 속이 부글부글 끓었다. 그러나 가족과 같이 귀국하겠다는 인원과 전역하겠다는 몇몇은 막무가내였다. 그들은 2, 3번함 승조원으로 내정된 인원이었는데 2, 3번함 함장으로 내정된 장교는 그들에 대해서 묵묵부답 태도로 일관한다. 자기들도 가족이 와 있어서 그랬겠지만, 철저히 그들과 같은 '유학생' 태도를 취하는 것이었다. 하여간 '유학생 선임장교'인 나에게 모든 덤터기를 씌우려는 것이었다.

나는 여름방학 끝 이전에 귀국예정인 가족 수와 귀국시키지 않겠다는 인원으로 구분해서 사업단장에게 보고했다. 사업단장은 살기등등한 가족들의 분위기에는 전혀 관심이 없는 것 같았다. 8월 말이 가까이 오면서 가족들이 귀국하기 시작했다.

다시 헤어지는 신혼의 모 대위는 또 눈물을 글썽였다. 가족들 대부분이 귀국하자 전역하겠다고 완강하던 모 상사 가족도 두어 달 후에 모두 귀국했다.

사업단장이 보기엔 순순히 귀국한 것으로 보이겠지만 모두들 부글

부글 끓는 불만과 원망을 삭인 채 돌아간 것이다. 물론 나를 귀국시킬지도 모른다는 사업단장의 협박은 협박으로 끝났다. 사실 나는 사업단장의 협박을 승조원들에게 말할 수 없었다. 반발심만 키울 수 있다고 생각 들었기 때문이다.

독일에서의 첫 여름은 그렇게 요란하게 지나갔다. 우리들이 지금껏 '가족 상봉사건'으로 부르는 그 시절의 사건이다. 가족들이 모두 한국으로 돌아가고 나서 가족들로부터 들려오는 소식과 본부 사업단 실무자들을 통해 들려오는 정보들로 가족들의 독일행에 대해 사업단장이 왜 그리 앞뒤 안 맞는 처신을 하고 난리를 치고 닦달을 했는지 이유를 알게 되었다. 그것은 수석 감독관으로 있던 조함병과 허 모 대령과 기무부대에서 파견 나와 있던 송 모 소령의 보고 때문이었다.

승조원 가족들이 독일에 와서 승조원이 쓰던 숙소에서 한가족이 기거하며 구차한 모습으로 생활한다는 것에서 시작해서 아이들이 떠들고 뛰어다녀 주인집과 마찰을 일으키고 방을 쫓겨났다는 등 '국제망신'을 시키고 있다고 보고했단다. 그런 것들이 국제망신에 해당하는지는 잘 모르겠으나 하여간 그런 보고들이 수석 감독관이 사업단장에게, 기무부대 요원을 통해서는 기무사로, 기무사에서 해군본부로 갔을 테니 해군본부가 시끄러워졌을 것은 유추하기 어렵지 않다.

두 군데에서 보고를 접한 사업단장은 총장이 정말 나를 알아서 귀국조치 시키라고 했건 자신이 나를 귀국조치 시키고 싶어 했건 나를 협박했던 것이고, 독일행이 가능한 가족 수를 보고하라던 것에서 태도를 바꿔 당장 귀국시키라고 닦달을 하는 앞뒤 안 맞는 처신을 하게 되었을 것이다.

가족 지원금으로 아파트 한 채를 빌려 살고 있는 그들의 눈엔 좁은 숙소에서 가족이 지내는 승조원들이 구차하게 보였을 만했다. 그러나 아이들 때문에 주인집이 싫어하는 집도 있었겠지만 반대로 더 좋아하는 집도 많았다는 것은 보고하지 않았다는 사실이다. 승조원들의 숙소가 있던 킬 교외의 라보에, 하이켄도르프 마을엔 은퇴한 노인 부부만 사는 집이 많았고 그런 집들의 여유 있는 방을 승조원들에게 세놓고 있었는데 어린애들 때문에 집에 활기가 생겼다며 손자, 손녀같이 좋아하는 집도 많았고 위험에 빠졌던 장애 노인을 승조원이 구해주었던 얘기가 마을에 퍼져 칭송이 자자했던 '국위 선양'에 해당하는 일들은 일절 언급하지 않았다는 것은 그들의 보고가 '악의적'이었다는 것인데 그 때문에 수십 가족이 잊혀지지 않는 고생을 한 것이다. 왜 그들이 그런 악의적인 보고를 했을까?

수석 감독관과 기무 장교는 이상하게 우리가 독일에 도착했을 때부터 우리에게 호의적이지 않았다. 조직상 승조원들의 독일 교육기간 중 소속이 감독관실로 되어 있었는데 수석 감독관 입장에서 마음대로 통제되지 않는 승조원들에 대해 처음부터 배타적 태도를 보였다. 독일에 도착하자마자 승조원 신체검사를 했는데 부사관 2명이 폐에 검은 점이 있는 것이 발견되어 정밀검사를 하기 위해 병원에 입원시켰었던 일이 있었다. 한국에서 신체검사에선 자신도 모르게 폐에 반점이 생겼다가 나은 것이라고 해서 통과되었었다. 그런데 수석 감독관은 나에게 한국에서 신체검사도 제대로 하지 않고 데려왔느냐며 당장 귀국 조치해야 한다고 떠들었다. 그러나 그 두 명은 그 까다로운 독일 병원에서도 괜찮다며 교육훈련에 참가해도 가하다는 결과가 나왔었다. 그 이후로 나도 그에게 호의적이 될 수 없고 대치 비슷한 상태가 되었다.

그의 사람 다루는 방식은 내가 보기에 우스웠다. 자기에 대한 나의 태도가 고분고분하지 않으니 다른 사람에게 나를 비방하는 말들을 하고 다녔다. 수석 감독관은 그런 식으로 승조원들에게 비우호적이더니 급기야 그런 보고를 내서 우리들을 곤경에 몰아넣은 것이었다.

기무부대 장교는 수석 감독관과는 매우 친밀했다. 그런 그가 수석 감독관과 말을 맞추어 양쪽으로 악의적 보고를 낸 것으로 나는 유추했다. 나중에 잠수함을 인수해서 한국으로 돌아와 이곳저곳으로부터 수집한 정보도 내가 유추했던 것에서 벗어나지 않았다. 내 정의로 보면 그들은 내가 독일에 있는 동안 나를 쓰러뜨리기 위해 작용했던 또 다른 '마귀'들이었다.

남편, 아빠를 만나려고 독일로 왔다가 항공료를 수백만 원씩 들여 다시 한국으로 쫓기듯 돌아가 애들 유치원, 학교 재입학이며 전셋집을 다시 구하느라고 법석을 떨었던 그 여름을 승조원들은 잊지 못한다. 나도 내가 태어나서 그렇게 오해받고 매도당하고 고뇌했던 그때를 잊을 수가 없다. 장보고함을 인수하기 위한 과정의 가장 가슴 아픈 기억이다.

나를 쓰러뜨리려 했던 그 마귀들도 그렇거니와 한쪽의 '보고'만 귀에 담고 승조원들 상태엔 얼굴은 돌린 채 나를 그토록 나무라고 협박했던 사업단장에게 이제는 나도 말을 할 수 있다. 그는 1년 반여 동안 내가 본국에서 승조원들 국내 교육 때문에 악전고투를 하고 있을 때에도 독일에 있으면서 한 번도 나에게 어려움이나 문제점을 물어 온 적도 없고, 우리가 독일에 오면서 본국으로 들어간 이후 '유학생 선임장교'로만 임명해 놓은 나에게 단 한 번도 상태를 물어 온 적도 없었다. 나는 그런 것에 그분에게 의문스럽고 서운하다. 왜 그랬는지는 확실히는 모르지만 내가 자신이 생각했던 대로 제대로 하지 않는다고 봤기 때문일 거라고 생각은 하지만 아예 내 말을 듣지 않으려고 했으니 나로서도 제대로 소통할 수 없었다. 승조원 가족문제가 발생했을 때도 마찬가지였고 인수 후 귀국 직전에 공기정화장치 때문에 문제를 제기했을 때도 내 말은 들으려고 하지 않고 문제 일으키지 말라고만 누르던 것을 잊을 수가 없다. 나에겐 그런 일이 아직까지도 의문으로 남아있다.

승조원 가족문제로 고뇌에 빠졌던 그해 여름이 지나면서 나에게 전에 없던 현상이 생겼었다. 머리털이 평소보다 엄청나게 많이 빠지는 것이었다. 한국에 돌아온 다음에 탈모 현상에 대한 상담을 하러 갔더니 요사이 무슨 스트레스 쌓이는 일이 있었느냐고 묻는 것이었다. 나는 스트레스가 쌓이면 머리털이 빠진다는 사실을 그때 처음 알게 되었다. 그 이후 내 머리는 머리 위는 훤하고 '주변머리'만 많은 머리가 되었다.

승조원들 '가족 상봉사건'으로 가슴을 앓던 여름이 지나고 진급심사가 끝난 그해 11월, 내가 대령 진급심사에 통과되었다는 전갈을 받는다. 심사위원들이 '첫 잠수함 함장 내정자에 문제가 있다'는 당시 국내에 파다하던 소문을 무시한 것인가 아니면 못 들었던 것인가? 나는 그 전갈을 받고 긴 호흡을 내쉬지 않을 수 없었다. 다시 한 번 '마귀의 손아귀를 뿌리쳤구나.' 라는 생각이 들었다.

그다음 해 8월 1일, 대령 계급장을 달며 장보고함 함장으로 정식 취임한다. 그것으로 모든 것이 정연히 정리되었다. 그래서 그 날은 내 해군 인생에서 정말 '중요한 날'이 되었다. 그래서 나는 더욱 그 날을 잊을 수가 없다.

쇼크 마운트(shock mount) 쇼크

　잠수함이 일반 선박과 다르게 건조되어야 하는 특징적인 부분은 세 가지가 있다.
　첫째는 수압을 견디도록 하는 내압기술, 두 번째는 좁은 공간을 최대한 살려 장비를 효과적으로 장착시킬 수 있는 조합기술, 그다음은 소음이 나지 않게 하는 정숙기술이다. 그래서 잠수함 건조는 조선기술의 꽃이라고 한다. 잠수함을 건조할 수 있으면 지구상에 존재하는 모든 선박을 건조할 수 있다는 뜻이라고 생각되는데 잠수함을 타보면 그 말이 정말이라는 생각이 든다. 수중 수백m를 내려가도 그 무지한 수압을 견디는 압력 선체부터 좁은 공간에 예술적이라 할 만큼 오밀조밀하게 장착시킨 장비들을 보면 그 이상의 기술이 필요한 선박이 있을 수 있겠나 생각이 든다. 그중에서도 특히 중요한 기술이 선체 밖으로 소음이 나가지 않게 하는 정숙기술이다. 소음이란 수중에 자신을 감추어 '은밀'해야 하는 잠수함의 사활을 결정할 수 있는 요소여서 잠수함들은 어떤 형태이든 이 소음감소 기술이 적용되어 있다.
　그 소음감소 장치의 하나로 쇼크 마운트(shock mount)라는 충격흡수 장치가 있다. 이 쇼크 마운트는 함내에 장착한 장비들이 작동될 때 발생하는 충격이나 진동이 선체에 전달되어서 소음이 밖으로 나가지 않도록 장비와 선체 사이, 또는 장비와 장비 사이에 설치된 부속장치이다. 이 장치는 작동장비의 진동계수를 고려해서 탄성계수가 적용된 특수고무 재질로 만들어졌는데, '소리의 싸움'이라는 현대의 수중전에서 잠수함 건조에 없어서는 안 될 백미 기술이다.

　장보고함을 인수하면서 이 쇼크 마운트 때문에 귀국 일자가 지연되고 국내에서 건조 중이던 후속함까지 건조공정이 조정되고 독일 조선소와 국내의 대우조선소가 들썩거렸던 사건이 있었다. 장보고함에 장착된 쇼크 마운트가 깨어진 것을 장보고함 승조원이 발견하여 하자 보고서를 제출하면서 독일 사람들이 '쇼크 마운트 쇼크'라고 부르는 사건이다. 독일 사람들이 '쇼크'라고 부르는 이유는 독일 조선소 측은 쇼크 마운트가 손상된 것을 알고 있으면서 우리에겐 숨기고 있다가 우리 승조원들이 하자 보고서를 제출하자 화들짝 놀랬기 때문이다.
　사실은 우리 승조원들도 쇼크 마운트가 깨어진 것을 모르고 있었는데 장비를 확인하러 배에 들어온 조선소 기술자가 우리에게 알려주는 꼴이 되어 발견한 것이다.

　독일에서의 모든 교육을 다 끝내고 마지막으로 독일 해군과의 일주일간 해상 전술훈련만을 남겨둔 1993년 1월 중순경, 함내 유압모터에서 소음이 늘어 조선소 측에 확인을 요청했는데 이를 확인하러 들어온 기술자가 하는 짓을 유심히 관찰하던 우리 기관사가 발견해 낸 것이었다. 기관사의 말에 의하면 유압모터를 확인하러 들어온 기술자가 유압계통은 보지 않고 빌지펌프 하단과 추진모터 하부를 자꾸 손전등으로 비춰가며 무엇을 찾는 듯이 보이더라는 것이다. 그가 돌아간 다음 그가 손전등으로 비춰가며 뭘 찾던 장소를 보니 쇼크 마운트에 금이 간 것이 보이더라는 것이다. 기관장과 같이 나에게 와서 보고 하기에 즉시 승조원 전원을 풀어 함내의 모든 쇼크 마운트를 검사해 본 결과 디젤엔진 하단부 48개 중 36개, 추진모터 하단부 32개 중 29개의 쇼크 마운트에 금이 생긴 것이 확인되었다. 보통 일이 아니었다. 그것들을 고치려면 제일 하중이 많이 나가는 장비들을 들어 올려서 건조 당시와 같은 작업을 해야 하니 보통 일이 커지는 게 아니었다.

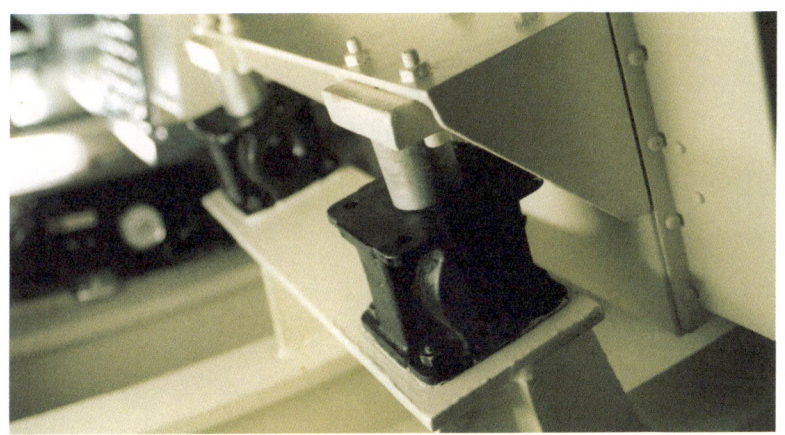

잠수함의 쇼크 마운트

며칠 후엔 북해로 가서 해상 전술훈련을 해야 할 텐데 우선 출항해도 문제가 없는지를 확인해야 할 일이어서 즉시 하자 보고서를 작성해 제출하고 독일 해군 훈련 책임관에게도 통보했다. 특히 추진모터 하단부 쇼크 마운트에 이상이 생긴 것은 모터 하중을 받치는 정도를 변화시켜 모터에 연결된 추진축의 정렬상태를 변화시킬 수 있기 때문에 항해를 할 수 없게 될 수도 있기 때문이었다.

우리의 하자 보고서는 예상대로 독일 조선소를 발칵 뒤집어 놓았다. 몇 시간도 지나지 않아 조선소, 잠수함 설계전담 회사, 쇼크 마운트 제작회사 인원들 10여 명이 조사팀으로 구성되어 우리 배로 몰려왔다. 모두들 침통한 표정으로 장비 기관 밑을 기어 다니며 쇼크 마운트가 깨어진 것을 확인하고 한참 만에 아무 말 없이 배를 떠났다. 독일 해군 훈련 책임관은 한국 해군 잠수함에 쇼크 마운트 이상이 생겼는데 훈련을 집행해도 되느냐 문의하자 독일 해군본부는 독일 조선소에 한국 해군 잠수함이 출항해도 안전에 문제가 없는가를 정식 공문으로 물어온다.

조선소 인원들이 달라붙어 추진축 정렬상태를 검사하기 시작했다. 일주일 만에 나온 검사결과는 다행히 정렬상태엔 이상이 없으니 해상훈련을 실시해도 되겠다는 것이었다.

한편 한국에선 장보고함의 쇼크 마운트에 이상이 생겼다는 전갈을 받고 대우조선소에서 건조되고 있던 2번함을 확인해 보니 2번함도 금 간 것이 발견되었다는 것이다. 일은 점점 점입가경으로 돌아갔다. 움직이지도 않은 2번함의 쇼크 마운트까지 깨졌으니 잠수함 건조에서 독일이 자랑하는 특수기술에 문제가 생긴 것은 분명했다. 나중에 알게 된 일은 독일 조선소에 쇼크 마운트를 납품하는 회사에서 신형을 만들어 납품했다는데 진동계수 계산과 고무의 배합비율에 오류가 생겼다는 것이었다.

우리는 해상훈련 중에 문제가 발생하면 조선소의 전적인 책임이라는 것을 확인받고 출항해서 북해에서의 마지막 해상훈련을 무사히 마치고 돌아왔다. 그러나 마지막 훈련만 끝나면 간단한 정비를 하고 한국으로 향하려던 계획은 대(大)수리를 해야 할 판으로 바뀌어 귀국계획을 세울 수가 없게 되었다. 쇼크 마운트를 교체하는 작업은 해당 장비를 들어올려야 하는데 그러려면 거기에 연결된 모든 파이프와 부속 기기들을 분리시켜야 되고 차후에 재조립해야 하니 보통 작업이 아니었다.

국내의 대우조선소 고위 임원팀이 독일로 날아와 며칠 동안을 쇼크 마운트 교체 비용과 방법에 대해 독일 조선소 측과 협상을 했는데 잘 풀리지 않는 모양이다. 전해 들으니 장보고함 쇼크 마운트는 독일 조선소에서 책임을 지겠으나 2번함분은 독일 측에서 재료만 제공하면 대우조선소에서 알아서 해결하고 그 때문에 발생하는 공정지연은 한국 해군 측과 해결하라고 버티고 있다는 것이고 대우조선소 측은 2번함분과 공정지연은 불량재료를 제공한 독일 측이 부담해야 한다고 맞서고 있다는 것이었다. 작업에 손을 못 댄 채 2주일여가 후딱 지나갔다. 그렇잖아도 공정이 지연되어 전전긍긍하던 감독관실은 정신이 나간 듯했다.

우여곡절 끝에 4, 5, 6번함 건조계획 얘기가 나오면서 독일 측에서 한국 측의 제시내용을 수용해 협상이 타결되었다. 타결된 계획을 보니 장보고함은 추진모터 쪽만 독일 조선소에서 교체하고 디젤엔진 쪽은 한국으로 돌아간 다음 대우조선소로 재료를 보내서 독일 측의 비용부담으로 교체한다는 것이었다. 해군본부 잠수함 사업단, 독일 조선소, 대우조선소의 입장을 절충한 절묘한 타결이었던 셈이다.

우선 잠수함 사업단은 우리 해군 첫 잠수함이 인수되어서 훈련까지 끝냈다는데 왜 한국에 안 나타나느냐 무슨 문제가 있는 게 아니냐는 등 해군 내에서 말들을 많이 한다니 더 이상 귀국을 지연시켜서는 안 되겠다는 것이고, 독일 조선소 측은 다른 나라 해군들도 와 있는데 장보고함이 빨리 귀국해야 쇼크 마운트 파급을 줄일 수 있고 한국에서 교체하면 독일에서보다는 비용이 작게들 것이라는 것이고, 대우조선소 측도 2번함 공정지연 건이 해결되었고 안마당에서 장보고함 쇼크 마운트 교체기술을 습득할 수 있게 되었으니 모두의 입장을 절충해 만들어진 타결사항이었다.

　귀국을 미루고 추진 모터 쪽 쇼크 마운트 교체 작업이 시작되었다. 처음에는 함후부 쪽에 대형장비 반입을 할 때 개방할 수 있게 되어있는 어셈블리 해치를 개방해서 추진모터를 양육하려 했으나 볼트로 조여 밀폐시킨 해치를 개방하면 나중에 다시 선체 내압시험을 해야 하니, 함 내부에서 천정에 브로크를 설치해서 장비를 들어 올려 매달아 놓고 작업하기로 했단다.
　독일 조선소에서는 좀처럼 야간작업을 하지 않았으나 이때 처음으로 야간작업하는 것을 봤다. 비상이 걸린 듯 밤 10시까지 작업을 했어도 결국 우리의 귀국일정은 1개월여 더 지연되어 4월 중순에야 독일을 출발할 수 있었다. 한국으로 돌아온 다음 취역식을 끝내고 다시 대우조선소에 가서 디젤엔진 쪽 쇼크 마운트를 교체하는 것으로 '쇼크 마운트 쇼크' 사건은 마감되었다. 그 사건은 비슷한 시기에 독일 조선소를 붙들고 늘어졌던 '생체 실험' 사건과 더불어 우리 장보고함 승조원들이 독일 조선소와 잠수함 사업단으로부터 미운털이 단단히 박히는 사건이 되었다. 우리에게 이익되는 일을 했어도 미운 대상이 되는 묘한 사건이었다.

　독일을 떠나기 전에 독일 해군 측으로부터 들었던 얘기로 우리는 모든 것을 알 수 있게 되었다. 독일 해군도 1년 전에 인수해간 206급 잠수함의 추진모터 쪽 쇼크 마운트가 갈라져서 조선소에 하자발생 통보를 했다는 것이었다. 그 시기를 물어보니 우리가 하자 보고서를 제출했던 날짜보다 일주일 여 빠른 시점이었다.
　206급 잠수함의 깨어진 쇼크 마운트도 다른 206급과는 다른 신형 쇼크 마운트를 썼단다. 그런 말을 듣고 쉽게 유추할 수 있는 것은 독일 해군이 하자발생 통보를 해오자 같은 신형 쇼크 마운트를 적용한 장보고함의 쇼크 마운트는 어떤가 몰래 확인하러 왔다가 그들 말대로 '지독한(severe) 한국 승조원 놈들'의 눈에 걸려들어 자기들이 알려주는 꼴이 된 것이다. 독일 조선소 측은 자존심 때문인지 어떻게 쇼크 마운트가 깨진 것을 발견했는지 물어오지 않았고 우리도 어떻게 알게 되었는지 얘기를 하지 않았다. 단지 독일 조선소 직원들이 한국 승조원들은 여태까지 잠수함을 인수해 간 해군 중에서 가장 '지독한' 놈들이라 했다니 그 시기에 같이 문제가 되었던 '생체 실험' 사건과 더불어 곤욕을 치렀을 것이니 그들로선 그럴 수 있을 거라고 생각했다.

그러나 여태까지 의문으로 남아있는 게 하나 있다. 그것은 독일 조선소 기술자가 아니었으면 십중팔구 우리는 쇼크 마운트 이상을 발견해내지 못했을 것인데 그 경우에도 독일 측이 "독일 잠수함의 쇼크 마운트에 이상이 생겨 같은 형을 사용한 장보고함도 확인해보니 역시 이상이 발견되었다. 교체해 주겠다."라고 했을까?

나의 대답은 아닐 거라는 것이다. 이상을 확인한 후 우리에게 알려주려고 했는지는 모르지만 일단 우리에게 알리지 않고 확인하려 했고 공정과 비용이 많이 드는 일이니 아마도 하자 보증기간이 지날 때까지 기다렸다가 우리 비용으로 해결하도록 하지 않았겠나 하는 것이 나의 생각이다.

결국, 쇼크 마운트 사건은 독일 측에겐 쇼크였겠지만 우리 측으로서는 큰 손해가 될 일을 사전에 막은 다행스러운 일이었다. 그것을 모른 채 운행했다면 소음이 큰 '음향 등대' 잠수함이 되었을 것은 물론 추진축 정렬이 돌이키지 못할 정도로 틀어져 안전사고가 발생할 수도 있었을 것이고, 하자 보증기간이 지난 후에 발견되었다면 모든 비용을 우리가 담당해야 했을 것이니 막대한 손해가 났을 것은 분명한 일이었다.

그런데 참으로 이상한 것은 그런 문제를 제기한 승조원들을 곱지 않은 눈으로 보는 분위기가 역력하게 생겼다는 점이었다. 독일 측이야 자기들을 곤란하게 만든 승조원들이 예쁠 리가 없겠지만, 우리 측 감독관실과 본부 사업단 인원들도 승조원들을 '트러블 메이커(trouble maker)'로 부르기 시작했으니 이해 못 할 일이었다. 분명 상을 주어도 큰 상을 주었어야 했을 일인데 상은커녕 잘했다는 빈말 한마디 듣지 못했다. 어떻게 해서 쇼크 마운트가 깨진 걸 발견했는지 사업단장이나 어느 누구로부터도 질문 한마디 받아보지 못했다. 여태껏 의문이다. 이 책을 쓰고 싶게 한 이유 중의 하나다.

생체실험 사건

사람은 밥은 3일을 먹지 않아도 죽지 않지만, 공기는 3분만 마시지 않으면 죽는다.

밥보다 공기가 더 중요하지만, 사람들은 공기의 중요함과 감사함을 모른다. 공짜로 우리 주위에 지천으로 항상 있기 때문이다. 그런데 그게 지천으로 있는 상황이 아닌 곳에 처하면 금방 공기가 아쉽고 급해진다. 잠수함이 그런 곳이다.

이산화탄소(CO_2: Carbon dioxide)라는 기체가 있다. 화학연료가 연소할 때나 사람이 호흡할 때 배출되는데 동식물의 성장엔 필수불가결한 반면 공기 오염의 지표가 되는 기체이기도 하다. 혈중에 이 기체의 농도가 많아지면 뇌의 호흡조절기능 부위와 자율신경계에 자극을 주어 호흡과 혈류에 이상을 가져온다. 정상 대기 중엔 0.03%가량 존재하는데 이 농도가 3% 정도만 되어도 정상적인 호흡으로는 견딜 수 없고 4% 정도에 이르면 두통이 생기고 10% 정도에 이르면 의식을 잃게 하는 인체에 좋지 않은 유독가스이고 요즘 세계적으로 이슈화되어 있는 지구 온난화의 주범이란 오명을 가진 가스다.

잠수함에선 승조원들이 호흡할 때 배출되는 이산화탄소를 어떻게 제거시키느냐가 매우 중요한 '공기통제기능'으로 되어있다. 우리 해군 잠수함 내의 이산화탄소 농도는 항상 1% 이하를 유지하도록 규정되어 있다. 그 근거는 잠수함 사업 초기에 독일 해군 규정을 따른 것에 있다. 우리는 잠수함 내의 이산화탄소의 농도를 얼마로 규정해야 되는지도 몰랐었지만, 독일 해군이 1% 이하로 규정하고 있다는 것에 따라 독일 조선소가 함 내 공기정화장치의 성능을 그것으로 제시한 것을 그대로 수용한 것이다.

　나중에 알게 된 것은 독일의 노동법에는 노동자의 근무장소의 이산화탄소 농도는 0.5% 하로 유지하도록 규정되어 있다는데 독일 해군은 2차대전 때 규정했던 1%를 전통으로 고수한다는 것이며 1% 정도는 신체에 별 무리를 가져오지 않는다는 것이었다. 그렇더라도 그것은 정상 대기 중 농도 0.03%의 30배라는 사실도 우리는 점차 알게 되었다.

　잠수함 승조원들의 근무환경을 얘기할 때 밀폐되어 비좁고 사생활을 가질 수 없는 공간이라는 것 등은 알고 있어도 이산화탄소량이 대기 중보다 30배 많은 공기를 호흡해야 하는 환경이라는 걸 아는 사람은 드물다. 며칠 동안 수중에서 작전을 하다가 바다 한가운데서 부상하여 해치를 열었을 때 함내로 쏟아져 들어오는 공기를 한껏 들이마시노라면 신선한 공기에 대한 경이로움을 느끼게 된다.

　말초신경까지 가 닿는 것 같은 상쾌함이 느껴지면서 단맛인 것도 같고 향긋한 맛인 것 같기도 한 '기막힌 맛'이 느껴진다. 우리는 그것을 '공기 맛'이라고 불렀는데 우리 몸에서 맛을 분별하는 기관이 혓바닥 외에도 콧구멍과 허파가 되지 않겠냐 하는 얘기까지 했었다. 그것은 함 내에서 마시던 공기가 전혀 맛이 없는 공기였기 때문일 것이다.

　우리가 이산화탄소에 대해 관심을 갖게 된 것은 독일 조선소가 주관하는 장비운용, 정비교육이 끝나고 독일 해군이 주관하는 해상훈련에 들어가기 전에 독일 해군 잠수함에서 실습할 때부터다. 그때는 장보고 함의 건조가 완료되어서 내부 의장 마무리 작업을 할 때였고 우리 승조원들은 함내 모든 장비, 기기에 대해 거의 파악을 하고 있던 즈음이었다. 독일 해군 잠수함에 가서 보니 장비는 대부분 우리 것보다 구형인데 유독 공기정화장치만 우리보다 신형이었다.

우리 장비는 소다라임(sodalime) 체계라 해서 왕소금 크기의 수산화나트륨 알맹이를 양쪽에 필터가 달린 플라스틱 통에 넣어 그 통을 함내 통풍관 중간에 있는 터미널에 끼워 넣어서 함내 공기가 그 터미널을 통과할 때 이산화탄소가 수산화나트륨에 걸러지게 하는 방식이었다. 그 터미널에는 소다라임 통 24개가 들어가게 되어있고 주기적으로 교체시켜 함내 이산화탄소 농도를 1% 이하로 유지 시킨다는 독일 조선소 측이 외국에 수출하는 잠수함에 공통적으로 설치하고 있는 방식이었다. 그런데 이 방식은 함내에 소다라임 통을 1,400여 개를 적재하도록 되어 있었는데 통 하나의 크기가 20cm의 입방체여서 비좁은 함내에 그걸 모두 적재하는 게 보통 문제가 아니었다. 공간이 있는 구석마다 몇십 개씩 분산해서 적재했는데 함내가 온통 소다라임 통으로 채워진 느낌이었다.

독일 잠수함에 설치된 공기정화장치는 우리 것과 다른 리튬필터(LiOH : Lithium hydroxide)방식이었다. 그것은 망사 모양의 조밀한 리튬필터가 들어있는 얇은 금속제 카트리지를 통풍관 중간의 터미널에 끼워 넣어 공기가 이 필터를 통과하면서 이산화탄소가 걸러지게 하는 방식이었다. 얇은 앨범만한 크기의 이 카트리지는 외부는 깨끗한 알루미늄판으로 되어있고 터미널에 12개를 앨범을 눕혀서 끼우는 것 같이 설치하도록 되어 있다. 우리 잠수함보다 크기가 반밖에 안 되는 독일 206급 잠수함에 1,000여 개를 적재했어도 보이지 않을 정도였다.

소다라임(sodalime) 공기 정화기 터미널
소다라임 공가 정화기 터미널은 수산화나트륨이 든 플라스틱통 24개를 앞뒤로 끼우게 되어있다.

리튬필터(LiOH) 공기 정화기 터미널
리튬필터 공기 정화기 터미널은 상자형의 리튬필터 12개를 위아래로 끼우게 되어있다.

이산화탄소에 대한 깨우침

우리는 독일 잠수함에서 실습이 끝날 때까지도 독일 잠수함의 공기 정화장치가 우리 것보다 신형이긴 하나 우리는 소다라임 방식으로 계약했기 때문에 그러겠거니 생각하고 별로 심각하게 생각지 않았었다. 무지했기 때문이었다. 이산화탄소에 대해서 바싹 관심을 갖게 된 것은 어느 날 우연히 한 사람의 선험자가 나타나 무지한 우리에게 확실한 깨우침을 준 후부터다.

독일 조선소 측 잠수함 시험운용 요원 중에 주터라는 친구가 있었다. 나이는 우리보다 약간 어렸는데 영어를 잘하고 성격이 쾌활해서 승조원 사무실에 자주 와서 우리와 얘기를 많이 했다. 어느 날 이 친구가 찾아와 얘기하던 중에 이산화탄소 얘기가 나왔다. 이것저것 물어보다가 별 뜻 없이 이산화탄소라는 게 얼마나 사람 몸에 해로운 거냐 물었더니 이 친구가 갑자기 표정이 심각해 지면서 하던 말을 중지하고는 우리들 얼굴을 또렷이 쳐다보기만 하는 것이었다. 그러더니 갑자기 입을 쩍 벌리고는 오른손 가락을 입에 집어넣어 몇 번 움직거리더니 윗니 의치를 빼내어 탁자 위에 턱 내려놓는 게 아닌가.

그러면서 "이게 바로 이산화탄소다!" 소리를 버럭 지르는 것이었다. 우리는 순간 그때까지 깨끗하게만 보아왔던 그의 이가 의치였다는 것에 놀랐고 그보다도 탁자 위에 내려놓은 말발굽처럼 생긴 의치가 이산화탄소라는 말에 어리둥절해서 입을 다물지 못한 채 그의 입을 주시했다. 그때의 광경을 생각하면 지금도 웃음이 나온다. 그 친구 침을 한번 꿀떡 삼키더니 그로부터 해준 설명 아닌 경험담은 한국 해군 잠수함의 '공기통제기능'을 업그레이드시키는 중요한 단초가 되었다.

그의 얘기는 이런 것이었다.

몇 년 전에, 일을 하다가 잘못하여 밀폐된 컨테이너에 혼자 48시간 넘게 갇혔다가 구사일생으로 구출된 적이 있었다. 그로부터 몇 달 후에 이들이 하나둘 흔들리기 시작하여 하나둘 뽑다 보니 결국 몽창 뽑아내게 되었다. 의사의 말이 이산화탄소 과다호흡 후유증이라고 하더라는 것이었다.

그리고는 "당신들! 앞으로 이산화탄소를 가볍게 봤다가는 내 꼴이 날 거요! 이게 바로 그 증거요! 오케이?"라며 흥분한 듯 다시 한 번 소리를 버럭 지르는 것이었다. 우리는 놀랍고 믿어지지 않아 한동안 말을 할 수 없을 정도였다.

그 날 나는 주터에게 "독일에서 받은 교육 중 가장 짧은 시간에 가장 인상적인 교육을 받았다."라며 치사했다. 나의 진심이었다. 우리는 그의 충격적인 설명으로 이산화탄소의 존재와 공기정화장치의 중요성에 대해서 확실히 인식하게 되었다. 마치 어느 순간에 얻은 깨우침 같은 것이었다. 그 깨우침은 장보고함을 인수하고 독일 해군 측으로 넘어가 해상 전술훈련을 하면서 우리 공기정화장치의 문제점을 밝혀내는데 또 그 후의 투쟁에 굳건한 밑거름이 되었다.

독일 해군 교관 5명이 장보고함에 타고 우리에게 해상 전술훈련을 시키기 시작했는데 그들이 첫날부터 함내 이산화탄소 농도에 대해 불평하기 시작한 것이다. 주간에는 수시로 스노켈을 하니, 함내 환기가 잘 되었으나 잠항해서 하루 저녁을 지내던 첫날 공기정화장치를 작동시켰는데도 함내 이산화탄소 농도가 1%를 넘어간 것이었다. 우리는 처음이라 늦게 소다라임 통을 교체시킨 때문이 아니겠나 생각하고 대수롭지 않게 넘어갔다. 그러나 그 다음 날 저녁엔 소다라임 교체시간을 정확히 지켰는데도 1%가 넘어가는 것이었다. 독일 교관들은 이산화탄소 농도가 1%가 넘어간다고 질색을 하는 것이었다. 그들은 이산화탄소 농도에 의외로 예민했다. 함내 공기를 환기시켜야 한다며 야밤에 스노켈을 실시할 것을 요구하기도 했다. 야밤에 승조원들을 깨워 스노켈을 실시한다는 게 비상시도 아닌데 나로서는 영 내키지가 않았지만, 독일 교관들은 왜 스노켈을 해서 환기를 시키지 않느냐고 야단이었다. 함장이 부상하는 걸 겁내는 모양이라고 자기들끼리 수근거리기까지 했다.

우리는 해상 전술훈련을 받으며 독일 해군 교관들로부터 우리의 공기정화장치에 대한 중요한 내역을 알게 되었다. 소다라임 방식은 우선 수산화나트륨 알맹이 자체에 분진이 있어서 터미널을 통과한 공기에 분진이 포함되어 있고 이산화탄소 농도를 1% 이하로 유지시키기가 매우 어려워 독일 해군은 2차대전 때부터 사용해 오던 소다라임 방식을 버리고 1970년대 후반부터 리튬필터 방식으로 바꿨다는 것이었다. 독일 해군 교관 책임장교는 우리에게 차근차근 자초지종을 얘기해 주었다. 참으로 중요한 내용이었다. 그런 사실도 모르고 독일 조선소 측이 제시한 내용이니 이상 없겠거니 하고 우리 사업단 측은 받아들였던 것이다.

우리는 해상 전술훈련이 끝난 후에 독일 조선소 측에 성능미달 이유를 들어 공기정화장치에 대한 장비교체요구서를 내기로 계획을 세우고 그 증거자료를 작성하기 시작했다. 매일 저녁 공기정화장치를 작동시킨 시각, 소다라임을 교체한 시각과 그 시각의 이산화탄소 농도, 그다음 교체시키기 전에 도달한 농도 등 훈련 기간 내내 자세한 데이터를 기록하기 시작했다.

측정 결과는 소다라임을 교체해야 되는 시간 이전에 매번 1.5%를 넘어섰다. 우리는 매일매일 데이터를 적어 나가면서 그날그날 독일 해군 교관들의 확인 서명을 받는 것도 잊지 않았다. 독일 교관들은 흔쾌히 확인을 해주었고 그것은 훈련이 끝난 후 조선소 측에 제출한 장비교체요구서의 대단한 힘이 되었다.

1차 생체실험

훈련이 끝난 후 임시정비를 위해 다시 조선소에 들어왔을 때 우리는 공기정화장치가 계약서에 명시된 성능을 내지 못하니 교체시켜 달라는 요구서를 그동안 축적한 데이터와 함께 우리 감독관실을 통해 독일 조선소에 제출했다. 예상한 대로 독일 조선소 측은 매우 불쾌하다는 반응으로 나오기 시작했다. 얼마 전에 우리가 제기했던 쇼크 마운트 문제가 완전히 해결도 안 되었는데, 또 문제를 제기하니 곱게 받아줄 리가 없었다. 그런데 쇼크 마운트 문제를 제기했을 때는 정말 '쇼크'를 받은 듯한 반응을 보였던 조선소 측이 이번엔 불쾌하고 약간 가소롭다는 반응으로 나왔다. 그러나 쇼크 마운트 문제 제기가 우리도 우연히 제기하게 되었던 것이라면 공기정화장치는 우리가 깨우침을 갖고, 문제를 확인하고, 증거도 갖추었으니 바꿔야 한다는 확신과 결의가 충만해 있었다는 게 다른 점이라면 다른 점이었다.

우리가 그것을 요구하면 독일 조선소 측이 어떻게 나올 거라는 것도 미리 짐작하고 있었다. 독일 사람들의 실제적이고 정확하고 논리적인 특성을 생각하면 우리가 제출한 데이터만을 믿고 순순히 수용할 리는 없을 거라는 것과 우리의 요구가 틀리다는 것을 증명시키려 할 것이라는 게 첫 예상이었다.

예상했던 대로 장비교체요구서를 제출한 지 일주일 정도 지나자 조선소 측으로부터 공기정화장치 성능측정 실제 시험을 하자고 제의해 왔다. 우리는 조선소 측의 제의에 응하겠노라고 흔쾌히 응답했다.

독일에서의 모든 훈련을 끝내고 한국으로의 이동을 위해 마무리 의장 작업을 하던 1992년 3월 초순 어느 토요일, 장보고함 승조원 28명, 감독관실 인원 2명, 대우조선소 인원 5명, 독일 조선소 측 이산화탄소 전문가 1명 총 36명이 밀폐된 잠수함 내에서 24시간 동안 숨만 쉬는 우리가 후에 '생체실험'으로 부른 공기정화장치 성능측정 실제 실험에 들어갔다. 일정이 바빠 평일엔 정비작업을 해야 하니 주말에 할 수밖에 없다고 하여 토요일로 실험 일자를 잡은 것이다.

독일 조선소 측의 이산화탄소 전문가는 여태까지 외국에 잠수함을 수십 척 수출했지만 이런 실험은 난생처음이라고 불평했다. 한국 승조원들이 유난스럽게 군다는 말로 들렸다.

건조 계약서에 있는 공기정화장치의 성능은 잠항한 후 이산화탄소의 농도가 0.8%에 도달했을 때 소다라임 통 12개가 들어가는 터미널을 가동해서 3.8시간마다 6개씩을 교체해 이산화탄소 농도를 지속적으로 1% 이하로 유지한다고 되어있었다. 계약 당시 우리 측은 그런 복잡한 사항까지 아는 사람이 없었으니 모두 독일 조선소 측이 제시한 내용이고 절차였다. 실험은 계약서에 있는 절차 그대로 진행됐다. 36명이 토요일 오전부터 해치를 닫고 잠수함 내에서 지내기 시작했다.

그러나 19시간이 경과 될 즈음에 더 이상 실험을 계속하는 게 불필요할 정도로 이산화탄소 농도가 1.4%를 넘어섰다. 제시간에 소다라임을 교체시켜도 시간이 지날수록 농도가 내려가기는커녕 계속 올라가는 것이었다. 우리가 해상 훈련을 하면서 2주일 동안 조사한 것과 다름이 없었다. 이윽고 독일 조선소 측 이산화탄소 전문가가 실험을 중지하겠다고 선언하여 19시간 만에 실험을 끝냈다. 우리가 제출한 요구서가 완벽히 증명된 것이었다. 우리는 조용히 결과를 기다렸다. 이긴 다음엔 조용히 있는 것이 이긴 자의 자세다. 그건 싸움이었으니까.

 내부적으로 검토하고 실험을 한 지 3주 만에 나온 조선소 측의 대답은 의외였다. 실험을 다시 해야 한다는 것이었다. 면밀히 조사를 해보니 소다라임 통에 소다라임이 정량에서 300~400g씩 덜 들어가 있었다는 것이었다. 이건 또 무슨 소리인가? 그렇다면 장보고함에 적재된 소다라임이 전부 정량 미달의 불량품이었다는 말인가? 조선소 측은 장비의 성능 미달 이유를 소다라임 납품업체의 잘못으로 돌리려는 것처럼 보였지만 우리는 크게 문제 삼지 않았다. 왜냐하면, 소다라임의 함량 미달로 이산화탄소 농도를 유지할 수 없었다고 하여도 우리의 요구가 잘못된 것은 아닐 것이기 때문이다.
 나는 조선소 측에 실험을 다시 하는 것을 반대하지는 않으나 실험에 참가하는 인원은 조선소 직원을 동원해서 해라, 우리는 더 이상 조선소 측 실험에 승조원을 동원 시키지 않겠다고 통보했다. 해상 훈련 기간 2주일 동안 축적해 놓은 자료와 실제 실험을 한 것으로 우리가 할 일은 다 한 것이고 귀국준비를 해야 하기 때문에 유일한 자유시간인 주말에 다시 승조원들을 실험에 동원시키는 게 싫었다.
 그즈음에 이르러 본국 잠수함 사업단으로부터 승조원들 때문에 또다시 시끄럽다니 승조원들이 다시 무슨 분란을 일으켰느냐며 감독관실을 닦달했다는 말이 들려왔다. 필시 감독관실 인원이 본부에 승조원들이 무리한 요구를 하고 있다는 매도성 보고를 했거나 아니면 독일 조선소 고위인사가 한국 해군본부에 불평했거나 둘 중 하나였다. 감독관실 인원들이야 승조원들이 '국제망신'을 시킨다고 악의적 보고를 했던 전례도 있는데 매도성 보고쯤이야 무난히 했을 것이고, 독일 조선소 측이라면 싫어할 게 뻔하니 불평할 수도 있겠지만, 승조원들이 또 '분란'을 일으키고 있지 않느냐는 본부 사업단의 인식은 다시 가슴을 답답하게 만드는 노릇이었다. 문제의 내용과 중요성을 제대로 인식했다면 그런 말을 하겠나 생각하니 항상 느끼던 '벽'을 다시 느끼기 시작했다. 승조원들이 분란을 일으킨다면 사업단장이 나에게 무슨 일이냐고 물어 내용을 알아보려 할 수도 있을 텐데 그는 그런 사람이 아니었다. 말하자면 그와 감독관실 인원들은 승조원들을 항상 '트러블 메이커'로 여겼다는 것이다. 우리 해군 잠수함 역사에서 지워지지 않을 스토리다. 내가 당사자고 목격자다.

2차 생체실험

우여곡절 끝에 다시 주말을 택해 2차 실험을 하기로 했다. 이번엔 승조원 12명만 참가하고 감독관실 2명, 대우조선소 대표자 포함 6명, 독일 조선소 측 잠수함 사업 담당 이사 포함 16명 등 총 36명이 다시 토요일 오후부터 잠수함 내에서 숨만 쉬는 실험에 들어갔다.

2차 실험에서는 성능을 확인시켜야 한다는 듯 독일 조선소 측의 의지가 대단했다. 심지어 준비해간 음료수가 탄산수라는 것까지 시비를 걸었다. 탄산수엔 탄산가스가 들어있다는 것이었다. 실험을 하면서도 웃지 못할 일들이 벌어졌다. 3직제 당직운용 개념으로 1/3 인원만 움직이고 2/3 인원은 앉거나 누워서 휴식을 취해야 한다는 것이었다. 움직이면 호흡을 많이 하게 되고 호흡을 많이 하면 이산화탄소가 많이 배출된다는 것이었다. 수시로 승조원 전부가 배치 붙어야 하는 상황이 다반사인 잠수함의 생리를 알고 있건만 전투상황이 아닌 한 3직제 당직운영개념이 명확한 수상함처럼 해야 된다고 우겼다. 사람들이 '법(法)대로' 해야 되는 선에 이르면 상식도 체면도 접어놓는 것이다. 접어놓기만 하면 다행인데 억지를 쓴다.

비당직자들은 정상적인 호흡만 하면서 눕거나 앉아있기만 해야 한다는 웃지 못할 요구를 해왔어도 실험결과가 1% 이하로 유지되었다면 아마 지금 한국 해군 잠수함의 공기정화장치는 1950년대 형 그대로 사용하고 있을 것이다. 그러나 결과는 20시간이 경과 되었을 때 야속한 이산화탄소 센서 바늘은 1.18% 선에 머물러 있었고 내려갈 기미를 보이지 않았다. 함내에 설치된 고정식 농도 표시기 이외에도 이동식 측정기로 함내 구석구석을 확인해도 마찬가지였다. 문제는 시간이 갈수록 농도는 계속 올라간다는 것이었다. 내려갈 가망이 안 보이자 독일 조선소 측에서 이번에는 21시간 만에 시험 중단을 선언했다.

2차 실험으로 공기정화장치의 성능이 계약한 성능에 미치지 못한다는 사실이 다시 확인되었고 소다라임이 불량품이라는 사실도 알게 되었다. 독일 조선소 측은 이제 우리에게 이렇다 할 말이 없게 되어버렸다. 우리는 0.01%만 넘어도 넘어선 게 아니냐 물러서지 않으려고 준비하고 있었는데 1.18%가 나오자 어지간히 안심되었다. 독일 사람들의 방식이라면 충분히 넘어선 것이었기 때문이었다.

주차 사각형 밖으로 차체가 조금 나오게 주차해도 나온 만큼 주차 벌금을 물리는 독일 사람들인데 1% 밖으로 0.18%나 나간 건 많이 나간 것이다.

우리는 더이상 말을 하지 않고 이긴 자의 침묵을 지키며 독일 조선소의 반응을 기다렸다. 이긴 자는 침묵해도 승리가 훼손되지 않으니까.

공기정화장치를 독일 해군이 사용하고 있는 리튬필터 방식으로 교체해 주겠다는 답이 나올 것을 기다리던 우리들은 의외의 소식에 아연해진다. 수석 감독관이 본국 사업단으로부터 공기정화장치는 소다라임 방식으로 수락하라는 지시가 내려왔다고 전해주는 것이었다. 이게 도대체 무슨 소리인가?

훈련하면서 어렵사리 몇 주일 동안 준비한 데이터와 실제 실험으로 불량 장비임을 완전히 밝혀 놓았는데 못 쓸 장비를 그대로 받으라? 이후 내내 한국 해군 잠수함 승조원들의 건강을 좌우할 장비를?

나는 지금까지도 왜 그런 지시가 내려왔는지 알지 못한다. 결국엔 우리의 요구대로 이루어졌으므로 왜 그런 지시를 했느냐고 물어볼 필요가 없어졌었기 때문이었다. 그러나 나는 지금에 이르러 역사의 고발을 하고 싶다. 아니 고발이 아니라면 왜 그대로 불량장비를 수용하라는 지시를 했었는지 그것이라도 알고 싶다. 우리를 너무도 무시하고 일을 덮으려고만 압력을 가한 그 이유가 무엇이었는지 알고 싶은 것이다. 다른 장비도 아니고 승조원들의 생명에 직접 관계된 장비였었다. 이 책을 쓰게 된 이유 중의 중요한 이유다.

소다라임 방식을 그대로 수용하라는 지시가 내려왔을 때 가장 우리의 마음을 아프게 했던 말은 승조원들이 '사치'를 부린다는 말이었다. 0.18%를 수용하지 못하는 사치를 부린다는 것이었다. 독일 사람들이

하는 말이 아니고 우리 해군본부 잠수함 사업단에서 하는 말이었다. 분수없이 호사하려고 하는 게 '사치'라는 말인데 우리의 요구를 '호사' 하려고 하는 문제 제기로 본다는 뜻이다. 너무도 답답하고 벽이 느껴져 말을 할 수 없었다. 그 몰이해 앞에선 무슨 말도 통할 것 같지 않았다.

제대로 된 사업관리라면 우리가 장비의 문제점을 제기했을 때 사업단 본부나 감독관 실에서 더욱 적극적으로 장비교체 요구를 했어야 하는 것이었다. 문제가 완전히 밝혀질 때까지 사업단과 감독관 실은 적극적은 고사하고 독일 조선소와 승조원 간의 대치를 옆으로 물러나 강 건너 불 보듯 했었다. 불 보듯 하기만 한 것이 아니라 독일 조선소 측 입장으로 밀었다. 왜 그랬나?

한국 해군 잠수함 사업단은 장보고함이 건조되는 동안 장차 한국 해군 잠수함 전력의 앞은 보려고 하지 않고 서둘러 건조작업만 마무리 되기만을 바랐다는 느낌을 받았다. 승조원들 쪽 문제엔 일부러 그러는 것 같다는 느낌이 들 정도로 무시했다. 감독관들은 조함병과 장교들이라고 하더라도 사업단장은 항해과 장교 장성이었다. 나는 그런 것들이 지금껏 이해가 안 된다.

독일 조선소 측은 소다라임 방식을 수용하라는 사업단 본부의 지시를 알고 있는지 귀국 일자가 가까워 오는데도 아무 반응이 없었다. 섣불리 말을 꺼냈다간 너희 사업단에서 계약된 대로 한다는데 왜 너희는 아래위가 다르냐는 반문이 돌아오면 사업단 말대로 '분란' 피우는 꼴밖에 되지 않을 것 같아 함부로 말을 꺼낼 수 없었다.

우리가 조용히 있으니 감독관 실과 독일 조선소 측은 일이 해결된 것으로 생각하는 것 같았으나 나와 장교들은 도저히 이대로는 안 된다는 생각을 다지고 있었다. 나는 고심이 생길 때 그랬던 것처럼 다시 라보에 해변을 걸었다. 그러나 이번엔 마음을 끓으며 걸은 게 아니라 어떻게 충격적이며 단호하게 이 문제를 확대시킬 수 있겠나를 고심하는 걸음이었다. 아무리 생각해도 그냥 넘어갈 수는 없는 노릇이었다.

그 당시 독일 조선소에는 우리 외에도 베네수엘라, 콜롬비아 해군 잠수함 승조원들이 와있었다. 그 나라들은 잠수함 수리 능력이 없어 잠수함을 사 갔던 독일에 수리차 와 있는 것이었다. 그들은 우리와 같은 부두에 계류해 있어 우리는 매일 그 승조원들과 얘기하며 갖가지 정보를 교환했다. 그들도 공기정화장치는 소다라임 방식인데 별로 사용하지 않는다는 것이었다. 24시간 이상 지속되는 초계임무가 별로 없고 간혹 있다고 해도 공기정화장치를 작동시키는 것보다는 스노켈로 환기시킨다고 한다. 공기정화장치는 그들에게 말하자면 비상용 장비 같은 것이었다. 긴장이 없는 나라 해군 잠수함 운용은 개념부터 우리와는 달랐다. 우리가 공기정화장치 얘기를 하자 흥미는 있어 하지만 확 달려들어 뭘 캐어 보려는 자세를 안 보이는 그들이 우린 이상하게만 보였다.

그렇더라도 매일 만나면 CO_2 관계 어떻게 되어가느냐 물어오곤 했다. 그때까지 독일은 11개국에 49척의 209급 잠수함을 수출하고 있었는데 잠수함을 사 갔던 나라들로부터 단 한 번도 공기정화장치에 대한 이의를 받아보지 않았다니 참으로 믿기지 않는 얘기였다.

독일 조선소 입장에서 보면 잠수함을 처음 운용하기 시작하는 한국 승조원들이 뭘 안다고 유난스럽게 붙들고 늘어지는지 가소롭기도 할거다만 어쩌랴 무지했던 자들이 뭔가를 깨우친 이상 무지했던 대로 갈 수는 없는 것을……

잠항할 수 없는 잠수함

장교들과 며칠 동안 토의를 거친 끝에 공기정화장치에 대한 향후 대책에 결론을 내렸다.

"한국으로 돌아갈 날이 며칠 남지 않았는데 사업단에서도 소다라임을 수용하라고 하니 이곳에서 계속 문제 제기해 봐야 해결 가망이 안 보인다. 그러나 이 문제는 양보할 수 없는 사항이다. 우리 이후 모든 잠수함 승조원들에게 영향을 미칠 문제다. 귀국 후 치명적인 '문제장비'가 있음을 그동안 추진했던 과정을 포함해서 참모총장에게 상세히 보고하고 그래도 수용하라면 그 이후는 문제 삼지 말자. 우리가 할 수 있는 일은 다 한 거다."

한마디로 귀국 후에 문제 삼는다는 것으로 의견의 일치를 보았다. 결정을 내리고 나니 속이 편했다. 나는 더 이상 라보에 해변을 걷지 않았다. 그리고는 우리는 더 이상 공기정화장치에 대한 얘기를 꺼내지 않았다. 그러나 기관장은 상세한 보고서 작성에 돌입했다. 다음 단계를 위해 단단히 준비하지 않으면 안 되었다.

2차 실험을 끝내고 얼마 후에 독일 조선소의 중요한 내부 정보를 알게 되었다. 독일 조선소 측에서 소다라임 방식의 과거 실험 및 적용역사를 조사해 보니 2차 대전시에 4시간 정도 실측실험을 했다는 기록만 있을 뿐 24시간 동안 실험을 지속했다는 기록은 없었다는 것이다. 24시간 동안 1% 이하로 유지할 수 있다는 것은 4시간 동안의 실험 결과에 6을 곱해서 도출된 수치임을 새롭게 알게 되었다는 것이고 그것을 수십 년 동안 그대로 사용해 왔다는 것을 발견했다는 것이다. 그래서 뮌헨대학 물리학 교수팀에게 소다라임 방식으로 잠수함 내의 이산화탄소 농도를 1% 이하로 유지 시킬 수 있는가에 대한 계산을 의뢰한 결과 '불가'하다는 대답을 들었다는 것이다. 매사에 빈틈없다는 독일 사람들이 한 일이라고는 믿기 어려운 일인데 그들에게도 그런 허술한 구석이 있었다.

그 허술한 구석에 대한 반응은 독일 해군 잠수함의 장비를 바꾼 사실만 있을 뿐, 잠수함을 사 갔던 외국의 어느 한 나라에 의해서도 문제 제기가 없었다는 것이니, 이번 한국 승조원들의 장비교체 요구로 촉발된 분란은 자기들의 오류를 찾은 예기치 않은 전기를 만든 반응인 셈인데 독일 조선소 측은 자기들에게 오류가 있었음을 언급하지 않았다.

왜 장비를 교체해 주지 않느냐고 닦달을 하지 않고 조용히 있으니 독일 조선소 사람들이 오히려 이상하다는 듯 우리의 눈치를 보는 것 같았다.

그런데 생각지 않았던 일이 문제의 실마리를 풀기 시작했다. 공기정화장치에 대한 언급을 일절 꺼내지 않고 조용히 지내던 어느 날 대우 조선소 책임자로 와있는 김 이사와 얘기하던 중에 공기정화장치 얘기를 하게 되었다. 나는 잠수함 건조역사가 빛나는 독일 조선소가 '잠항할 수 없는 잠수함'을 만들어 한국에 팔아먹으려고 한다고 일갈했다. 김 이사가 화들짝 놀라며 누가 들은 사람이라도 있는가. 주위를 둘러보는 것이었다.

"아니, 안 대령, 그게 무슨 말이요? 잠항할 수 없는 잠수함이라니?

독일 사람들이 들으면 입에 거품 품겠소! 명예훼손이라고 걸고넘어진 다고!……"

"잠수함이 안전과 부상에 관계되는 장비가 완벽하지 않으면 잠항을 하지 못하게 되어있어요. 공기정화장치는 승조원의 생존과 관련 있는 잠항 조건 1번에 해당되는 장비예요. 그것이 안 되면 잠항할 수 없는 겁니다. 그러니 장보고함은 잠항할 수 없는 잠수함입니다!"

대우조선 책임자는 눈을 크게 뜨고 입을 다물지 못한 채 내 불평을 듣고 있었다. 나는 내친김에 그동안 쌓였던 말을 쏟아 놓기 시작했다.

"김 이사님도 실험에 참가하셨으니 보셨잖습니까? 이 사람들이 제시한 장비가 성능이 미달 된다는 게 확인됐잖습니까. 교체할 장비가 없는 것도 아닌데 왜 안 바꿔주는 겁니까? 이 장비는 다른 장비와 다릅니다. 레이더 장비의 최대 접촉 거리가 0.18% 미달이라면 그런 건 수용할 수 있습니다. 그러나 이건 다릅니다. 0.01%만 미달 되도 안돼요! 해군 창군이래 첫 잠수함인데 '잠항할 수 없는 잠수함'을 인수해 갖고 가게 되었으니 함장으로서 창피합니다! 대우조선소에서는 '잠항할 수 있는 잠수함'을 건조하세요! 저는 한국에 가서 이 문제를 단단히 문제화 시킬 겁니다!"

나는 그동안 쌓였던 불만을 엉뚱하게 대우조선소 책임자에게 쏟아 놓았다. 따지고 보면 해군의 주계약 상대는 대우조선소이니 대우조선소도 책임이 없는 것은 아니었다. 대우조선소에서 2번함이 건조되고 있고 곧 3번함도 시작될 것이니 대우조선소도 직접적으로 관계된 일이었다. 김 이사는 독일 사람들이 들으면 미쳐 날뛸 테니 그런 말은 하지 말라며 손사래를 치며 말리는 것이었다. 솔직히 독일 사람들 귀에 들어가라고 한 말이었다.

한국으로 출발하기 한 2주 여를 남겨놓았던 어느 날 대우조선소 책임자가 보자고 하여 사무실에 갔더니 의외의 소식을 전해 주는 것이었다. 독일 조선소에서 공기정화장치를 리튬필터로 교체해 주겠다는 의사표시를 해왔다는 것이었다. 승조원들이 문제 제기한 이후부터 국내에서 건조되고 있는 잠수함까지 관계된 문제여서 그동안 대우조선소 측에서 독일 측과 끈질기게 협상을 해왔단다. 장비는 추가비용 없이 독일조선소 측이 제공하고 인력은 대우조선소 측이 제공하는 것으로 협상했단다. 독일에선 교체할 시간이 없으니 장비를 한국으로 보내서 대우조선소에서 인력을 투입하여 교체한다는 것과 2번함 이후도 교체토록 계약을 수정키로 했다는 것이었다. 나는 그 말을 듣고 어지간히 안심되었지만 감독관실이 나서서 했어야 할 일이 아니었던가 당장 생각이 들었다. 감독관실은 도대체 그동안 무슨 일을 했는지 꼽히지가 않았다. 돌이켜보면 나서서 해결해야 할 일이 있을 때마다 감독관실은 보이지 않았다. 이번에도 마찬가지였다. 지난 일이지만 나는 장보고함을 인수하면서 조함병과 장교들에 한심과 실망을 느낀 게 한두 번이 아니다.

대우조선소 책임자는 그런 협상 내용을 전해주면서 독일 조선소 측이 요구하는 조건이 한 가지 있다면서 이것은 안 대령이 해줘야 하는 것이라고 심각하게 말하는 것이었다. 그것은 킬에 와있는 다른 나라 잠수함 승조원들에게 한국 해군은 한국으로 돌아간 후 추가비용을 들여 공기정화장치를 교체키로 했다는 얘기를 해달라는 것이었다. 그제서야 우리는 논리적이고 정확한 독일 사람들이 명확한 증거를 확인했음에도 불구하고 인정을 안 하고 버텼던 이유를 알게 되었다. 잠수함을 사 갔던 나라들이 모두 한국 승조원들같이 요구해 오면 잠수함 건조 역사의 명예도 문제거니와 막대한 손해를 감수해야 할 판이니 쉽게 인정하고 받아들이지 못했던 것이다. 그들은 우리가 매일 부두에서 다른 나라 잠수함 승조원들과 커피를 마시며 담소하는 것에도 신경을 쓰고 있었던 것이다. 세상사는 간단한 게 아니다.

나는 대우조선 책임자에게 내가 찾아다니면서 그런 얘긴 못하겠지만 물어오면 그렇게는 대답해 줄 수 있노라고 얘기했다. 우리 목표 달성이 문제지 다른 나라에까지 파급시켜 문제화시킬 생각은 없었다.

'생체실험'으로 우리가 후에 이름을 붙인 공기정화장치 사건은 한국으로 돌아온 이후에 대우조선소에서 리튬필터 방식으로 바꾸어 달면서 마감되었다.

그 사건은 시간이 지났어도 한국 해군 잠수함 사에 여전히 나의 '하고 싶은 얘기'로 남아있는 사건이다. 당시 잠수함 사업단과 감독관실 인원들이 승조원들과의 사이에 같이 공유했어야 할 인식이 전혀 '공유' 되지 못해 내 생각엔 잘못되었으면 더 큰 사건으로 비화할 뻔했던 심각한 사건이기도 했다. 승조원들의 건강과 생명에 관련된 장비를 성능 미달 상태로 그대로 수용하라고 했던 사업단장의 지시는 우리가 한국으로 돌아온 후에도 '그대로 수용한 상태'로만 남아있지 못했을 것이기 때문이다. 지나간 일에 '만일'이라는 말을 붙이는 것은 부질없는 일이긴 하지만 '만일' 그대로 귀국했었다면 결코 조용히 마무리되진 못했을 것이다. 왜냐하면, 당사자인 내가 가만히 있지 않을 것이라고 단단히 마음먹고 있었기 때문이다.

나는 잠수함 사업단이 장차 한국 해군의 '잠수함 전력 구축'이라는 개념으로 모든 일을 처리할 줄 생각했었다. 그러나 내가 느낀 것은 잠수함 사업단은 잠수함 한 척 건조만 끝나면 모든 책임은 다한다고 생각하고 있는 것처럼 보였다는 것이다.

그런 느낌은 건조계약이 이루어져 사업단 인원들이 한 명도 빠짐없이 독일 감독관실로 나갈 때부터 생겼다. 그 인원 중엔 조함병과 장교가 아닌 3번함 함장 내정자와 1번함 부장으로 내정된 항해과 장교가 두 명 있었는데 계약단계에서 승조원 교육훈련분야를 맡았던 그 두 명도 모두 데리고 나가는 것이었다. 나는 사업단장에게 승조원 선발과 국내 교육시에 필요할 것이니 한 명이라도 남겨두고 나갔으면 좋겠다고 건의했으나 묵살당했다. 계약협상 단계에서 교육훈련계획을 담당했던 장교가 독일과 국내에 한 명씩 있으면 유기적인 협조가 잘 이루어질 수 있으리라는 것은 어려운 예상이 아니었다. 그래서 승조원 선발작업이나 국내 교육을 진행하면서 독일에서의 교육훈련에 관해 물어볼 사항이 생겼을 때 물어볼 수 있는 사람은 아무도 없었다. 나는 그런 것이 이해가 안 되었다. 마치 건조계약에 관해서 뒷말이 나오지 않게 같이 있었던 사람들을 모두 데리고 나가는 것 같은 느낌이었다.

독일로 출국한 이후 사업단장은 승조원 선발이 어떻게 이루어지고 있는지 물어온 적도 없고, 1년 넘게 승조원 국내 교육이 진행되는 동안 교육이 어떻게 진행되는지, 문제나 어려운 점이 뭔지 물어온 적도 없다. 공정지연으로 국내 교육이 4개월 연장되었는데도 사업단 인원을 통해서 전달만 받았을 뿐 기간연장으로 생기는 문제가 뭔지 무얼 더 교육할 것인지 물어오지도 않았다. 승조원들 문제는 그의 관심 밖이었음이 분명했다. 나는 그것이 도무지 이상했다. 그래서 나는 승조원 문제는 사업단장 소관이 아닌가 다시 생각해 보기도 했다. 그러나 분명히 승조원들은 잠수함 사업단 소속이었고 교육사에 파견된 인원이었다.

　가족문제가 나타났을 때 가족들의 독일 방문을 허락할 듯하다가 기무사 장교의 악의적 보고 하나 듣고 일변하여 당장 귀국시키라고 호통으로 일관했던 일은 승조원들에 대한 적극적인 지휘권을 처음으로 행사한 때인데 그전까지는 무관심하던 것과는 엄청 다른 모습이었다. 나는 승조원들 가족이 독일에 오지 않도록 하기 위해 국내 교육 할 때부터 엄격하게 선을 그어 왔으나 사업단으로부터 허락하면 올 수 있는 가족이 몇 인가 보고하라는 것이 단초가 되어 벌어진 일인데도 마치 내가 주동해서 자기를 곤란하게 만들었다는 듯 진급심사 직전에 놓여 노심초사하던 나를 그리도 아프게 압박했다. 잊혀지지 않는 일이다.

　쇼크 마운트 문제가 생겼을 때 어떻게 해서 쇼크 마운트가 깨어진 것을 발견했느냐고 물어 오기는커녕 승조원들을 문제를 일으키는 사람들같이 생각하는 느낌을 받았던 것처럼 공기정화장치를 교체해 달라고 문제제기를 했을 때도 승조원들이 또 분란을 일으켰다고 생각하는 것처럼 보였다. 그런 일들은 잠수함 장비에 대한 이해나 승조원의 문제에 대해서 여전히 관심이 달랐다고 해석할 수밖에 없다. 승조원의 건강과 생명에 직접적인 관계가 있는 장비의 성능미달을 승조원들이 그토록 어렵게 확인시켰음에도 그대로 수용하라고 한 것은 나는 이해할 수 없었고 여태까지 풀리지 않은 의혹으로 남아있다. 아무리 생각해도 그럴 수 있겠다는 이유를 찾아내지 못했다. 시간이 많이 지났지만, 당사자로서 잠수함 역사와 책임감으로 이사실을 밝히는 것이다. 그때의 일들을 상세히 적어놓은 일기 덕분에 이 글을 쓴다. 그때의 당사자들로부터 지금이라도 왜 그랬는지 말을 들어보고 싶지만 들어보니 무슨 소용이 되겠나….

상(賞)을 받아도 크게 받을 일을 상은 고사하고 비난과 미움만 받은 25년 전의 잊혀지지 않는 사건이다. 상(賞) 얘기를 하자면 우리 승조원들이 그동안 제기한 문제들 때문에 당시 사업단 본부로부터 얼마나 미움을 받았는지 여실히 말해주는 사실이 있다.

해군에서는 신조 함정이 건조되어 인수를 하면 승조원 중에서 인수 공로자를 선발해서 인수식 날 표창하는 게 관례고 전통이다. 해군 전력이 증가했다는 축하의 의미도 살리고 인수작업을 하는데 가장 수고를 한 사람들이 승조원들이니 사기진작 차원으로도 실시해 오고 있는 전통이다. 국내에서 함정을 인수해도 그러했는데 국외에 나가 2년이나 넘게 고생을 해서 그것도 한국 해군 최초의 잠수함을 인수했는데 우리 승조원 중 어느 누구도 함정 인수 공로자로 선발되어 표창장 하나 받은 인원이 없었다는 사실이다.

사실은 장보고함을 인수하기 얼마 전에 사업단 본부로부터 인수공훈 승조원명단을 보고하라며 훈포장 등급까지 정해서 지시가 내려왔었다. 나는 당연히 그러려니 생각해서 장교들과 의논해서 명단을 보고했었다. 그런데 인수일 인수식에서도 훈포장 수여 순서가 없는 것이었다. 인수 공훈자 표창은 인수식 행사 때 하는 게 보통이었다. 나는 귀국해서 취역식 때 하려고 그러는 모양이다 생각하고 그냥 넘어갔었다. 그런데 귀국해서 다른 함정과는 달리 바뀐 정부의 국방장관이 참석해서 취역식을 하는데도 인수 공훈자 표창 순서가 없는 것이었다. 인수 공훈 승조원을 표창하기엔 취역식 행사 때가 적기였는데 어찌 된 일인지 유야무야로 넘어가는 것이었다. 한참을 지나 사업단장과 얘기할 기회가 생겨서 장보고함 인수공로 승조원 표창은 언제 하실 겁니까 물었다. 그러나 엉뚱하게도 돌아온 대답은 "해군 사정이 이런데 상을 받으려 하느냐?"라는 것이었다. 해군 전체가 어수선한데 상을 주기가 거북스럽다는 얘기다.

해군사정이란 장보고함이 귀국할 즈음 터져 해군뿐만 아니라 전국이 떠들썩하던 '해군 인사비리 사건'을 말하는 것이었다. 진급과 보직에 금전이 오간 전대미문의 비리가 발견되어 막 시작된 신정부의 본보기 처벌이 이루어져 해군이 폭삭 망하다시피 한 창피한 사건이었다.

그런데 그것과 해군 첫 잠수함 인수 공로자 표창과 무슨 상관이 있단 말인가? 장보고함 승조원들이 인사비리에 관계된 것도 아닌데 의당 해야 할 일마저 모조리 해군의 어수선한 사정 때문에 못하겠다는 것인가? 나는 그것이 우리와 무슨 상관있습니까 하고 더 물어보고 싶었지만, 그의 구차한 대답이 해군의 사정보다는 승조원에 대한 미움 때문이라고 느껴져 더 이상 물어보지 않고 물러섰다. 그렇게 해서 해군 최초의 잠수함 인수 공훈 표창은 유야무야로 지나가 버렸다. 나는 창군이래 가장 기다리는 함정을 외국에서 인수하여 어려운 훈련을 이상 없이 완수하고 돌아왔음에도 상장 하나 받아보지 못했고 승조원들에게도 표창장 하나 챙겨주지 못한 함장이 되어 버렸다. 지금까지도 서운하게 남아있는 일이다. 나는 그렇게 된 것이 당시의 시끄러웠던 해군 사정 때문이 아니라 가족 상봉사건부터, 쇼크 마운트 사건, 생체실험 사건 등 일련의 일들로 사업단을 곤란하게 만든 승조원들이 단단히 미움을 샀기 때문이라고 결론 내렸다. 큰 손해 날 일을 발견하여 국익을 지키고, 이후에 나올 잠수함 승조원들의 건강을 지킬 중요한 일을 이룬 장보고함 승조원들이 무엇이 그토록 미워 그리 대했는지 물어보고 싶은 마음이 남아있다. 외로운 시절이었다.

  어쩌다 잠수함에 갈 기회가 생기면 놓치지 않고 함장에게 공기정화장치 성능을 물어본다. 공기정화장치에 얽힌 생체실험 내역을 알 리 없는 한참 후배 함장이다.

  만족스럽게 성능을 발휘하고 있단다. 그 옛날 우여곡절을 허망스럽게 하지 않으려는 듯 잘 작동되고 있다니 매번 기분 좋게 현문을 나온다. 혼자 미소 지을 수 있는 게 그렇게 좋을 수 없다.

'잠수함 녹색운동'을 전개하라

  그러나 그때의 모든 투쟁, 그래 투쟁이라는 말이 맞을 것 같다만 이미 25년이나 지났다. 2001년부터 시작한 장보고급 잠수함 후속함인 214급에도 그 리튬필터 공기정화장치를 장착해서 사용하고 있다. 소다라임 공기정화장치를 60년 넘게 사용해왔던 과거를 보면 25년밖에 사용하지 않은 리튬필터 공기정화장치는 아직 생명력을 유지하고 있다고도 할 수 있겠으나 곰곰이 생각하면 그 장치는 잠수함 내에 이산화탄소 농도를 1% 이내로 유지하는 장치라는 것이다.

  이산화탄소 농도 1%는 대기 중 농도의 30배라는 사실을 이제 인식해야 한다. 잠수함 내에 이산화탄소 농도를 1% 이하로 설정한 규정부터 다시 생각해야 한다. 그 수치는 2차대전 시에 독일 해군이 설정했던 수치를 우리가 그대로 갖다 쓴 수치다. 나는 우선 독일 노동법에 규정되어 있는 것과 같은 0.5%를 제안한다. 대기중과 같은 0.03%를 유지할 수 있다면 얼마나 좋으랴만 현실적인 어려움을 고려해서 그 정도라도 지향하자는 것이다. 그렇더라도 그 농도는 대기 중보다 15배 이상 높은 농도다.

시대의 화두가 '녹색'이 되었다. 녹색성장, 녹색경제, 녹색정책, 녹색산업, 녹색경영, 녹색기업, 녹색투자, 녹색시장, 녹색음식, 녹색도시, 녹색마을, 녹색인증, 녹색운동 등등. 모든 것에 '녹색'이라는 말만 붙이면 넘어갈 수 있는 '녹색시대'다. 그러나 아무리 요란하게 녹색이라는 말은 붙여도 그 핵심은 '탄소배출 오염을 줄여 살기 좋은 지구를 만든다'는 한가지다. 즉 사람이 숨쉬기에 쾌적한 환경을 만들자는 것이다.

이제 잠수함 내의 녹색운동을 전개해야 할 때다. 후일 어느 때 다시 어느 함장이 25년 전에 했던 것과 같이 호흡을 잘하기 위해 하등 필요 없는 '녹색 투쟁'을 하지 않도록 잠수함 내의 '녹색운동' 시작을 제안한다. 제안이라는 말이 약하다면 '선동'이라는 말이라도 좋다. 선동이라는 말이 부적절하다면 '혁명'이라는 말은 어떨까? 생존을 위해 신선한 공기를 마실 잠수함 승조원의 기본권을 위해서 말이다.

제 5 장
잠수함과의 희비 여정

잠수함 승조원

　킬항에서 발틱해(海)로 나가는 항로 오른편 해변에 묄텐오르트(Möltenort)라는 작은 마을이 있다. 그 마을 바닷가에 제1, 2차 세계대전 때 전투임무를 띠고 출항했다가 해상에서 침몰된 U보트들의 승조원 추모관이 서 있다. 잠수함 함교탑 모양으로 쌓은 10m 정도의 붉은 석탑 위에, 날기 위해 막 날개를 펴는 바다 독수리 한 마리의 동상이 얹혀져 있고 석탑 주위로 둥그렇게 지하 회랑을 만들어 회랑 벽 양쪽에 잠수함 승조원 전사자 35,000여 명의 명단이 함별로 동판에 새겨져 쭉 걸려있다. 회랑 안쪽 벽에는 1차대전 때 침몰한 U보트 199척과 승조원 5,249명, 바깥쪽 벽에는 2차대전 때 침몰한 739척과 승조원 30,000여 명의 명단이 함별로 새겨져 걸려있다.

　2차대전이 발발하자마자 영국 스캐퍼 홀로우항에 침투해 들어가 항내에서 영국 전함 로얄오크호를 격침시켰던 U-47 함장 프린 소령을 비롯해서, 전쟁 동안 상선 44척과 구축함 1척을 포함 266,629톤을 침몰시켜 2차대전 중 최고의 U보트 에이스였던 U-99 함장 크레취머 소령 등 전사에 나오는 유명한 이름들이 승조원 명단과 함께 새겨져 있는 걸 보면 마음이 숙연해진다. 탑 위의 막 날개를 펴려는 바다 독수리 동상은 바다에서 꿈을 펼치려다 스러져간 젊은이들의 모습을 나타내는 것이란다.

제2차 세계대전 중 가장 치열했던 대서양전투는 전쟁 초기에서 중반까지는 U보트 부대가 일방적인 전과를 올렸으나 중반 이후 항공모함이 출현하고 레이더가 발명되면서 연합군 전력이 대폭 강화되자 U보트의 침몰 척수가 늘어나기 시작했고 전쟁 후반 붕괴의 시기에 이르러선 U보트는 출항하면 거의 돌아오지 않는 잠수함이 되었었다. 전쟁 말기에 이르면 강대해진 연합군 전력이 다른 전선이나 산업시설 파괴로 투입되는 걸 막고 해상으로 집중시키도록 하기 위해 할 수 없이 해상전개를 시켜야 하는 시기가 있었다. 말하자면 독일 잠수함 승조원들은 연합전력을 해상으로 흡수시키기 위해 전쟁의 희생양이 되었던 것이다. 전쟁 후 통계를 내보니 U보트 한 척당 연합군 전력 함정 25척, 항공기 100대를 해상에 묶어 놓았었다는 것이다. 그 결과로 30,000명의 승조원들이 쓰러져 갔다.

지하 회랑에 내려가기 전과 전사자 명단들을 보고 올라와 다시 보는 독수리 동상의 느낌이 다르다. 지금도 킬항을 출·입항하는 잠수함들은 이 추모관을 통과할 때 대함 경례를 하고 지나다닌다. 침몰한 것은 확실하나 눈으로 확인한 사람은 없으니 그들은 아직도 '돌아오지 않은 잠수함 승조원'들로 되어있다.

킬만 해변에 서 있는 잠수함 승조원 추모관의 바다 독수리 탑

제5장 잠수함과의 희비 여정 … 225

잠수함 승조원 추모관 지하 회랑의 전사자 명단동판 벽과 필자

잠수함 승조원 추모관 전사자 명단 동판
스캐퍼 훌로우를 침투했던 U-47 함장 권터프린과 승조원 명단이 보인다.

독일서 장보고함을 인수하기 위해 교육훈련을 받으면서 내가 가장 의문을 가졌고 알고 싶었던 사항 중의 하나가 2차대전 말기 U보트가 출항하면 거의 돌아오지 못하는 시기였는데도 잠수함 승조원이 되고자 하는 자원자들이 줄을 섰었다는 사실이었다. 장보고함을 인수했던 독일 북부 킬(Kiel)항에 독일 해군 잠수함 전단이 있는데 바로 그 전단 연병장에 자원자들이 길게 줄을 서서 기다렸다는 것이다.

독일 해군은 지금도 그런 역사적 사실을 자랑스럽게 얘기한다. 어떻게 해서 그럴 수 있었는지, 그럴 수 있었던 진정한 이유가 무엇이었는지 나는 그게 궁금했다. 여러 사람에게 물었지만, 누구도 명쾌한 대답을 하진 못했으나 쓰러져가는 국가를 살리고자 분연히 전투에 나섰던 잠수함 승조원들은 여전히 독일 해군이 자랑하는 전설로 남아있다. 부러운 역사적 사실이다. 왜냐하면, 우리는 지금 전쟁 중도 아닌데 잠수함 승조원 확보에 애를 먹고 있기 때문이다. 잠수함을 운용하고 있는 국가들이 그 승조원을 확보하는데 하나같이 자원제도를 운용하고 있는 것으로 보아 잠수함 근무는 억지로 시킬 일은 아니라는 인식을 공통적으로 하고 있는 것 같다.

한국 해군이 잠수함 승조원 확보에 문제가 생기기 시작한 것은 잠수함을 운용 한지 4~5년쯤 지났을 때부터였다. 잠수함 척 수 증가와 부대규모 변화에 따라 연간 약 120명 정도의 승조원 수요가 생기던 1997년경에 갑자기 승조원 자원자 수가 격감 되어 난리가 났던 일이 있었다. 1993년 5월 말에 장보고함이 한국에 도착한 이후 몇 년간은 승조원 확보에 별걱정이 없었는데 불과 4년여 만에 예기치 않은 상황이 벌어진 것이었다. 세 차례나 잠수함 승조원 모집공고를 냈는데도 인원이 모이지 않아 급기야 지명발령으로 그 해 수요 인원을 채워 양성교육을 시작했었다.

그러나 잠수함 승조원은 억지로 시킬 일이 못 된다는 게 금방 증명되었다. 1년 정도 지나자 지명발령으로 승조원이 된 인원의 40% 이상이 중간 도태되었다. 자원자로 승조원을 선발했을 때의 도태율 15~20%의 두 배가 넘었을 뿐만 아니라 남아있는 인원도 수상함 쪽으로 근무를 옮길 수 있으면 당장이라도 옮기겠다는 인원이 30%를 넘었다. 중간도태 인원이란 잠수함 근무 중에 신체 이상을 호소한다든가 근무의욕이 떨어져 일정 기간이 지나도 잠수함 자격부여를 받지 못하는 인원을 말한다. 그런 인원들은 할 수 없이 수상함 쪽으로 복귀시키지 않을 수 없다. 한 2년여 지명발령으로 소요 인원을 채워가다가 포기하고 그다음부터는 대대적인 포섭작전으로 인원을 채웠다. 포섭작전이란 승조원들을 동원해 후배들을 설득해서 잠수함 승조원으로 자원케 하는 것이다. 포섭작전과 대대적인 홍보를 펼쳐 그 후 몇 년간은 수요 인원을 자원형식으로 채웠으나 다시금 매년 자원 인원 확보에 애를 먹는 상황이 반복되고 있다.

왜 잠수함 승조원 자원율이 저조한 것일까?

잠수함을 운용하기 시작해서 몇 년간은 외부의 주목과 호기심 등으로 우수자원이 몰려왔으나 불과 몇 년 만에 자원자 수가 격감한 것은 초기부터 시행해 왔던 잠수함 근무 가산점 규정을 없애 버린 것이 직접적인 원인이었다. 잠수함 근무 가산점이란 진급선발 대상 부사관들에게 부여했던 가산점 제도였는데 그 덕분에 잠수함 근무자들의 진급률이 확실히 올랐었다. 신설전력 육성이라는 측면에서 잠수함 전력운용 시작과 함께 시행했던 정책이었는데 해군총장이 몇 번 바뀌고 수상함 근무자들로부터 불평이 나오자 대번에 가산점 제도를 없애 버린 것이었다. 가산점 제도를 폐지한다는 예고가 나왔을 때 잠수함 전력의 자생능력이 생길 때까지 10년 정도만 가산점 규정을 유지시켜 달라고 건의했으나 받아들여지지 않았다. 그 후 인사적인 가산점 대신 경제적인 동기유발을 해보고자 근무수당을 증액시켜 보았으나 자원율은 회복되지 않았다. 사실 근무수당 증액이란 한정된 것이어서 결정적인 해결책은 될 수 없었다.

2차대전 때 독일 해군은 출항하기만 하면 돌아올 기약이 없는데도 잠수함 승조원 자원자가 줄을 섰다는데 우리는 전쟁 시기도 아니면서 잠수함을 운용한 지 얼마 되지도 않았는데 이리 잠수함 승조원 자원자가 부족한 것은 누구 잘못인가?

그런 시스템을 만들지 못한 해군 잘못인가? 이익만을 찾는 젊은 부사관들 잘못인가?

분명한 것은 진급이 잘 안 되고 근무하기 힘든 곳에 가서도 충분히 근무할 수 있어야 한다는 충성심 강요만으로는 젊은이들을 움직일 수 없다는 것이다.

잠수함을 운용한 지 25년이 지났는데도 사실 승조원 관리에 대한 정책과 시스템이 아직 초보 수준에 머물러 있는 점을 부인할 수 없다. 특히 승조원을 선발할 때부터 근무하는 전 기간에 걸쳐 잠수의학, 신경 정신계통, 심리학 분야 등에 대한 의학적 지원이 철저히 이루어져야 하는데 그런 분야에 대한 지원체제가 부실하다는 게 좋은 예다.

미국, 독일, 일본 등 잠수함 운용 역사가 긴 국가들의 잠수함 승조원들은 각 분야의 전문 군의관들로 구성된 의료팀의 밀착관리를 받고 있다. 정기적 혹은 매 출동임무 이후엔 신체적, 정신적 상태를 점검받고 조금이라도 이상이 있는 경우는 자신이 원치 않아도 요양이나 잠수함 승조를 일정 기간 보류하는 등의 조치를 취한다. 군의관의 진단에 따라 잠수함 함장과 부대장은 해당 승조원에 대한 인사조치를 해야 한다. 승조원 개개인의 건강점검 기록을 철저히 관리해 나가는 것은 물론이다.

한국 해군은 잠수함 요원을 지원할 수 있는 의료기관으로 '해양의료원'을 갖고 있으나 잠수의학을 전공한 군의관은 한 명도 없다. 정신과나 심리학 전공 군의관은 물론 잠수함 요원들을 관리하는 소프트웨어도 없다. 군의관 10여 명이 있지만 모두 일반 의대를 졸업하고 잠수분야 보습교육을 받은 일반외과 내지는 내과 전공 군의관들뿐이다. 한국 해군 잠수함 전력 지원의 현주소다.

독일에서 30m 수조에서 탈출훈련을 하면서 알게 되었던 사실이 하나 있다. 우리가 30m 밑에서 떠오르기 시작하면 20m, 10m 위치 물속에서 대기하고 있다가 우리의 자세를 바로 잡아주는 대기 군의관이 있었다. 그런데 수조 밖에서 한 명, 군의관들이 물속에서 대기하고 있는 시간을 초 단위로 기록하고 있었다. 알아보니 물속에서 대기한 시간에 따라 그들에 대한 수당이 지급된다는 것이다. 요는 잠수 의학 분야 인력이 충분한 것은 물론이고 그들에 대한 보상도 충분해서 전문인력을 유지한다는 것이었다. 해양의료원에 잠수의학 전문의가 없는 것은 잠수의학을 전공해서는 밥을 먹지 못하기 때문이라니 그들만을 탓할 수도 없는 일이다.

잠수함 승조원이 되기 위해선 신체적, 정신적으로 수중 근무에 적응할 수 있어야 한다. 우리는 처음에 잠수함 승조원이 되기 위해선 어떤 신체적 조건을 갖추어야 하는지도 몰랐다. 그래서 독일 해군의 규정을 갖고 첫 승조원을 선발했었다. 그 규정은 신체적 조건 하한선이 상당히 높았었다. 덕분에 독일에 파견할 승조원을 선발하는데 세 번씩이나 추가 신체검사를 해야 했었다. 지금은 우리의 신체조건에 맞게 다듬어졌지만 다른 분야에 대한 지원체계는 아직도 갈 길이 멀다. 그런데 먼 길을 가야 하는 채비가 아직도 요원하니 말이다.

승조원 양성 방법

잠수함 승조원 지원체계는 아직 갈 길이 멀지만, 신체검사에 합격한 자원자를 승조원으로 길러내는 체제만은 그래도 25년 잠수함 운용역사와 같이 발전해 왔다.

자원해서 신체검사에 합격만 하면 우선 3개월 동안 잠수함 기초교육을 받는다. 이 기간에 잠수함 기초 지식교육, 수영훈련, 스쿠버 훈련, 탈출 훈련 등을 받는다.

기초교육이 끝나면 잠수함에 배치되는데 배치되었다고 해서 승조원이 되는 것이 아니라 예비 승조원일 뿐이다. 이 예비 승조원은 자격부여과정을 밟는 승조원을 말한다. 이 예비 승조원 기간이 승조원 양성의 중심이다. 보통 6개월 정도 걸리는 이 기간에 새로운 해군 전문인력이 길러지는 것이다. 장교, 부사관, 직별에 관계없이 모든 인원이 잠수함의 모든 분야에 대한 이론과 실기를 익히는 것이다. 함내 파이프, 밸브, 탱크, 케이블, 추진, 무장, 빌지, 오수계통 등. 함 운용에 대한 모든 장비 밑을 기어 다니고 오르내리며 계통도와 실제 위치를 확인하고 익힌다.

잠수함을 방문했을 때 승조원 유니폼이 아닌 작업복을 입고 손이나 이마에 기름이 묻어있고 장갑을 끼고 손전등을 옆에 찬 인원이 보이면 자격부여과정을 밟고 있는 예비 승조원인 것이 틀림없다. 이들이 각 부분에 대한 파악 정도를 확인하는 책임은 선체, 기관 분야에 관한 것은 기관장이, 무장계통은 무장관이, 작전분야에 관한 내용은 작전관이 평가를 하는데 예비 승조원은 두툼한 평가문제집에 나와 있는 설문에 대한 대답과 시연에 대한 준비가 되면 해당 부서장에게 요청해서 자기가 파악한 바를 설명하고 시연한다.

부서장은 이들 예비 승조원의 자격부여 평가에 대해선 매우 엄격하다. 그 인원이 파악한 정도가 곧 그 인원이 맡은 임무를 잘할 수 있느냐 없느냐를 알 수 있게 하는 것이니 하나라도 섣불리 평가할 수 없는 것이다. 만족스러운 설명과 시연이 이루어지면 해당 문제에 대한 '통과' 란에 서명을 해주지만 조금이라도 불만족스러우면 수십 번이라도 다시 해야 한다. 두툼한 평가문제집에 나와 있는 모든 문제에 대한 통과 서명을 받으려면 약 6개월 정도 걸리는데 이 기간이 지나면 예비 승조원들은 함내 구석구석 볼트 하나까지 파악한 당당한 승조원이 된다. 나는 해군은 물론 육군, 공군을 포함해 어느 군에도 잠수함 승조원이 되기 위한 자격부여과정만큼 이론과 실기교육을 철저히 하는 과정은 없다고 생각한다. 이것은 어느 나라 잠수함 요원이건 비슷하게 밟는 과정인데 수중근무가 그만큼 확실성과 정확성이 요구되기 때문이다.

예비 승조원들이 자격부여과정이 끝날 때쯤이면 그들의 얼굴에서 자신감이 나타나는 것을 보는 것은 기분 좋은 일이다. 처음 왔을 때 어리벙벙하던 표정들이 초점이 맞춰진 듯 보이고 밝아 보인다. 그때쯤이면 대화도 되고 의견도 제시하고 제법 문제 제기도 해온다. 무엇을 안다는 것과 자신감과는 확실히 비례한다는 것을 알 수 있다.

예비 승조원이 자격부여과정을 마쳤음을 잠수함 전단장에게 보고하면, 자격부여증과 함께 승조원 배지가 내려온다. 함장이 이 배지를 달아주는 순간부터 예비 승조원에서 '예비' 자가 떨어지고 정식 승조원이 되는 것이다. 정식 승조원이 되면 보직이 주어지고 당직근무를 할 수 있고 승조원 수당도 받게 되니 잠수함 승조원들에겐 이 배지를 받는 날은 보통 날이 아니다. 그동안 모질게 평가하면서 고생시킨 부서장이 이들에게 환영과 축하연을 열어주는 게 보통인데 승조원 총원이 함께 기분 좋게 어울릴 수 있는 날이다. 한 번에 4~5명 정도가 자격부여과정을 밟는데 이들에게 승조원 배지를 수여하던 날이 함장 근무 중 행복했던 날 중의 하나였다는 생각이 든다. 왜냐하면, 귀한 인력이 생겼다는 것 외에 승조원들 간의 '일체감'을 느낄 수 있는 날이었기 때문이다.

잠수함 승조원들이 잠수함을 타면서 자연히 느끼고 몸에 배는 중요한 인식은 자기 자신이 전체 중에서 갖고 있는 비중이 크다는 인식이다. 자기 자신이 전체의 작은 부분이지만 전체를 위해 결정적인 존재가 될 수 있다는 인식이 그것이다. 그런 인식은 자신을 귀한 존재로 스스로 느끼게 되고 실제로도 전체에게 결정적인 존재가 된다. 그런 인식은 잠수함 승조원들의 '모두는 나의 손에, 나는 모두의 손에'라는 전통적인 유대의식인데 잠수함을 타고 지내는 동안에 자연적으로 몸에 배는 동지의식이고 일체감이다. 승조원 간의 일체감은 '잠수함의 전투력'이다.

그것은 개개인의 존재와 가치가 전체에 느껴지고 스스로도 그렇게 느껴질 때 생기는 무형의 힘이다. 잠수함 생활이 힘들다는 것은 알아도 동고동락에서 생기는 승조원들만의 연대감을 사람들은 모른다.

나는 장교 6명, 부사관 25명의 승조원들과 함께 장보고함을 인수했다. 나를 포함해서 해군에 들어올 때 잠수함을 타게 되리라곤 생각지도 못했었으나 남들이 머뭇거리는 '위험한 시작'을 한 사람들이다. 그들과는 독일에 파견되기 전에 국내에서 사전교육 1년 반여, 독일에 가서 2년여 인수전 교육훈련을 같이 받고 함을 인수한 후 3년여간 함장으로 재직한 기간까지 합쳐 총 6년여를 장보고함을 위해 같이 지냈다. 함 인수 전후 가장 어려웠던 시기에 잘못하면 그동안의 노력이 모두 수포로 돌아갈만한 순간에 내가 그들에게 몹시 엄격하게 해서 눈물까지 흘린 대원도 있었다는 걸 나는 안다. 그러나 그들은 그 모든 것을 참고 이겨내 주었다.

돌이켜보니 군대에서 6년여를 같이 지내는 흔치 않은 일이 잠수함 전력의 시작을 위해서 필요했었던 것으로 생각한다. 그러나 그런 동안 자그마한 인원사고 하나 없었고 항상 100% 임무를 완수해 주었다. 그렇게 집중력 있고 충직한 인원들이 있었기에 우리 해군 잠수함 전력의 기초가 다져질 수 있었다고 생각한다. 내가 그들을 만난 것은 나의 큰 행운이었을 뿐만 아니라 우리 해군의 복이었다고 생각한다. 내가 늘 나의 인복(人福)이었다고 생각하고 감사하는 부분이다.

잠수함 승조원의 덕목 1호는 '함장의 판단을 믿고 함장의 용기와 결심을 주저 없이 따르는 것'이다. 덕목 2호는 자기가 '맡은 일을 틀림없이 해내는 것'이다. 그런 면에서 우리 승조원들은 잠수함엔 초년생으로 시작했지만, 자질에 있어서는 한국 해군의 잠수함 전력을 시작하는 인원으로서 손색이 없었다.

장보고함을 인수했던 10월 14일은 그때의 승조원들과 만나는 날이다. 25년이 흘렀지만 어디에 가 있건 그날은 연락을 취해 진해로 모인다. 한국 해군 잠수함에 최초로 태극기를 올리던 순간을 떠올리며 지나간 일들을 매년 반복해서 얘기해도 매번 새롭고 재미있게 들린다. 우리가 그 일을 못 해냈다면 이렇게 만나서 즐겁게 얘기할 수 없었을 것이니 같이 지냈던 6년여의 시간이 갈수록 소중해진다.

2년마다 개최되는 환태평양 국제 해군 연합훈련에 참가해서 어느 나라 잠수함들보다도 발군의 실력을 펼쳤다는 소식을 접할 때마다 잠수함부대 후배 승조원들이 가상하고 기특하기 이를 데 없다. 한국 해군 잠수함 부대의 전통과 역사를 잘 이어가고 있다는 증거다. 국가의 귀중한 자산들이다.

그런데 그런 자산 인력을 확보하는데 아직까지 곤란을 겪고 있으니 안타깝기 그지없다. 부사관 승조원 모집에 문제가 생겨 의무복무 수병을 승조원으로 선발할 수 있는 방안을 검토해 봤지만, 기초군사훈련과 병과 교육 합쳐 3개월, 잠수함 기초교육 3개월, 자격부여과정 6개월을 거치면 정식 잠수함 승조원으로 근무할 수 있는 기간이 얼마 되지 않아 포기할 수밖에 없었다.

예전같이 군복무기간이 3년여 정도만 된다면 의무복무 수병 인력을 잠수함 승조원으로 복무케 할 수 있을 텐데 요즘은 의무복무 기간이 더욱 줄어들었으니 수병을 잠수함 승조원으로 선발할 수 있는 가능성은 더 멀어져 버렸다.

정치인들이 경쟁적으로 군복무기간 단축을 공약으로 내걸어 22~24

개월로 떨어뜨린 의무복무 기간을 이제는 1년으로 줄이겠다는 말까지 나오고 있으니 그런 주장을 하는 정치인들은 국방 측면에서 보면 정말 이해할 수가 없다. 아마추어적이고 이기적(利己的)이다 못해 이적적(利敵的)이기까지 하다는 생각을 지울 수가 없다.

세계에서 유일하게 공산주의자들에게 나라의 반을 점거당하고 핵폭탄 위협하에 있는 이 땅의 정치하는 인물들이 어찌 그런 사고와 정치 행위를 할 수 있는 것인지 정말 이해할 수 없고 화나고 분하다. 군 의무복무 기간을 3년으로 환원해야 한다는 주장을 하는 정치인을 기대하는 것은 부질없는 희망일 것이다. 군 복무 가능 인력이 날로 줄어들고 있고 복무 기간도 점점 단축되고 있으니 국방을 위한 병력을 유지하기 위해선 어떻게 할 것인지 암울하기만 하다. 조만간 여성의 의무복무 외에는 해법이 없을 거라는 것이 나의 생각이다. 어리석은 정치인들이 그렇게 만들어 가고 있다.

잠수함 승조원 확보방안에 대해 한 가지 확실히 말할 수 있는 것은 의무복무 수병들을 선발할 수 있다면 자원자가 넘쳐나리라는 것이다. 군 복무를 피하려고 일부러 자기 신체를 훼손하는 미친 젊은이들이 있는 반면에 군 생활이 힘들다는 부대에서 복무해보고 싶다는 신세대 젊은이들이 더 많기 때문이다. 나는 그런 젊은이들에게 잠수함 근무는 더욱 매력적인 군 복무 장소가 될 수 있으리란 것은 확신한다.

미국 작가 톰 클랜시가 잠수함을 타보고 한 말이 있다. "흉악범을 잠수함에서 살게 한다면 그것은 너무도 가혹한 처벌이 될 것이다." 잠수함 생활이 얼마나 힘든지를 작가적으로 나타낸 멋진 표현인데 그것은 조건이 가장 양호한 미국 잠수함을 타보고 한 말이다. 잠수함 크기가 그것의 반의반도 안 되는 한국 해군 잠수함을 타고 지내보았으면 그는 무어라고 했을까. 그러나 그럴수록 거기에 도전할 신세대들이 무한정일 것이라는 것을 나는 확신한다. 그리고 그 기간은 그들에게 앞으로의 인생행로를 개척하는데 더없이 좋은 시간이 되리라는 것도 확신할 수 있다. 달구어진 쇠가 더 단단해지듯 잠수함 복무에서 길러지는 내성만 가지면 세상 어느 곳에서도 높은 경쟁력을 가질 것이기 때문이다.

그러나 의무복무 수병을 잠수함 승조원으로 확보할 수 없는 현실에 있어서는 전형적이고 획기적인 승조원 확보와 보호정책을 시행하지 않는 한 값비싼 무기체계의 효용성을 살릴 수 있는 길은 없다. 일반 수상함 승조원과 같은 평준화 대우를 하면서 흉악범도 살게 할 수 없는 곳에서 근무하라는 것은 고교 평준화 정책을 취하면서 일류고교를 만들어 내려는 어리석음과 같다.

국민의 세금으로 만든 값비싼 첨단 잠수함을 수상함과의 평준화 정책으로 자원인력을 유도치 못하고 의무 복무 기간 단축으로 가용 인력 확보 길도 막아놓아 운용에 문제가 발생하고 있으니 자가당착이 이에 이를 수 없다. 어불성설이다. 나라의 안보보다는 순간의 사익을 취하는 사이비 정치인들과 이목이 두려워 전승의 길을 취하지 못하는 용기없는 군 지휘관들 때문이다.

첫 잠수함 초대 함장이라는 직무

독일 해군 잠수함의 아버지로 불리는 칼 되니츠(Karl Doenitz, 1891~1980) 제독은 "잠수함 함장=잠수함"이라고 했다. 흔히들 지휘관은 곧 그 부대 자체라는 말을 하는데 그 말은 지휘관의 지휘철학에 따라 그가 지휘하는 부대가 달라진다는 뜻이다. 그러나 되니츠 제독의 말은 함장의 지휘철학에 따라 잠수함이 달라진다는 뜻이 아니라 잠수함 함장은 '잠수함과 완전히 한 몸'이라는 뜻으로 얘기한 것이다. 지휘 철학 이전에 물리적으로 한 덩어리라는 뜻이다.

지휘관은 어떠한 상황에서도 항상 '건전한 판단'을 해야 한다고 되어 있다. 그러기 위해 지휘관은 자기가 사용할 수 있는 절차와 지원을 받을 수 있다. 자신의 개념 외에 참모의 권고를 받을 수 있고 예하 지휘관들의 견해도 참고해서 건전한 결심을 할 수 있는 것이다. 잠수함 함장은 그런 면에서 지휘 조언 내지는 지원을 구할 수 있는 조건이 여타 지휘관보다는 제한되어 있다. 제한되어 있다기보다는 어떤 순간엔 전혀 거칠 수 없다는 말이 더 정확할 것이다. 그것은 급박한 전투국면을 두고 하는 말이다. 급박한 전투국면에 신속한 결심을 해야 하는 상황에서 지휘판단을 위한 자신의 결심 이외의 어떠한 조언이나 권고를 받을 수 있는 조건이 안된다는 것이다. 그것은 잠망경을 통하여 전술상황을 직접 눈으로 확인할 수 있는 사람은 오로지 함장 자신뿐이라는 사실 때문이다. 오로지 함장 자신만의 신속한 결정이 정확하든 부정확하든 건전하든 건전하지 않든 모든 것을 결정짓는 판단이 될 때가 많다. 그래서 '잠수함 함장=잠수함'이라는 등식을 내는 것인데 그것은 지휘철학뿐만 아니라 물리적으로도 하나라는 것이 되니츠 제독의 정의인 것이다.

『붉은 10월의 추적(The hunt for Red October)』이라는 잠수함을 주제로 소설을 써서 세계적인 베스트셀러를 만들고 미국 국방성은 물론, 백악관 참모와 대통령까지 놀라게 했다는 소설가 톰 클랜시(Tom Clancy)가 "잠수함 함장은 이 세상에 남아있는 신(神)과 같은 직무를 수행해야 하며 때때로 참으로 신(神)과 같은 태도가 필요하게 된다."라고 썼다. 그의 소설을 영화화한 것을 보면 작가의 상상력이 지나쳐 공상과학 소설 같은 비현실적인 요소가 많아 황당한 면이 없지 않지만, 해군 출신도 아니고 정보원 출신도 아니었던 사람으로서 잠수함 분야에 꽤나 이해도가 높은 사람이라는 것은 알 수 있다. 그는 잠수함을 타고 항해하면서 꽤 오랫동안 잠수함 함장의 지휘를 유심히 관찰한 게 틀림없다. 그렇지 않고서는 아무리 천재라 하여도 그런 얘기는 쓸 수 없을 것이다. 그가 잠수함 함장을 신(神)의 자리에 올려놓은 것은 되니츠 제독의 정의보다 훨씬 높은 단계의 정의같이 보이지만 역시 제3자적 권외자의 관점이라는 느낌을 지울 수 없다.

잠수함 함장 스스로 신과 같은 일을 해야 한다고 생각하거나 그런 태도를 갖는 게 필요하다고 믿는 사람이 있을까? 만일 그렇다면 그는 과대망상에 잡혀있는 사람일 것이다. 단지 잠수함 함장의 자연스런 임무수행이 권외자의 눈에 그렇게 보였을 뿐이라는 것이다. 함장의 자연스런 임무수행이란 것은 바로 되니츠 제독이 얘기한 잠수함 자체일 수밖에 없는 움직임일 것이다.

　나도 톰 클랜시처럼 마치 살아있는 신(神) 같지는 아니해도 저런 사람 같이 될 수 있다면 해군으로서 군인으로서 만족할 수 있겠다고 마음에 깊이 박힌 잠수함 함장이 있었다. 내가 중위 시절 미 해군에 대잠전 유학을 갔다 온 후 잠수함에 대한 지식에 목말라하던 때 우여곡절 끝에 난생처음으로 한미연합 대잠훈련에 온 미 해군 재래식 잠수함 새먼(USS-573, Salmon)함을 타고 일주일간 지내면서 당시 함장 해롤드 번취(Harold Bunch) 중령에게서 받은 인상이 바로 그런 것이었다. 그는 나에게 잠수함 함장에 대한 인상을 처음 심어준 사람이어서 40여 년이 지났는데도 그의 이름이 잊혀지지 않는다.

　눈이 왕방울같이 크고 입안에 사탕 두어 개쯤 넣고 있는 듯이 양볼이 불룩했던 번취 중령은 얘기도 잘하고 웃기도 잘하고 제스쳐도 그럴듯하고 물어보는 것마다 막힘없이 대답해주는 게 내 눈엔 세상에 없는 '잠수함 도사'같이 보였다. 특히 인상 깊었던 것은 전쟁연습단계에 들어섰을 때 그의 지휘 모습이었다.

　전쟁연습이 이틀 가까이 계속되었던 것 같은데 그 이틀 내내 그는 거의 잠망경 곁을 떠나지 않았다. 식사도 다른 장교들은 사관실에서 하는데 그는 잠망경 옆에서 샌드위치로 때우는 것이었다. 지금 생각하니 아마 잠망경심도에서 대잠 경계진 침투와 공격단계였던 듯싶은데 잠망경을 잠깐잠깐씩 올렸다 관측하면서 전투 배치된 인원들에게 지시를 내리고 다시 잠깐 관측하고 다시 어뢰 발사 데이터를 수정시키고 막상 발사단계에 이르자 그때까지 조용조용하던 그의 목소리가 갑자기 사자의 포효 같은 외침으로 변하면서 어뢰 발사 명령을 내리고 다시 다음 표적으로 승냥이처럼 다가가는 것이었다. 내가 지금 전쟁터에 있는 잠수함에 타고 있구나. 생각이 들 정도로 실전을 방불케 하는 그의 지휘 모습은 사관실에서 웃고 떠들던 모습하고는 아주 다른 모습이었다. 부장 이하 전 승조원들은 그가 움직이는 로봇 같아 보였다. 그의 말 한마디, 한마디에 전원이 일사분란하게 움직이고 그의 손가락 움직임에 따라 그들의 고개도 이리저리 움직였다. 모든 로봇의 눈과 귀의 중앙에 그가 서 있었다. 그는 영락없는 오케스트라의 지휘자였다. 그때 번취 중령 옆에서 숨죽이고 그를 관찰하던 한국 해군 중위가 16년 후에 한국 해군 최초의 잠수함 함장이 되었다.

내가 중위 시절 처음 탔던 미 해군 잠수함 새먼(USS-573, Salmon)함
새먼 함장 번취 중령이 나에게 주었던 함 사진. 시간이 많이 지나 색깔이 바랬다.
안 중위(LTJG AN)란 글씨가 새롭다.

잠수함 함장이 되고 보니 전투상황에서 왜 그때 번취 함장이 이틀 동안 거의 잠망경 곁을 떠나지 않았는지, 왜 다른 장교들은 사관실에서 식사해도 잠망경을 끼고 샌드위치로 때울 수밖에 없었는지. 어째서 승조원 전원이 함장의 로봇처럼 되어야 하는지 이해하게 되었다.

적함(敵艦)으로의 접근, 공격은 죽이느냐 죽느냐의 순간인 것. 잠수함 함장으로서 그보다 더 중요한 순간은 없을 것이니 이 세상 어느 누구인들 생사의 순간에 자기가 할 수 있는 모두를 쏟아붓지 않을 것인가. 밤잠을 못 자는 것도 당연하고 잠망경을 끼고 샌드위치를 먹을 수 있어도 다행이다. 오로지 해야 할 일은 살 수 있는 길을 잡는데 발버둥을 쳐야 한다는 것이다. 그 순간에 잠수함 함장이 신(神)일 수 있겠나. 그것은 신과 같은 직무를 수행해야 하는 의무감도 아니고 그런 태도를 가져야 하는 필요에서도 아닌 단지 살기 위한 당연하고 자연스런 몸부림일 뿐이다.

내가 한국 해군 1번 잠수함의 초대 함장이 될 수 있었던 것은 인생의 묘한 '시간 짜임' 때문이었다. 1983년 초 어느 날 갑자기 잠수함 요구성능을 그리라는 지시를 받고 해군본부 구석진 사무실에서 작업을 시작한 이후 요구성능과 획득방안이 결정되었던 그해 말에 주프랑스 대사관 무관요원으로 나가 있다가 1984년 느닷없이 잠수함 획득사업이 무기 연기되었다는 소식에 이제 잠수함은 나와는 인연이 끝난 것으로 생각했었다. 당시 결정되었던 1척 국외건조 대상국으로는 프랑스 아니면 독일이었기 때문에 건조국이 결정되면 유럽에서 할 일이 있으리라고 잔뜩 기다렸던 기대에 대단한 낙심이 되었다. 그래서 초급장교 시절부터 머리에서 떠나지 않았던 잠수함과의 인연은 거기까지인 모양이라고 생각하고 일부러 잊어버리려고 애썼다.

모든 것을 잊고 그동안 놓쳤던 해상근무 개월 수를 채우려고 미사일 고속함 함장을 하고 있던 1987년 말경 느닷없이 독일과의 잠수함 건조계약이 체결되었다는 소식이 들려왔다. 전해오는 바로는 1983년에 결정되었던 요구성능과 획득방안을 적용해서 신속히 건조계약을 체결하라는 지시에 다시 잠수함 사업단이 조직되고 전격적으로 건조계약을 체결했다는 것이었다.

지금 생각하면 대단한 결정이었다는 생각이다. 통상 정부 교체기 1년 전엔 대형 방산사업 계약체결은 회피하는 것이었는데 정부 교체기 2개월 전에 유례없는 대형 방산사업 계약이 체결되었으니 지금 같으면 할 수 있어도 못할 일이었을 텐데, 놀랍기만 하다. 정확한 계약가는 알지 못하나 당시 들리던 말로는 한 척당 건조가가 1억5천만 불 정도라고 하였으니 잠수함 3척, 총 4억5천만 불은 당시로선 유례없던 초대형 방산계약이었던 것이다.

어떻게 그런 거대한 계약이 정부 교체기 2개월 전에 체결될 수 있었는지 그 이유와 내역에 대해선 아직까지도 나는 알지 못한다. 그러나 분명한 것은 잠수함 사업은 초기의 시작도 해군의 소요제기로 시작된 것이 아니었듯 중간에 돌연 무기한 연기되었던 것도, 그리고 다시 재개되어 벼락같이 계약이 체결된 것도 해군의 의지와 절차로 이루어진 역사가 아니라는 것이다. 당시 해군은 속말로 죽었다 깨나도 정부 교체 직전에 창군 후 최대의 방산사업을 계약할 의지도 능력도 없었다. 육군의 탱크나 공군의 전투기 사업은 군의 의지와 절차가 어떻게 작용되었는지 어떻게 시말이 이루어진 것인지 비교해보고 싶다. 잠수함사에 관한 한 아쉬운 부분이다.

어쨌건 해군은 잠수함을 확보하게 되었으니 소득치고는 큰 소득이었다. 우리는 당시엔 국가지도부 의지가 대단해서 전격적으로 이루어진 것이려니 생각했을 뿐이었다.

잠수함이 마음으로부터 멀어져 일부러 관심을 끊고 있던 1988년 1

월 초, 1번 잠수함 함장으로 내정되었다는 연락을 받는다. 그전에 잠수함 사업단으로부터 나의 미사일 고속함 함장 근무가 언제 끝나느냐고 물어온 적이 있었지만 그걸 왜 물어왔던지 뒤늦게 알게 되었다. 나는 그 연락을 받고 고민하기 시작했다. 프랑스 근무를 마치고 귀국할 때부터 잠수함은 이제 잊어버리고 구축함 함장을 해야겠다고 내심 마음잡고 있었던 터였다. 그런데 다시 잠수함이 가까이 온다. 1번 잠수함 함장을 하란다. 이게 무슨 뜻인가?

건조계약 체결을 담당했던 사업팀이 곧 독일로 파견되어 건조 감독관팀 임무를 수행하게 되어있어 국내에서 업무 추진할 실무 책임자를 선정하면서 1단계 사업에 참여했던 나를 기획업무를 보게 하다가 승조원들과 함께 인수함장으로 파견한다는 것이었다. 그 말을 듣고 보니 프랑스에 가 있던 동안에 잠수함 사업이 연기되었던 것이 마치 내가 함장이 되도록 기다려준 것 같다는 생각이 드는 것이었다.

초급장교 때부터 그렇게 가슴을 뛰게 했고 요구성능 작성을 한 장본인인데 함장까지 한다면 이건 뭔가 잘 들어맞는 것 같다. 시간이 나를 기다려준 것이니 나보고 책임지라는 뜻이 아닐까. 그렇다면 도망칠 수는 없다…….

그래서 마음을 고쳐먹었다. 잠수함 함장을 하자! 한국 해군 잠수함의 역사가 되자! 미사일 고속함 함장 근무를 하고 있던 동해에서 마음을 다시 고쳐먹고 태백산맥을 넘었다. 다시 '시작'의 흥분이 속에서 꿈틀대기 시작했다.

그렇게 해서 내 해군 장교 인생의 방향은 잠수함을 잡는 구축함 함장에서 그 반대인 잠수함 함장으로 대번에 바뀌게 되었다.

인생은 참으로 모르는 것이다. 혹자는 인생이란 자기가 만들어 가는 것이라고 하더라만 내가 보기엔 무언가에 의해 짜여진 행로를 따라가는 것 같기만 하다. 내 해군 인생에서 잠수함이란 게 그랬다.

사업단장 이하 전원이 독일로 떠나고 그로부터 내가 승조원들을 인솔해서 다시 독일로 갈 때까지 2년여의 시간은 태백산맥을 넘으며 무언가의 흥분에 잠겼던 것과는 너무도 다른 고투의 시간이었다.

승조원을 선발하는 것부터 1년여 넘게 국내 교육을 하던 그 시기에 지금 돌이켜보면 해군본부나 잠수함 사업단장이 그리 무심할 수 있었을까 하는 생각이다. 해군본부엔 잠수함 사업내역에 대해선 아는 게 없는 인원 몇이 잠수함 사업단 사무실을 지키고 있고 사업단장 이하 전원이 독일에 가 있으면서 왕래도 없고 물어오는 것도 없었다. 사업집행계획서에 승조원 관련 부분은 교육사령관에게 '파견 교육지원'이 주어져 있어서 교육사령부에 교실 하나를 차지하고 있었지만, 교육사령부에서 교육을 시켜주는 것도 아니고 필요한 교육을 매번 관련 부대에 요청해서 풀어가야 하고 나머지는 내가 계획해서 꾸려나가야 했다.

내 계급이 당시 중령이었는데 중령 장교 한 명에게 승조원 선발하는 것부터 시작해서 국내 교육 전 기간 동안 모든 것을 맡겨놓고 관심 두는 부서도 없고 지원하는 부서도 없는 데다 예산 한 푼 없이 그렇게 방치해 놓았던 게 그럴 수밖에 없었을까 하는 것이다. 그것은 나를 믿어서가 아니라 무심하고 무관심이었을 것이라고 나는 생각한다. 국내 교육과 그 이후에 이어진 독일교육 기간을 거치면서 사업단장이 잠수함 한 척 건조하는 데에만 신경을 썼다는 생각을 지울 수 없는 건 그런 서러운 일들 때문이다. 잠수함 전력 구축을 위해서 모든 것을 종합해서 끌고 갈 줄로 생각했던 것은 착각이었다는 생각이다.

사실 사업단장이 '잠수함 사업 집행 계획서'를 작성해서 모든 참모부, 관련 부대의 임무를 정의해서 어느 날 갑자기 대형 업무 폭탄을 떨어뜨린 것까지는 그럴 수밖에 없었다고 생각한다. 문제는 그 이후 다양한 관련 업무를 총괄적으로 모니터링하며 끌고 가는 콘트롤타워가 없었다는 것이다.

사업단장이 독일에 가서 박혀있으니 잠수함 전력구축에 필요한 다양한 업무 콘트롤이 가능했겠느냐 하는 건 불문가지다. 그는 말하자면 건조현장의 책임자가 된 것이다. 나는 사업단장이 각 참모부에 커다란 짐이 되는 사업집행계획서를 총장의 결재를 받아 던져놓고 참모부장들로부터 제기되는 비난이며 불평을 피하기 위해 독일로 가버린 것이라고 생각 들었다. 사업단장은 내가 보기에 건조계약을 체결하고 잠수함 한 척 건조하는 것으로 애써 자기의 임무를 축소하려는 것처럼 보였다. 내가 여태까지 궁금해하는 부분이다.

그렇다고 해군본부에 다른 콘트롤 타워가 조직되어 있었던 것도 아니었다. 예를 들면 진해에서 잠수함 기지가 건설되고 있었는데 진해의 작전사령관은 물론이고 본부의 어느 부서에서도 밀착해서 건설내용을 살펴가는 부서가 없었다는 것이다. 기지 전체가 잠수함 기지라는 개념과는 상관없이 마구 건물이 건축되고 있고 말도 못할 부실공사가 벌어지고 있는데도 그것에 감시의 눈이 없이 진행되고 있었다는 사실은 콘트롤 타워의 부재를 여실히 말해주는 증거였다.

승조원 분야도 그랬다. 잠수함 사업단 소속으로만 만들어 놓고 콘트롤 내지는 지원조직이 없었다. 승조원들은 사업단장의 관심 밖에 있었다. 잠수함 사업단은 말하자면 건조 감독관실에 불과했었다. 승조원들이 독일에 있는 동안 조함병과 장교 밑에 승조원 조직을 묶어놓은 것도 사사건건 부딪치고 소통이 안 되게 만든 원인이었다. 모두 깊은 생각 없이 그려낸 조직상의 잘못이었다.

해군본부 참모차장 예하에 '잠수함 전력구축 준비위원회'라는 게 있었지만 필요시 소집하는 위원회였다. 그런 필요시 소집하는 위원회로 운용, 지휘, 교육훈련, 군수지원, 수리정비, 보급, 기지 건설 등 연관된 업무를 어떻게 종합적으로 조정하며 기초를 쌓고 체계를 정립시킬 수 있단 말인가. 잠수함이라는 중요한 전력을 구축하는 단계에서 종합적인 업무조정과 통제조직이 없이 추진한 우리 해군의 잘못이 크다. 그 잘못의 여파는 아직도 구축되지 못한 분야가 많다는 것에 남아있다.

승조원 선발 초점

내가 승조원을 선발하면서 가졌던 주안점은 1차적으로 이 인원들이 국내에서 교육을 1년여 받고 독일에 파견되어 2년여 교육을 무난히 받을 수 있는 인원인가 하는 것이었다. 특히 가족과 떨어져 2년여의 외국 생활을 이상 없이 해낼 수 있어야만 다음 단계로 넘어갈 수 있을 것인데 그마저도 할 수 없는 인원이라면 잠수함 인수라는 중요한 업무를 같이 할 수 없을 거라는 생각에서였다.

성격상으로 돌출 성격이나 반항적 성격, 문제를 끊임없이 일으키는 문제아, 심리불안자를 선발하지 않아야 한다는 것이 초점이었다. 그런 인원이 한 명이라도 있다면 임무 수행에 심각한 영향을 끼칠 것이라고 나는 생각했다. 그래서 선발 대상자의 신상기록 외에 그가 같이 근무한 동료나 교관, 동기생들의 비평을 수집한 것은 그런 이유에서였다. 기혼 부사관들의 집을 방문해서 가정의 냄새를 맡으려고 한 것도 그 때문이었다. 느낌이 따뜻한 가정의 가장이 문제아일 수는 없다고 나는 생각한다.

그렇게 해서 선발된 그들을 만나고부터 나는 장보고함 함장 직무를 끝날 때까지 6년여간 그들의 덕을 한껏 봤다. 단 한 번도 인원 때문에 곤란한 경우가 없었다. 그들을 선발하느라고 보낸 6개월여의 시간은 헛된 시간이 아니었다. 그들은 장보고함을 몇 년 타고 다시 후속함들로 헤어져 한국 해군 잠수함 부대의 기틀을 만드는데 곳곳에서 핵심 역할을 했다. 후속 함들은 그들을 승조원으로 끌어가려고 경쟁할 정도였다. 나뿐만 아니라 해군도 덕을 본 것이라고 회고하는 부분이다.

함 운용 절차서

독일에서 교육받는 동안 내가 해야 했던 중요한 일은 '함 운용 절차서'를 만드는 일이었다. 군함에서 하는 모든 일은 정박 중이건 바다에 나가 있건 행동지침이자 근거인 함 운영 절차에 의해 이루어진다. 수상함은 함 운용역사가 이미 50여 년이 넘었으니 어떠한 상황이든 그에 맞는 운용절차가 완전히 정립되어 있어서 신조함 인수함장이라 하더라도 그대로 사용하면 되지만 잠수함 운용은 이제 시작이니 상황별 대처할 근거를 마련하는 게 무엇보다도 시급한 일이었다.

독일 교육 기간의 대부분을 차지하는 조선소 주관 장비교육 중간중간에 독일 해군 교육센터에서 잠수함 기초교육과 운용교육을 받았는데 그것이 함 운용 절차서의 개념을 잡는데 기초가 되었다. 우선 해군 운용교육 내용을 근간으로 절차서의 근간을 만든 다음 조선소가 주관하는 함 운용교육을 끝낸 후 완성 시킨다는 계획을 잡았다. 그러나 조선소 주관 운용교육은 함을 인수한 이후에 이루어지는 것이므로 어쨌건 함 인수 이전엔 절차 서가 만들어져야 했다.

절차서 작성 책임은 어차피 나의 몫이 될 수밖에 없었다. 다른 장교들은 교재를 나누어 번역하는 작업에 매달려 있어서 여유도 없었거니와 함장의 눈으로 보고 설정해야 할 내용이 대부분이기 때문이다. 함 운용 절차서는 원래 운용부대에서 검토해서 해군본부의 승인을 거쳐야 하는 것이지만, 지금으로써는 그런 절차를 밟을 상황도 아니고 해군본부에 보내봤자 검토할 부서도 인원도 없으니 무한 책임을 가진 함장이 작성해야 하는 것이었다. 해군본부의 승인은 나중에 거치더라도 함 인수 이후 당장 함을 운용해야 한다는 게 당면한 상황이었다. 절차서의 골자는 효과적인 운용이 목표지만 거기엔 과실과 책임 한계의 근거가 포함되어 있기 때문이다.

함 운용 절차서의 시작은 상황별 사용하는 '용어'에서 시작한다. 운용절차란 간단히 말하면 지시-행동-보고인 것인데 정확한 용어를 똑같이 사용하고 똑같이 이해해야 한다. 절차의 개념과 내용은 영어로 번역된 독일 해군의 절차서를 참고하면 어느 정도 감을 잡을 수 있었으나 우리말로 된 용어는 여태까지 해군에서 사용한 적이 없는 용어도 만들어 내야 하는 것이었다. 용어를 만들어내되 해군적이어야 하고 혼동을 야기하지 않아야 하고 분명하게 인식할 수 있도록 전통적, 어의적, 어음적으로 맞아야 하는 것이었다.

새로운 절차와 용어를 만들어내는 일은 부담은 되지만 창조와 개척의 의미가 살아나는 흥미 있는 일이다. 절차서를 만들면서 내가 만들어낸 용어에 '함교탑'이란 용어가 있다. 나는 그 용어를 만들어내기 위해 며칠을 보냈다. 그동안 한국에서 잠수정을 운용한 인원들이 '사령탑'이란 용어로 사용하는 것을 본 적은 있으나 잠수함 구조상 갑판 위에 탑같이 솟아있는 구조물은 원래 군함의 필수 구조인 '함교'를 높은 곳에 위치시키기 위해 생겨난 구조물이었다. 잠수함이 생겨났던 20세기 초기엔 그런 구조물이 없었다. 그래서 갑판 위로 머리만을 내놓고 수상항해를 하다가 낮은 파도에도 해수가 유입되어 침몰한 적이 있었다. 그래서 함을 운용하는 함교를 수면상의 파고의 영향을 받지 않는 곳에 위치시킬 필요가 생겼던 것이다. 지금은 함교탑 내부에 각종 마스트가 장치되어있어 마스트를 설치하기 위해서 생긴 구조물로 알고 있지만, 함교를 높이는 탑이 필요해서 생긴 구조물이 마스트 수용공간으로도 적절하게 사용되고 있는 것이다. 그런 내역을 알고 있어 '함교탑'이란 용어를 만들었는데 처음엔 어색해들 했으나 지금은 자연스럽게 사용하는 용어가 되었다. '함교'란 해군이면 모르는 사람이 없는 용어이기 때문이다.

함 인수전 4개월여에 걸쳐 절차서를 만든 다음 운용훈련에 들어가기 전에 배치훈련을 반복해서 시험해봤다. '배치훈련'이란 상황별로 인원을 배치한 후 모의상황을 부여해서 지시, 정보교환, 행동, 보고하는 훈련이다. 배치훈련을 충실히 한 함정일수록 실제상황 시에 승조원들의 대처능력이 높아진다는 건 해군의 상식이다.

그때 작성한 절차서로 인수 후 조선소의 운용훈련과 독일 해군 해상전술훈련을 이상 없이 끝냈다. 이제 앞으로 나올 후속함들은 절차용어 때문에 곤란을 겪지는 않을 것이라고 생각하고 한동안 잊고 지냈다. 그러나 장보고함 함장 재직 중엔 몰랐는데 전대장 근무를 하면서 그 절차용어 때문에 경악했던 일이 있다.

전대장 근무를 시작할 때 3번 잠수함까지 나와서 운용되고 있었는데 전비 태세 검열차 각 잠수함을 돌아다니며 함 운용상태를 검열해

보고 깜짝 놀랐다. 1번함에서는 한국말을, 2번함에서는 일본말을, 3번함에서는 영국말을 쓰고 있는 게 아닌가! 장보고함 인수 전에 노심초사 작업해서 만들었다고 자부하고 있었는데 이상하게 변질되어 배마다 각기 다른 용어를 사용하고 있는 것이었다. 함장 재직 중엔 다른 배의 함 운용상태를 볼 기회가 없었기는 했어도 그 정도로 변질되어 있으리라고는 상상도 못 했다. 모두들 장보고함에서 하는 대로 따라 하겠거니 생각했던 것이다. 대단한 착각이었다.

참으로 이상한 일이다. 군대처럼 일사분란한 조직이 없을 텐데 무슨 지침이나 행정 내용을 전파하고 교육 한 번 했다고 그것이 의도대로 전수되고 변함없이 유지되리라고 생각하는 것은 착각일 때가 많으니 말이다. 끊임없이 감사하고 확인하고 바로잡지 않으면 어느새 다른 형태로 변형되고 왜곡된다.

전대장실이 주관이 되어 운용 절차용어 정립작업을 다시 해야 했다. 절차용어 정립위원회를 만들어 처음의 용어에 무슨 문제점이 있었던가, 왜 변질되었는가를 다시 검토했다. 역시 그런 작업은 어느 함장 혼자서 할 작업이 아니고 함정을 여러 척 지휘하는 부대장이 할 일이라는 것을 절감했다. 절차용어를 다시 정립한 다음엔 검열 때마다 올바른 용어를 사용하지 않으면 가차 없이 검열점수를 깎아버리는 방식으로 고쳐나갔다. 잠수함 운용 절차용어가 정립될 때까지 6년여가 필요했으니 창설부대가 거쳐야 했던 예상외의 과정이었다. 지금은 어떨지 궁금하다.

지상명령

킬(Kiel)에서 장보고함을 인수한 이후부터 내 머릿속에 오매불망 자리 잡고 있던 것은 '함 안전'이었다. 어느 군함이건 함의 안전은 함장의 절대적인 책임이지만 창군 이후 거군적 숙원으로 태어난 1번 잠수함의 안전은 그야말로 절대의 지상명령이었다. 군함으로서 장보고함 자체의 함 안전뿐만 아니라 잠수함 부대의 장래가 걸린 안전 이상의 과제라는 인식이 머리에서 떠나지 않았다. 나의 절대적인 지상명령은 어떤 일이 있어도 '장보고함을 완전한 상태로 본국으로 가져가야 한다'는 것이었다.

잠수함의 안전에 문제가 생길 수 있는 것은 정박 중엔 승조원에 의한 내부적 불찰, 항해 중엔 외부의 환경적 요소에 의한 것이다. 그중에서도 함장 입장에서 보면 잠수함이 안전상 취약상태에 놓이는 것은 부두에 정박해 있을 때다. 정박상태에선 보통 당직자 2~3명만 함내에 있고 승조원 대부분은 육상의 사무실에서 일을 하는데, 함내에 안전상의 문제가 발생했을 때 즉각 대응할 수 있는 인원이 극소수라는 점에서 취약성을 갖는다. 전 승조원이 재함해 있을 때 함의 안전성은 높아지는 것이다.

정박시에는 사람이 드나들 수 있도록 갑판해치를 개방해 두어야 한다. 잠수함이 해치를 개방하고 있다는 것은 그 자체가 극히 취약한 상태에 놓인 것이다. 잠수함이 잠항하는 것은 함수 함미의 주발라스트 탱크에 해수를 집어넣어 함의 중량이 부력보다 크게 하여 가라앉게 하는 것이고 부상한다는 것은 그 탱크에 고압공기를 불어넣어 해수를 배출시켜서 부력을 증가시켜 떠오르게 하는 것인데 부두에 정박해 있다는 것은 주발라스트 탱크가 고압공기로 채워진 상태인 것이다. 그런데 어떤 이유로든 그 고압공기가 빠진다면 잠수함은 가라앉을 것이고 해치도 개방되어 있으니 그 결과가 어찌 될 것인지는 불문가지다. 그래서 잠수함은 바다에서는 침몰할 염려가 없지만, 부두에서는 침몰할 위험이 있는 것이다.

그래서 부두에 계류가 완료되면 주발라스트 탱크의 고압공기가 빠지게 열어주는 밴트 밸브는 어떤 사람도 돌리지 못하도록 체인으로 감고 기관장이 직접 자물쇠로 잠가야 하고 함장도 이를 직접 확인해야 한다. 그뿐만 아니라 정박 당직자는 함수 함미의 흘수를 매시간 cm 단위로 기록해야 한다. 밴트 밸브가 열리지 않더라도 항내 파도가 있으면 계류된 잠수함이 흔들리면서 함 저에 있는 해수 유출구로 고압공기가 빠져나갈 수 있기 때문이다. 그래서 나는 기상이 나빠져 항내에 파도가 조금이라도 일어나면 갑판해치를 폐쇄시키고 함교탑 해치로만 출입하게 했다. 함교탑 해치는 갑판보다 3m가량 위에 있으니 비상상황이 발생하더라도 침수위험이 그만큼 줄어들기 때문이다. 갑판해치를 개방해 놓으면 대문을 열어둔 것 같아 불안했다.

잠수함은 바다에서는 수백 미터를 들어갔다가도 다시 올라올 수 있지만 부두에서는 십여 미터의 수심에서도 침몰할 수 있다면 웃는 사람이 많으리라.

잠수함이 부두에서 취약해지는 일은 해치가 개방되어 있기 때문만은 아니다. 한 달에 한 번씩 실시해야 하는 추진배터리 만충전은 잠수함이 갖는 취약시간의 하나다.

잠수함이 해상에서 디젤엔진을 작동하여 배터리를 충전하는 것은 '보충전'이고 부두 계류상태에서 육상 충전시설을 이용하여 배터리를 충전하는 것을 만충전이라 한다.

만충전은 배터리 성능을 유지시키기 위해 한 달에 한 번씩 주기적으로 용량을 0%까지 방전했다가 다시 100%까지 충전해주는 충전방법인데 보충전과는 달리 수소가스가 발생되기 때문에 위험성이 있다. 추진배터리가 100% 충전에 가까워지면 수소가스가 발생하는데 수소가 발생 되기 시작하면 충전을 멈췄다가 다시 충전작업을 재개하는 일을 반복해야 하는데 이틀간 밤낮없이 계속된다. 수소가스는 공기 중에 3%만 있어도 미세한 불꽃에 의해서도 폭발을 일으키기 때문에 충전작업 내내 대단한 주의와 관찰이 필요하다.

잠수함 운용역사 100년을 자랑하는 독일 해군도 만충전을 소홀히 하여 수소폭발 사건을 일으킨 적이 있었다. 만충전 도중 수소농도 확인을 게을리하여 3%에 이르렀을 때 함내 당직자가 육상 충전소의 인원에게 충전기 작동을 중지하라는 연락을 취하려고 전화 수화기를 드는 순간 전화기 내부의 회로연결로 생긴 미세한 전기스파크로 인해 폭발을 일으켰었다는 것이다.

그런 교육을 받고 함을 인수한 후 독일 조선소 부두에서 우리 손으로 첫 만충전을 실시하던 날 우리는 전원이 밤을 꼬박 새우며 긴장 속에 지냈었다. 한국에 돌아온 후는 만충전 작업도 보통의 과업같이 해낼 수 있게 되었지만, 그때는 독일 교관들이 어찌나 겁을 주는지 함장 이하 전원이 한잠도 못 자고, 만충전을 지켜봤었다. 잠수함이 폭발할 수 있다는데, 잠을 자고 있을 만한 강심장이 도대체 어디 있겠나. 나는 함운용 절차서를 만들면서 만충전 시의 안전조치를 초고도로 높여 놨었다. 만충전 하는 날 저녁, 숙소에 있을 때 배로부터 전화가 오면 바짝 긴장했었다. 요새는 잠수함 부대에서 만충전 작업을 외부업체에 용역을 주어서 한다니 세상 참 많이 달라졌다.

잠수함은 바다에서는 가장 안전한 배다. 수백 미터의 바닷속에 들어갔다가도 수면으로 돌아올 수 있으니 얼마나 안전한 배인가. 전 승조원이 함내에 포진해 있어 언제 어디에서 문제가 일어나도 즉각 대처할 수 있는 능력이 충만 되어있다. 전투까지 할 수 있는 상태가 아닌가.

그러나 바다에서 잠수함의 안전문제를 일으킬 수 있는 것은 내부보다는 항해 장애물에 의한 위험성이다. 해도에도 나와 있지 않은 수중어망, 수면에서 해저 어구까지 연결해 놓은 와이어, 엔진을 정지시켜 놓은 웬수 같은 무소음 선박, 지구 탄생이래 아직까지도 파악되지 않은 해저 돌출 저수심, 수중에 떠다니는 통나무 같은 부유물들, 음성신호장치가 고장난 지구의 흡혈귀 석유 시추 구조물 등등…….

그런 항해 장애물들은 잠수함에 치명적인 위험물들이다. 항해 전에 확인 또 확인하고 최선의 항로를 택하지만, 항해 중에 나타날 수 있는 그런 '불확실한 요소'는 항상 존재하고 있다는 사실이다. 우리나라 근해에서 작전하다가 잠망경이 휘어져서 긴급수리차 진해항에 들어오는 미국 핵잠수함들이 종종 있다. 핵잠수함이라 한들 한반도 수역에 깔려 있는 공포의 어망 군이나 수면 부이에서 심해저의 게잡이 통발까지 연결되어있는 와이어를 피해갈 수 있는 재간은 없는 것이다. 나도 동해에서 그 통발 와이어에 함교탑이 걸렸다가 운 좋게 빠져나온 경험이 있다. 잠수함이 그런 수중항해 장애물들을 미리 알 수 있는 방법을 발명해 낸다면 그 발명가에겐 노벨상을 주어도 아깝지 않을 것이다. 노벨상을 안 준다면, 전 세계 560여 척의 전 잠수함 함장들에게 연판장을 돌려 모금을 해서라도 그의 위대한 발명을 보상해주어야 한다고 생각한 적도 있다.

지휘표어

나는 잠수함의 안전문제를 숙고하면서 정박 중이나 항해 중을 불문하고 가장 최선의 방법은 '확실성'을 추구하는 것이라는 생각이 들었다. 확실하지 않은 것은 우리에게 항상 문제를 안길 수 있다. 우리의 존재가 그에 의해 좌우될 수 있다. '확실'을 추구할 수 있는 방법은 무엇인가. 그것은 '불확실'을 최소화시키는 것이다. 불확실을 최소화시키는 방법은 무엇인가. 그것은 '확인'하는 것이다. 확인하는 것만이 확실성에 가까이 갈 수 있는 길이다. 확인하자! 하나도 확인, 둘도 확인해야 한다! 그런 결론을 내린 다음 생각해 오던 지휘표어를 완성했다.

"확인은 생존의 지혜, 숙달은 필승의 열쇠"

오랫동안 생각해서 만들어 낸 문구였다. 첫 번째 문구는 함 안전을 기하기 위한 운용개념으로 삼자는 뜻이고 두 번째 문구는 잠수함 초년생으로서 신속히 초보를 탈출해서 내일이라도 전투에 나갈 수 있게 하자는 전투개념으로 내건 뜻이었다. 내가 나온 고등학교의 교훈이 '학식은 사회의 등불, 양심은 민족의 소금'이었는데 지금도 잊지 않고 좋아하는 내용이어서 그 글귀 수에 맞춰지었다. 그중에서 '생존'이라는 단어 때문에 오랫동안 고심했었다. 생존이란 살아서 존재한다는 뜻인데 죽을 수도 있다는 의미가 되니 지휘표어에 죽는다는 의미를 담는 게 어딘지 세련되지 않은 것 같아서였다. 한참 동안 다른 말을 찾다가 그대로 써야겠다는 생각을 했다. 처음으로 잠수함을 운용하는 우리 승조원들에게 어떤 긴박성과 절박감을 심어주기 위해선 더 좋은 말이 될 수 있다는 생각이 들었기 때문이다.

승조원들에게 '확인'의 중요성을 확실히 강조했음은 물론이다. 눈으로 직접 확인하라! 두 번 확인하라! 확인하지 않은 것은 모두 불확실하다고 생각하라! 불확실한 것은 우리를 죽일 수 있다!

나는 함장 재직 기간 동안에, 내 자신이 그 '확인'해 본 것 때문에 몰락과 재앙의 구렁텅이로부터 탈출할 수 있었던 게 몇 번인지 모른다. '확인'해 보는 것은 그 이후 내 일생의 버릇이 되었다.

나의 공식적인 장보고함 함장 재직 기간은 3년 2개월이지만 국내 교육기간 동안에 '교육훈련 책임장교'라는 간판과 독일 교육기간의 '유학생 선임장교'라는 간판을 갖고 비공식 함장 역할을 한 기간을 합하면 6년 3개월여가 된다. 장보고함을 인수해 온 이후 국내에 양성된 인력이 없으니 함장 교대를 해줄 사람이 없어 계급에 맞는 수상함 장교를 데려다가 잠수함 기초 교육부터 시켜서 부함장으로 1년여 근무시킨 다음 함장직을 인계하느라고 함장 재직 기간이 해군 역사에 기록적인 3년이 넘는 기간이 되었다. 그러나 돌이켜보니 공식적인 함장 재직 기간보다도 비공식적인 함장 역할 기간이 더 힘들고 괴로웠다는 기억이다.

내 나름대로 의미를 부여하고 책임으로 생각하여 마음먹었던 첫 잠수함 첫 함장이라는 직책을 돌아보니 신(神)과 같은 존재이기는커녕 시작이라는 부담과 의무감에 잡혀 허우적거렸던 직책 같기만 하다. 임무수행에 어느 정도 부담은 각오했었지만 하등 불필요한 일들이 부담덩어리가 되어 짓눌러 올 줄은 몰랐다. 당연하고 의미있는 부담이라면야 기분 좋고 명예로운 짐일 텐데 쓸데없는 고통을 감내해야 했던 기억들은 내내 씁쓸한 마음을 떠올리게 한다. 그런 것들을 미리 알았더라도 첫 함장을 하겠다고 했을까? 지금 심정은 주저 없이 "아니오!"다.

인생이란 앞을 알 수 없기에 갈 수 있는 여정이리라.

　나 아니면, 안된다는 세상사가 어디 있겠나. 나 아니더라도 첫 잠수함 첫 함장은 누군가 해냈을 것이다. 다른 사람이 했으면 나보다는 덜 힘들게 했으리라는 생각도 든다. 지나고 보니 첫 잠수함 첫 함장이라는 직책은 '빛 좋은 개살구' 같지 않았나 생각이 든다. 솔직히 말하면 경력 직함을 대면 다시 한 번 쳐다보고 고개를 끄덕여주는 사람들이 있고 내 아들들이 '우리 아버지가 한국 해군 1번 잠수함 초대 함장이셨다.'라고는 알고 있으니 빛은 조금 있다고 쳐도 맛은 정말 없었다. 개살구 맛이 쌉쌀하다는 것인데 쌉쌀하기보다는 쓰디쓴 스트레스였으니 말이다. 맛이 쓰디쓰긴 했어도 잠수함에 관한 모든 것으로부터 떠나있는 지금도 잠수함은 여전히 머릿속에 자리 잡고 있으니 어쩔 수 없는 노릇이다.

　어느 날 서울에서 전철을 막 탔는데 옆자리에 있는 사람이 읽고 있는 신문에 '잠수함 침몰!'이라는 대문짝만한 제목이 보였다. 나는 깜짝 놀라 나도 모르게 그 사람의 얼굴 앞으로 내 머리를 들이밀고 그가 읽고 있는 신문을 낚아채듯 들여다보았다. 갑자기 내 머리가 들어오고 신문을 강탈당한 듯 되어버린 그 사람은 놀래서 몸을 뒤로 물리면서 어안이 벙벙해 했다. 그러나 그게 문제가 아니었다. 뭐? 잠수함이 침몰해?
　그러나 금방 나는 그 사람에게 얼른 사과하고 왜 그랬는지를 해명해야 했다. 그것은 야구경기 기사였는데 잘 알려진 어느 팀의 언더드로 투수가 경기에서 참패했다는 기사에 그리도 요란하게 제목을 붙여 놓았던 것이다. 제목 하나만 보고 화들짝 놀라 조용히 신문을 읽고 있는 사람을 황당하게 했으니…….

그 사람 성질이 이상했었다면 한 소리 들을 뻔했는데, 다행히 내 해명을 듣고는 "하하, 이 양반 잠수함이 머리에 박혀있는 모양이고만!" 하고 넘어가서 험한 꼴을 면했다. 그나저나 언더드로 투수가 어째서 잠수함이란 말인가. 언더드로 투수를 '잠수함'으로 부른다면 "잠수함 참패!" 정도면 됐지 이 무슨 섬뜩한 제목을 붙여 사람을 이리 놀라게 만든단 말인가. 속으로 맥없는 불평을 했지만 어쩌랴, 나도 모르게 그런 것을…….

'잠수함부대의 시작'이라는 명제는 한시도 떠나지 않는 부담이었다. 그 부담 속에서 발버둥 친 것 같은 세월들이 이제는 추억이 된 지 오래다. 잠수함부대 전대장, 전단장을 지냈어도 장보고함 인수 승조원들은 아직도 나를 '함장님'이라고 부른다. 쓰디썼지만 그 호칭에 더 정(情)이 가니 말이다.

귀국 항해

　독일에서 장보고함을 인수하기 이전부터 나 혼자 곰곰이 생각하고 있던 문제가 한국으로의 귀환을 어떻게 하는 게 좋을까였다. 내가 혼자 구상했던 장보고함의 귀국 방안은 '자항 귀국'이었다. 자항해서 귀국할 수 있다면 한국에 도착과 동시에 장보고함 승조원들은 함 운용에 있어선 완전한 수준에 도달할 수 있을 것으로 생각되었기 때문이다. 조선소와 독일 해군으로부터 함 운용 훈련은 거치겠지만, 세계를 반 바퀴 도는 항해경력이 더해지면 당장이라도 전투를 할 수 있는 수준이 되지 않겠나. 어차피 가는 길, 기항이 필요한 나라와 조금 외교적 노력만 해준다면 장보고함을 완전한 잠수함으로 만들어 한국에 도착할 수 있을 텐데…….

　그것이 나의 바람이었다. 그러나 나 혼자 속으로만 갖고 있던 바람이었다. 장보고함을 인수하기 전까지는 유학생 신분이어서 잠수함 사업단 측과 그런 주제로 얘기해볼 위치도 아니었고 유학생을 바라보는 분위기도 그런 얘기를 해볼 수 있는 분위기에선 한참 멀었었다. 그러나 교육훈련이 끝나고 내가 정식 함장으로 임명되고 함 인수가 이루어지면 다른 어떤 사람보다도 나의 일이 될 텐데 나의 의견을 물어본다든가 하는 잠수함 사업단의 개념이나 의도는 전혀 기대할 수 없는 상태고 분위기였다.

　나는 잠수함 사업단 업무를 시작했던 초기부터 잠수함 사업단에서 잠수함 건조뿐만 아니라 잠수함 부대에 관계되는 모든 분야의 기초를 닦아놓아야 한다고 생각했었다. 잠수함 사업단이 잠수함 전력발전을 위한 총 콘트롤타워가 되어야 한다고 생각한 것이다. 나중에 생각해보니 그것이 내가 크게 잘못 생각한 부분이었다.

초기부터 사업집행 계획서를 작성한 사업단장이 종합통제를 하다가 다른 통제조직에 인계했더라면 분야별 과업은 해당 참모부의 과업이 되더라도 종합적인 통제가 되었을 것인데 사업단장도 그렇지 않았고 종합통제 조직 같은 것도 끝까지 나타나지 않았다. 내가 안타깝게 생각하는 부분이다.

잠수함 사업단의 개념이 잠수함 1척 건조완료에만 맞춰져 있는 상태에서 장보고함의 귀국방안에 대한 '유학생 장교'의 바람은 피력할 틈이 없었다. 인수 몇 개월 전부터 장보고함의 운송문제가 검토되고 있다는 낌새가 느껴지기 시작했다. 운송을 위한 특수선박 회사들을 물색한다는 말이 들리는 것으로 보아 특수 선박에 실어서 한국으로 가져간다는 계획은 이미 서 있는 것으로 보였다. 유학생 장교는 옆에서 물어볼 수도 없었다. 함장도 아니면서 무슨 소리냐고 하면 할 말도 없고 함장 임명이 되었더라도 교육훈련의 완성 목적으로 자항해서 귀국하는 게 어떻겠느냐고 얘기했다가는 분명 미친 소리라는 말밖에 듣지 못할 분위기였다.

자항해서 귀국하는 방안이 함 운용의 완성을 위해선 좋은 방안이긴 하지만 사실은 그 방안이 문제가 많다는 점은 나도 잘 알고 있었다. 우선 첫째로 함 건조가 10개월여 지연되었다는 사실이었다. 그것 때문에 중간에 국방부 감사팀이 독일에까지 와서 감사를 하고 갔을 정도이니 해군본부와 잠수함 사업단은 하루라도 빨리 한국에 장보고함이 나타나게 해야 한다는데 신경이 집중되어 있었다. 그래서 함 인수 이후에 쇼크 마운트 문제나 공기정화기 부실을 들고 나와 건조완료를 더 지연시키고 귀국 일자를 미룰 수밖에 없게 만든 승조원들이 단단히 미운털이 박히게 된 주원인이라고 나는 생각한다. 그런 상황에서 귀국하는데 특수 선박으로 운송할 경우는 1개월여, 자항 할 경우는 최소 3개월여가 걸릴 것이니 잠수함 사업단으로서는 의문의 여지가 없었을 것이다.

두 번째 이유는 나도 염려되고 자신할 수 없는 사항이었다. 바로 장보고함의 안전문제였다. 자항한다면 가까운 항로라도 지중해, 수에즈 운하를 통과하는 항로인데 최소한 3개월은 소요될 것이고 도중에 어떤 상황이 함 안전에 문제를 가져올지는 모르는 일이다. 더구나 이란·이라크 전쟁의 여파로 홍해가 위험수역으로 선포된 상태였다. 창군이래 가장 숙원사업이라는 1호 잠수함을 어떻게 해서든 안전하게 한국에 도착시켜야 한다는 지상명령을 생각하면 사실 자항이라는 말은 꺼낼 수가 없는 것이었다. 그래서 나는 정식으로 장보고함 함장으로 임명된 후에도 나의 바람은 바람으로만 조용히 가슴에 품고 귀국방안의 결정을 기다렸다.

함 인수가 이루어지고 독일 해군훈련으로 바쁠 때 네덜란드 특수선박회사 도크 야드(Dock yard)와 선적 운송계약을 체결했다는 소식을 들었다. 나도 마음이 편해졌다. 한결 간단해졌다. 그 이후부터는 선적 운송에 따르는 문제가 무엇일까가 나의 머릿속을 채우기 시작했다.

선적 운송 방안을 놓고 곰곰 생각하니 문제는 간단했으나 한 가지 걸리는 문제가 나타난다. 귀국항로는 킬 운하로 대서양으로 나와 지중해, 수에즈 운하, 인도양, 말라카 해협, 남지나 해를 거쳐 올라오는 항로였는데 기상 외의 문제로서는 소말리아 해역에서부터 말라카 해협, 남지나 해에 이르는 구간에서의 '해적'이 떠올랐다.

요새도 그 구간에서는 무장 해적들이 나타나 통과 상선들을 나포하거나 선원들을 납치해서 돈을 요구해오는 사례가 있는데 당시에도 그 구간에서의 해적출몰은 다반사였다.

2011년에 있었던 우리 해군 청해부대가 소말리아 근해에서 소말리아인 무장 해적들에게 잡힌 삼호주얼리호에 특수작전 요원을 침투시켜 납치되었던 선원 21명을 무사히 구출하고 해적들을 일망타진했던 아덴만 여명작전 때와 같이 우리 구축함이 소말리아 근해에 전개해 있다면 마음이 놓이겠지만, 당시에는 그런 우군이 없었다. 우리 해군도 많이 발전했다. 지금 같으면 분명 우리 구축함이 그곳에 배치될 것이다. 우리 구축함이 위험구간을 지나는 동안 옆에서 호위해 준다면 얼마나 마음이 놓이겠나.

그 구간을 지날 때 만일 무장 해적들이 이송 선박을 덮쳐 우리 승조원과 잠수함을 인질로 잡는다면? 그들은 중화기로 무장한 무리다. 요새는 해적들이 불문곡직하고 수류탄을 까서 던져놓고 정선(停船)시킨 다음 선박을 장악한다는 것이었다. 그것이 내가 생각했던 염려였다.

그렇다면 우리도 무장을 해야 할 게 아닌가. 무장이라면 이번에는 어뢰가 아니라 소총이다. 수류탄을 먼저 던진다 해도 선박에 오르지 못하게 하면 된다. 그러려면 소총이 필요하다. M-16이 있어야 한다. M-16을 어떻게 반입하나?

그래서 독일 해군 훈련을 받으면서 독일 해군 잠수함 전단장에게 물어봤다. "우리가 독일 해군 훈련이 끝나면 한국으로 선적되어서 돌아갈 텐데 소말리아 해역의 무장 해적들 공격이 염려된다. 이동에 대비하기 위해서 M-16을 가져다가 무장하고 가고 싶은데 M-16을 반입하려면 독일 측에 어떤 절차를 거쳐야 되는지 좀 알아봐 달라."고 요청했다. 얼마후에 전단장을 다시 만났는데 M-16을 가져다가 무장할 생각은 안 하는 게 좋겠다고 하는 것이었다.

그의 말인즉, 이송 선박은 네덜란드 국적이기 때문에 선적된 화물을 보호하기 위해서 민간 선박이 무장한다는 것을 네덜란드 정부가 허락할 수 없고 화주인 한국 해군이 무장하려 한다 해도 한국 정부와 네덜란드, 독일정부 간 특별한 협의가 필요하고 나토(NATO)군과도 관계되어서 나토군사령부가 허락해야 하는데 그런 전례도 없고 근거도 없어서 불가능하다는 것이었다. 무장하려면 필요한 게 무언지 알아보고 사업단에 입력해서 추진해 보려던 나의 생각은 말도 꺼내지 않는 게 좋을 것 같다는 생각이 들었다. 내 말을 들어보고 맞는 생각이라고 맞장구쳐서 본국에 조치를 건의할 잠수함 사업단이라고는 나는 생각할 수 없었기 때문이었다.

1993년 4월 16일 네덜란드 특수 선박회사의 13,000톤짜리 반잠수식 선박 도크 익스프레스(Dock express) 11호에 장보고함을 싣고 킬을 출발했다. 어떤 상황이 닥치더라도 대응할 수 없는 맨손 채로 말이다. 킬을 떠나면서 2년 넘게 머물며 배우고 훈련하고 한편으론 갈등하고 싸우며 지낸 시간 들에 감회도 있었지만, 맨손으로 떠나는 내 모습이 또 무언가의 앞에 내놓여진 것 같아 허전하기만 했다. 소말리아 해역과 남지나 해가 마지막 관문인가. 내 머릿속은 이미 그곳에 가 있었다.

킬을 떠나면서 운송선엔 나를 포함해서 장교는 기관장, 작전관, 무장관 등 4명, 부사관은 이동 중 정비 인력 위주의 기관부, 전기 직별 인원과 작전, 무장부의 장비 작동검사 인원 한 명씩 해서 총 15명만 타고 부장과 나머지 인원은 항공편으로 귀국하도록 조치했다. 이동 중에 주기적인 배터리 보충 전, 장비작동 검사 등 정비 소요가 600여 건 정도 있긴 했지만, 전원이 승선할 필요는 없었기 때문이었다. 장보고함은 운송선의 반잠수 갑판 선미 쪽에 블록을 놓고 그 위에 올려져 위장망을 씌웠으나 승조원들이 드나들기에 불편 없도록 해놓았다.

킬운하를 통과해 대서양으로 나오면서 기상이 아주 좋았다. 2차대전의 잠수함 격전지 대서양, 비스케이만(Bay of Biscay)을 거쳐 독일 잠수함들이 돌파하는데 희생이 많아 '쥐덫(mouse trap)'으로 불렸던 지브랄탈(Gibraltar)을 통과하며 감회에 젖고 지중해를 거친다. 나는 킬을 떠나면서부터 한국에 도착할 때까지 그동안 해오던 2차대전의 잠수함 전사 칼 되니츠(Karl Doenitz) 제독의 회고록 번역작업을 하리라 마음먹은 바여서 거의 전 시간을 내가 배정받은 선실에서 번역작업을 하며 보냈다.

장보고함을 운송선에 싣고 귀국 항해 중 지브랄탈 통과 당시의 필자.
뒤쪽에 위장망으로 씌여있는 것이 장보고함이다.

그런데 지중해에 들어서기 전에 한국으로부터 흥미로운 소식이 전해지는 게 있었다. 운송선으로 한국으로 이동하는 동안 운송선의 팩스와 위성전화를 하루에 2회 사용할 수 있도록 계약되어 있었는데 그것을 통해서 잠수함 사업단과 작전사령부에 위치보고를 포함해서 필요한 통신을 했다. 지금같이 스마트폰 시대가 아니어서 위성전화가 주 통신 수단이었다. 그런데 잠수함 사업단에서 팩스로 보내온 소식에 당시 국내에서 터진 '해군 인사비리'에 관한 소식이 있었다. 해군 진급, 보직 인사에 금전을 주고받은 일이 드러나 해당자들이 철퇴를 맞던 희대의 사건이었는데 잠수함 사업단에서 신문 쪽지를 팩스로 넣어줬는데 수신기가 좋지 않아 흔들린 글자를 짜 맞추어야 내용을 알 수 있어서 활자를 맞추어 읽으면서 지루한 항해를 잊기도 했다. 국내에서 해군은 발칵 뒤집힌 상태일 것이니 해군 최초의 잠수함이 돌아오고 있는 사실은 관심 가지기도 못하겠다는 생각이 들었다. 더구나 항해 중에 나타날 수 있는 해적 같은 건 생각이나 하겠나.

지중해를 통과하는 기간에 한 가지 사건이 있었다. 승조원 두 명 간에 싸움이 벌어져 치고받고 한 사건이 생겼다. 더구나 상급자와 하급자 간의 싸움이어서 난 적잖이 충격을 받았다.

나는 독일을 출발하면서 한 달여 지속되는 귀국 항해 중에 승조원들의 무료와 사기를 예상해서 캔맥주를 몇 박스를 싣도록 지시했었다. 사건은 내가 한 명당 맥주 두 캔씩을 허락한 날 저녁에 일어났다. 출항한 이후 첫 맥주 허락이어서 기분 좋게들 마신 것까지는 좋았는데 전기장과 의무장 사이에 언쟁이 벌어져 급기야 격투까지 발전했다는 것이다. 나는 운송선 선실에서 번역작업에 몰두해 있어서 그런 사실을 전혀 모르고 있다가 그 이튿날 보고를 받고 충격을 받았다. 어느 조직의 구성원들보다도 친밀하고 단합된 조직원이라는 잠수함 승조원에 대한, 내가 갖고 있던 정의에 일격을 받았기 때문이었다. 고민을 하다가 승조원들을 모아놓고 내가 받은 충격을 얘기하고 군법에 의해 처벌할 하극상 사건임을 분명히 했다. 한국에 도착해서 헌병대에 이첩하여 군사재판에 넘길 것을 분명히 하고 승조원들이 보는 앞에서 남은 맥주를 모조리 바다에 빠뜨려버릴 것을 지시했다. 주임상사와 당사자인 전기장, 의무장이 울면서 용서를 빌었지만, 승조원들을 위해 실었던 맥주는 전부 지중해의 바닷속으로 수장되었다. 한국에 도착해서 다시는 그와 유사한 일을 하지 않겠다는 각서를 받고 헌병대 이첩 없이 종결시켰다.

지금은 매년 장보고함 승조원들을 만나는 날이면 그때 빠뜨렸던 맥주를 건지러 가자고 농담하지만, 처음으로 승조원들 때문에 충격을 받고 실망했던 나의 속은 매우 심각했었다.

수에즈 운하에 들어서기 전에 운송선 선장과 해적들 얘기를 많이 했다. 그는 해적들에게 잡혀 돈을 주고 풀려난 경험이 있다고 했다. 수에즈 운하를 통과하면서 물건을 팔려는 사람들이 배로 올라올 테니 물건 잃어버리지 않게 조심하란다. 무엇이든지 훔쳐가려고 할 것이고 사기 치려고 한단다. 왜 그런 사람들을 배에 올라오도록 허락하느냐고 물으니 그렇게 안 하면 해코지를 한단다. 나는 그런 사람들과 해적들이 연관되어있지 않을까. 의심도 들었다.

아덴(Aden) 만으로 들어서면서부터 나도 장보고 함내에서 잤다. 운송선에 선실을 배정받은 사람은 나와 기관장뿐이었고 나머지 승조원들은 장보고 함내에서 잤는데 무장 해적 출몰 해역에 오면 전원이 함내에서 지내기로 내가 생각해 두었었기 때문이었다. 만일의 경우 무장 해적이 선박을 덮친다면 운송선 내에 있는 것보다는 장보고함 함내에서 해치를 밀폐하고 있는 게 더 나을 것으로 생각 들었기 때문이다. 그들의 중화기로는 잠수함은 폭파시키지 못할 것이니 지원군이 도착할 때까지 안전구역이 될 수 있을 것으로 보았다.

 그래서 주간 중에는 장교 1명을 운송선 선교에 위치시켜 인근에서 접근해오는 미식별 해적선 같은 게 있는지. 여부를 판단해서 조기 경보할 수 있게 조치하고 만일의 경우 대비해 운송선에 설치된 승조원용 취사실과 식당으로부터 물과 주·부식 일부를 장보고 함내로 옮겨 놓았다. 손에 권총 한 자루 없으니 별 소극적 생각을 다 해야 하는 군인의 처지가 궁색하기 짝이 없었다. 군인은 손에 총이 있어야 군인이다.

 무장 해적 출몰 해역답지 않게 아덴만부터 소말리아 근해와 인도양 해역은 평온했다. 기상도 별로 나쁘지 않았고 바닷물 색깔은 진한 코발트 색깔이어서 더 아름다웠다. 우리는 지중해에 들어설 때부터 한국에서 오는 팩스 소식을 얘기 삼으며 이상 없이 인도양을 통과했다. 말라카(Malacca) 해협에 들어서면서 우리는 다시 긴장해야 했다. 말라카 해협부터 필리핀 북단까지의 남지나해가 동남아 국가 해적들의 출몰 해역이었기 때문이다. 그런데 싱가포르 앞에 이르러 드디어 사건이 터졌다.

벼락 수류탄

 싱가포르 바로 앞에 이르른 5월 11일 밤 10시쯤이었다. 나를 포함해서 전원이 장보고함 내에 있는데 갑자기 쾅! 하는 폭음이 들리며 진동이 느껴졌다. 나는 순간 올 것이 왔구나. 생각이 들었다. 분명 해적들이 수류탄을 까서 던져넣은 것이다. 함교탑 해치만 개방해 놓은 상태여서 즉각 해치를 잠그고 숨을 죽이고 기다리는데 다시 쾅! 하는 굉음. 틀림없는 수류탄 공격이다. 이렇게 설마 하던 일이 벌어질 수 있단 말인가? 내 머릿속은 이후에 벌어질 일들로 돌아가기 시작했다. 기가 막힐 일이다.

그런데 두 번의 폭발음 이후에 운송선이 너무 조용하다. 도저히 궁금해서 안 되겠다. 함교 상부 해치를 열고 올라가 운송선을 살폈다. 여전히 조용하다. 조금 더 있으니 총을 든 해적들 대신 운송선 선원으로 보이는 사람들이 왔다 갔다 하는 것이 보인다.

조금 더 있으니 한 사람이 운송선 선미 쪽 장보고함으로 다가온다. 분명히 해적은 아니다. 내가 함교에서 무슨 일이냐고 물어보니 캡틴(Captain)을 찾는단다. 나를 찾는다는 소리다. 그러면서 벼락을 맞았다는 것이었다. 벼락? 벼락을 두 번이나? 이렇게 날씨가 좋은데 벼락이라니. 날씨는 구름은 약간 있었지만, 비도 안 오고 거의 청명한 날씨였다.

벼락을 맞아 주마스트가 부러졌단다. 그 말을 듣고 마스트 쪽을 바라보니 아닌 게 아니라 주마스트 상부가 꺾어져 있다. 이게 도대체 무슨 괴상한 일이냐. 해적들 공격이 아니라는 말에 일단 마음을 놓고 차근차근 물어봤다. 주마스트가 부러져 통신이 안 되어 선장이 장보고 캡틴을 보고자 하니 선교로 좀 와줄 수 없느냐고 말한다.

긴장하고 있던 승조원들에게 해적들 공격이 아니니 안심하라고 하고 운송선 선교로 올라가니 선장이 하는 말이 벼락이 두 번이나 주마스트 통신 안테나를 때려 본사와 통신을 할 수 없으니 장보고함 통신기를 이용해서 싱가포르 라디오 방송국과 통신할 수 있도록 도와줄 수 없느냐고 말한다. 자기들은 전 세계 어디든 특수 화물을 운송하기 때문에 구역마다 통신 두절시에 대비한 중계국이 있는데 이 지역은 싱가포르 방송국이 중계국이니 싱가포르 방송국만 통하면 본사로 연락을 취할 수 있단다. 장보고함으로 돌아와 통신 안테나를 올려 주파수를 맞춰 싱가포르 방송국을 호출하니 신기하게도 싱가포르 방송국이 나온다. 통신 안테나 파손 상황과 수리 소요를 알리더니 내일 수리기사가 도착한단다. 네덜란드로부터 긴급으로 수리기사가 오는 모양이다. 그래서 우리는 싱가포르 앞에서 하루를 대기해야 했다. 항구로부터 멀리 있으면 해적들이 달려들지 모르니 가급적 항구 앞으로 가자고 요청해서 싱가포르 입구 가까이 가서 대기했었다. 그 이튿날 수리 기사가 소형 선박으로 도착해서 수리를 하고 우리는 동지나해를 향해 다시 출발했다. 민간 선박회사의 신속한 수리지원 체계가 놀라울 정도였다. 말라카 해협에서 벼락을 수류탄 공격으로 생각했던 '벼락 수류탄'은 그렇게 해서 다행히 긴장만 시키고 지나갔다.

전역을 하고 난 후, 2008년 말레이시아에 갔다가 골프를 할 기회가 생겨 골프를 하다가 그 날의 벼락 수류탄을 상기시키는 경험을 하고 그때의 벼락을 이해하게 되었다. 하늘에 뭉게구름이 떠 있고 햇볕이 내리쬐는 전형적인 여름 날씨였는데 골프 도중 갑자기 공습경보를 알리는 싸이렌 소리가 골프코스에 울리자 골퍼들이 코스 옆에 있는 정자같이 생긴 피난소로 냅다 뛰는 게 아닌가. 같이 라운딩하던 지인의 말인즉, 여기서는 청명한 날에 마른번개가 생겨 벼락이 치기 때문에 예보 싸이렌이 울리면 즉시 피해야 한단다. 일 초도 지체없이 피난소로 뛰어야 하는데 이때 골프채 아이언 3번을 들고 뛰면 안전하단다. 아이언 3번은 잘 안 맞는다며 말한다. 농담이었지만 말라카 해협에서 청명한 날에 만났던 '벼락 수류탄'이 상기되어 혼자 웃었다. 지구는 작은 것 같아도 희한한 곳이 많다.

   필리핀을 완전히 통과할 때까지는 해적 위험 해역이니 안심할 수 없었다. 긴장해서 필리핀을 통과하고 나서야 킬을 맨손으로 떠나며 허전했던 마음이 사라졌다. 이것도 운이 좋아서였을 것이다.
   오키나와 군도 가까이 오니 제일 먼저 환영나온 것은 일본 해상자위대의 대잠 초계기 P-3이었다. 한국 해군 최초의 잠수함이 독일에서 건조되어 운송선 편으로 한국으로 이송되고 있다는 정보를 벌써 알고 있는 것일 게다. 대잠 초계기 P-3이 운송선 위를 저공비행으로 두어 번 돌더니 사라진다. 사진을 충분히 찍었을 것이다. 한국에 도착해서 얼마 되지 않아 일본 전문잡지 '조선(造船)'에 그 P-3이 찍은 사진을 표지 사진으로 넣고 '누에고치같이 선적되어 오는 한국 해군 잠수함'이라고 발간한 걸 봤다. 위장망을 씌우고 올려져 있는 장보고함을 누에고치 같다고 비웃은 것이다. 그래. 그 누에고치 때문에 신경 좀 쓰일 거다. 두고 보자.

   5월 20일 아침, 갑판에 나가니 서이말 등대가 보인다.
   눈에 익은 섬들, 바닷물 색깔, 산하의 실루엣들…….
   수십 년 만에 귀국하는 듯했다. 혼자 서서 조용히 도착을 느꼈다. 이상하게 눈이 젖어왔다. 드디어 도착했구나……!.

제5장 잠수함과의 희비 여정 … 271

◇한국군 최초로 실전배치된 잠수함 張保皐艦. 해군은 2일 진해기지에서 權寧海 국방장관을 비롯한 군수뇌가 참석한 가운데 장보고함 취역식을 가졌다.
【鎭海=聯】

해군, 잠수함 첫 실전배치

어제 張保皐함 취역… 북한보다 성능우수

장보고함 취역을 보도한 1993. 6. 3. 신문기사

귀국 날 맛본 지옥과 천국

장보고함을 인수하기 위해서 교육훈련을 받던 기간이나 인수한 이후 해상 훈련 중에 벌어졌던 일을 생각하면 마치 장애물 넘기 경기를 헤쳐 나온 것 같은 마음이 생긴다. 까닥하면 돌이키지 못할 나락으로 빠질 만한 일들이 많았다. 그것은 분명 내가 생각하고 있던 '점검'이었다.

맨 처음 그럴 뻔한 시기는 승조원들을 인솔해서 독일에 도착한 후 맞은 첫 여름에 승조원들 가족들이 독일에 몰려왔을 때인 것 같다. 승조원들의 가족들이 몰려와 국제망신을 시키는 일들이 벌어지고 있다는 기무사 장교의 악의적 보고로 인해 해군본부가 시끄러워지고, 사업단장의 말에 의하면, 사업단장이 판단해서 나를 귀국조치 시키라는 총장의 지시가 있었다는 것이니 그 말이 정말이라면 분명 나의 위기였을 것이다. 그가 나를 귀국조치 시켰다면 첫 잠수함 함장은 고사하고 곧바로 전역하는 사태가 되었을 것이니 말이다.

당시 사업단장은 기무사 쪽을 대단히 인식하고 있던 거 같다. 여름방학을 이용해서 가족들이 독일로 승조원들을 만나러 오고 싶어 한다고 보고하자 허락할 경우 자비로 올 만한 가족이 몇이나 되는지 보고하라고 했다가 갑자기 돌변해서 나를 나무라고 당장 가족들을 돌려보내라고 온갖 육두문자를 써가면서 위협적인 말까지 하는 것에 나는 충격을 받았다. 나는 장보고함을 인수하기 위해서 지낸 시간 중에서 그때가 가장 괴롭고 힘들었던 시간이었던 것 같다.

　진급심사를 앞두고 있는데 소속장이 칭찬을 하고 다녀도 부족할 판에 내가 무슨 큰 잘못이라도 한 듯 귀국조치 시킨다고 으름장을 놓으며 연일 죽일 놈같이 나무라고 있으니 내 속은 괴롭다는 말로는 부족할 거 같고 아프게 탔다. 고민 고민하다가 만일 나를 귀국조치 시킨다면 내가 무슨 잘못을 했느냐 대판 따지고 전역원서를 내던질 것이라고 고양이에게 대드는 쥐 마음을 먹었었다. 임무를 갖고 외국에 나갔다가 귀국 조치당한 꼴이면 군대에서 퇴출된 것이나 다름없으니 무슨 희망을 갖고 군대생활을 지속할 수 있을까. 아무리 생각해도 나의 답은 달리 나올 수가 없었다.

　결국, 사업단장은 나를 귀국 조치하지 않았다. 안 했는지, 못 했는지는 알 수가 없다. 그러나 귀국 조치시킬 이유는 그도 찾지 못했을 거라고 나는 생각한다. 유학생들의 가족이 유학생들을 만나러 왔는데 그것이 상부의 바라는 바가 아니라고 하더라도 선동하고 주동하지 않을 바에야 유학생 선임자가 책임질 일이라는 것은 어떻게라도 엮을 수 없었을 것이다.

　현역시절 매우 불편한 존재들이 각 부대를 담당하는 기무사 요원들이었는데 사업단장은 유독 그들의 보고에 예민한 거 같았다. 사실 부대장을 하다 보면 지휘관 방에 수시로 드나드는 담당 기무사 요원들이 여간 신경 쓰이는 게 아니다. 알 수 없는 그들의 보고가 자신에게 어떻게 작용 되어 올지 모르니 그들은 항상 불가근 불가원(不可近 不可遠)해야 하는 존재들이었다.

　잠수함 전대장 시절에 러시아 K급 잠수함을 조사할 임무가 생겨 러시아에 가서 K급 잠수함을 시승했을 때 함장이 다른 장교의 지시를 받고 행동하는 것을 보고 희한하게 생각했는데 그가 바로 말로만 듣던 '정치장교'였다. 영화 『붉은 10월의 추적』에서 함장 라미우스에게 몰래 목 졸라 죽임을 당하는 그가 정치장교다.

우리 군대의 부대 담당 기무사 요원들은 공산주의 국가의 정치장교 같지는 않더라도 솔직히 매우 불편하고 보고 싶지 않은 존재들이다.
기무사 요원들이 부대장 방을 수시로 드나들며 정보를 수집하고 정보를 주기도 하는 것은 부대발전을 위해 부대장에게 지휘 조언을 한다는 명분인데 지휘와 조언보다는 감시와 사찰이라고 생각지 않는 지휘관은 한 명도 없을 것이다. 나는 우리 군대의 그런 시스템이 개혁되어야 한다고 생각한다.
군대의 민주화는 부대원들에게 알량한 편의와 복지만 늘려 참된 군인의 모습으로부터 멀게 만드는 것이 아니라 전근대적인 이상한 시스템이 개혁되어야 이룩되는 것이다. 우리 군대의 진정한 선진 민주화는 기무사 요원들이 무시로 부대장 방을 드나드는 것이라든가 부대 어떤 곳에도 맘대로 활보하는 이상한 특권 등이 없어질 때 이루어질 것이다.
하여간 승조원 가족들 때문에 야기된 사건은 내가 추락할 뻔했던 위기였다. 사업단장이 한 말에 의하면 그렇다. 그가 한 말이 정말이었다면 위기였을 것이고 그렇지 않은데 날 겁주려고 한 말이었다면 나는 거짓 위협 때문에 마음 끓인 것밖에 되지 않을 것이다.

두 번째로 나락의 위기였다고 생각되는 것은 장보고함 인수 후 북해에서 해상훈련을 하던 중 수상에서 너울과 파도 속으로 들어갔던 때다. 함내에 있다가 배가 너무 흔들려 함교로 올라갔는데 너울과 파도 모양이 심상치 않아 함교탑 하부 해치를 닫으라고 지시하고 나서 얼마

안 있다가 함교까지 너울 속으로 들어가는 일이 벌어졌다. 함교에 있던 3명이 바다로 쓸려나갈 뻔했고 함교탑 하부 해치를 닫지 않았으면 약 3톤의 바닷물이 함내로 쏟아져 전투정보실의 전투체계장비가 망가졌을 것이다. 그 직전에 함교로 올라간 것, 해치를 닫으라고 지시한 것 덕분에 살아났다. 아니면 나락이었을 것이다.

세 번째는 1992년 11월 북해에서 킬로 귀환 항해 중 발틱해에서 간밤에 폭풍으로 위치가 바뀐 변침 부이가 이상해서 배를 정지하고 확인해서 뻘 쪽으로 올라갈 뻔했던 위기를 벗어난 것으로 꼽고 싶다. 확인하지 않고 그냥 변침 했으면 "한국 해군 최초의 잠수함 발틱해에서 좌초!"라는 세계적 뉴스를 만들었을 것이다. 그리되었으면 어찌 나의 나락으로만 그쳤겠는가.

네 번째 나락으로 떨어질 뻔했던 날로 기억되는 것은 독일에서의 모든 해상훈련을 끝내고 킬로 입항하던 1993년 1월 말 어느 날 아침, 킬 수로 입구부터 짙은 농무로 인해 진땀을 흘린 일이다. 모든 어려운 훈련을 무사히 끝내고 킬에 입항해서 간단한 정비만 하면 귀국하는 일만 남았는데 4마일 정도밖에 안 되는 킬 수로에서 잡힌 것이었다. 시정이 10m도 안 되는 농무 속에서 얼마나 진땀을 흘렸는지 모른다. 레이더 스코프도 허옇게만 나와 접근 선박을 구분할 수 없었다. 이게 무슨 조화인가 싶었다. 무중신호를 연발하면서 더듬듯이 독일 조선소 입구까지 찾아가 대기하고 있던 예인선을 발견했을 때 마치 구세주를 만난 기분이었다. 상의 속옷이 완전히 땀에 젖었었다.

그러나 그보다 더한 지옥과 천국은 마지막 순간에 한국에서 기다리고 있었다. 네덜란드 특수 운송선 도크 엑스프레스 11호에 실려 대우조선 옥포 조선소에 도착한 것은 1993년 5월 20일 아침이었다. 옥포 조선소에서 하역작업을 하고 며칠 정비를 해서 진해로 입항할 예정이었다. 도착 부두에 잠수함 사업단장을 비롯해서 항공편으로 귀국했던 승조원들이 와서 환영해 준다. 한국에 도착한 게 느껴지기 시작했다.

 옥포 조선소에서 입항준비를 하는 동안 진해로 와서 입항부두를 점검했다. 행사부두인 2부두로 입항해야 하는데 아직 잠수함용 계류바지가 준비되어있지 않았다. 진해 군항 행사부두 2부두는 육상 쪽이 수심이 낮아 폭이 5m 정도의 넓은 철제바지를 육상 쪽에 대어놓아 수상함들이 그 바지에 계류하도록 되어있다. 잠수함용 계류바지는 수면 하에 잠긴 부분이 3m는 되어야 잠수함의 불룩한 선체를 받칠 수 있는데 2부두 계류바지는 수상함용이라서 수면 아래로 1m 정도밖에 잠겨있지 않다. 그렇다고 며칠 내에 만들 수 있는 것도 아니니 수상함 계류바지에 그대로 계류할 수밖에 없다고 생각했다. 그런데 그 바지 때문에 진해에 도착하는 순간, 임무의 마지막 순간인 그 순간에 지옥을 만날 줄이야!

 5월 26일 아침 대우조선 옥포 조선소를 출항해서 진해로 향했다. 계절의 여왕 오월답게 날씨도 기막히게 좋았다. 하늘엔 구름 한 점 없고 시원한 바람에 바다 색깔이 유난히 푸르고 맑았다. 장보고함의 진해 입항을 위해서 날씨가 이리 좋은가 생각들 정도였다.

 가덕도 동두말 등대를 통과하며 낯익은 진해 수로에 들어선다. 좌현 쪽에 삼죽도, 정면에 연도, 그 왼쪽에 웅도, 초리도. 눈에 익은 그 섬들이 진해 수로에 들어서는 나를 환영하는 듯 한없이 정겨웠다. 지난 2년여간 기다리고 기다리던 순간이다. 한국 해군 첫 잠수함을 몰고 진해 수로에 들어서는 순간 말이다. 오케스트라의 개선 행진곡을 울리며 항해해도 어울릴 것 같은 순간이었다. 테이프를 준비해서 함내 마이크로 울려 승조원들의 귀를 즐겁게 하지 못한 걸 아쉬워했다.

웅도쯤 오니 구축함 전남함이 출항해서 나오고 있었다. 당시 전남함 함장은 내가 대위 시절 전술학교에서 잠수함강의를 할 때 나에게 강의를 들었던 선배로 나중에 제독이 되는 윤 모 대령이었다. 나는 승조원들을 갑판에 나오게 해서 도열해 대함경례를 했다. 쌍안경으로 전남함 함교를 관찰하니 함장이 답례 경례를 하고 양팔을 흔들며 감격해 하는 모습이다. 전남함은 태극기를 단 한국 해군 첫 잠수함으로부터 해상 대함경례를 받은 첫 수상함이 되었다.

수상함을 타고 출입항 할 땐, 길기만 하던 진해 수로가 왜 그리 짧은지 금방 진해항 입구 부도에 도착했다. 부도를 통과하면 진해항 내다. 부도를 통과하며 345° 항로를 잡으면 곧바로 2부두로 접근한다.

함수를 돌려 진해항 전면을 대하니 그대로 한 폭의 그림이다. 재박함들이 전부 만함기를 달고 우리를 기다리고 있었다. 함수부터 마스트, 함미까지 줄을 달아 모든 조타기류를 게양하는 만함식 모습은 외국 항구를 방문했을 때나 큰 축제 시에 하는 해군의 전통인데 해군 최초의 잠수함 도착을 축하하기 위해서 모든 재박함이 특별히 만함을 한 것이었다. 2부두 2,000야드쯤 접근하니 재박함 모두 동시에 뿌앙-하는 기적의 울림. 재박 선임함장이 지휘해서 울리는 장보고함 입항 축하 기적 소리였다. 영광의 순간이었다. 내 가슴은 벅찬 그것이었다. 2부두엔 해군 환영 인파와 장보고함 승조원 가족들이 부두를 메우고 있었고 군악대가 팡파르를 울리고 있었다. 그러나 그 영광의 환영 축제 속에 잠시 후 나는 지옥으로 떨어진다. 정말 1초 앞을 알지 못하는 게 사람 일이다.

타력이 약간 강했던 게 화근의 시작이었다. 부두와의 입항 각도 15°, 속력 4노트 정도로 오다가 부두 700야드쯤에서 모터를 정지시키면 천천히 오다가 선체가 부두에 닿으면서 배가 정지하고 홋줄 걸기도 아주 수월한데 그 날은 입항 각도도 15°보다 작았고 무엇보다도 신속히 계류해야 한다는 생각에 타력이 약간 강하게 들어온 것이었다. 부두가 가까워지자 타력이 생각보다 센 거 같아서 모터를 후진시킨 것이 두 번째 화근이 되었다.

"모터 뒤로 하나!"

지시를 내리고 함미를 쳐다본 순간 나는 악! 소리를 내야 할 상황이 눈에 들어왔다. 함미가 계류바지 끝에서 육상으로 연결해 놓은 굵은 철근 체인 밑으로 들어가는 것이 아닌가!

나는 본능적으로 다급하게 버럭 소리 질렀다.

"모터 정지!"

조타장이 함내에서 다급하게 복창하는 소리가 들렸다.

"모터 정지 완료!"

후진을 쓰면 잠수함 함미가 왼쪽으로 돌긴 하는데 그 날은 2부두 쪽으로 조류가 생겼는지 유난히 빨리 돌았다. 모터를 정지시키고 함미가 철근 체인 쪽으로 붙는 것을 본 순간 함교에서 함수 갑판 요원에게 다시 벽력같이 소리를 질렀다. 후진을 잠시 썼음에도 타력은 줄지 않았다.

"1, 2 홋줄 꽉 잡아! 꽉 잡아!"

함수 쪽 1, 2 홋줄을 단단히 잡으면 함미 쪽이 육지 쪽으로 붙는 걸 막을 수 있다. 나는 소리 한 번 지른 것으론 부족하여 함교탑 상부 마스트 옆으로 냅다 뛰어 올라가서 다시 외쳤다.

"2 홋줄 꽉 잡아! 꽉 잡으라고!"

내가 하도 벽력같이 절규하듯 소리치니 육상에 있던 환영 인파에 있던 사람들이 나를 놀랜 듯 쳐다본다. 함교탑 상부에까지 뛰어 올라가 심각한 표정으로 소리치니 이건 통상적인 지시가 아니라고 느꼈을 것이다. 2번 홋줄을 잡고 있던 승조원이 볼라드에서 홋줄이 더 풀려나가지 않도록 용을 쓰며 애를 쓰자 이번에는 계류바지가 덜썩 들리면서 잠수함 갑판 위로 올라오는 게 아닌가. 수면하 1m밖에 잠겨있지 않은 수상함용 바지가 잠수함의 둥근 선체가 밑에서 받치니 위로 들리면서 잠수함 갑판 위로 올라오는 것이었다. 잠수함 선체가 바지에 닿자 덜커덩하는 진동이 느껴진다. 나는 점점 더 철근 체인 쪽으로 들어가는 함미 쪽을 바라보며 세 번 이상은 절규하듯 소리친 것 같았다. 순식간에 일어난 일이었다.

아무도 왜 내가 그리 소리치는지 알 리 없었다. 함미 쪽엔 추진 스크루가 달려있다. 스크루가 철근 체인에 닿으면 끝이다. 소리 지르는 게 문제 아니다.

2번 홋줄 요원이 뒤로 자빠지면서까지 홋줄을 잡고 있어서인지 다행히 배가 멈췄다. 갑판 위로 올라왔던 계류바지도 원 위치되고 함미도 바지 바깥으로 나왔다.

한바탕 소용돌이가 돌고 간 것 같기만 했다. 육상에선 여전히 군악대가 환영 연주를 계속하고 있었다. 그러나 조금 전 덜컹 소리 날 때 느껴졌던 진동이 신경 쓰인다. 혹시 스크루가 멈추기 전에 체인에 닿은 게 아닌가? 닿았다면 진동이 있을 수 있다. 보통 일이 아니다.

나는 배가 멈춘 후부터는 스크루 외에 아무 생각도 할 수 없었다. 만일 스크루가 체인에 닿았다면 이 무슨 마지막 순간에 나락이냐? 이럴 수 있단 말인가?

육상 부두에는 5전단장이 참모들과 같이 나와 있었다. 잠수함 전대가 창설되어 있었지만, 임시로 5전단 소속으로 되어 있었기 때문에 5전단장이 환영 지휘관으로 나온 것이었다. 계류가 완료되자 일단 부두로 나가서 5전단장과 참모들에게 인사했다. 그들에게 인사하는 내 얼굴은 말할 수 없이 굳어 있었다. 솔직히 하나도 즐겁지 않았고 웃는 얼굴을 할 수 없었다. 승조원들은 가족을 만나게 하고 나는 5전단장과 함께 작전사령관실로 도착신고를 하러 가야 했다. 작전사령관실로 가기 전에 부장을 불러 해난 구조대에 잠수사 1명을 지원 요청해서 부두에 와서 대기하라고 지시했다. 부장이 무슨 일 때문이냐고 묻는다. 부장은 함내에 있었으니 알 리가 없다. 스크루를 검사해야 한다고 알려주고 나는 5전단장과 함께 차에 올랐다.

나는 솔직히 그 시간부터 내가 무슨 말을 했는지 무슨 말을 들었는지 하나도 기억이 안 난다. 내 머리는 온통 스크루에 가 있었고 그 여부에 따라 나의 영욕이 결정될 텐데 다른 말이 들어 올 리가 없었다. 작전사령관실에서도 무슨 말을 했는지 기억이 안 난다. 빨리 부두에 가서 스크루를 검사해야 한다는 생각밖에 없었다.

서둘러 부두로 돌아오니 환영 인파들은 모두 돌아갔고 장보고함만 계류된 상태로 기다린다. 부장이 해구대 잠수사는 전부 훈련 나가 있어서 정비창의 잠수 군무원을 요청했단다. 잠시 기다리니 잠수 군무원이 도착했다. 그에게 장보고함이 계류할 때 바지 체인 쪽으로 함미가 들어갔는데 스크루가 체인에 닿았는지 내려가서 검사 좀 해보라고 하고 바지 밑으로 내려보냈다. 그가 올라와 하는 말에 따라 모든 것은 결정된다. 나는 한숨을 길게 쉬었다.

바지 끝을 잡고 목만 내놓고 있다가 직립으로 내려갔던 잠수사가 내려간 지 몇 초도 안 되어 그대로 직립으로 올라와서는 수경을 머리 위로 제끼며 고개를 좌우로 흔든다.

"휘었어요!"

스크루 날개가 체인에 닿아서 휘었다는 것이다. 나는 그 말을 듣고 털썩 주저앉았다. 양다리에서 힘이 빠지면서 주저앉을 수밖에 없었다. 말은 물론 나오지 않았다. 앞이 캄캄해지는 것 같았다. 이게 무슨 나락이냐. 이 마지막 순간에 스크루를 갈아먹다니.

부장이 옆에서 묻는 것 같았다.

"어떻게 휘었어요?"

"몽창 휘었어요. 체인에 심하게 닿았나 봐요. 이거 참!"

그 순간 내가 그를 다시 쳐다봤다. 나도 모르게 말이 나왔다.

"몽땅 그렇소?"

"예! 몽창 그래요."

"똑같이?"

"예! 얼핏 봐도 다 휘었어요!"

그 순간 내 머리엔 무엇이 번쩍하는 것 같았다. 이 친구가 잠수함 스크루를 처음 보는 게 아닌가? 거의 90° 각도로 휘어진 잠수함 스크루를 처음 본 게 아닌가?

그렇다면?

나는 주저앉았던 자리에서 벌떡 일어났다.

"잠깐! 몽땅 그렇다고 했소?"

"그럼 내려가서 다시 보고 올라와 주세요. 잠수함 스크루는 날개 끝이 이렇게 거의 90°로 휘어있거든. 내려가서 날개를 일일이 만져보고 체인과 닿은 상처가 있는지 확인 좀 해보시죠."

나는 손가락으로 잠수함 스크루 모양을 그려 보이면서 설명을 해줬다. 그는 금방 다시 물속으로 사라졌다. 이번엔 한참 동안 안 올라오는 것이었다. 그가 내려간 자리에서 기포가 여기저기 올라오더니 한참 만에 그가 수면 위로 얼굴을 내밀었다. 그의 말 한마디에 지옥과 천국이 결정되는 순간이었다. 수경을 머리 위로 젖히면서 뿜어내는 소리!

"깨끗합니다!"

"깨끗해? 어떻게?"

나는 버럭 소리 지르면서 바지 끝으로 가서 그를 내려다봤다.

"날개 면에 닿은 자국은 없고요. 함장님이 설명해준 대로라면 모두 깨끗해요. 올라가도 되겠죠?"

아, 그의 말은 복음이었다. 나는 다시 바지 위에 주저앉았다. 그러나 이번에는 서서히 앉았다. 얼굴을 두 손으로 싸고 한숨을 길게 내쉬었다. 바지 위에 다리를 쭉 뻗고 양팔을 뒤로 해서 고개를 젖히고 하늘을 봤다. 철판으로 된 바지 위 바닥이 햇볕을 받아 따뜻했다. 마지막 마귀의 손아귀였던가. 진정 천국이었다.

선저검사 전문인 그 군무원 잠수사는 수상함 스크루만 보다가 잠수함의 다엽 스큐백(skewback) 스크루를 처음 본 것이었다. 여러 갈래로 갈라진 날개에 이상하리만치 많이 휘어진 스크루를 보자마자 볼 것도 없다며 올라와 나를 '지옥'으로 떨어뜨리더니 설명을 듣고 내려가 다시 찬찬히 살펴보고는 선저검사 전문인답게 자신 있게 "깨끗해요!"라며 나를 '천국'으로 끌어올린 것이었다.

2년여의 고투를 견디고 장보고함을 몰고 진해에 입항하던 날 나는 그렇게 지옥과 천국을 몇 분 만에 번갈아 경험했다. 잊혀지지 않는 경험이다. 지옥과 천국은 진정 멀지 않았다. 인생이 그러하리라.

태평양 속 급성 맹장염 환자 구출작전

잠수함부대 전단장으로 재직하던 2000년은 잠수함 부대가 생긴 이후 처음으로 잠수함 2척을 동시에 해외훈련에 파견한 해였다.

박위함을 환태평양훈련(RIMPAC) 참가차 하와이에, 최무선함을 서태평양 잠수함 탈출 및 구조훈련(Pacific Reach)에 참가시키기 위해 싱가포르에 파견했었다. 해사 생도들의 졸업 전 순항훈련엔 수상함 2척 이상이 해외에 파견되지만, 외국 해군과 훈련을 하기 위해서 잠수함 2척을 해외에 파견한 것은 창군 이래 초유의 일이어서 그 해는 해외 파견 관련 업무로 한 해를 보낸 기억밖에 없다.

태평양 연안 해군국의 함정들이 하와이 근해에 모여 전개하는 환태평양훈련은 미국이 주도하여 1971년에 시작되어 격년제로 실행되는데, 한국 해군은 1990년부터 수상함과 대잠 초계기를 파견하여 참가하기 시작했고 잠수함은 1998년부터 참가시켰다. 장보고함이 한국에 도착한 것이 1993년이니까 5년 만에 다국적 군함들이 참가하는 국제 군사훈련에 참가하기 시작한 것이다. 괄목할만한 발전이고 성장이었다.

서태평양 잠수함 탈출 및 구조훈련은 잠수함 조난사고 발생 시 사고해역에 인접한 국가들이 협조하여 최단시간 내 승조원을 구조하자는 취지로 2000년부터 시작된 다국적 훈련인데 미국, 호주, 한국, 일본, 싱가포르, 말레이시아 등이 2년마다 주최국을 바꿔가며 주최국에 모여 실시하는 탈출, 구조훈련이다. 그동안 우리 해군이 주최하여 실시한 적도 있고 2007년부터는 3년 주기로 변경되었지만, 그 해는 싱가포르 해군 주최여서 처음으로 최무선함을 파견했다.

해외로 함정을 파견하려니 국내 해역에서만, 훈련하는 차원과는 다르게 생각해야 할 게 참으로 많았다. 이것저것 생각하다 보면 괴롭기도 하지만 영역과 폭이 넓어진다는 생각에 흥미로운 함정 해외 파견이다. 선례로 쌓인 자료가 없다는 게 처음 시작하는 사람이 필연적으로 맞는 고통이지만 고심하여 나름대로 풀 수밖에 도리가 없는 것이다.

박위함을 하와이에 파견하기 전에 추진 배터리 절연 상태가 안 좋아 몇 달 동안을 검사, 정비를 반복하며 고생 끝에 파견을 결심했었는데, 다행스럽게도 훈련을 잘 끝내고 귀국항해를 하면서 발생한 사건으로 전단장 재직 기간의 대표적 기억 거리가 되었으니 역시 노심초사했던 일이나 괴로웠던 일들이 오래도록 머리에서 사라지지 않는 것은 인지상정이리라.

2000년 7월 하순, 어느 날 새벽에 관사의 침대 머리맡에 있는 전화벨 소리는 일의 시작을 알리는 신호였다. 부대의 지휘관을 하다 보면 전화가 오지 않을 시간에 걸려오는 전화는 대개 부대에서 문제가 발생하여 걸려오는 전화다. 그래서 그런 시간에 걸려오는 전화는 심정적 대비를 하고 전화 수화기를 드는 게 필요하다. 특히 새벽이나 야간에 울리는 부대 전화의 벨 소리는 별로 듣기 좋은 음악이 아니다. 그 날 새벽의 전화는 어쩌면 그리도 정확하게 그런 통례에 들어맞는 전화였는지 묘한 생각이 들게 했다.

전화의 벨 소리가 울렸을 때 수화기를 들기 전 단 몇 초간이라도 최소한 486컴퓨터 정도의 속도로 머리가 돌아가는 것은 어느 지휘관이

나 마찬가지일 것이다. 그래서 그런 아름답지 않은 음악이 울렸을 때 부대에서 현재 진행되고 있는 과업과 연결해 보면 저쪽에서 말을 해오기 전이라도 대개 무슨 내용의 전화일지 감이 잡힐 때가 있다. 그런데 그 날은 예상이 완전히 벗어났다.

"여보세요, 9전단장입니다."

마음 같아서야 '9전단장인데 누구야?' 하고 싶지만, 작전사령관일 수도 있으니 일단 예의 있게 나가야 한다. 그러면 '넷! 전단 당직사관 누구누구입니다!' 라는 말이 들려와야 하는데 전혀 다른 말이 들려왔다.

"안녕하십니까. 전단장님, 박위 함장입니다!"

순간 나는 눈을 벌떡 뜨고 침대에서 일어나 앉았다. 아니 태평양 바닷속에 있어야 할 박위 함장이? 다음 말이 나오기 전에 내 머릿속은 급히 돌아갔다. 잠항 항해를 하고 있어야 할 사람이 위성전화를 했다는 것은 잠망경심도도 아니고 완전부상했다는 건데 긴급사항이 아니면 부상하지 말라고 한 지시를 깨고 부상했다? 보통 일이 아니다. 그런데 함장의 목소리로 보아 그리 초긴급 사항은 아니다. 부상했으니 부상계통은 아닐 거고 그러면 치명적이 아닌 선체 손상? 그렇더라도 큰일이다.

지휘관을 하다 보면 천재가 아니더라도 컴퓨터 이상으로 머리가 초스피드로 돌아갈 때가 있다. 내 머릿속은 다음 말이 나오기 전 그 짧은 순간에 이미 그런 생각들이 돌아 나갔다. 침착하게 목소리를 내야 한다. 속은 불안하지만 약간은 위선적이어야 한다.

"아! 박위 함장, 잘 오고 있나? 그런데 웬일인가?"

다음 말이 어떠냐에 따라 그와 나와의 운명이 결정지어질 것이다.

"아, 네, 전단장님, 배에 급성 맹장염 환자가 발생했습니다. 갑판 하사 김형식이 3일 전부터 복통이 있었는데 엊저녁에 맹장염으로 최종 판단을 내렸습니다. 현재 군의관이 진통제로 통증을 지연시키고 있는데 후송시켜야겠습니다. 배는 이상 없습니다!"

그는 내 머리가 복잡하게 돌아가던 것을 알고 있다는 듯 배가 이상 없다는 것을 힘주어 말하는 것이었다. 승조원 전원에게 위험한 상황이 아니라서 일단 한숨 돌렸지만, 그런데 태평양 한가운데서 급성 맹장염 환자라니 이것도 보통 일이 아니잖은가.

그 날 새벽 이후 '초조했던 3일'로 남아있는 태평양 속 급성 맹장염 환자 구출작전은 그렇게 시작되었다.

3일 전 야식을 먹은 후 소화불량 증세로 시작된 병세가 약을 먹어도 차도가 없다가 우하복부 국소 통증을 호소하기 시작한 어젯밤 2시에 군의관이 최종적으로 급성충수돌기염(급성 맹장염)으로 판정을 내렸다는 것이고 현재 8시간마다 항생제를 투여하여 통증을 지연시키고 있는데 앞으로 최대 72시간은 지연시킬 수 있으나 그 이후는 쇼크와 복막염 현상이 나타날 수 있고 복막이 터지면 생명이 위험하단다.

나는 박위 함장의 보고를 들으면서도 '대책 지시'를 어떻게 할 것인가로 열심히 머리를 돌렸지만, 전화를 끊어야 할 시점이 왔는데도 일단 어떤 지시를 내려야 할지 생각이 잡히지 않아 당혹스러웠다. 지휘관을 하다 보면 어떤 문제 있는 보고를 들으면 적어도 문제 해결을 위한 방향제시나 해결책을 지시할 수 있는 게 대부분인데 그 날 새벽에 난데없이 접한 보고에 대해선 도대체 1차적인 대책 지시도 할 수 없었으니 난감했다. 일단, 항상 통신이 가능하도록 수상항해를 유지하라는 대책 아닌 대책을 지시하고 전화를 끊었다. 전화를 끊고 나서 한참을 생각해도 도무지 대책이 떠오르지 않았다. 그렇게 실마리가 잡히지 않기는 도대체 처음이었다.

　박위함은 하와이를 출항해서 이미 일주일 여를 잠항 항해해왔다. 중간 정박지로 계획한 괌(Guam) 미 해군기지까지는 2주일여를 더 항해해와야 한다. 수상항해로 전속력으로 하와이로 되돌아간다고 해도 최소한 5일은 소요된다. 통증을 다스릴 수 있는 시간은 최대 3일이라고 하지 않는가.
　헬기를 보내 환자를 수송할 수 있으면 간단히 해결되겠지만 가장 가까운 하와이부터라도 박위함까지 왕복 비행 능력을 가진 헬기가 어디 있단 말인가. 바다에 내려앉을 수 있는 고정익 수상비행기가 있다면 되겠는데 그런 체공 능력을 가진 수상비행기가 있을 리 없다. 한마디로 탈것을 보내서 환자를 수송할 수 있는 방법은 없다는 게 아니냐.

　잠수함엔 군의관이 편성되어있지 않아 박위함을 파견하기 전에 장기간 잠항 항해에 대비해서 긴급 시 응급조치가 가능한 군의관 파견을 요청했지만, 군의관 대부분이 의무사령부 소속이라서 파견받기가 쉽지 않았다. 가까스로 해군 소속인 해양의료원의 군의관 한 명을 파견받았는데, 그의 전공은 예방의학이라서 긴급 시 응급조치만 가능할 뿐 수술을 할 수 있는 군의관이 아니었다. 외과의사이고 의료기구를 챙겨갔다면 맹장염 정도야 잠수함에서도 수술은 할 수 있겠지만 요즈음 사정을 알고 있는 나로서는 도무지 대처방법이 안 떠오르니 난감하기만 했다. 아무리 생각해도 우리로서는 방법이 없다. 어떻게 한단 말인가. 할 수 없다. 미 해군 쪽에 도움을 요청해보자. 그것도 안 된다면 방법이 없는 것이다.

거기까지 생각이 미치자 당장 부대로 들어가야 했다. 빨리 들어가서 미국 해군 쪽을 접촉해 보는 것 외엔 지금으로선 할 수 있는 일이 없다. 생도 시절 비상소집훈련 때 복장 착용하던 스피드로 옷을 갈아입고 아직 어둠이 가시지 않은 진해 해군기지의 텅 빈 도로를 달렸다. 출근 시간까지 기다릴 여유가 없었다.

전단본부에 도착하자마자 상황실로 급히 내려가니 새벽에 갑자기 나타난 전단장을 보고 당직자들이 대경실색한다. 일본 요코스카 기지에 있는 미 해군 서태평양 잠수함 부대장 크롤 제독에게 보낼 전보를 기안해서 주고 타전을 지시하고 나니 무언가 실마리가 잡히는 것도 같다. 그 길밖에 없으니 말이다.

미 해군 서태평양 잠수함부대는 우리가 잠수함을 운용하기 시작한 1993년부터 우리 잠수함부대와 지속적으로 협력을 증진 시켜온 부대였다. 우리와 정기적으로 잠수함전 회의를 개최하자고 합의하여 1994년부터 매년 봄, 가을에 요코스카와 진해를 오가며 잠수함전 회의를 해오고 있고 거기에서 우리 잠수함의 환태평양훈련 참가계획이 논의되어 1998년부터 훈련 참가가 실현된 것이다. 잠수함전 회의뿐만 아니라 인적교류와 군수지원협정도 체결해서 교관을 파견해서 우리 부대원들에게 강의도 해주고 우리 잠수함 승조원들이 하와이 미국 잠수함 시설에 가서 교육을 받을 수 있게 해주기도 했다. 얼마 전에는 우리와 직통 통신라인을 개설해서 긴요하게 사용해 오고 있다. 그 직통라인을 통해 나는 지금 전보를 보내려는 것이다. 부대장은 아직 자고 있을지 모르지만 그렇더라도 깨울 수 있는 만큼 되니 주저 없이 전보를 때리는 것이다.

크롤 제독,
박위함이 림팩에 참가하고 귀국 항해 중 태평양 한가운데서 급성 맹장염 환자가 발생했습니다. 현재 위치는 ㅇㅇㅇ에서 한국 쪽으로 항해 중이고 환자는 진통제로 통증을 다스리고 있는데 앞으로 최대 3일간은 지연 가능하나 그 이후는 복막염이 될 가능성이 있답니다.
우리 해군으로서는 조치할 자산이 없어 연락드립니다.
환자를 하와이로 후송할 수 있도록 귀측에서 지원해 주실 수 있겠습니까? 답신 기다립니다.
-한국 해군 제9잠수함 전단장-

p.s : 본 전문 크롤 제독에게 최단시간 내 전달 요망함.

출근 시간까지 기다리지 말고 부대장에게 즉시 보고해 달라는 뜻으로 추신을 넣어선지 한 시간도 안 되어 답신이 왔다.

안 제독,
귀하의 요청사항에 대해 태평양함대 잠수함 사령관 코네츠니 제독과 협의해 보겠습니다. 협의 결과를 신속히 통보해 드릴 것을 약속합니다.
-미 해군 서태평양 잠수함부대장-

코네츠니(Al Konetzni) 제독과 협의한다니 어지간히 안도 되는 마음이 생겼다. 하와이에 있는 미 태평양함대 잠수함 사령관인 코네츠니 제독은 크롤 제독의 전임자이고 얼마 전까지 요코스카에 있으면서 우리와 왕래가 많았던 잠수함부대장이었다. 우리 잠수함부대와 미 해군 잠수함부대 간 군수지원협을 체결하는 등 관계가 긴밀해진 것은 사실은 그가 서태평양 잠수함부대장으로 근무할 때 이루어진 것이다.

그가 요코스카에 부임하자마자 신생 잠수함부대인 우리를 찾아와 특별한 관심을 보이면서 이것저것 협력을 제의해 왔다. 그의 제안 덕에 한미 잠수함 합동훈련 횟수가 늘어났고 나는 그와 훈련 잠수함에 동승해 훈련을 함께하기도 했다. 우리가 독일에서 잠수함 교육훈련을 받았으니 앞으로 한미 협력 증진을 위해 미 해군 쪽 잠수함 교육훈련도 받아보는 게 어떠냐고 놀라운 제의를 해서 내가 승조원 일부를 인솔하여 하와이 미 해군 잠수함 학교에 가서 5일간 육상훈련을 받고 오기까지 했다. 그는 유별나게 한국 해군 신생 잠수함부대와의 유대강화에 발 벗고 나섰었다. 그가 진급해서 하와이 태평양함대 잠수함 사령관으로 가면서 자기는 한국 해군 잠수함부대와의 협력을 증진 시킨 공로로 진급된 거라고 말하고 떠날 정도로 우리와 잘 지냈던 제독이었다. 이번 환태평양훈련 기간에도 박위함이 하와이에 입항할 때 자기 부대원들을 정복을 입혀 부두에 데리고 나와 대대적인 환영을 했다는 것이고 박위함 승조원 전원을 사령관 관사에 초청해서 파티를 열어 주었다는 보고를 받은 바 있었다. 그런 코네츠니 제독이니 박위함 지원을 위해서 무언가 해줄 수 있을 거라는 기대가 생기기 시작했다.

한참 후에 크롤 제독의 전문이 다시 도착했다. 코네츠니 제독 쪽에서 박위함 근처에 전개해 있거나 이동 중인 미 해군 수상함이 있는가

수배하고 있다는 것이었다. 하와이로부터 함정을 출발시키는 것은 시간적으로 맞지 않으니 근처에 해군 함정이 있으면 상봉시켜 환자를 받아 하와이로 직행하면 가능할 것이란 생각일 것이다.

그러면 그렇지! 전 세계에 퍼져있는 게 미 해군 함정인데 태평양에 배 한 척 없겠냐, 이제 어떤 함정을 만나라고 통보가 올 것이다. 해결된 것이나 다름없다. 아마 지금쯤은 코네츠니 제독이 태평양함대 상황실에 가서 함정들 위치를 파악하고 있을 것이다. 다행이다.

막막했던 오늘 새벽과는 달리 의자를 뒤로 젖히고 한숨을 길게 내쉬며 여유를 찾았다. 코네츠니 제독은 요코스카에 있을 때 두어 달에 한 번은 진해에 왔었는데 그때마다 우리 잠수함부대 지휘관들과 식사와 술자리를 자주 했다. 그와 격의 없이 지냈던 게 이런 일이 생기려고 그랬었나 생각이 들기도 했다.

한·미 잠수함부대 간의 우호협력을 증진시킨 코네츠니 제독

코네츠니 제독은 멋지고 훌륭하다는 뜻의 '고저스(gorgeous)'라는 말을 입에 달고 다녔다. 멋지거나 근사한 것을 보통 '뷰티플(beautiful)' 내지는 '수퍼(super)' 등등으로 표현하는 사람들과는 달리 그는 조금이라도 색다르거나 괜찮다고 생각되는 것에는 언제나 "고저스(gorgeous)!"를 연발했다.

어느 날은 한정식 식당에서 저녁을 먹는데 반찬 한 가지를 맛볼 때마다 "고저스!"를 연발하더니 말리기도 전에 밴댕이젓을 한 젓가락 입에 넣고는 눈을 둥그렇게 뜨더니 그래도 우적우적 씹어 넘기고는 여전히 "고저스!"를 외쳤다. 그래서 우리는 그를 '고저스 코네츠니 제독(Gorgeous Admiral Konetzni)'이라 부르기도 했다. 하여간 특출나게 우리 부대와 우호협력 증진을 위해 노력한 제독이었다.

이런저런 일들을 떠올리며 그와 지냈던 일들을 생각하고 있는데 상황실 장교가 요코스카로부터 온 메시지를 갖고 왔다.
"전단장님, 박위함을 상봉시킬 배가 한 척도 없답니다."
"무어? 태평양에 미국 해군 배가 한 척도 없다고?"
나는 화들짝 놀라 잠시 동안 젖어있던 느긋함에서 나동그라지는 기분이었다. 그렇다면 김형식 하사는 어떻게 되는 거냐? 메시지 용지를 펼쳐보기도 전에 내 머릿속은 버둥거리는 김 하사가 떠오른다.
메시지는 믿었던 미 해군 함정이 없다는 걸 명확히 하고 있었다. 인근에 하와이 쪽으로 가는 상선이라도 알아봐 주겠다는 것이지만 가능성 있는 얘기는 아니다.
해운 선사들을 통하려면 시간도 많이 걸리게 될 것이고 설혹 있다고 해도 해군 함정같이 행동할 수는 없는 것이다. 다시 생각해보니 태평양에서 태풍이 일어나는 시기여서 미 해군 함정이 없을 거라는 생각이 났다. 그렇다면 이 시기에 태평양을 통과하는 상선들도 드물게 아닌가. 이래저래 뭔가에 잡힌 기분이다. 예감이 수상해진다. 다행히 아직 태풍 발생 정보는 없지만 당장이라도 태풍 발생 통보가 오면 박위함은 잠항시켜야 한다. 그러면 통신도 끊어지고 태평양 바닷속에서 복막염으로 배가 터져 죽어가는 승조원을 꼼짝없이 쳐다보고만 있게 된다. 이게 도대체 있을 수 있는 일인가.

오늘 새벽 박위 함장의 전화를 받고 대책이 안 보여 막막했던 것보다 더 막막해져 버렸다. 지휘관 근무를 몇 차례 해오면서 이토록 오도 가도 할 수 없는 막막함에 잡혔던 때가 없었다.

수영할 줄 아는 사람이 없어서 강물에 빠져 허우적거리는 어느 소년의 익사장면을 강둑에서 발만 동동 구르며 쳐다보아야 했다던 어느 동네 사람들의 기사가 있었다. 기가 막힐 이야기다. 잘못하면 박위함 승조원들은 눈앞에서 죽어가는 동료를 쳐다보기만 하게 생겼다. 이럴 수가 있단 말인가…….

대책이 서지 않아 사무실 안을 왔다 갔다 하며 난처해 하고 있는데 누군가 사무실 문을 크게 노크하더니 내가 대답도 하기 전에 문을 열고 들어온다. 상황실장이다. 순간 나는 무언가 특별한 정보가 있다고 직감되었다. 군대에서 하급자가 지휘관의 대답이 있기 전에 사무실 문을 맘대로 열고 들어오는 것은 속된 말로 죽으려고 환장했거나 아니면 급박한 비상시거나 아니면 지휘관의 진급확정을 알리는 전보용지를 갖고 뛰어들어오는 귀여운 행동 같은 몇 안 되는 용서 케이스가 아니면 일어날 수 없는 일인데 그런 것 비슷하게 상황실장이 뛰어들어온 것이다.

"전단장님! 존스턴 아일랜드(Jonston Island)로 보내랍니다!"

상황실장은 새벽부터 내가 노심초사하고 있는 것을 잘 알고 있으니 중요한 소식을 서둘러 보고하려는 충성스런 생각에 자기도 모르게 서둘러 문을 연 것이리라.

코네츠니 제독이 보내는 내용을 크롤 제독이 우리에게 중계하는 메시지였다.

박위함을 존스턴 아일랜드로 향하도록 지시하시면 추후 자세한 사항을 통보하겠답니다.

메시지를 보는 순간 "이거다! 됐어!" 나는 상황실장의 존재도 아랑곳하지 않고 소리를 질렀다. 인근에 미 해군 함정이 없으니 미 해군기지로 보내라는 것이 아닌가. 존스턴 아일랜드는 필시 미 해군기지일 것이다. 지나가는 상선이 있는지 알려주길 하염없이 기다리는 것보다 얼마나 확실한 거냐. 무언가 보이기 시작한다!

그런데 존스턴 아일랜드가 어디냐? 태평양에 그런 섬 이름은 들어본 적이 없다.

상황실장과 상황실로 내달렸다. 발걸음이 가볍다. 해도에서 찾아보니 하와이에서 서남쪽 마샬 군도 방향에 있는 섬인데 태평양을 오갈 때 우리가 별로 언급하지 않는 아주 작은 섬이었다. 다음 기항지 괌 쪽 방향과 그렇게 틀어지진 않았지만, 거리를 재어보니 어라! 지금 박위함 위치에서 사흘 반 정도를 죽어라 달려야 갈 수 있는 거리 아닌가! 벌써 반나절이 지났으니 이제 이틀 반밖에 안 남았는데, 사흘 반을 달려야 한다? 갑자기 또다시 먹구름이다. 새벽부터 몇 번이나 개었다가 흐렸다 하는 거냐. 그러나 이제 좋다 말았다 개었다 흐렸다를 따질 때가 아니다. 마지막으로 생각하고 붙들고 늘어질 수밖에 없다. 일단 달려야 한다. 한시가 급하다!

박위함에게 섬 위치를 알려주고 최고속력으로 달려갈 것과 함 위치와 환자 상태를 2시간마다 보고하도록 지시하고 사무실로 올라왔다.

이제 정말로 할 게 아무것도 없다. 일이 잘되어서 환자를 이송할 수 있으면 다행이고 잘못되어 섬에 도착하기 전에 일이 생기면 시체를 내려놓으러 달려간 것밖에 안 될 것이다. 김 하사의 생사가 이제 결정된 것이다.

사무실에 앉아 곰곰 생각하니 자책감이 드는 게 한두 가지가 아니었다. 내가 전대장으로 재직하던 1998년에 환태평양훈련에 잠수함을 처음 파견해서 너무도 이상 없이 다녀왔던 것에 묻혀 문제점이 빤히 보이는데도 제대로 조치를 해놓지 못했던 게 아프게 자책 되어 왔다.

무사히 갔다 왔지만, 당시에도 진해에서 하와이까지 이동 기간에 발생할 수 있는 급성환자 조치가 중요 문제점으로 도출되었었다. 그래서 편성에도 없는 군의관을 편승시킨 것까지는 어떤 조치를 취한 것으로 보아 주더라도 내용적으로는 껍데기 조치에 불과했다. 긴급 시 확실한 조치를 할 수 없는 군의관을 태웠으니 말이다. 군의관 파견을 위해서 좀 더 들러붙지 못한 게 후회된다. "태평양 한가운데서 급성 환자가 발생하면 외부 지원을 받을 수 있는 방법이 도저히 없는데 사고가 나면 책임지겠소?"라고 좀 더 강력히 싸웠어야 했다. 그래서 어떻게 해서라도 간단한 수술 정도는 할 수 있는 군의관과 수술 기자재를 실어 보냈어야 했다.

'설마…'했던 것밖에 더 되나. 잠수함 요원으로서 가장 경계해야 할 그 '설마' 말이다. 나는 그동안 부대원들에게 "확인되지 않은 것은 확실하지 않은 것이다. 설마 하는 생각을 하려면 잠수함 요원을 그만두는 게 낫다!"라고 얼마나 닦달을 했더냐. 그런 내가 '설마'에 빠졌었다니…….

아, '설마'는 얼마나 정확히 '설마'하는 순간을 찾아오는가. 미 잠수함 부대와의 군수지원 협정에 의하여 하와이 근해에 있을 때는 하와이에 있는 의료지원 시설, 괌 근해에 있으면 괌의 미 해군 의료지원시설을 이용할 수 있을 것이어서 가장 큰 염려 기간은 하와이에서 괌까지 항해에 소요되는 3주일여의 기간이었는데 정확히 그 기간에 그것도 가장 중간 위치에서 가장 급한 급성환자가 발생했으니 이것이 가장 정확히 찾아온 '설마'가 아니고 무엇인가. 박위함장의 전화를 받았던 새벽에 그리도 막막했던 것은 실은 너무도 정확히 찾아온 그 '설마'의 충격 때문이었을 것이다. 생각할수록 자책감과 창피스러움에 빠져 들어갔다.

　박위함에게 전속력으로 존스턴 아일랜드로 달리도록 해놓고 사무실에 서서 진해항을 내다보고 있으니 그 아름다운 모습 속에 일이 잘못되어 나타날지도 모르는 박위함의 입항 정경을 상상하니 일이 이리 묘하게 돌아갈 수 있는가. 새삼 기막히다.

　그로부터 사흘간은 자책과 기막힘 속에 묻혀 오로지 박위함의 위치만 확인하며 지냈다. 그 이튿날 크롤 제독으로부터 박위함의 도착에 맞추어 존스턴 아일랜드에 수송기 한 대와 의료진을 대기시켰다가 환자를 인수받으면 곧바로 하와이로 공수하도록 조치를 해놓았다는 코네츠니 제독의 계획을 전해왔다. 박위함을 지원하기 위해 백방으로 노력하는 코네츠니 제독의 모습이 눈에 선하다.

　박위함으로부터는 주기적으로 위치와 환자 상태보고가 왔다. 하루가 지나도 태평양 해도 상에는 박위함 위치가 몇 cm 움직였을 뿐이다. 태평양이 그렇게 넓은 바다였고 우리 잠수함이 그렇게 굼벵이였던가. 수상 최고속력 12노트, 하루 종일 달려도 300마일도 못 간다. 수중, 수상을 막론하고 고속으로 마음대로 달릴 수 있는 잠수함을 가진 미국 해군이 다시 부러웠다.

　존스턴 아일랜드로 달리기 시작한 다음 날부터 환자 상태 보고가 달라지기 시작했다. 이틀간은 '금식조치, 수액제재 매 5시간 마다 1,000ml 투여, 항생제 매 8시간마다 80ml 투여, 대소변 정상' 등등 보고가 반복되더니 이틀 후부터는 '설사 빈번해짐, 쇼크 증후는 보이지 않으나 맥박 상승(최고 90), 체온 36.5~37.1°'이던 것이 사흘 가까이 되었을 때는 '맥박상승(최고 100), 체온상승 37.4~38.4°, 진땀 흘리기 시작함'으로 바뀌어 갔다. 환자 상태가 점점 나빠진다는 게 느껴졌다. 저러다가 맹장이 터져 복막염으로 돌면 쇼크가 일어나고 생명이 위험해진다는 것이 아닌가. 환자뿐만 아니라 옆에서 지켜보는 사람도 진땀이 날 것이다.

달리기 시작한 지 75시간 만에 존스턴 아일랜드가 시야에 나타나기 시작했다는 보고가 들어왔다. 박위함 대원들은 "야아! 섬이다!" 외쳤을 것이다. 나도 메시지를 보자마자 "그래?"를 외쳤으니 박위함 대원들이야 안 봐도 함내 광경이 그려진다.

섬이란 처음에 보일 땐 비록 수평선 위에 뿌옇고 잘 보이지도 않는 모습이지만 항상 바닷사람에게 가슴을 설레게 하는 존재 아닌가. 하물며 진땀을 흘리며 생사의 기로를 헤매는 동료 옆에 있었을 대원들이야 오죽할까.

거무스레하지만 아름다운 그 자태를 보려고 함교에선 쌍안경을 눈에서 떼지 못할 것이고 함내에 서는 잠망경 접안구에 눈을 대고 있는 동료 옆에서 자기도 좀 보자고 재촉하는 정경이 벌어지고 있을 것이다. 뿌옇고 거무스름해서 잘 보이지도 않는 그 형체가 무엇이 아름다우냐고 하겠지만 몇 날 며칠을 바닷물과 하늘의 구름만 대하던 시야에 수평선 위에 거무스름한 형체가 나타나면 그 자체가 아름답고 신기하게 보인다. 비록 그곳에 오를 계획이 없더라도 어느새 땅 냄새가 나는 듯하고 온몸에 생기가 돌게 만드는 오아시스의 그림자가 섬이 아니더냐.

　박위함이 섬에 접근하자 무장 병력을 태운 소형 경비정이 나왔다. 박위함인가를 확인하고는 환자를 이송받으러 온 것이었다. 나중에 들은 얘기로는 외국 함정은 존스턴 아일랜드에 입항한 적이 없었단다. 그 기지의 성격을 나타내는 말일 텐데 더구나 잠수함이 다가갔으니 경계했을 것은 뻔한 노릇이다.
　환자를 이송하게 되면 군의관을 동행시키라고 미리 지시해 두었기에 환자와 군의관을 기지 경비정에 이송시켰다. 박위함은 더 이상 존스턴 아일랜드 근처에 머물 이유가 없어져 이송이 끝나자마자 곧바로 귀국 침로를 잡았다. 환자와 군의관을 존스턴 아일랜드 기지 소속 경비정에 이송하고 귀국 항로를 취했다는 보고를 받고 나서 "이제 됐구나……." 하는 생각이 들었다. 사흘 동안 잡혀있던 초조가 걷히는 기분이다. 이송하는 순간 박위함장의 심정 또한 이러하리라. 나중에 그는 환자가 진땀을 흘리며 괴로워할 때 부장에게 최악 상황에 대비해 시체를 덮을 흰 시트 커버를 준비해 두라고 지시했었다고 했다. 잊혀지지 않을 일생의 시간이었으리라.

　환자를 이송시킨 다음부턴 군의관이 자주 보고를 해왔다. 환자를 이송받자마자 곧바로 비행장으로 달렸단다. 비행장엔 대형 수송기 C-130 허큘리스 한 대가 대기해 있었고 일행이 타자마자 이륙해서 하와이로 직행했다. 하와이로 비행하는 동안 미 측 의료진이 이것저것 묻고 환자 상태를 살핀 다음 하와이 히캄 비행장에 내리면 트리폴리 (Tripoli) 미 육군 병원까지 가는 시간이 오래 걸리니 병원에서 가까운 비행장에 착륙할 수 있도록 연락을 취해서 이륙한 지 2시간 반 만에 카네오네(Kaneone) 미 해병대 비행장에 착륙했다. 착륙 비행장을 바꾸면서까지 병원에 빨리 도달하려고 했다는 것은 서둘러야겠다고 판단했다는 것이었을 테니 환자를 미 해군 측에 이송했다는 보고에 마음을 놓았던 걸 미안하게 하는 말이었다.

하여간 비행장에 대기하고 있던 앰뷸런스에 옮겨타고 사이렌 소리를 요란하게 내며 달려 트리폴리 미 육군병원에 도착한 것은 7월 25일 19시경. 존스턴 아일랜드를 향해 달리기 시작해서부터 사흘 한나절이 지난 시간이었다. 김 하사가 수술실에 들어갔다는 군의관의 보고를 받고 "이젠 정말 됐구나." 생각이 들었다.

어느 날 새벽에 이상한 낌새와 함께 걸려 온 전화로 시작된 막막함과 후회, 자책, 초조의 시간이 이제 그렇게 가슴 치게 끝날 것 같지는 않다. 이런 것을 정말 '다행'이라고 할 거다. 얼마 지나지 않아 군의관으로부터 전화가 왔다. 수술이 성공적으로 잘 끝났단다. 그런데 수술을 하고 나온 담당 의사의 말이 아마 한 시간만 늦었어도 맹장이 터졌을 거라고 했단다. 이런 걸 하늘이 도왔다고 해야 하나 신이 살폈다고 해야 하나. 나는 그저 운이 좋았다고 말하겠다. 정말 운이 좋았다. 모두 운이 좋았다.

군대의 지휘관 근무를 했던 사람들치고 어떤 이유로든 죽음으로부터 혹은 죽음이 아니더라도 명예와 처지가 추락 될 순간으로부터 아슬아슬하게 탈출한 경험이 없는 사람은 없을 거라는 게 나의 생각이다. 나는 해군사관학교에 입학했을 때 생도대 출입문 앞에 놓인 커다란 거울 위에 큼지막하게 쓰여 있던 표어를 처음 대하고 받았던 충격과 인상을 잊지 못한다.

'귀관은 포연탄우(砲煙彈雨) 생사 간에 능히 부하를 지휘할 수 있는가?'

그 표어는 사관학교를 졸업하면 죽을지도 모르는 순간에도 부하를 생각하는 사람이 되어야 한다는 강력한 가르침 말이었다. 포탄이 우박처럼 떨어지는 전쟁터에서도 그러해야 하는데 그렇지도 않은 상황에서 부하를 살리지 못한다면 그건 뭔가. 그건 지휘관이 아니라는 것밖에 더 되나.

해군의 해상 지휘관은 4번을 거쳐야 한다. 통상 대위 계급 때 첫 지휘관으로 4급 함인 고속정 정장을 시작으로 소령 계급 때 3급 함인 소해정이나 상륙지원함 함장, 중령 계급 때 2급 함인 초계함 함장, 대령 계급 때 1급 함 구축함 함장이다.

그런 네 번의 해상 지휘관 근무를 거치는 동안 함과 승조원의 운명이 걸렸던 아찔한 경험 없이 근무를 마친 사람은 분명코 한 사람도 없을 것이다. 배를 부두에 묶어두고 한 번도 출항을 안 했다면 모르지만 일단 출항을 하면 야밤이나 안개가 끼어 있는 항해 때 해상충돌 위험은 늘 따라다니는 악마의 손아귀이고 갑작스런 돌풍이나 태풍은 단단히 준비해 두었는데도 배를 침몰 위기로 몰아넣는 재앙의 근원이다. 망망대해에 군함 한 척은 아무리 커도 한낱 일엽편주에 불과하니 집채만 한 파도가 솟구칠 때 타기 한 번 잘못 쓰면 간단히 배가 넘어간다. 해상 지휘관치고 그런 일 한번 없이 지낸 사람이 과연 있을까.

지난 일들을 상기해 보면 어떻게 그런 일들을 넘겼을까 싶지만, 운이 좋아 넘어가고 넘긴 일 같다. 하늘이나 신이 도왔다 하면 내가 무슨 하늘이나 신이 신경 쓸 대상이겠나 싶어 말이 거창하니 운이 좋았다는 말이 적합할 것 같다. 하사 김형석도 운이 좋아 살았고 박위함장이나 나도 운이 좋아 죽을 뻔한 부하를 살렸다.

수술한 지 2주 여가 지나 군의관과 김 하사는 항공편으로 귀국했다. 군의관 보고에 의하면 퇴원 전에 병원 측에서 수술 및 입원비용으로 7,712달러가 나왔으나 군수지원협정에 의해 전액 면제되고 행정비용 15달러만 내면 된다고 하여 지불하고 왔단다. 비용을 산출한다면야 수술, 입원비용뿐만 아니라 함정, 항공기 지원에 군의관 숙식까지 모두 계산하면 모르긴 해도 수십만 달러는 족히 될 것인데 군수지원협정의 위력을 톡톡히 본 것이었다. 그때 지원받은 미군 자산을 간단히 꼽아보아도 미 해군은 말할 것도 없고 미 연안경비대(Coast guard), 해병대, 육군 등이 망라된 입체지원을 받은 것이다. 협정도 협정이지만 대국 미국의 모습일 것이다. 미 해군 태평양함대 잠수함 사령관 코네츠니 제독의 주선이 아니었으면 이런 일이 가능했을까. 깊이 덕을 입은 것이다.

박위함이 입항하던 날. 그 날은 날씨가 기막히게 좋았다. 박위함이 급성 맹장염 환자 발생을 제외하곤 훈련도 잘하고 3개월 만에 무사히 진해에 입항하는 날이었다. 군함이 해외로 나갈 때와 들어올 때 가족을 불러 부두에서 전송하고 환영하는 해군의 멋진 전통대로 나는 박위함 승조원들의 가족들을 초청해서 부두에 대기시키고 군악대도 동원해서 환영식을 준비했다. 해군은 군함의 출항과 입항이 멋져야 한다. 출항은 차분하고 엄숙해야 하지만 입항은 행복하고 가슴 뛰는 입항이어야 한다. 바다를 견딘 이들과 기다리는 사람들 모두가 가슴이 설레는 그런 입항이어야 한다. 하마터면 우울한 입항이 될 뻔했으니 얼마나 다행이냐. 가능한 한 멋진 환영식을 해줄 만하다.

기막히게 좋은 날씨에 군악대의 명쾌한 환영곡 연주와 가족들이 손을 흔드는 속에 박위함이 서서히 입항했다. 나의 환영사가 끝나고 승조원들이 가족을 만나는 시간. 나는 전단 참모들과 부두 한구석에 서서 승조원들이 가족과 어우러지는 오늘의 하이라이트 순간을 바라보고 있었다. 아내가 다가가 남편에게 조용히 안기는 모습이나, 아기가 뒤뚱뒤뚱 걸어가 오랜만에 보는 아빠 가슴에 쓰러지듯 안기는 광경은 정말 보기 좋은 그림이다. 그런 그림을 좋아하지 않는 사람은 없을 것이다. 해군에서 즐길 수 있는 명화다.

미리 와서 대기하고 있던 총각인 김 하사는 다시 만난 동료들과 하이파이브를 치며 담소하고 있었다. 저런 그림이 아니고 다른 그림이었으면 어땠을까 생각하니 한숨이 절로 나온다. 그 날은 날씨가 아주 좋아 진해항 내의 바닷물 색깔이 유난히 파랬었다. 어두웠던 지난 며칠간은 이미 옛날이 되어 있었다. 코네츠니 제독에게 깊은 감사의 마음을 전하는 편지를 어떻게 감동적으로 써야 하나 아직 태평양 속 급성 맹장염 환자 구출작전의 마감되지 않은 숙제를 생각하며 느긋하게 사무실로 향했다. 오랜만에 행복감이 느껴지는 날이었다.

2012년 11월 코네츠니 제독이 전역 후에 한국에 왔다. 그는 미 국방부 잠수함 정책담당 직책을 끝으로 중장으로 전역했다. 진해 해군 공관에서 역대 잠수함 전단장을 지냈던 이들이 모두 모여 그와 저녁식사를 하며 회포를 풀었다. 역대 전단장들은 대부분 그를 알고 있었다. 진해에 모두 모인 것은 그에게 많은 덕을 입었다는 걸 잊지 않는다는 우리의 표현이었다. "고저스(gorgeous)!"를 연발하는 것은 변함 없었다. 그와 태평양 속 급성 맹장염 환자 구출작전 때의 얘기를 하며 회고에 젖었었다. 벌써 10년 넘게 시간이 지났고 우리 모두의 신분이 바뀌어 있었다. 그와의 상봉은 인생의 흐름도 느끼는 추억의 시간이기도 했다.

2012. 11월 전역 후 한국을 찾아왔던 코네츠니 제독과 필자

러시아 K(Kilo)급 잠수함과의 인연

나에겐 장보고함 다음으로 이상하리만치 인연이 이어졌던 잠수함이 러시아의 K(Kilo)급 잠수함이다. K급 잠수함은 구소련 해군에서 1979년에 처음 취역시킨 수상 2,325톤, 수중 3,076톤의 재래식 잠수함인데 전장 72m, 직경 9.9m, 수상속력 10노트, 수중속력 17노트, 어뢰 발사관 6문, 승조원 수 52명으로 제원상으로는 그리 특이한 잠수함이랄 것이 없었는데 구소련 해군의 다양한 잠수함형 중에서 서방측 잠수함형과 가장 유사하게 유선형으로 건조되어서 출현 초기부터 서방 해군들의 주목을 받았다.

구소련 해군 잠수함이 서방 해군 잠수함과 특이하게 다른 점은 함형이 매우 다양하다는 것이었다. 대 여섯 가지의 함형이 전부인 서방 해군에 비해 무려 20여 가지의 매우 다른 잠수함형을 갖고 있었다. 러시아 해군으로 바뀐 후에도 여전히 15가지 이상의 잠수함형이 남아있으니 함수명이 다 한 후에도 잠수함형을 그렇게 다양하게 유지할 것인지는 의문이지만 구소련의 잠수함 설계자들은 마치 수중 환경이라는 것은 개의치 않는 듯 파격적이고 기상천외한 잠수함형을 많이 만들어 냈다.

구소련 해군의 잠수함형 중에서 얼핏 보면 미 해군 잠수함이 아닌가 생각이 들 정도로 미 해군 공격 잠수함 모습을 닮은 K급 잠수함의 모습에 미 해군이 주목했을 것은 당연한 얘기일 것 같다. 실제로 K급 잠수함은 방사소음을 줄이려는 듯 후부 수직 타기의 크기를 최소화시켜서 부상했을 때 수면에서 보이는 부분이 사라졌고 선체 외부엔 흡음 타일을 붙여 음파 반향도 최소화시켰다.

러시아 K급 잠수함
K급 잠수함은 러시아 잠수함 중에서 외형이 서방 잠수함과 매우 유사해서 출현 당시부터 서방측의 높은 관심을 불러일으켰던 잠수함이다.

구소련은 그런 K급 잠수함을 수출할 목적의 877 계열과 구소련 해군용으로 사용하기 위한 636 계열의 두 종류로 건조했다. 636 계열은 기관계통의 효율을 높이고 소음감소기법을 특별히 적용하고 전투체계를 업그레이드시켜 자국 해군용으로 운용하고 있다. 선체는 동일하지만, 877 계열은 기본사양에 수입국의 요구에 맞춰 사양을 약간 변경해서 1980년대 중반부터 2000년대 초에 걸쳐 수출하기 시작했다. 인도 해군에 10척, 폴란드, 루마니아에 각 1척, 알제리에 2척, 이란에 3척, 중국에 12척을 수출해서 구소련 잠수함 중 가장 많이 수출된 잠수함형이 되었다. 이때부터 K급 잠수함이 구소련의 '괴물 잠수함'으로 소문이 나기 시작한다. 우리들에게 '무시무시한 잠수함'으로 들려오기 시작한 것도 그때쯤이었다.

미국이 재래식 잠수함을 모두 퇴역시키고 핵 추진 잠수함만을 유지한다는 정책을 시작한 시점에서 구소련에서 성능을 향상시킨 재래식 잠수함을 양산하기 시작했으니 미 해군에서도 재래식 잠수함을 유지해야 한다는 주장이 다시 제기될 정도로 관심을 불러일으켰다.

내가 K급 잠수함이란 이름을 처음 들은 것은 주프랑스 대사관에서 무관요원으로 근무하다가 돌아와 구축함 부함장을 하던 1986년 시기로 기억된다. 당시 해상대간첩작전이 시대의 이슈여서 구축함을 타고 동해 경비임무에 몰입하고 있었는데 함의 기본임무가 대잠작전인지라 자연히 잠수함에 대한 얘기가 오가지 않을 수 없었다.

"소련이 '신출귀몰하는 신형 잠수함'을 만들었단다. 킬로(Kilo)급 잠수함이라는 건데 소련 잠수함을 미국 해군이 놓친 적이 없었는데 K급 잠수함은 미국 해군이 훈련하는 기동구역을 종횡무진으로 헤집고 다녔는데도 미 해군이 눈치도 못 챘다더라." 라는 것이 당시 들려온 소문이었다. 당시 우리는 잠수함이 한 척도 없었는데 북한은 1962년부터 소련으로부터 1,300톤 크기의 W(Wisky)급과 1,800톤 크기의 R(Romio)급을 들여와 잠수함 전력을 쌓기 시작해서 1970년대 말부터는 R급을 자체 생산하더니 K급 잠수함이 나올 즈음엔 이미 20여 척의 잠수함 세력을 구축하고 있었다. 하여간 당시는 잠수함 분야에 대해선 북한에 완전히 기죽고 있었던 때였는데 '신출귀몰하는 소련의 신형 잠수함'이 다시 나타났다니 그것의 성능이나 특성보다도 그것이 북한으로 들어간다면 어떻게 되는 거냐? 이거 큰일 아니냐 하는 것이 당시의 분위기였다.

하여간 잠수함 이야기만 나오면 작아지던 시절에 어느 날 갑자기 잠수함을 확보한다고 야단법석을 떨다가 역시나 하고 김이 빠져 구축함 부함장을 하며 잠수함이란 걸 애써 외면하고 있을 때 들려오는 K급 잠수함의 괴담 스토리는 마음을 무겁게만 만들었다. 다행히 그것이 북한으로 들어갔다는 정보는 들어오지 않았다.

이윽고 우리도 다시 잠수함 확보의 기회가 살아나고 그것이 현실화되어 가는 중에 옛날에 소문으로 우리를 그리도 두렵게 만들었던 그 K급 잠수함을 대면할 수 있는 기회가 우연히 찾아왔다.

장보고함 인수를 위해 독일 킬(Kiel)에서 잠수함 교육훈련을 받던 1991년 봄이었던 것 같다. 독일 해군 측의 교육훈련을 위해 교관겸 연락장교로 조선소에 파견와 있던 독일 해군 잠수함 장교 로제(Rose) 대위가 어느 날 나에게 와서 러시아에서 인도로 수출되어 가는 K급 잠수함이 이동 중에 고장이 생겨 독일 잠수함 전단 부두에 들어와 있는데 구경가지 않겠느냐고 물었다. 나는 K급 잠수함이라는 말에 귀가 번쩍 뜨여 당장 로제 대위와 같이 독일 잠수함 전단 부두로 차를 몰았다.

잠수함에 올라가 볼 수 있으리라고 기대를 갖지 않았지만, 부두 멀찌감치부터 흰옷을 입은 인도 해군 병사가 소총에 착검을 한 채 외부인이 접근치 못하도록 경계를 서고 있었다. 그러나 사진으로만 봤던 K급 잠수함을 가까이서 볼 수 있는 것만도 다행이라고 생각하며 찬찬히 살펴봤다. 우리를 그렇게 겁에 질리게 했던 잠수함이 아니냐.

장비 종류를 외부로 노출시키지 않으려는 듯 모든 양강 마스트는 하강시켜서 함교탑 상부로는 마스트가 하나도 보이지 않았다. K급 잠수함을 사진으로 볼 때 가장 먼저 드는 생각이 함교탑의 전후 길이가 함의 전장에 비해 크게 보인다는 것이다. 양강 마스트만 수용하기 위해서라면 저렇게 넓을 필요가 없을 텐데 도대체 무엇이 들어있기에 함교탑이 저렇게 넓은 것인가?

함수 부분의 넓고 우람한 모습은 두 번째 의문을 일으킨다. 독일 해군의 206급이나 수리차 독일에 와있는 남미 해군들의 209급 잠수함 함수만 보다가 K급 함수를 쳐다보니 마치 장어의 머리만 보다가 커다란 메기의 머리를 대하는 기분이다. 선체 직경이 10m에 가까운 저 선체 내부에 무슨 기묘한 장비가 들어가 있기에 저리 우람하게 보이는가? 전장에 비해 전폭이 큰 것은 왜일까? 수면 위의 선체형상은 미끈한 앨버코어(Albacore) 형인데, 함미 수직 타가 수면상에 안 보이는 것은 왜일까? 함교탑 현측의 철판이 우글우글 찌그러진 것으로 보아 그곳에 흡음판을 붙인 것 같진 않고 선체 현측과 갑판 상부에 붙인 것 같은데 흡음판은 어떻게 생겼을까? 찬찬히 외부만 살피면서 잠수함 지식을 전부 동원해도 감을 잘 잡을 수 없다. 그렇다면 다른 것을 상상해보자.

발틱해 연안의 러시아 항구에서 출항했으면 출항한 지 얼마 지나지 않았을 것이고 장거리 항해준비를 단단히 하고 출항했을 것인데 금방 무슨 장비가 고장 났단 말인가? 이동 보안을 깨면서까지 독일 항구에 들어온 것이면 추진계통이나 항해 장비에 중요한 고장일 가능성이 많다. 항해하면서 수리할 가능성이 없었다는 소리다. 수리용 부속이나 기술인력이 함내에 없다는 뜻이 아닌가. 로제 대위도 무슨 장비가 고장인지는 알아내지 못했단다. 멀리서 바라만 보면서 이런저런 생각을 하며 서성였다. 그렇게도 우리를 억눌렀던 잠수함이기에 멀리서 바라만 보고 자리를 뜨기엔 너무 아쉬웠다.

K급 잠수함을 그렇게 우연히 만나 먼발치에서만 바라볼 때는 훗날

그야말로 나에게 중요한 주제가 되어 다시 닥쳐오리라고는 꿈에도 생각지 못했었다. 앞일을 알지 못한다는 게 인생이라 하지 않았던가. 사람의 약점이기도 하겠지만 그게 더 다행인지도 모른다. 앞을 알면 인생이란 지극히 따분할 것이니 말이다.

그로부터 5년여가 지난 1996년 가을 10월 초. 독일로부터 장보고함과 함께 귀국해서 봇물 터진 듯 몰려오는 대잠훈련 소요를 감당하기에 정신없이 3년이 넘는 장보고함 함장 직무를 막 끝내고 전대장으로 자리를 옮겨 약간 숨을 돌리려고 자세를 잡던 어느 날 해군본부 참모총장실로부터 걸려온 전화로 K급 잠수함이 나에게, 나뿐만이 아니라 우리 해군 전체에 다시금 중요한 '주제'가 되는 시작이 되었다.

"본부 총장실입니다!"라며 본부 총장실 부관이 먼저 전화를 연결해 왔을 때 다른 사람 같으면 화들짝 놀라겠지만 나는 또 무슨 가정사 지시겠거니 생각하며 전화를 받았다. 당시 총장이 내 친형이었으니 집안일이 있을 때마다 자기는 시간이 안 되니 이런 일은 이렇게 처리해야겠다는 지시적으로 얘기할 때 이외에는 전화를 하는 예가 없는지라 이번에도 무슨 지시겠거니 생각하며 총장 목소리가 들리길 기다렸다. 그러나 그 날 전화는 그게 아니었다. 자세한 얘기는 없이 본부로 좀 올라오라는 착 가라앉은 목소리가 이건 집안일이 아니라는 생각을 갖게 했다. 그 날 오후에 본부에 올라가 총장실에서 단둘이 앉아 들은 얘기의 내용은 이런 것이었다.

"정부에서 러시아로부터 경협차관 14억7천만 달러인가를 받을 게 있는데 러시아 측에서 현금상환 능력이 없으니 대신 무기를 가져가는 것으로 상환할 수 있게 요구한단다. 정부는 러시아 측과 정치, 외교적으로 관계를 공고히 하려고 대단히 노력하고 있다. 무기 구매요구 리스트에 K급 잠수함이 중요 항목으로 되어있어 정부 쪽에서 K급 잠수함을 가져오는 게 어떠냐고 압력이 들어오고 있다.

　가져와서 부두에 매어놓더라도 가져와야 한다는 사람까지 있다. 본부 내 제독들도 가져와야 한다는 쪽과 가져와서는 안 된다는 쪽으로 갈라져 있다. 정부 쪽에 해군의 답을 줘야 하는데 의사결정이 어렵다. 네가 잠수함에 대해서 잘 알고 있으니, 러시아에 가서 K급 잠수함을 서베이(survey) 해보고 와서 사실을 얘기해라. K급 잠수함이 어떤 잠수함인지 우선 알아보고 그다음에 결정해야겠다."

　얘기를 다 듣고 나니 K급 잠수함이 정말로 '주제'가 되어 바싹 달라붙는구나 생각이 들었다. 무언가의 시험대에 다시 올라섰다는 생각이 들었다.

　나는 해군 장교생활을 하면서 항상 머리에서 떠나지 않았던 것은 '시험'과 '점검'이라는 개념이었다. 어려운 임무나 문제가 예상되는 일에 닥치면 우선 나타나는 것이 '이것이 나를 또 시험하려 드는구나.' 라는 생각이다. 그렇게 생각이 드는 순간 이미 그 문제와 나는 대결이 시작되는 것이다. 그러면 전의가 살아난다. 그걸 해낼 수 있느냐 없느냐는 '점검'이다. 그것을 해내면 '점검'을 통과하는 것이고 해내지 못하면 '점검'에 떨어지는 것이다. 전진과 도약은 점검을 통과해야 이루어진다. 세상을 헤쳐가는 단락은 항상 일에 대한 '점검 통과' 여부일 것이다.

　이번의 '주제'도 바로 그런 것이었다. 얘기를 듣자마자 든 생각이었다. 다른 어떤 사람보다도 내가 할 일이고 피할 수 없는 점검이다. 피할 수 없으면 돌입할 수밖에 도리가 없다. 다시 전의가 살아나기 시작했다.

"좋아! 다시 한 번 해보자!"

러시아 출장엔 내가 장보고함 함장 근무 때 기관장을 지낸 장교를 데리고 가겠노라고 요청해서 허락을 받았다. 추진분야 쪽과 기술적인 면에 대해선 치밀한 그가 적격일 거 같고 내가 운용분야를 보면 K급 잠수함을 속속들이 파악하는 데는 문제 없을 거 같았다. 해군본부 인원으로 장보고함 인수 당시 감독관을 지낸 J대령과 국정원에 파견 나가 있던 Y대령을 합쳐 러시아 출장인원은 4명이 되었다.

국정원 파견관 Y대령이 러시아 측과 일정협의를 완료하는 대로 출발하기로 하고 일단 진해로 내려왔다. Y대령이 러시아 측과 일정을 협의한다는 것은 그가 주러시아 한국 대사관에서 무관 근무 경력이 있는 것도 이유겠지만, 국정원으로부터 정부 쪽에 강력한 정책건의가 있는 게 아니냐는 생각을 갖게 하는 부분이었다. 중요한 정보부서가 정부에 정책건의를 한다는 것은 이상할 게 없지만, 해군에 들어오는 부담이 적지 않겠구나 생각이 들었다.

해군본부를 나오는 순간부터 내 머릿속엔 K급 잠수함에 대한 생각뿐이었다. 10여 년 전부터 그리도 우리를 눌러왔던 잠수함이 아니냐. 미국 해군 제독들이 경계해야 할 잠수함이라고 강조하던 잠수함, 미 해군 대잠훈련 진형을 헤집고 다녔다는 의문의 괴물 잠수함, 구소련 위성국 해군들이 앞다투어 수입해 가고 있는 잠수함, 북한이 갖게 될까 봐 걱정되던 잠수함. 그런데 이제 도리어 우리가 갖게 될지도 모르게 생겼다. 그런 잠수함을 자세히 볼 수 있는 일이 생겼다는 것만으로도 '기회'다. 생각을 이어갈수록 의욕과 흥분이 생기기 시작한다.

해군본부로부터 일정이 잡혔으니 출장 준비해서 올라오라는 연락이 올 때까지 나는 며칠 동안 K급 잠수함에 대한 생각을 정리하려고 노력했다. 러시아 출장은 보안을 유지해야 하니 주위 사람들이 눈치채지 않도록 하라는 지시를 받은 게 있어서 전대 참모들에게 얘기도 하지 못하고 혼자 속으로만 생각해야 했다.

우선 머리에 들어오는 생각이 만일 K급 잠수함을 가져온다면 적어도 한 척뿐인 건 아니지 않겠느냐. 3척 정도만 된다면 적어도 한 개 전대는 대번에 생기는 게 아니냐. 그렇게 된다면 우리 잠수함부대를 신속히 키울 수 있는 게 아닌가. 그리고 들어올 것이라면 지금 장보고함을 갖기 시작했으니 잠수함 전력체계가 완비된 후보다 지금이 같이 시작할 수 있으니 더 나을 수 있지 않겠나.

정부에서 정치, 외교적인 필요에 의해서 도입을 미는 것이니 기존의 해군 예산을 그만큼 삭감시키진 않을 거 아닌가. 그렇다면 K급 잠수함은 공짜로 얻는 것이다. 사달라고 정부에 요구한 것도 아니 조금 문제가 있다고 하여도 해군의 책임은 아니지 않겠나. 무엇보다도 북한, 일본, 중국에 비해 월등히 뒤처진 우리 잠수함 전력을 신속히 증강 시킬 수 있는 방법이다. 러시아와 잠수함 관계를 가진다면 북한 해군 잠수함 전력의 허실(虛實)도 알 수 있을 것이니 이것도 부수적인 이점이다.

나는 장밋빛 생각을 마음대로 펼쳤다. K급 잠수함을 가져온다면 독일형 장보고급 전대와 러시아형 K급 전대를 나란히 가진 한국 해군 잠수함 전단이 될 거 아닌가! 과히 나쁘지 않은 그림이다. 그러니 가급적 K급 잠수함을 가져오는 게 맞다. 서방 국가들이 겁내는 잠수함 아니냐. 나는 러시아에 가기도 전에 벌써부터 총장, 전단장, 전대장 입장에서 마음대로 결론을 내려놓고 있었다. 완전히 김칫국부터 마시고 있었다.

며칠 후 전대 참모와 전단장에게도 잠수함 사업 관련해서 본부 지시로 독일에 업무 협의차 출장 간다고 얘기해놓고 서울로 올라가 김포에서 모스크바행 비행기를 탔다. 본부 지시로 멀지 않아 독일에 갈 일이 생길지도 모르겠다고 미리 언질을 해놓아선지 그들과는 예상됐던 출장으로 받아들이는 것 같았다. 독일과는 잠수함 사업이 계속 진행되고 있었으니 독일에 출장 간다고 이상할 것은 없었다.

모스크바행 비행기를 타니 감회가 새롭다. 우리 비행기가 김포에서 그 옛날 '철의 장막'의 심장부까지 직행한다니 말이다. 세상이 달라져도 이렇게 달라지다니. 변화란 정말 사람 살맛 나게 하는 것이다.

생전 처음 가 보는 모스크바는 그해 5월에 러시아 해군 창설 300주년 행사에 참가하는 순항 분대 참모장으로 가 보았던 블라디보스토크보다는 외견상으론 훨씬 나아 보였다. 공항에서 모스크바 시내로 들어올 때까지의 인상은 꽤 괜찮았다. 높낮이 없이 질펀한 대지와 고속도로 좌우로 잘 가꾸어놓은 자작나무 숲이 좋아 보였고 시내 자동차 도로 중간에 널찍하게 형성해 놓은 녹지공간이 제일 눈에 들어왔다. 땅이 넓어서 그렇기도 하겠지만, 공산주의 시대 사람들도 도시에 녹지공간을 마련해 놓는 것이 미래를 위해서 좋다는 걸 알고는 있었다는 생각이 든다. 불과 5년 전만 하더라도 이 땅은 공산사회였으니 무엇을 보아도 '공산주의 시대'와 연결되는 것은 어쩔 수 없는 일이다.

모스크바에 도착한 이튿날 러시아 해군본부 제1차장을 방문해서 얘기하는 중에 우리의 방문일정에 상트페테르부르크에서 K급 877계열 잠수함을 볼 수 있도록 계획을 잡았노라고 했다. 우리는 636계열을 보길 원한다고 요청했다. 636타입을 보려면 무르만스크로 가야 한단다. 우리는 무르만스크도 갈 수 있다고 했다. 그러자 제1차장은 우리 요청이 최대한 반영되도록 노력하겠다고 대답했다. 무기수출을 담당하고 있다는 부서의 책임자를 방문했을 때도 같은 요청을 해놨다. 그의 대답은 아주 호의적이었다. 상트페테르부르크에 가서 877계열을 먼저 보고 무르만스크에 가서 636계열을 보면 좋지 않겠냐고 해서 우리는 그의 얘기에 흡족해서 기대를 갖고 그 이튿날 상트페테르부르크로 날아갔다. 그러나 결과부터 말하면 636계열을 볼 수 있도록 최대한 조치를 취하겠다던 해군본부 차장의 말이나 우리가 요구하는 것 이상으로 보게 해 줄 것 같았던 무기수출 책임자의 말이나 모두 헛말이었다는 것이다. 잠수함 시승은 애초에 그들이 계획했다는 대로 877계열 밖에 이루어지지 않았다. 상트페테르부르크에 있는 관계자들은 636타입을 보기 위해서 무르만스크로 간다는 계획은 지시받은 바도 없고, 갈 방법도 없단다. 우리는 황당해서 서로 얼굴만 쳐다봤다. 고위 관계자가 말한 것이니 그리되려니 생각했던 게 잘못이었다. 지금 같으면 그런 말이 나왔을 때부터 확실하게 집고 나갔을 테지만, 그때는 러시아 사람들과 처음 하는 일이라 적당히 생각한 것이었다. 그 이후 쌓은 경험에 의하면 러시아 사람들과 그렇게 일하면 안 된다. 확실하게 언질하는 것 같아도 잘되지 않는데, "좋다! 그렇게 하겠다."라는 말은 사실 하지 않았으니 누구한테 따질 수도 없는 일이다. 그런 면에선 남미 사람들과 비슷하다. 확실하게 두 번 세 번 확인하고 또 다짐받아라! 그게 그 사람들과 일할 때의 경험상 법칙이다. 그러고서도 준비해야 할 게 있다. 그럼에도 불구하고 안될 수도 있다는 마음가짐을 가져야 한다는 것이다.

 공산국가의 도시였다는 생각을 잊게 하는 아름다운 도시 상트페테르부르크에서의 시작은 며칠 후 잠수함 시승문제를 얘기할 때 가졌던 그런 황당한 느낌을 예시하는 듯 처음부터 뭔가 이상하게 돌아갔다. 우리는 K급 잠수함에 대한 브리핑을 받고 질문을 하고 눈으로 확인하면 되는 것으로 생각했는데 도착한 다음 날 하루 종일 호텔 회의실에서 잠수함 설계회사인 루빈(Rubin) 사의 관계자로부터 교육받는 것 같은 장황한 설명을 듣는 것으로 시작되었다.
 루빈 사의 역사와 러시아의 잠수함 발달사, 러시아 잠수함의 우수성, 서방측 잠수함 건조국들이 해결하지 못한 것을 러시아가 해결한 사례 등등. K급 잠수함 외의 내용에 너무 많은 시간을 보내는 것이었다. 통역을 통해야 하니 시간은 두 배로 걸린다. 통역이 시작될 때까지는 연설하는 듯한 러시아어를 듣고 있어야 한다. 가만히 보니 그동안 K급 잠수함을 사 갖던 구소련 위성국가들의 관계자들에게 했음 직한 교육 같은 것이었다. 경협차관을 못 갚아서 그 대신 가져갈까 하고 심사하러 왔는데 K급 잠수함을 못 가져서 안달하는 사람들한테 했던 것 같은 내용을 장황하게 펼쳐 놓으니 뭔가 핀트가 안 맞는 것 같다. 우리는 기회를 포착해서 K급에 대한 질문을 해대고 그에 대한 대답을 들으려고 노력했지만, 번번이 그들의 강의 내용으로 돌아가기 일쑤였다.

 러시아 사람들은 말하는 걸 무척 좋아하고 즐기는 것 같다. 한 번 입을 열기 시작하면 웬 기회냐 싶은지 제지하기 전까지는 계속한다. 그해 블라디보스토크에 러시아 해군 창설 300주년 기념행사에 초청되어 순항분대로 방문한 적이 있는데 저녁에 러시아 기예단이 공연한다는 어느 극장에 한국 순항 분대 장병들이 초청되어 갔었던 적이 있었다. 그런데 극장장이라는 사람이 나와서 환영 인사말을 40여 분간 하는데 모두 질려버렸던 경험이 있다. 환영 인사말이 끝났을 때는 관람자 3분지 2는 모두 깊은 잠들어 있었다. 관객들은 눈을 감고 자고 있는데 아랑곳하지 않고 연설을 계속하는 극장장이 하도 신기해서 무대 쪽과 관람석을 번갈아가며 쳐다보았던 기억이 있다. 대단한 일이었다. 1분이면 족한 환영사였는데 말이다.

그때와 K급 잠수함 때문에 상트페테르부르크에서의 경험으로 나는 러시아 사람들을 만나면 말을 시키는데 공포감이 생긴다. 연설식 러시아어가 이어질까봐 정말 겁이 난다. 나는 세상 언어 중에서 독일어가 가장 음율적으로 뒤떨어지는 언어라고 생각했었는데 러시아어를 여러 번 듣고 공포를 느낀 후부터는 러시아어를 그 자리에 둬야겠다는 생각을 하게 되었다.

잠수함 설계회사 루빈(Rubin)

상트페테르부르크에 도착한 이틀 후에 잠수함 설계회사인 루빈 사를 방문했다. 러시아 해군의 그 많은 잠수함들을 설계한 전통 있는 회사다. 2차대전 당시는 4,000여 명의 설계사가 있었는데 지금은 1,800여 명만 일 한단다. 설계사가 그 정도이고 행정, 관리요원까지 합치면 수천 명은 되어서 뭔가 부산한 움직임이 있을 줄 알았는데 방문 첫인상은 폐업한 공장에 온 느낌이었다. 건물은 낡고 우중충해도 박물관으로 꾸며놓은 곳에 전시해 놓은 사진이며 갖가지 잠수함 모형들이 오랜 역사를 느끼게는 하는데 휴일도 아니고 휴가 기간도 아닌데 회사가 오가는 사람도 안 보이고 사무실마다 텅텅 비어있는 것이 영락없이 폐업회사 분위기다. 왜 이리 직원들이 안 보이느냐고 물으니 오늘은 휴일은 아니지만 근무하지 않는 날이란다. 왜 일하지 않느냐고 묻고 싶었지만 그만두었다. 그런데 사무실이나 복도 어디를 가도 배어있는 곰팡이 냄새는 오랫동안 사람들이 오가지 않고 비워놓았던 것 같다. 이것은 하루 이틀 비워놓은 집의 곰팡이 냄새가 아니다. 화단의 잡초도 오랫동안 사람의 손길이 닿지 않은 모습이다. 뭔가 이상하다는 생각을 하며 루빈 사를 떠났다.

그 이튿날은 러시아 측에서 잡은 일정대로 해군 참모대학을 방문했다. 우리가 보고 싶어 한 시설은 아니었지만 잠수함 장교들 교육장소라기에 참고될 게 있지 않겠나 생각하고 갔다. 그런데 이상한 것은 역시 피 교육생들이나 직원들이 안 보이고 빈집이었다는 것이다. 영락없이 방학 중에 텅 빈 학교에 온 기분이다. 교육과정이 없으면 피 교육생은 없을 수 있지만, 학교에서 일하는 직원이나 잡역부 같은 사람들도 일체 보이지 않으니 우리가 온다고 전부 어디에 숨겨놓거나 다른 데 가서 있으라고 한 건 아닐 테고 이상하기만 하다. 그런데 루빈 사에 갔을 때와 마찬가지로 곳곳에서 배어 나오는 곰팡이 냄새는 오랫동안 사람들의 움직임이 없었음을 얘기하는 것 같다. 학교시설은 모두 낡고 실험장비들이 하나같이 옛날 것들이라는 게 의외였다. 첨단 컴퓨터장비로 디지털화되어 있을 거라고 생각했던 것과는 거리가 먼 1980년대의 아날로그 장비 일색이다. 외국 장교들도 수십 명이 와서 유학하고 있다는데 보이진 않고 어느 나라 장교들이냐고 물으니 중국, 이란, 루마니아 등, 구소련 위성국들 이름만 댄다. 그럴 거라는 생각이 들었다.

루빈 사나 해군 참모대학을 방문해서 느낀 것은 하여간 무언가 멈춰 버린 것 같다는 것이었다. 무언가 돌아가는 듯한 활기가 안 보이고 사람들의 체취가 안 느껴지는 집이었다는 것이다. 그것은 1991년 소련 블록이 무너진 이후 계속 하향길을 걸은 러시아의 현주소였는데 우리는 전혀 그 내용을 모르고 있던 것이다.

에드미럴티(Admiralty) 조선소

그런 이상하다는 느낌은 그 이튿날 러시아의 유명한 잠수함 건조 조선소인 에드미럴티(Admiralty) 조선소를 방문하고 깜짝 놀라는 것으로 변했다. 1704년에 피터(Peter I)대제가 세웠다는 유서 깊은 조선소로 2차대전 이전에 69척, 2차대전 중에 79척의 잠수함을 건조했고 현재까지는 총 287척을 건조했고 K급 잠수함을 건조하고 있다는 에드미럴티 조선소는 방문 전에 우리는 기대하기에 충분했다. 그런데 그 이튿날 아침 에드미럴티 조선소를 간다고 우리를 태우고 가는 차에서부터 이상한 생각을 갖게 했다. 조선소로 간다는 길이 어느 시골의 외곽 길을 가는 듯이 잡초가 우거지고 도로 양옆의 나무들이 정리가 안 되어 도로까지 불거져 나와 있고 도로 중간이 웅덩이같이 패인 곳도 있어서 누추하기 짝이 없는 것이다. 그런 도로를 얼마쯤 가다가 나타난 조선소 정문을 들어서기가 무섭게 여기저기 무질서하게 야적되어있는 철 자재들과 주위의 건물들을 보고 눈이 휘둥그레졌다. 철 자재들이 하나같이 시뻘겋게 녹슬어 있고 건물들도 벽면에 빨간 녹물이 흘러내린 자국으로 흉측하기 짝이 없고 조선소의 상징인 크레인이며 장비들이 모두 구형에다가 페인트가 벗겨져 원래의 색깔을 유지하고 있는 게 하나도 없다. 조선소의 전체적인 모습이 영락없는 대형 고물상 아니면 폐차장이다.

자재들이나 블록들이 일정하게 정리되어 있고 산뜻한 색깔을 유지하고 있는 국내 조선소 모습만 보다가 고물상 같은 조선소를 보니 도저히 믿어지지가 않아 에드미럴티 조선소가 맞느냐고 물으니 300년의 역사에 빛나는 유수한 조선소라며 다시 장황한 설명의 시작이다. 속으로 "세상에!"를 되뇌이며 K급 잠수함이 건조완료 88% 공정에 있다는 잠수함 건조공장에 들어서자 입이 딱 벌어졌다.

잠수함 한 척이 공장 크레이들 위에 놓여있긴 했는데 공장 안이 온통 쇳가루 천지고 잠수함 선체 위에도 쇳가루며 먼지가 수북이 쌓여있다. 나는 눈을 의심할 정도였다. 공정 88%라면 최종 의장 단계인데 이런 곳에 있다니. 아무리 비청정구역이라고 해도 이럴 수가 있나? 더욱 놀란 것은 공장 지붕이 몇 군데 뜯겨져 나가 하늘이 보인다는 것이었다. 공정이 88%에 있는 잠수함이면 청정구역에 있어야 되는 거 아니냐 물으니 청정구역이 무엇이냐고 되묻는다. 아니 청정구역이 무엇이냐니? 기가 막혔다.

잠수함건조 공장은 두 구역으로 나뉘어 있어야 한다. 철판을 절단하고 용접하고 장비를 설치하는 비청정구역(dirty side)과 최종 의장 작업을 하는 청정구역(clean side)이다. 건조가 거의 완료된 잠수함은 내외부의 먼지나 분진을 제거한 후 그런 먼지나 분진이 일어나지 않는 구역에서 마무리 작업을 한다. 장보고함을 인수받은 독일 조선소도 그랬고 우리나라의 대우조선소도 잠수함건조 공장이 그렇게 되어있다. 그러니 우리는 잠수함 건조 조선소는 모두 그런 방식으로 되어있는 것으로 알고 있었다. 그런데 유구한 역사를 가진 러시아의 잠수함 건조 조선소가 청정구역, 비청정구역 개념이 없다니. 그런 개념이 없더라도 잠수함 건조공장이 이럴 수는 없다. 구두 굽까지 올라오는 쌓여있는 쇳가루며, 먼지, 여기저기 널려있는 쇳조각들, 뜯겨져 있는 공장 지붕, 무질서하게 놓여있는 잡다한 자재들. 여태까지 이런 방식으로 그 많은 잠수함이 건조되었단 말인가? 우리나라는 고물상도 이렇진 않다. 도저히 믿기지 않는다. 그런데 사실이다. 불가사의 감이다.

건조 중인 잠수함은 877 계열이었는데 내부 개방은 할 수 없다고 하여 외부만 살폈다. 소나 청음센서 배열이 함수 상부에 있을 줄로 생각했었는데 함수 하부에 설치되어있다는 것과 갑판 위에 덧붙인 5cm 두께의 고무 흡음 타일 외엔 내부를 볼 수 없으니 관찰할 것 별로 없었다. 내부를 보지 못했더라도 그 날은 중요했던 날로 생각되었다. K급 잠수함이 건조되는 조선소의 실체를 보았으니 말이다.

조선소만큼 노동자와 장비가 부산하게 오가는 공장이 어디 있을까. 그러나 에드미럴티 조선소는 분명 멈춰져 있었다. 생산작업에 부산한 노동자도 별로 보이지 않고 조선소의 상징인 크레인도 멈춰져 있고 블록을 옮기는 트랜스포터도 보이지 않고 그 흔한 용접작업 광경 하나 보이지 않는다. 작업을 하다가 잠깐 중지하고 있는 모습이 아니고 어제 작업을 하다가 오늘 쉬고 있는 모습도 아니다. 모든 것이 오랫동안 멈춰져 있어 먼지가 쌓여있고 녹이 슬어있다. 조선소가 온통 벌겋다. 철판의 녹이라면 우리도 알 만큼 안다. 며칠 전에 생긴 것인지 몇 달 전부터 있던 것인지 구분해 낼 수 있다. 그런데 이 조선소 곳곳에 생긴 녹은 어제나 며칠 전에 생긴 녹이 아니고 적어도 6개월 이상은 지난 녹이다. 벌겋다 못해 검게 변해있다. 6개월 아니라 몇 년일 수도 있다.

조선소를 방문한 외국의 방문팀에게 회사를 소개하는 브리핑이나 차 한잔 대접도 없이 서서 공장만 보고 속히 조선소를 떠나게 일정을 잡은 것도 여러 가지를 얘기해 준다. 보이고 싶지 않은 것들이 많기 때문일 것이다. 정말 보지 않고는 믿지 못할 것을 봤다. 백문이 불여일견

(百聞而 不如一見)이란 말이 이렇게 들어맞는 경우도 드물 것이다.

인터텍 서비스(Intertec Service)사

에드미랄티 조선소를 나와 잠수함 건조에 필요한 부품 공급을 담당한다는 인터텍 서비스(Intertec Service)사를 방문했다. 우리가 요구한 부품 공급체계에 대한 설명을 듣기 위해서였다. 그 회사는 조선소의 험악한 모습을 본 다음에서인지 회사 건물과 사무실은 말끔하게는 보였지만 공통점은 역시 사람들이 별로 안 보이고 조용하다는 것이었다. 어디를 가나 사람들이 안 보이고 그나마 보이는 사람들의 움직임에서 생기나 활기가 느껴지지 않으니 이상한 노릇이다. 인터텍 서비스사 임원의 설명은 장황하게 두어 시간 이어졌지만 간단히 요약하면 이런 것이었다.

"K급 잠수함을 건조하는데 소요되는 장비 및 부품의 99.9%는 러시아제다. 우리 회사는 잠수함 건조에 소요되는 부품 및 특수공구 공급을 종합적으로 담당하는 회사다. 수리, 정비에 필요한 책자 공급도 우리가 한다. 부품 공급업체는 100여 개인데 우리는 그들과 유기적인 업무협조 체제하에 있다. 수리부속 공급은 언제, 어디서든 이루어질 수 있게 한다. 부품 공급업체 모두 잘 가동되고 있다."

조선소가 잘 돌아가지 않는데 부품 공급업체가 잘 가동될 수 있느냐 물으니 조선소도 잘 가동되고 있고 따라서 부품업체도 잘 돌아간단다. 조금 전에 멈춰선 듯한 조선소를 보고 왔는데 조선소가 잘 돌아가고 있다니. 누군가에게서 들은 말이 생각났다. "러시아 사람들에게는 안되는 게 하나도 없다. 그리고 되는 것도 하나도 없다." 이런 걸 두고 하는 말일 것이리라. 거짓말도 앞뒤가 맞아야 하는데 말이다.

부품업체 중에서 잠망경을 공급하는 업체를 방문할 수 있느냐 물으니 사전 협조를 하지 않아서 방문할 수 없지만, 우리가 잠수함을 사간다고 결정하면 보여줄 수 있단다. 우리를 잠수함을 사가려고 온 사람들로 알고 있었다. 하기야 외채를 갚지 못해 잠수함으로 가져갈 것인지를 판단하러 온 사람들이라고 말해 놓지는 못했을 것이다.

부품업체명 리스트를 보여달라고 요구하니 보여줄 수 없다고 딱 잡아뗀다. 그럼 장비 정비 매뉴얼 샘플을 하나 보여줄 수 있느냐고 물으니 한참 후에 작은 책자 하나를 가져온다. 엔진 정비 매뉴얼이란다. 엔진 정비 매뉴얼은 이게 전부냐 물으니 그게 전부란다. 내가 함장 시절 기관장이었던 I 중령은 나를 쳐다보며 미소를 지었다. 나는 그가 왜 미소를 짓는지 안다. 우리 장보고함 엔진 매뉴얼은 부분부분 정비주기에 해당하는 매뉴얼을 합치면 아마 한 리어카는 될 것이기 때문이다. 이게 러시아 잠수함 정비의 실체라니 도저히 믿기지 않는다. 보지 않고는 믿을 수 없는 사실이었다.

구체적인 설명 없이 원리적인 얘기만 장황하게 잇는 설명에 피곤해져서 그만 호텔로 돌아가자고 했다. 지속적인 수리부속 확보 방안에 대한 의구심을 떨칠 수 있는 설명은 들을 수 없었다. 그 정도의 설명이면 충분히 감을 잡을 수 있다. 하나를 보면 열을 다 보지 않아도 알 수 있다.

호텔로 돌아와 우리끼리 얘기한 공통점은 러시아의 모든 것이 잘 안 돌아가는 듯한 느낌이 난다는 것이었다. 조선소나 회사나 학교 같은 곳들이 분명 문제가 있는 듯하다는 얘기로 모아졌다. 우리는 러시아에 도착한 이후부터 느꼈던 점들을 오래도록 얘기했다. 공산체제에 있다가 개방체제로 변한 지 얼마 지나지 않았다는 점을 감안하더라도 우리가 예상한 것보다 상태가 훨씬 안 좋은 것 같다는 것이었다. 그동안 표현은 안 했어도 느꼈던 느낌은 비슷했다. 그런 우리들의 느낌은 그 이튿날 K급 잠수함을 시승하러 가서 다시 한 번 확인할 수 있었다.

K급 잠수함 시승

K급 잠수함 시승. 그것이 이번 출장의 핵이었다. 그렇게도 궁금하던 K급 잠수함의 내부를 볼 수 있는 날이 드디어 다가온 것이다. 무르만스크까지라도 가서 636계열을 보겠다던 기대는 러시아 측의 "불가" 답 하나로 사그라졌지만 어쨌건 K급 잠수함에 대한 궁금증은 풀 수 있게 되었다.

잠항 구역까지 거리가 멀어서 일찍 출항해야 한다기에 시승하는 날 새벽 5시에 호텔을 출발해서 러시아의 발틱해 연안 잠수함기지 크론슈타트(Kronshtadt) 기지까지 지프(Jeep)차로 한 시간여를 달리는 동안에 어찌나 추웠던지 지금도 잊혀지지가 않는다. 사람 하나 보이지 않는 춥고 뿌연 북구의 새벽 도로를 난방장치도 없는 지프차를 타고 한 시간여를 달리는데 한기가 정말 뼛속까지 느껴져 내내 오들오들 떨었다. 10월 중순인데 겨울보다도 더 추웠다. 옷을 단단히 입고 나오지 않은 후회를 크게 했다. 6시경에 기지에 도착했는데 주위는 아직 깜깜한 밤중이라 보이는 것도 없고 너무 추워 서둘러 잠수함에 탔다. 그런데 놀랄 일이 그다음부터 연이어 일어났다.

우리 일행이 타기만 하면 곧바로 출항할 거라던 잠수함이 7시가 지나 8시가 가까이 오는데도 출항을 하지 않는 것이었다. 왜 출항하지 않느냐고 물으니 장비가 고장 나서 수리 중이란다. 우리는 그러려니 하고 크게 생각하지 않았다. 배라는 건 멀쩡하다가도 출항하려면 고장이 발생하는 게 다반사니까.

그런데 사관실에서 얘기를 하는 중에 오늘 출항하는 게 한 달 만에 출항하는 것이라는 말을 듣고 약간 놀랐다. 가동 중인 함정이 한 달 만에 출항한다? 그렇다면 장비가 고장 났다는 게 출항 전에 어쩌다 발생한 고장이 아니라 한 달 동안 작동 안 하다가 작동을 시키니까 안된다는 말이 아닌가? 그럼 오늘 외국 방문팀이 와서 시승한다는 계획을 통보받았을 것인데 사전에 작동검사도 안 해봤다는 얘기가 아닌가? 이리저리 생각해 봐도 그럴 수 있겠다는 대답이 안 나온다.

그러나 그렇게 약간 놀란 것은 아무것도 아니었다. 하도 출항이 지연되어서 함교에나 올라가 봐야겠다고 생각하고 함교에 올라갔다가 나는 너무나도 놀라운 광경을 발견하고 입이 딱 벌어졌다. 잠수함에 탈 때는 주위가 어두워 보질 못했는데 날이 새어 함교에 올라와 주의를 둘러보니 기지 항내가 온통 새까만 잠수함들로 가득 차있는 게 아닌가. 모두 3,000톤에서 5,000톤 정도 됨직한 대형 잠수함들인데 찬찬히 세어보니 우리가 타고 있는 잠수함까지 합쳐 모두 17척이었다. 그런데 놀라운 것은 잠수함들이 많다는 것이 아니라 여기저기 쓰러진 듯이 비스듬히 누워있는 잠수함들이 많다는 것이었다. 가만히 보니 부두에 겹으로 정박 되어 있는 잠수함 외에 부두가 아닌 방파제 쪽에 대여섯 척이 비스듬히 누워있다. 아니 잠수함이 방파제에 비스듬히 누워있다니?

함교에 올라온 함장에게 저 잠수함들은 왜 저기에 비스듬히 누워있는가 물으니 폐선 잠수함이란다. 폐선 잠수함? 나는 기겁을 하고 다시 찬찬히 살펴봤다. 잠수함 갑판에 사람 기척이 보이지 않고 갑판부터 현측으로 뻘건 녹물이 흘러내린 자국이 보이는 것이 되는대로 방치해 놓은 잠수함이 분명했다. 그런데 녹물이 흘러내린 자국 외에는 선체가 파괴된 곳도 없고 멀쩡한데 한두 척도 아니고 폐잠수함을 저렇게 방치

한다는 말인가? 나는 입이 다물어지지 않았다.

폐잠수함은 그것뿐이 아니었다. 부두에 두세 척씩 정박시켜 놓은 잠수함들도 거의 대부분 폐잠수함이라는 사실이었다. 함수, 함미에 정박기가 게양되어 있고 갑판 위에 사람이 올라가 있는 잠수함은 우리가 타고 있는 잠수함과 건너편 부두에 정박 되어 있는 2척뿐 이었다. 나머지 14척이 모두 폐잠수함이었다! 놀랄만한 광경이었다. 선체 외부에 녹물 자국도 보이지 않고 손상된 곳도 보이지 않는 깨끗한 잠수함도 여러 척이다. 폐선 처리한 지 얼마 지나지 않았다는 걸 알 수 있다.

시승했던 K급 잠수함 함장과 필자

함장에게 다시 물어봤다.

"이 기지가 원래 폐잠수함 보관하는 기지인가?"

"아니다. 원래 해군 잠수함 작전기지다."

"이 폐잠수함들이 선령이 지나서 폐선한 것이냐 아니면 선령이 지나지 않았는데도 폐선시킨 거냐?"

"(어깨를 들썩하며)모르겠다."

같은 기지에 있는 잠수함 함장으로서 선령이 지났는지 아닌지를 모를 리 없겠지만 물어보지 않아도 알 수 있는 일이다. 부두의 시설들로 보아 폐잠수함만 보관하는 기지는 아닌 것 같고 선령이 지났기 때문이라면 아주 구형 타입이어야 하는데 그럴만한 구형 타입도 아니다. 함교탑 후부가 유선형으로 내려간 원자력 추진형 같은 잠수함도 몇 척 보인다. 하여간 정상적으로 폐선 처리할 잠수함이 아닌데도 유지능력이 없어 이런 식으로 방치해 놨다면 이건 보통 일이 아니다.

나는 K급 잠수함이 어떤 잠수함일 것이냐에 집중되었던 터라 다른 문제는 그리 심각하게 생각지 않고 있었는데 그 날 크론슈타트 기지에 널려진 폐잠수함을 보고 정신이 번쩍 드는 것 같았다. 러시아 경제는 예상보다 심각하다. 잠수함을 운용할 수 없는 정도라면 아무리 성능 좋은 잠수함이라도 전력으로 유지될 수 없다.

우리보고 차관 상환금 대신 가져가라는 것은 자기들이 운용할 수 없는 잠수함을 처리하려는 것일 것이다. 그렇게 되면 K급 잠수함 유지에 필요한 100여 개의 부품업체가 온전할 리 없다. 그 기관들은 하나같이 공산체제하에서 국가 주도로 운용되던 업체일 것이다. 경쟁력으로 버티던 업체가 아니니 경제체제가 무너지는 이 판에 제대로 운영되지 못할 것은 불을 보듯 뻔한 노릇이다. 인터텍 서비스사도 군수지원

체제에 대한 명확한 설명을 못 했다. 핵심부품 한 개만 없어도 움직이지 못하는 게 잠수함 아닌가. K급 잠수함을 가져간다면 부두에 매어 놓는 것은 시간문제다. 5년 전에 인도로 수출되어가던 K급 잠수함이 이동 중 고장이 나서 킬(Kiel)에 기항했던 것이나 오늘 아침 출항이 안 되어 절절매고 있는 이 현상은 연관이 없는 게 아니다. 상트페테르부르크에 와서 느끼기 시작했던 이상한 생각들은 바로 이런 것들 때문이었다. 서로 연관되어있고 그것도 매우 심각하게 연관되어 있다……. 그동안 초점이 안 맞아 흐릿하던 렌즈가 초점이 점점 맞춰져 가면서 물체들이 점차 또렷이 보이기 시작하는 것 같았다. 그 이상한 것들의 실체가 여기에서 연유된 것이었다. 한숨을 길게 들여 마셨다가 내쉬었다.

8시가 넘어 간신히 출항했다. 잠항 구역으로 이동하는 동안 K급 잠수함 내부를 찬찬히 살펴보기 시작했다. 그러나 잠수함에 타는 순간부터 1차 서베이(survey)는 완료했고 두어 시간 출항지연 시간에 본 것만으로도 2차 서베이는 완료된 것이나 다름없었다. 이동 중에 함 승조장교를 대동하고 찬찬히 보기 시작한 것은 말하자면 3차 서베이쯤에 해당할 것이다.

K급 잠수함에 들어오는 순감부터 느끼는 첫인상은 함내부 공간이 물색없이 넓다는 것이다. 물색없다는 말을 해야 할 정도로 비어있는 공간이 많다는 것이다. 선체 직경이 10m에 가까우니 장보고함의 6.2m에 비하면 엄청 넓어진 것은 분명하지만, 장비가 짜임새 있게 배치되어 공간이 넓게 보이는 것이 아니라 장비가 별로 없어 넓어 보인다는 것이다. 장비가 함내 공간의 위아래 할 것 없이 콤팩트 하게 장착된 모습을 보다가 위 공간이 휑 비어있는 것을 보니 물색없다는 느낌이 대번 생긴다. 이렇게 위 공간을 비워 놓은 것이 승조원들의 거주공간과

근무환경을 위해서 선체의 직경을 이렇게 크게 잡은 것은 아닐 텐데 생각하다가 함수 쪽과 기관실을 보고 그 이유를 찾아냈다.

  외부에서 보면 떡 벌어져 우람하게 보이는 함수 내부엔 어뢰 자동장전장치가 공간을 차지하고 있었다. 어뢰 자동장전장치는 K급 잠수함이 가진 장비 중 유일하게 관심이 가는 장비였는데 어뢰 자동장전을 시연시켜보니 철거덕철거덕 돌아가며 10여 분만에 어뢰 한 기를 장전하는 것이었다. 유압으로 움직이는 길이가 2~3m 정도 되는 이송장치 여럿이 서로 엇물리며 돌아가는 것이 상당한 공간을 차지하긴 했지만 놀라운 재장전 시간이었다. 어뢰 발사관 앞 공간은 그 이송장치 외엔 아무 장비도 있을 수가 없었다. 그러나 그것만이 선체 직경을 늘리는 이유만은 아닐거라 생각하고 다시 살피던 중 기관실에 와서야 이것이구나 하고 생각이 드는 이유를 찾아냈다.

시승했던 K급 잠수함 어뢰 발사관 앞

함미 쪽 기관실에 이르면 선체 내부를 상하로 나누던 갑판이 사라지면서 갑자기 넓어진 공간에 자리 잡은 거대한 엔진의 크기에 깜짝 놀라게 된다. 엔진은 좌우 현측으로 두 개가 설치되어 있는데 현측을 따라 길게 연결된 직경이 50~60cm나 됨직한 엔진 폐기관이 도시의 하수관같이 보여서 대번에 눈에 뜨인다. 엔진 부속장치들이 갑판 높이를 지나 천정에까지 이를 정도여서 역시 눈에 뜨이는 구조물이고 발전기의 크기며 추진모터의 크기도 기관실 중간의 갑판을 없애야 하는 이유인 듯싶다. 특히 추진모터는 주 추진모터만 있는 게 아니고 속력별로 사용하는 보조 모터가 두 개 더 있었다.

엔진이나 발전기, 모터의 크기가 거대하다는 것은 무엇을 말하는가? 말할 것도 없이 효율 때문이다. 효율이 낮으니 크기를 키워 힘을 얻으려는 것이다. 그러니 선체의 직경이 커진 것이고 선체가 커지니 방사소음과 음반사 면적이 늘어나고 이것을 감소시키기 위해서 외부에 흡음타일을 붙여 보완한 것이다. 하여간 K급 잠수함의 기관실을 보고 나서 그동안 가졌던 의문점이 많이 풀렸다. 한마디로 K급 잠수함의 추진체계는 우리의 장보고함급 잠수함의 그것보다 분명 한 세대 이전의 구식장비라는 것이었다.

K급 잠수함 선체 직경 9.9m의 내부를 가득 채운 거대한 엔진, 추진모터, 발전기는 직경이 불과 6.2m의 선체 내부를 상하로 나누어 상부엔 엔진, 발전기, 하부엔 추진모터를 설치한 장보고급 잠수함의 소형, 고효율의 추진체계보다는 분명 한 세대 이전의 구식장비였다. 장보고함의 기관장을 지낸 I중령이 기관실에서 혓바닥을 길게 내밀고 고개를 절레절레 흔들던 뜻이 무엇인지 나는 안다. "K급 잠수함의 추진체계가 이럴 줄이야." 속으로 놀라는 것이다. 우리는 신기한 것을 본 것이다.

K급의 장비가 한 세대 이전의 버전인 것은 추진체계만이 아니었다.

전투체계장비 역시 그랬다. 음탐 접촉물 분석능력이 4~5개에 불과했다. 24개 이상의 접촉물 분석이 가능한 장보고함 전투체계의 3분지 1도 안 되었다. 말하자면 장보고함 체계가 486 컴퓨터 체계라면 K급 잠수함은 아직 386 컴퓨터에도 미치지 못한 상태다. 놀랜 것 중 하나가 전투정보실 속도 표시기가 필라멘트에 불이 들어와서 숫자를 표시하는 표시기였다는 것이다. 요즘은 하나같이 디지털 숫자 표시기이지 숫자 모습대로 불이 켜지는 필라맨트 표시기는 1980년대의 장비인 것이다. 우리는 신기해서 속도 표시기를 오랫동안 쳐다봤다.

잠망경은 더욱 그랬다. 함내 잠망경 조종 박스에 달린 두 개의 접안구에서 눈을 떼지 않고도 잠망경 조종 박스 내에 표시되는 접촉물의 진방위, 상대방위, 거리, 위협 레이더파의 유무를 읽을 수 있는 장보고급의 첨단 잠망경에 비해 K급은 접안구도 외눈 접안 구에 광도도 낮고 오로지 알 수 있는 관측물의 진방위도 다른 사람이 잠망경 조종 박스 밖에서 읽어 주어야 하는 구식 잠망경이었다.

또 하나 놀란 것은 함내에 비상호흡장치(BIBS: Built-in Breathing system)가 설치되어 있지 않다는 것이었다. 비상호흡장치란 밀폐된 잠수함 내에서 유독가스가 생겼거나 화재 시, 또는 침수상황이 발생했을 때 승조원들이 호흡할 수 있도록 호흡 공기탱크와 연결된 파이프를 따라 일정하게 호흡 마스크 연결구를 설치해서 함내 어디에서든 마스크를 연결하면 안전하게 호흡할 수 있는 잠수함의 중요한 안전장치다. 모든 잠수함의 기본적인 안전장치인 이 비상호흡장치가 없다니 참으로 이상하다. 승조원용 산소마스크는 있었지만, 그것은 화재나 가스 발생 상황에서만 호흡이 가능하고 침수상황 하에선 사용할 수 없다. 러시아 잠수함은 절대 침수상황이 생기지 않는다는 뜻인가?

　공기정화장치는 또 한 번 우리의 고개를 절레절레 흔들게 했다. 통풍장치와 연결된 터미널식의 공기정화장치는 아예 보이지 않고 이산화탄소를 제거할 필요가 있을 때는 함내 곳곳에 놓아둔 5갤런(gallon) 통 같은 것을 거꾸로 뒤집어 놓아 그 안에 있는 흡수 알갱이가 이산화탄소를 흡수하게 하는 것이었다. 2차대전 때 쓰던 공기정화장치와 같다. 비상호흡장치가 없다는 것과 함께 입맛이 다셔지는 부분이다. 승조원들의 안전에 대한 개념이 부실하게 설계된 잠수함이라는 느낌을 지울 수 없다.

　우리는 잠항 구역에 도착하기 전에 내부 장비에 대한 일별을 끝냈다. 사실 더 이상 상세하게 볼 것이 없었다. K급 잠수함의 내부는 한 세대 이전의 추진체계 때문에 커진 공간을 잠수함답게 짜임새 있게 장비를 설치하지 못했기 때문에 마치 수상함 내부 같은 느낌을 갖게 한다. 그렇게 여유 있는 공간이 생겼으면 장비를 적절하게 배치했다면 넓은 식당 같은 장소를 마련해서 승조원의 휴식이나 생활공간으로 사용할 수 있겠는데 승조 장교 15명이 동시에 앉을 수 있는 사관실은 있는데 50여 명이나 되는 승조원용 식당은 없다. 점심식사를 할 때 보니 승조원들이 작은 식판에 음식을 받고서는 하나같이 통로에 서서 식사를 하는 것이었다. 그것에 대해선 시승 이틀 후 상트페테르부르크에서의 일정을 끝내고 출발하기 전에 루빈 사 관계자들과 마지막 토의를 하는 자리에서 설명을 듣고 기분이 매우 상했었다.

　마지막 토의 장소에서 내가 물었다. "K급 잠수함을 시승해보니 함내 공간이 넓어 마치 수상함을 탄 듯한 기분을 느꼈는데 승조원용 식당이 없더라. 비어있는 공간에 장비를 적절히 배치하면 큰 식당 하나쯤은 충분히 만들 수 있을 거라는 생각이 들던데 그렇게 설계를 하지 않은 무슨 특별한 이유가 있는가?"

루빈 사 관계자가 대답했다. "승조원 식당을 만들면 전원이 한꺼번에 식사를 할 수 있는 공간은 못 만들고 교대식사를 할 수 있는 정도밖에 안 될 것이다. 교대식사를 하면 식사를 끝내는데 한 시간 반 정도는 소요된다. 그러나 한 번에 배식을 끝내는 지금 방식이면 30분 내에 전원 식사를 끝내고 전투에 임하게 할 수 있다."

자신 있는 목소리로 대답한 그는 다시 나에게 도전적으로 물었다.
"당신은 잠수함 전대장으로 알고 있는데 전대장이면 전투적인 요소에 관심을 두어야지 왜 그리 비전투적인 사항만 묻는 거요?"

나는 "당신네 K급 잠수함 장비는 우리 것보다 한 세대 이전의 장비라서 물어볼 게 없어서 그렇소."라고 말하고 싶었지만, 꾹 참고 한 마디 붙였다. "승조원들이 가장 전투적인 요소 아니오? 가장 전투적 요소의 사기가 올라가야 전투에 이길 수 있지 않소?"

그는 얼굴을 부릅뜨더니 한 마디 뱉었다. "당신네 잠수함 전대 알 만하오!" 한심하다는 뜻이었다.

통로에 서서 식사를 하게 하여 신속히 식사를 끝내게 할 수 있다는 잠수함 설계자의 그 발상과 개념에 기분이 매우 상했었다. 우리는 비인간적 사고에 젖어있는 옛 공산주의자들과 얘기하고 있는 것이었다.

잠항 구역에 도착해서 금방 잠항하리라 기다리고 있는데 한 시간여가 지나도록 잠항을 안 하고 있어서 왜 그러느냐고 물으니 장비에 이상이 있어서란다. 장비에 이상이 있다는 말에 이제는 별 의문도 생기지 않는다. 사실 이 배에 타고부터 함내 구석구석 눈 가는 곳마다 함

정비 상태가 엉망이라는 게 보였다. 눈으로 보이는 곳도 저렇게 정비가 안 되어 있는데 눈에 보이지 않는 곳은 어떻겠나 안 봐도 알만하다. 건조한 지 10여 년 밖에 안된 잠수함의 상태가 이 정도라면 이상 없는 게 오히려 이상할 것이다.

잠항을 늦게 하는 바람에 황천용 함교를 볼 수 있었다. 잠수함 함교는 함교탑 위의 노천 함교가 대부분인데 K급 잠수함은 노천 함교 외에 함교탑 내부 전방에 황천용 함교가 설치되어 있었다. 비좁긴 하지만 당직자 3명 정도는 서 있을 수 있는 공간에 조타기도 연결되어 있고 작은 현창도 좌우에 설치되어 있어서 수상항해를 할 때 파도나 비를 맞지 않고 추위도 피할 수 있는 유용한 구조였다. 외부에서 볼 때 함교탑의 전후 폭이 크게 보였던 이유였다. 춥고 파도가 심한 해역에서 작전해야 하는 잠수함으로선 좋은 구조라고 생각했다.

잠항 구역에 도착한 지 두어 시간이 지나서야 가까스로 잠항해서 수심 50m까지 내려갔다가 금방 부상했다. 더 이상은 잠항할 수 없단다. 150m 정도까지 잠항해서 수중 최고속력도 한번 뽑아보고 긴급 잠항, 긴급부상도 한 번씩 시도해 볼 거라 기대했던 것은 우리만의 생각이었다. 이런 상태에서 그런 시험을 시도한다는 것은 위험천만한 일이라 아예 말도 꺼내지 못했다.

부상하자마자 서둘러 기지로 향했다. 어느덧 저녁때가 가까이 오고 있었다. 단 몇 분 잠항하는데 하루 종일을 보낸 셈이다. 크론슈타트 기지에 입항한 후 시승했던 K급 잠수함의 장교들을 전부 기지 장교클럽에 초청해서 저녁을 대접했다. 하루 종일 우리 때문에 수고한 것에 대한 우리의 성의였다. 250년 전통의 장교클럽 건물이라는데 다른 손님은 하나도 보이지 않고 우리 일행과 초청된 장교들이 그 날 저녁 손님의 전부였다. 미리 예약해서 음식을 준비시켰기에 망정이지 즉흥적으로 장교클럽에 갔다가는 불 꺼진 모습만 볼 뻔했다. 조금 괜찮은 보드카를 준비시킨 것이 그 날의 성공이었다면 성공이었다. 하루 종일 굳은 표정이던 장교들이 보드카를 몇 잔 마시더니 그제서야 웃는 모습을 보여주는 것이었다. 이렇게 좋은 보드카를 언제 마셔봤는지 모르겠다며 정말 경쟁하듯이 무섭게 마셔댔다. 러시아의 경제는 분명 심각한 수준에 와있다. 옛날에는 화려했을 것 같은 고풍스런 모습의 적막한 이 장교클럽 건물과 장교들의 모습도 그것을 얘기하는 듯했다.

한껏 기대했던 K급 잠수함시승은 그렇게 끝이 났다. 이상하게 후련하고 홀가분해진 기분이었다. 우선 K급 잠수함에 가졌던 의문과 두려움이 말끔히 가셔졌기 때문일 것이다. 오랫동안 궁금증에 쌓여있던 것들을 너무도 적나라하게 펼쳐 본 기분이다. 허상이었다. K급 잠수함은 저승사자가 아니라 종이호랑이였다!

그다음은 러시아에 도착한 이후부터 무언가 모르게 이상하다는 느낌 때문에 불명확하던 것들이 또렷해졌기 때문일 것이다. 모든 것이 연결되어 러시아는 무너지고 있다는 한 가지를 얘기하고 있다.

잠수함 기관학교

K급 잠수함을 시승했던 그다음 날 마지막 방문지로 잠수함 기관학교라는 곳을 방문했지만, 방문 전부터 별 기대감 같은 건 없었다. 잠수함 승조원들에 대한 육상 실습장이었는데 K급에서 놀랍게 쳐다봤던 그 거대한 엔진과 발전기 등을 설치해 놓은 훈련장이었다. K급 잠수함을 보기 전에 왔었다면 놀랐겠지만 K급 잠수함에 있는 엔진보다 더 커 보여도 놀랍지가 않았다. 이런 구닥다리 장비로 세상에 없는 잠

수함인 양 떠벌린 농간에 말려들었었다니.

　옛날 소련 위성국가 해군들이 와서 잠수함을 받아갈 때 묵었던 숙소도 보여주며 교육받는 동안 편안하게 지낼 수 있단다. 역시 우리를 잠수함을 사기 위해 조사하러 온 사람들로 알고 있는 것이었다. 우리가 보기엔 1970년대 우리 해군 독신장교 숙소 마냥 한 방에 두 명씩 잘 수 있도록 침대, 책상, 옷장이 각각 두 개씩 외엔 아무것도 없고 휴게실이라는 곳에 작은 TV 한 개만 덜렁 놓여있는 숙소였다.

　거기에다가 곳곳에서 짙게 배어 나오는 그 곰팡이 냄새는 또 오랫동안 비워져 있었던 집이란 걸 증명시켜 주고 있었다. 시간만 소비한 방문이었다.

　모스크바로 돌아와 무기수출부서 책임자를 다시 만났다. 그는 K급 잠수함에 대한 인상이 어땠는지 알아보려고 이것저것 질문을 해왔다. 우리가 느낀 대로는 간단한 대답으로 끝나겠지만 면전에서 부정하기가 미안해 적당한 대답으로 넘어가려 했으나 우리의 생각과 결심이 어떠한지 자꾸 다그치니 무언가 분명한 답을 줘야겠다 싶어 기분 상하지 않을 만큼 인상을 얘기했다.

　"K급 잠수함을 잘 봤다. 괜찮다고 생각되는 것도 있었으나 전반적으로 우리가 기대한 것과는 많이 달랐다. 무엇보다도 정비, 수리에 소요되는 부품 확보체계에 의문을 해소하지 못했다. 그러나 우리들은 결심할 수 있는 위치에 있는 사람들이 아니다. 본국에 돌아가 우리가 본 대로 보고를 하면 상부에서 결심할 것이다."

　우리의 인상이 썩 좋지 않았다는 것을 눈치챈 그는 그렇다면 획기적인 제안을 하나 하겠다며 목소리를 낮추며 우리의 주의를 끌었다. 그의 획기적인 제안이란 만일 우리가 K급 잠수함 도입을 결정한다면 '잠대지 미사일' 시스템을 추가시켜서 보낼 수 있다는 것이었다. 주위를 둘러보며 귓속말로 전하는 것 같은 몸짓도 하면서 낮은 목소리로 말하는 것이었다.

획기적인 제안이란 걸 듣고 나니 묘한 기분이 생긴다. 말을 안 듣는 사람에게 뭔가를 덤으로 주겠다며, 꼬시는 것 같기도 하고 K급 잠수함이 원래 문제가 있는 잠수함이란 걸 숨기고 있다가 뒤늦게 인정하는 사기성 같은 말로 들리기도 하니 묘한 기분이 들지 않을 수 없었다. 잠대지 미사일이란 것은 사실 잠수함을 전략무기 체계로 완성 시키는 최종적인 무기이긴 하지만 잠시 생각해보니 깊은 생각에 빠지지 않고도 의문이 일어나는 게 한두 가지가 아니다.

왜 처음부터 그런 제안을 하지 않고 있다가 이제야 하는 건가?

그런 중요한 제안을 일개 무기수출부서 책임자가 할 수 있는 건가?

잠대지 미사일 부품도 100% 가까이 러시아산 부품일 텐데 군수산업이 잘 돌아가야 공급이 잘 될 것이 아닌가? 러시아의 군수산업은 무너진 게 아닌가?

잠대지 미사일의 제원은 밝히지 않으니 왜 그런가?

우리가 러시아제 잠대지 미사일을 보유하면 우방과는 문제가 생기지 않을까?

얼른 생각해 보아도 간단한 문제가 아니다. 잠대지 미사일 시스템을 갖춘 지금 같았으면 그런 제안도 해오지 않았을 테지만 당시 그들은 우리가 잠대지 미사일 같은 건 물론 없으리라고 알고 있는 듯이 무기수출부서 책임자는 "너희가 잠대지 미사일을 가지면 아마 너희 해군은 아시아에서 최강 해군이 될 것이다!"라며 엄지손가락을 세우며 부추기는 것이었다. 또 묘한 기분이 생긴다. 더 이상 잠대지 미사일을 주제로 얘기하면 끝이 없을 것 같아 "좋은 제안을 해주어 고맙다. 본국 지휘부에 잘 전달하겠다. 잠대지 미사일은 모든 잠수함부대가 갖고 싶어 하는 무기이다."로 적당히 마무리하고 러시아에서의 모든 일정을 끝냈다.

　서울로 날아가는 KAL기 속에서 후련한 마음과 행복한 기분에 젖어 들던 기억이 난다. 후련함과 행복한 마음, 내가 잠수함과 인연을 맺은 후부터 몇 번 경험했던 그런 행복한 순간이었다. 우선 임무에 대한 확실한 답을 얻었기 때문이라고 생각 들었다. 모호하고 의문에 휩싸였던 K급 잠수함에 대한 실체를 확실히 확인한 사실만으로도 마음이 흡족했다. 같이 출장 갔던 옛날의 기관장 I 대령이나 감독관이었던 J 대령도 "K급은 아니다!"라는 나와 일치된 의견이어서 출장임무에 대해선 명확한 대답을 얻었으니 풍족하고 느긋한 마음이다. 누가 이런 행복한 기분을 알겠나.

　그다음 정말로 행복한 기분을 갖게 했던 것은 K급 잠수함을 보고 놀랄 수 있는 기준과 잣대가 우리에게 있었다는 생각이었다. 우리에게 잠수함이 한 척도 없고 K급 잠수함의 소문에 겁을 먹고 있던 1980년대 중반이었다면 우리는 어떻게 K급을 보았을까. 우리가 최신식 잠수함을 경험하지 못했으면 K급을 보고 어떻게 느꼈을까 생각하니 천만다행스럽기 그지없다. 잠수함을 운용한 역사는 짧지만, 잠수함건조 운용 100여 년의 역사를 가진 나라의 잠수함이 겨우 이 정도 인가라는 연민의 생각을 가지며 바라볼 수 있었으니. 그 한 가지만으로도 기분이 좋아지고 행복한 마음이었다. 세계에서 가장 최신식 잠수함을 3~4년 운용한 역사는 짧지만, 어느덧 우리의 큰 '자산'이 되어있었다.

　K급 잠수함은 신출귀몰하는 신형 '저승사자'이기는커녕 한 세대 이전의 구형 '구닥다리' 잠수함이었다. 잠수함으로서의 안전에 대한 '보증'

을 갖추지 못한 불완전한 잠수함이고 안전을 받쳐줄 외부의 군수지원에도 문제가 심각한 잠수함이고 우리가 여태까지 경험해온 군함에 대한 정서에 벗어난 잠수함이었다. 웬만하면 가져다가 K급 잠수함 전대를 만들면 좋지 않겠냐는 김칫국을 마시며 모스크바로 향할 때의 기억을 떠올라 기분 좋게 서울로 날았다. 인생이 늘 이런 행복한 마음이라면 얼마나 좋을까.

계룡대에 도착하던 날 저녁에 총장관저로 혼자 형을 찾아갔다. 저녁을 얻어먹은 다음 노적봉 뒤 산책길을 걸으며 러시아 출장 보따리를 풀었다. 공식적인 출장보고서를 가지고 사무실에서 얘기하는 것만으로는 부족할 거 같았다. 노적봉과 계룡산 사이의 산책길은 목소리를 조금 높여도 전혀 신경 쓸 염려가 없이 마음껏 얘기할 수 있는 최적의 장소였다. 나는 그 날 저녁 정말 마음껏 얘기했다.

K급 잠수함이 우리에게 처음 들려왔던 시기부터 시작해서 독일에서 K급을 처음 보았을 때의 느낌, 러시아에 가기 전에 했던 생각, 러시아에 도착하는 순간부터 보고 느꼈던 것들, K급 잠수함건조 조선소의 상태, 그 외 연관기관들을 방문해서 받은 느낌, 상태, 의문점들, K급을 시승해서 보고, 느끼고, 놀라고, 문제점으로 보였던 것들, K급에 대한 조사를 끝내고 러시아 출발 전에 내놓았던 잠대지 미사일 제공 제안 등등. 그 날 저녁 노적봉과 계룡산 사이의 샛길에서 2시간여에 걸친 출장 결과보고는 내 평생 가장 상세하고 진지하게 했던 출장결과 보고였다.

그다음엔 K급 잠수함이 도입될 경우 문제점에 대해 얘기를 했다. K급이 어떤 잠수함인지는 충분히 설명했으니 이제 그것 때문에 나타날 문제점을 얘기해야 하는 게 남아 있었다. 사실 그 부분은 K급을 시승하고 나서부터 줄곧 머리를 떠나지 않던 부분이었다. 그리고 가장 두려운 부분이기도 했다.

그것은 K급이 도입될 경우, 시작해서 착실히 진행되고 있는 현재의 잠수함 전력 구축사업이 뿌리째 흔들릴 것 같다는 생각이었다. K급이 들어온다면 나중에 완전히 구축된 다음에 들어오는 것보다 오히려 시작한 지 얼마 지나지 않은 지금이 같이 시작할 수 있는 적기가 아닐까 생각했던 것은 K급을 전혀 모르고 했던 상상이었고 착각이었다. 그러나 K급을 확인하고 난 지금은 K급의 건조개념으로나 운용, 정비방식이 여태까지 쌓아온 우리의 함 운용, 지휘, 정비개념을 온통 뒤집어 놓을 수 있다는 두려움이 생긴 것이다. 어렵사리 시작되어 진행되고 있는 잠수함 전력 구축사업이 중간에 나타난 별종으로 인해 다시 원점으로 돌아간다면 이건 보통 일이 아니다. 더 큰 도약을 위한 조정이 아니라 다시 시작을 위한 전폐(前弊)라면 이건 아니다. 그런데 K급은 그럴 수 있는 싹이 보인다. 나는 모스크바를 출발해서 서울에 도착할 때까지 곰곰 생각해 두었던 말을 꺼냈다. 그것은 애매한 말로는 안 되겠다고 생각해 두었던 말이었다.

"K급 잠수함은 경협차관 상환대금으로는 고사하고 공짜로 준다고 해도 들여와서는 안 되는 잠수함입니다. 여태까지 쌓은 게 다 무너집니다!"

총장은 내 말을 다 듣고 나더니 고개만 끄덕일 뿐 말이 없었다. 나도 할 말을 다 한 것이라, 총장의 눈치만 살폈다. 총장은 계룡산 위쪽의 달을 쳐다보는 것 같지만, 무엇인가를 골똘히 생각하는 것 같았다. 나는 그가 무엇을 생각하는지 알 것 같았다.

내가 열심히 얘기하는 두어 시간 동안 그가 다시 물으며 보였던 반응으로 보아 K급 잠수함에 대해선 이제 정리가 된 것 같은데 그 후에 전개될 문제를 생각하고 있는 게 아니겠나 생각이 들었다.

그 후에 전개될 문제라면 말할 것도 없이 정부 쪽에 의견이 NO를 할 것이냐 하는 문제일 것이다. 러시아와의 관계를 심화시킬 수 있는 프로젝트에 찬물을 끼얹는 대답일 것이니 정부 쪽이나 정부에 정책을 건의하는 부서에 큰 실망을 줄 게 뻔하다.

사실, 형님은 새 정부 들어 생각지도 않게 해군총장이 된 행운아였다. 새 정부가 들어서자마자 당시 군대 내에 만연해 있던 '하나회'라는 사조직을 뿌리째 뽑아 국민의 90%라는 절대적인 지지를 받고 있었다. 당시 해군에선 인맥을 장악하고 있던 TK(대구 경북)계 인사정리 광풍이 일었었다. 덕분에 TK 동기생이 작전 사령관을 하고 있을 때 국방부 구석에서 참모로 있던 형을 갑자기 작전사령관으로 발령내서 해군 최초로 동기생으로부터 작전사령관 직을 인수받아 작전사령관 직을 거쳤고 그 이후 해군총장이 된 지 6개월여밖에 되지 않았는데 그 정부가 추구하려는 정책에 "아닙니다!"라고 대답해야 할 판이니 편할 리가 없었다. 그는 지금 그런 고민을 하고 있는 듯했다. 나도 그런 생각을 해봤다. 그럴더라도 다른 답이 없다. 아무리 정치, 외교상 필요하더라도 해군을 망칠 게 불을 보듯 뻔한데 Yes를 해선 안 된다고 나는 결론을 내렸다. 그래서 총장의 눈치를 살피다가 하고 싶지 않지만, 꼭 해야겠다고 마음먹었던 말을 마지막으로 쏟았다.

"총장은 1년 6개월밖에 남지 않았지만 K급을 들여왔다간 여러 사람 고생시키고 두고두고 욕먹을 게 뻔합니다…."

총장직을 걸고 NO를 해야 한다는 뜻이어서 말을 하고 나니 미안한 생각이 들어 총장의 얼굴을 살폈지만, 여전히 고개만 끄덕일 뿐 말이 없었다. 내 말에 동의한다는 끄덕임이라기보다는 아까부터 끄덕거리던 동작의 연속이었다. 난 이제 속이 후련했다. 하고 싶은 말을 다 했기 때문이었다. 잠수함부대 전대장으로서의 입장을 해군총장의 혈연이라는 이점을 업고 100% 전달했다. 이제 나머지는 총장 몫이다.

더 이상 얘기했다가는 여태까지 어렵게 얘기한 것이 희석될 거 같아 내려가자고 했다. 계룡산 골짜기에서 한밤의 러시아 출장 결과보고는 그렇게 끝났다. 형제가 해군에 들어온 이후 해군의 중요한 주제로 그렇게 심각하게 이야기해 본 것은 처음이었다.

유성 시내 국군 복지관 숙소로 돌아와 온천물에 잠기면서 형님이 해군총장이라는 시점과 내가 잠수함 전대장이라는 시점이 아마 K급 출현을 막으라는 뜻으로 짜여진 운명일지도 모른다는 자위를 하면서 러시아 출장을 마감했다. 그런데 그 이튿날 진해로 달리면서 다시 생각나 고개가 흔들어지는 것이 '만일 일이 잘못 돌아가 K급이 들어와 해군 잠수함부대가 난장판이 된다면 그 책임을 어떻게 할 것인가?' 도저히 가늠되지 않아 암울한 생각이 다시 덮쳐왔다. 정부에서 부두에 매어놓더라도 가져와야 한다고 주장한다는 사람의 말이 진해에 도착할 때까지 머리에서 맴돌았다.

그러나 다행히, 정말 다행히 K급 잠수함은 내내 한반도 수역에 나타나지 않았고 해군총장 임기도 하루도 단축되지 않고 지나갔다. 참으로 오랫동안 해군 장교들을 눌러왔던 주제는 끝내 'NO 하지 않을 수 없는 주제'가 되어 그렇게 접어졌다. 그 후 총장에게 자세히 듣지는 못했으나 정부 정책건의 부서에 세 번이나 찾아가 K급은 수용하기 곤란하다는 말을 했다는 것이고 들여오려면 다른 무기체계로 하는 것이 좋겠다는 건의를 했다는 말만 들었다. 몇 년간 마음을 놓을 수는 없었지만 어쨌건 K급이 나타나지 않았으니 다행이었다. 해군에게 K급은 말하자면 해피엔딩인 셈이었다. 세상사 해피엔딩이면 다행 아닌가. 나는 K급에게 아듀(Adieu)를 고했다.

그런데 항상 인생의 앞을 알 수 없듯이 나에겐 K급이 그것으로 인연이 끊어진 것이 아니었다. 나의 전역 후에 K급 잠수함이 다시 '주제'가 되어 내 인생행로에 나타날 줄을 어찌 알았으랴.

잠수함을 팔러 다니다

대우조선해양 입사

나는 1999년 제독으로 진급 후 2005년에 한미연합사 인사참모부장 직 2년간을 끝으로 해군에서 준장으로 전역했다. 중위 시절에 이종수 제독을 만나 잠수함과 인연을 맺은 이후 첫 잠수함 함장을 하고 전대장직을 거쳐 2001년에 잠수함 전단장을 지냈으니 잠수함에 관한 한 모든 직책을 거치긴 했다. 그러나 진급을 앞두고 들려왔던 온갖 마타도어를 상기하면 장성으로 진급한 것도 다행이라 싶지만, 준장으로 전역하려니 못내 아팠던 패배감과 아쉬웠던 심사를 잊을 수 없다. 나는 진급심사 직전에 마타도어가 난무하는 것을 그때 처음 경험했다.

나는 파리에서 무관요원으로 있을 때 중령 진급을 했고 대령 진급 심사통과는 독일에서 잠수함 교육훈련을 받을 때 해서 국내에서 중요한 계급의 진급심사 전에 난무하는 험악한 분위기를 사실 피부로 느껴보지 못했었다. 무심했던 것은 아니지만 국내의 험악(?)한 현장에선 떠나있었던 것이니 행운이었던 셈이다. 그런데 국내에서 장성진급 심사를 앞두고 여기저기서 들려오는 마타도어는 고개를 설레설레 흔들게 했다. 독단적이라느니 이기적이라느니 하는 말들은 참고 넘기겠는데 내가 3년여 동안 시간 있을 때마다 달라붙어 고생해서 출판했던 번역서 2차대전 잠수함 전사 되니츠 제독의 회고록 『10년 20일』을 다른 사람 시켜서 번역해 놓고는 내 이름으로 출판했다고까지 악소문이 나오는 것에 기가 막히고 억울해서 마음이 아팠다. 어떻게 누가 그런 악소문을 만들어 내는지 참으로 괴상하고 신기한 노릇이었다. 그러나 진급심사 직전에 악소문이 나온다고 변명하고 다니는 것은 하책 중의 하책. 벙어리 냉가슴으로 참아내야 하니 진급심사 대상자란 그대로 형극의 자리였다.

이상한 마타도어에도 불구하고 다행히 장성 진급은 했지만, 그러나 그 이후는, 군대에서 특히 장성의 진급은 지금도 그러하리라 생각하지만, 참모총장의 손안에 있는 것이고 중요한 시기에 칼자루를 쥔 그와의 악연이었던 것이 나의 관운이었으니 할 수 없는 노릇이었다. 그 악연을 풀어놓는 일은 한 사람을 매장하듯 해야 하고 이 책을 쓰는 목적도 아니니 인생사 인연(人緣)이라는 말로 가늠하는 게 나을 것이다. 관운(官運)이란 '시세(時勢)'라 했지만 '인연(人緣)'이 아닐까.

전역을 앞두고 심란했던 심사가 새삼 기억된다. 나는 전역하기 직전까지 '전역'이라는 사실을 실감하지 못했었다. 연년세세(年年歲歲) 군대생활을 하는 것으로 생각하고 있었는데 어느 날 갑자기 전역해야 된단다. 허망하기 그지없었다. 전역을 앞두고 허망한 생각이 들지 않는 장기 복무자가 있을까?

2005년 7월 31일 사관학교 기간까지 포함해서 35여 년간 달고 살던 '해군'을 떠났다. 실감이 안 났다. 실감이 안 났다는 말은 정말 실감하지 않은 사람은 정말 모를 것이다. 전역을 앞두고 심란했던 심사를 위로해주던 구절이 있었다.

"장부 태어나 쓰이면 목숨을 다하고 쓰이지 않으면 물러가 밭을 갈아도 부족함이 없다(丈夫生世用則效死 不用則耕於野足矣)."

쓰이지 않으면……. 그 말이 슬프게 다가왔다. 전역을 해야 한다는 것은 내가 쓰임을 다했다는 말이다. 그동안 초점을 맞춰 일해왔던 일을 할 수 있는 시간은 이제 지났다는 것이다. 무엇을 할 것인가?

밭을 갈려고 준비하고 있었다. 사실 할 일이 없다면 앉아서 멀거니 하늘만 바라볼 수는 없는 일 아닌가. 그래서 밭이라도 갈라고 했을 것이다. 그런데 전역을 한 달여 앞둔 어느 날 걸려온 한 통의 전화가 나를 다시 K급 잠수함과 연결하는 단초(端初)가 되었다.

방산업체인 대우조선해양에 방산분야 고문으로 있던 선배가 전화를 해왔다. 자기의 임기가 끝나가니 자기 후임으로 올 생각이 없느냐고 물어왔다. 나는 밭을 갈 준비를 하고 다른 생각은 하지 않고 있던 터라 생각 좀 해보겠다고 하고 전화를 끊었다. 그 후에 주위에 알아보니 생각할 게 뭐 있느냐며 나를 이상하게까지 본다. 모두들 전역 후에 할 일을 찾고 있었고 아내도 얼마간은 더 일하는 게 좋지 않으냐고 말한다. 그동안 고생했으니 이제 좀 쉬라는 말이 나올 줄 알았지만 할 수 없었다. 어쨌건 일을 더 해야겠다고 생각이 들었다. 아들놈은 아직도 대학을 못 마친 상태였다. 그래서 전역하자마자 그 선배 덕에 대우조선해양의 고문으로 취직했다.

내가 대우조선해양에 입사하게 된 것은 또 하나의 참으로 알 수 없는 인생행로를 느끼게 하는 일이었다. 장보고함 함장근무를 할 때는 정비를 하러 대우조선소에 들어가서는 정비상의 문제점을 가지고 조선소 사람들과 싸우기도 전대장, 전단장 직무를 하는 동안에는 잠수함 인수를 앞두고 나타난 시시비비를 따지느라고 조선소 사람들과 논쟁도 하면서도 항상 '갑(甲)'의 위치에 있었는데 꿈에도 생각지 않았던 그 회사에 입사하여 어느 날 갑자기 '을(乙)'의 자리에 서니 어찌 알 수 없는 인생행로가 아닌가. 다행히 독일에서 교육훈련을 받는 동안에 독일에 조선소 파견인원으로서 와있던 낯익은 인원들도 있고 함장 시절에 논쟁하면서도 정이 쌓인 인원들도 많아 생면부지의 조직보다는 훨씬 괜찮았다. 대우조선해양에 입사할 줄 조금이라도 생각했다면 조금 덜 싸웠을 걸 하는 생각도 드는 것이었다. 입사하고 나서 여러 사람이 그 선배의 후임으로 입사하려고 노력을 많이 했었다는 사실을 알고 나서 선배가 나를 자기 후임으로 회사에 추천하는 제안을 수용했다는 것은 현역시절 대우조선해양 직원들을 괴롭히긴 했어도 그리 '불합리한 갑질'은 하지 않기 때문은 아닐까 자위하기도 했다.

군대에 있다가 민간회사에 들어가 보니 하나부터 열까지 엇빠르기만 했다. 그러나 자세히 보니 정도만 다를 뿐 다를 게 없다는 것을 알게 되었다. 오히려 군대에서 하듯이 하면 환영받을 수 있겠다는 생각이 들었다. 방산 조선회사이니 내가 할 수 있는 역할이 무엇이겠는가 연구를 시작했다. 잠수함이었다. 내가 잘 아는 잠수함이라는 주제가 눈에 들어오는 것이었다.

당시 상황은 이랬다.
기본적으로 나는 동남아시아 해군국들 간에 얼마 전부터 잠수함 전력구축 경쟁이 생기기 시작했다는 생각을 하고 있었다. 다른 지역과는 달리 냉전이 끝난 다음부터 인도네시아, 말레이시아, 싱가포르, 태국, 베트남 등이 잠수함 전력구축에 돌입했거나 돌입하려는 태동기에 있던 것이 동남아시아의 특징적 상황이었다. 그중에서 내가 관심을 가진 나라는 인도네시아와 태국이었다. 말레이시아는 이미 프랑스 잠수함을 도입해서 운용하고 있고 싱가포르는 스웨덴 잠수함으로 전력구축을 추진하고 있어서 틈이 없었다. 베트남은 지금은 러시아 K급 잠수함으로 잠수함 전력을 갖췄지만, 당시는 이리저리 알아보고 있던 중 군대 무기체계가 워낙 러시아 무기체계 일색으로 편중되어 있어서 역시 여지가 적었다.

인도네시아는 2차대전 직후엔 구소련 중고 잠수함을 12척이나 보유했을 정도로 잠수함 전력에 있어서는 동남아의 최강국이었으나 지속적인 투자를 하지 못해 1970년대 초에 모두 폐기해 버린 이후 1970년대 중반에 건조된 독일 209급 잠수함 2척만 보유하고 있었다. 내가 대우조선해양에 입사했을 때는 그중 한 척이 대우조선해양에 와서 첫 정기수리 중이었다.

대우조선해양은 장보고함이 독일에서 건조되는 동안 150여 명의 기술자를 독일 조선소에 보내 잠수함 건조기술을 익힌 후 한국해군의 2번 잠수함부터 9번 함까지 건조해낸 잠수함 건조에 있어서는 국내에서 선두의 위치를 지켜온 조선소다. 한국 해군의 209급 잠수함건조가 끝나자 한국 해군 잠수함의 중간, 정기수리만을 맡아오다가 그것으로는 잠수함건조를 위해 만들어 놓은 설비의 유용 효과를 극대화할 수 없게 되자 해외 수주에 노력을 기울여 인도네시아 해군이 도입된 지 20여 년 만의 잠수함 정기수리 입찰공고를 내자 재빨리 이에 응해서 수리계약을 체결하는 데 성공한 것이었다.

인도네시아 해군 2번 잠수함 정기수리 계약

대우조선해양에 입사한 지 1년여 지나자 인도네시아 해군 1번 잠수함 정기수리가 거의 끝나갈 때 즈음에 이르니 1번 잠수함 정기수리 계약을 한국에 뺏겼던 독일이 2번 잠수함 정기수리는 반드시 독일 조선소에서 해야겠다며 대단히 도전적으로 움직인다는 정보가 들려왔다. 2번함 정기수리에 관한 입찰공고가 나오지 않았는데도 사전 촉진활동(promotion)을 집요하게 펼치고 있다는 것이었다. 그런 정보는 2번 잠수함의 정기수리 계약을 따오는 일에 자연적으로 나의 역할이 필요하게 만들어갔다. 우리도 가만히 있을 수 없었다. 그래서 갑자기 인도네시아에 자주 출장을 가야 하는 업무가 생겼다.

인도네시아에 몇 번 출장을 다니며 상황을 보니 인도네시아 해군이 잠수함 운용 역사는 길지만 의외로 잠수함 운용에 관한 인프라와 체제가 부실하다는 것을 알게 되었다. 해군 고위 장성에게 잠수함 정비에 관한 브리핑을 하면 자기네 장교들에게 교육 겸 브리핑을 해달라는 요청을 하는 것이었다. 그래서 장교들을 모아놓고 브리핑을 하면 브리핑이라기보다는 교육시간이 되기 일쑤였다. 처음엔 잠수함의 정비에 관한 얘기로 시작하지만, 점차 운용, 교육, 군수지원분야로까지 질문이 이어지고 한국 해군 잠수함부대는 어떻게 발전해 왔는가로까지 얘기가 이어지기도 했다. 누구보다도 내가 잘 설명해줄 수 있는 얘기 아닌가. 잠수함에 관한 어느 분야든지 관련된 질문에 막힘없이 응답하고 교육성 브리핑을 하니 인도네시아 해군에 금세 내가 유명하게 되었다. 잠수함 근무 경험이 없는 직원들로 마케팅팀을 꾸려 브리핑을 하고 다니는 독일팀과는 다르다는 말이 들려왔다. 현지 대리인은 나에게 '잠수함 제독 교수(Submariner Admiral Professor)'라고 부르며 신이 나서 인도네시아 해군에 소문내고 다녔다. 인도네시아 해군 장교들도 내가 한국 해군 첫 잠수함의 함장 출신이고 잠수함 전단장을 거쳤다는 경력을 매우 존중해 주는 것 같았다. 전역 후 인도네시아에 출장을 다니면서 나는 다시 잠수함 때문에 갑자기 생기가 되살아나는 것 같았다.

　독일은 그동안 60여 척의 209급 잠수함을 사갖던 나라들이 잠수함 정기수리 능력을 갖춘 나라는 없어서 당연히 그들의 정기수리는 독일 조선소에 와서 하는 것으로 알고 있다가 인도네시아 1번 잠수함 정기수리 계약을 한국이 가져가자 적잖이 당황하고 언짢아하고 있었다. 장보고함 인수 시절에 독일에 있을 때 콜롬비아, 베네수엘라 해군 잠수함이 정기수리차 킬에 와있어서 그들과 국제 잠수함 승조원 축구시합을 할 정도였었다.

　인도네시아 해군 2번 잠수함 정기수리 입찰에 응했던 나라는 한국, 독일, 프랑스 등이었지만, 결국 한국과 독일의 양자대결로 되었고 약 15년여 만에 한국이 자기들이 도맡아 하던 209급 정기수리를 뺏어가리라고는 전혀 예상치 못하고 있었던 독일은 2번함 정기수리가 다시 한국으로 가는 것을 막으려고 갖가지 헛소문까지 내며 마케팅 하고 있었다.
　나는 2번함 정기수리 계약을 다시 따오기 위해서는 1번함 정기수리 결과와 1번함 승조원들이 갖는 인상이 대단히 중요하다고 생각했다. 그래서 정기수리기간 내내 실태 파악을 위해 자주 한국을 방문하는 인도네시아 해군 고위 장성들에게 그들을 안내하고 현황설명을 하면서 조선소에 와있는 승조원들의 생활하는 내용을 꼭 덧붙여 설명을 해줬다. 조선소가 있는 거제도에 자주 내려가 1번함 승조원들을 초청해서 식사도 하면서 옛날 전단장 근무하던 시절의 개념으로 그들에 대한 관심을 가졌다. 1번함 승조원들은 정기수리 기간 동안 7~8명만 있다가 시운전을 하기 위해서 전승 조원이 한국에 와있었다. 그들은 나를 보면 "sir(경)!"라며 거수경례를 했다. 내가 잠수함 장교 출신이라는 것에서 친근감을 느끼는 것 같았다.

　1번함 정기수리 마지막 이벤트로 최고잠항심도까지 잠항 시험을 하는 날 나는 방문한 인도네시아 해군본부 작전부장과 함께 1번함을 타고 잠항 시험에 참가했다. 잠수함 장교 출신이었던 작전부장은 건조한 지 20여 년 지난 자기들 잠수함을 수리해서 신조 잠수함이 하듯 최고 잠항심도까지 잠항할 수 있게 된 것도 놀라운데 조선소 임원이 잠항에 참가하는데 감격해 했다. 2번함 정기수리 계약성사를 위해선 최고의 마케팅을 한 셈이었다.

　1번함 최고잠항심도 잠항 시험 얘기가 인도네시아 해군에 회자 되었다. 1번함이 모든 수리를 끝내고 한국을 출발해 인도네시아에 입항하는 날 나는 인도네시아로 날아가 입항하는 그들을 부두에서 환영했다. 나는 입항 행사에 참가한 인도네시아 해군 참모총장에게 "자! 1번함 정기수리가 완료됐습니다!"라며 자신 있게 말했다. 정기수리 계약기간은 한국을 출발하는 순간까지였지만 수라바야항에 도착할 때까지 대단히 신경을 썼다는 것을 표시하려는 마케팅 제스처였다. 한국에서 돌아온 승조원들은 나를 보자마자 엄지손가락을 세워 보이며 친근을 표시했다. 결국, 머지않아 벌어진 입찰에서 2번함 정기수리 계약을 따냈다. 독일 측은 어안이 벙벙한 모양이었다. 전역 후 처음 느낀 특별한 승리감이었다.

　인도네시아 1번 잠수함 정기수리는 대우조선해양의 잠수함 관련 사업을 업그레이드시키는 중요한 계기가 되었다. 한국 해군의 장보고급 잠수함 건조사업 종료와 동남아시아에서의 잠수함 전력경쟁 시작이라는 시기에 맞춰 해외수주로 방향을 돌리려는 시점의 첫 사업이었기 때문이었다. 내가 느끼기에 1번함 정기수리 계약에 성공한 것은 해외사업으로의 방향전환에 중요한 출발이 되긴 했지만 정말 중요한 것은 2번함의 정기수리 계약을 따내는 일이라고 생각했다. 만일 1번함 정기수리를 하고 2번함 정기수리를 독일이나 다른 나라에 뺏긴다면 "1번함 정기수리가 만족지 못해서 다른 나라에 맡겼다."든가 "그것 봐라! 한국이 아직 잠수함 정기수리는 못 한다고 했지 않았느냐?" 하며 이후 국제입찰에선 틀림없이 그런 공격을 하고 나올 것이 분명했기 때문이다. 국제경쟁이란 것이 그랬다. 막판에 가면 없는 소문도 만들어내서 야만적이라 할 만큼 공격하는 판에 그런 사실이 있다면 침소봉대해서 이용할 수 있는 적당한 공격 거리가 될 수 있는 것이다.

반대로 2번함 정기수리까지 계약한다면 상황은 반대다. "인도네시아 해군이 1번함 정기수리 결과가 만족스러워 2번함까지도 한국에 맡겼다!"라고 다른 나라에도 당당하게 말하고 다니며 마케팅을 할 수 있으니 한마디로 쉬운 판을 만들 수 있는 것이다. 그래서 나는 대우조선해양의 잠수함 관련 해외수주를 위해선 인도네시아 해군의 2번함 정기수리 계약을 따내는 게 대단히 중요하다고 생각했었다. '계약'이란 군대용어로 하면 나는 '전투'라고 정의했다. 민간 경쟁사회에서 그것은 분명 총성 없는 '전투'였다.

인도네시아 해군 잠수함 건조계약

그런데 더 중요한 일이 생겼다. 2번함을 한국에서 정기수리하는 동안에 인도네시아 해군에서 잠수함 2척 신조 확보에 대한 계획이 수립되면서 동남아시아에서의 잠수함 전력 경쟁이 더욱 뜨겁게 불붙기 시작했다는 것이다. 독일 측이 이거야말로 자기들 몫이라고 달려든 것은 물론 이었다. 우리는 2번함 정기수리 계약을 위해 인도네시아에 출장을 다니면서 일찍 그 정보를 듣고 남모르게 접근을 하고 있었다.

인도네시아 잠수함 신조 확보 계획에는 한국, 독일, 프랑스, 러시아가 달려들었다. 여기에서 등장하는 게 바로 K급 잠수함이다. 인도네시아 해군이 러시아의 K급 잠수함에 관심을 보이기 시작한 것이다. 한국이 제의하고 있는 장보고급, 독일의 209급, 프랑스의 스코르펜 급 잠수함에 비해 매우 낮은 가격에다가 계약과 동시에 즉시 인도할 수 있다는 러시아 측의 마케팅에 매혹당한 인도네시아 측은 K급 잠수함에 대단히 매력을 느끼는 듯했다.

현재 운용하고 있는 잠수함형이나 무기체계획득 개념이나 절차에서 보면 인도네시아 해군 측의 K급 잠수함에 대한 고려는 운용, 교육, 군수지원 면에서 대단히 위험하고 문제가 있는 것이련만 신속히 획득할 수 있다는 유혹을 물리치지 못하고 있었다.

인도네시아 해군의 K급 잠수함을 향한 쏠림 현상은 특히 'K급 마니아'라고 불리던 S 해군총장 때문이기도 했다. 그는 계약과 동시에 완성단계에 와있는 K급을 인도할 수 있다는 러시아 측의 제의에 완전히 매료된 상태여서 참모들에게 잠수함에 관한 한 자기 앞에서 K급 잠수함 이외에는 말하지 말라고 엄명했다는 말이 들려올 정도였다. 그러나 K급 잠수함을 잘 아는 나로서는 그냥 있을 수 없었다. 인도네시아 해군과 국방부 고위층을 찾아다니며 K급 잠수함에 대한 나의 경험과 실체에 대해 열심히 얘기했다. K급 잠수함이 다시 나의 '주제'가 된 것이었다. 그러나 K급에 대한 인도네시아 해군의 열망은 점점 고조되어 갔다. 인도네시아 해군의 차기 잠수함은 장보고급으로 성사시키기엔 거의 희망이 없는 것 같이 생각들도 했다. 인도네시아 해군 총수가 다른 잠수함은 안 되겠고 얘기도 하기 싫다는데 달리 도리가 없었다. 10여 차례의 출장을 마치면서 더 이상 출장이 필요치 않을 거라는 생각이 들어 잠수함 출신 장교로 국방부 해외계약 담당으로 있는 S 제독을 찾아가 K급을 운용하는 나라에 가서 운용실태를 꼭 확인해 보라는 진심 어린 충고를 했다. 잠수함은 해군사업이지만 해외계약은 그의 소관이었다.

그런데 그렇게 인사를 하고 돌아온 지 얼마 안 있어 그 제독으로부터 전화가 왔다. 자카르타에 다시 오면 꼭 자기 사무실에 들르란다. 얼마 후에 다시 자카르타에 가서 그의 사무실에 갔더니 반색을 하며 두 손을 잡는다. 그 제독의 말인즉 K급 잠수함을 운용하고 있는 인도에 출장 가서 K급 운용현황을 봤더니 10여 척을 들여와서 4척밖에 운용하고 있지 못한 것을 확인했다며 지난번에 얘기해준 것에 정말 감사한다고 했다. 그런 이후 해군 내에서 K급에 대한 인식이 점차 바뀌고 있다는 것이었다. 정말 반가운 소식이었다. 그와 K급에 대한 얘기를 오래 하다가 헤어졌다.

그런데 다행스러운 소식이 또 들려왔다. 자기 앞에서 K급 잠수함 외에는 말하지 말라고 했다는 'K급 마니아' S 해군총장이 돌연 경질되었다는 것이다. 이유인즉 러시아에 출장 갔다가 러시아 측에 인도네시아 해군은 장차 K급 잠수함을 도입하겠다는 의향서를 써준 것이 정부에 알려져 대통령이 노발대발해서 권한 남용 사실로 전격 경질되었다는 것이었다. 정말 과유불급(過猶不及)이었다. K급을 당장 갖다가 인도네시아 해군의 잠수함 전력을 신속히 드높일 수 있다는 열망이 지나쳐 그만 실수를 한 것이었다.

그가 경질되자 분위기는 180°로 바뀌었다. K급 잠수함에 대한 인식이 변해가는 시점에 나온 해군총장의 갑작스러운 경질은 인도네시아 해군의 신조 잠수함 계획에서 K급을 선호하는 장교들의 목소리가 작아졌다. 갑자기 인도네시아 해군 잠수함 확보계획에 새바람이 불기 시작했다. 우리에게도 다시 기회가 온 것이다. K급이 약해진 상태에서 경쟁 분위기는 점차 한국과 독일 간의 각축으로 굳어져 갔다.

그러나 입찰단계로 돌입할 것 같았던 잠수함 신조 확보계획이 지연에 지연을 거듭하더니 내가 대우조선해양 입사 5년이 지날 때까지 입찰공고가 나오지 않았다. 내가 대우조선해양을 떠나게 될 시간이 가까이 오고 있었다. 예비역 장성이 방산회사에 입사해서 통상 3년여 근무하는 것에 비해 나는 5년여를 근무했으니 인사 형평성 면에서 더 이상 근무연장은 불가하단다. 민간회사에서 무슨 임기제도 아니고 몇 년이니 인사 형평성이니 하는 게 내가 보기엔 이상했지만, 방산회사에서 예비역 장성들에게 교차적으로 일할 기회를 주는 것으로 인식하고 있는 바에야 도리가 없는 일이었다. 사실 전역 후 회사에 근무한 덕에 막내아들까지 대학졸업을 시킬 수 있었다. 그렇지만 방산수출 역사상 처음 잠수함 수출 계약을 위해 한참 총력을 다할 단계인데 누구보다도 한 역할을 할 수 있는 일을 그만두어야 한다니. 인생사불여의(人生事不如意). 이젠 진짜 밭 가는 일로 돌아가는구나 생각하고 퇴사 날짜를 기다렸다.

퇴사 날짜를 며칠 앞둔 어느 날 회사 측에서 예기치 않은 제의를 해온다. 공식적으로 퇴사는 하더라도 다른 형태로 계약해서 인도네시아 프로젝트를 도와줄 수 있겠느냐다. 그래서 개인 자문계약으로 바꾸어 일을 계속하기로 했다. 우리 팀이 인도네시아에 출장을 가도 군부 인사들이 나를 찾고 군부 인사가 한국엘 와도 내가 안 보이면 안 제독 어디 갔느냐고 물으니 회사로서는 내가 필요했던 것이다. 자문계약이란 회사원 신분 외에는 나머지는 나에게 변동이 없었다. 마케팅팀이 출장 갈 때마다 같이 가서 군부 인사들을 만나서 얘기하고 필요하면 브리핑해 주고 질의응답에 대답해주는 일이었다.

국제 경쟁이란, 말하자면 "법대로 하자!"는 재판이나 '대통령 선거판' 같은 것이었다. 처음엔 이성적이며 염치를 따지는 듯하다가 끝에 가면 체면도 양식도 걷어버리고 오로지 한 가지만을 위해서 억지도 불사하는 이전투구(泥田鬪狗) 판이 되어버린다. 영락없는 재판이나 대선 선거판이다.

독일은 처음엔 한국이 잠수함정비능력이 없다고 소문내고 다니더니 1번함에 이어 2번함 정기수리까지 계약을 빼앗기고 이어서 신조 잠수함 입찰이 가까이 오자 한국은 독일의 허락 없이는 잠수함수출을 못하는 나라라고 흑색 소문까지 퍼뜨리고 다니는 것이었다. 한국이 장보고함 건조계약을 할 때 계약 후 10년간은 수출을 할 경우 로열티를 지불하게 되어 있었지만, 당시는 20년 이상이 지났으니 그런 제약과는 상관이 없는데도 그런 소문을 내고 다니는 것이었다. 우리는 당시 계약서의 로열티 지불 항목을 복사해서 인도네시아 측에 보여줘야 했다. 염치보고 점잖게 움직이는 단계가 벌써부터 끝났다. 우리는 1, 2번함 정기수리 결과를 최대한 이용했다. 잠수함을 두 척을 수리하면서 인도네시아 측에 준 인상은 대단히 좋았다. 사실은 2번함 정기수리 막바지부터 이미 수리보다는 신조 계획을 염두에 두고 있었다.

'K급 마니아' 총장에 이어 해군총장이 된 인도네시아 해군 신임 총장은 잠수함 장교 출신이었는데 잠수함 신조 확보계획에 대단히 도전적이고 적극적이었다. 그는 부임하자마자 자기는 대통령에게 이미 책정되어있는 예산으로 잠수함 3척을 확보하겠노라고 복무 약속을 했다는 폭탄선언을 했다. 책정되어 있다는 잠수함 2척 건조예산은 9억 불이었다. 그의 말대로라면 잠수함 3척을 9억 불에 확보하겠다는 뜻이었다.

당시 마케팅에 나왔던 잠수함 중 9억 불로 3척을 건조할 수 있는 잠수함은 없었다. 여기에 다시 K급이 등장한다.

나는 인도네시아 해군 장성들에게 열심히 K급의 실체에 대해 얘기를 하고 다녔다. 예전에 K급 잠수함을 상세히 조사했던 것이 이런 경우에 사용하라는 것이었나 생각이 들었다.

"러시아가 K급에 대해 인도네시아 해군에 제의한 내용을 알고 있다. 우리 해군도 러시아로부터 경협차관으로 상환금 대신 K급으로 가져가라는 요청을 받고 내가 잠수함 전대장으로 러시아에 가서 2주일 동안 K급을 상세히 조사한 바가 있다. 우리가 추진하고 있는 잠수함 운용, 교육, 군수지원체계에 하나도 들어맞는 게 없었다. 우리의 결론은 K급은 공짜로 주어도 가져와서는 안 된다는 결론이었다. 당시 해군총장이던 나의 형은 총장직을 걸고 K급을 가져와서 안 된다는 고언을 정부에 할 수밖에 없었다.

K급은 정상적인 잠수함이 아니다. 한 세대 이전의 잠수함이고 100% 러시아산 부품으로 건조되어서 부품확보에 큰 문제가 있는 잠수함이다. 인도네시아 해군이 K급을 선택하면 아마 가져오자마자 운용상 심각한 문제에 직면할 것이다. 인도네시아 해군이 K급에 관심을 갖고 있는 사람들이 많은데, 대해 제3 자이지만 대단히 안타깝고 걱정된다. 인도네시아 해군이 한국의 장보고급 잠수함을 선택하지 않더라도 K급만은 선택하지 마라. 나는 신조 입찰에 나서는 경쟁업체로서가 아니라 잠수함 출신 예비역으로 인도네시아 해군을 위해서 진심으로 하는 얘기다."

인도네시아 해군 장성들은 한국 해군이 K급은 공짜로 주어도 가져오면 안 된다는 결론을 내렸었다는 말에 호기심을 보이며 질문을 많이 했다. 그런 질문이 나올 때 나는 반가웠다. 그에 대한 대답을 하려면 잠수함 운용에 관한 체계 전반을 얘기해야 하기 때문이었다. 그러나 K급 파들은 달랐다. 그들은 K급을 본 적도 없으면서 무조건 K급을 찬양하는 것이었다. 내 눈엔 그들이 인도네시아 해군을 망치려는 사람들로 보였다.

어디 가나 이해할 수 없는 사람들이 있다. 사람이 산다는 것은 나이가 들어가며 보니 생각과 사상이 다른 사람들을 어떻게 생각하고 상대하느냐인 것 같다. 한 가지 일을 잘 알아서 소신과 철학을 가진 다른 사상이라면 보아주겠는데 잘 알지도 못하면서 아집과 다른 목적을 위한 반대이고 찬양이라면 더욱 수용을 못 하겠는 것이 나이 들어가면서 느껴지는 변화다. 달라진 것은 그에 대한 나의 대응이다. 예전엔 부딪쳤는데 요새는 무시해버린다. 그러나 내면의 나의 결정은 예전보다 명확하고 견고하다. 나이 들면 고집이 세어진다는 말은 달리 말하면 인생을 거친 가치관의 고수일 것이다. 고집인가 가치관인가. 황희 정승식 처신이 회자 되지만 황희가 대법원 판사여도 너도 옳고 너도 옳다고 할 순 없을 것이다. 세상사란 어차피 결정하고 단락을 짓고 가게 마련 아닌가. 어떻게 결정하고 단락을 짓느냐가 문제인 것이다.

나는 인도네시아 해군 K급 파들을 비난하지는 않았다. 열심히 내가 본 K급과 한국 해군의 경험만 얘기하고 다녔다. K급 파 장교들에게도 내가 본 실태만 얘기했다. 한국과 건조계약을 맺지 않더라도 K급만은 피하는 것이 인도네시아 해군을 위해 좋을 것이라는 말에 그들은 귀를 기울이는 것 같았다. 그 말은 잠수함 출신 장교로서 내 진심이었다. 그리고 K급을 운용하고 있는 나라에 가서 내 말이 사실인지 거짓인지 확인해 보라고 했다. K급 파들도 나를 비난할 수는 없었다.

잠수함 수출을 위해선 해결해야 할 내부 문제가 하나 있었다. 방산사업을 총괄하고 있는 방위사업청의 방위산업규정이었다. 잠수함 수출을 염원하던 시기에 만들어진 규정 중에 "제3국의 잠수함 건조사업을 수주하여 '한국 조선소'에게 건조를 의뢰할 경우 절충교역(off-set) 의무의 30%를 이행한 것으로 간주한다."라는 방산사업 규정이 있었다. 이 규정의 의미란 한국과 방산사업을 추진하는 국가 중 제3국의 잠수함 건조사업을 수주해서 건조작업을 '한국 조선소'에 맡기면 추진하고 있는 사업에서 절충교역 의무를 30% 이행한 것으로 한다는 내용이다.

절충교역 의무란 계약가의 정해진 비율 액수만큼 수주 국에 투자하거나 수주 국의 생산품을 수입해 가야 하는 의무를 말한다. 이는 어느 한쪽에 치우치는 일방적인 교역을 방지해서 서로의 교역을 이루게 한다는 목적으로 부여하는 교역 의무인데, 우리나라는 계약가의 30%를 부여하고 있다. 예를 들면 우리나라가 100억 불어치 방산수입을 한다면 우리에게 수출을 하는 나라는 30억 불어치를 우리나라에 투자를 하거나 우리 생산품을 수입해 가야 하는 것이다. 방산사업을 하는 나라마다 상대국에 일정 비율의 이 절충교역 의무를 지우는데 교역가의 100%까지 요구하는 나라들도 있다.

당시 이런 규정이 만들어진 것은 방산수출 촉진정책으로 잠수함 수출을 지원한다는 의도에서였다. 잠수함 건조사업을 우리가 수주해서 수출하기는 요원한 것 같으니 타국이 수주한 것을 하청이라도 받아서 수출할 수 있도록 한다는 근시적 시각에서 만들어진 조항이었다. 이는 막상 국제 수주경쟁이라는 상황에 이르니 오히려 방산수출에 족쇄가 되는 문제로 나타난 것이다.

인도네시아 해군 잠수함을 2~3척 건조하는 국제 수주경쟁 마당은 프랑스나 러시아는 한국과 추진하고 있는 방산사업이 없으니 해당 없으나 독일은 한국과 214급 잠수함 사업을 진행하고 있었고 인도네시아 잠수함 사업을 수주하려고 나서고 있어서 곧바로 그 규정이 적용되는 상황이 될 것이다. 즉 독일이 인도네시아 잠수함 건조를 수주해서 한국에 건조를 맡기면 214급 사업으로 한국에 지고 있는 절충교역 의무를 30% 면제받을 수 있게 되는 것이다. 그 금액은 약 3.5억 불에 달하는 금액이었다. 그 의미는 독일이 수주해서 한국에 맡긴다면 입찰경쟁에서 독일은 한국보다 3.5억 불을 낮게 입찰해도 손해가 없다는 것이다. 214 사업의 절충교역 의무를 면제받을 수 있기 때문이다. 즉 한국의 입찰을 불리하게 만드는 조항이 될 수 있는 것이었다.

우리는 독일이 수주해서 대우조선해양에 주는 하청을 받는 형식으로 수출하는 것도 원치 않았고 동등하게 입찰해도 어려운 판에 3.5억 불이라는 금액의 불리를 갖고 입찰에 나서기도 원치 않았다. 그래서 방사청에 그런 문제점을 제기하고 규정의 수정이나 조치를 요구했다. 그러나 방사청은 요지부동이었다. 얼마 전에 전임 방사청장이 모 방산업체로부터 뇌물을 받은 것이 발각되어 처벌을 받은 일이 있어선지 규정조항 때문에 실질적인 잠수함 수출을 막고 있다는 이유와 상황을 조목조목 설명해도 특정 업체의 이익을 위하는 일은 할 수 없다며 막무가내였다.

전역 후에 부대를 찾아가 후배이거나 선배이건 간에 영업적인 주제를 갖고 얘기하는 것은 매우 고통스런 일에 속한다. 대우조선해양에 입사한 이후에 잠수함과 관련해서 주로 외국 출장업무에 전념했기 때문에 부대를 찾아갈 일이 별로 없었는데 이번 건은 잠수함 수출에 관계된 중요한 문제라서 방사청을 찾아가지 않을 수 없었다. 현역 때 방산회사에 입사한 선배들이 상담을 원해서 만나보면 주제가 솔직히 자기 이익중심의 얘기였던 기억이 있다. 그러나 이것은 국익 차원에서 해결해야 할 일이라고 생각해서 찾아가 방사청장, 차장, 부장, 과장 모두에게 문제점을 얘기하고 대책을 협의하자고 간곡히 요구했지만, 특정 업체의 이익을 위해서 조치할 수 없다는 갑갑한 말만 되풀이한다.

이것은 잠수함 수출 지원을 위해서 만든 조항이 아니냐, 국내 특정 업체가 아니라 '한국 조선소'의 수주경쟁을 막아 국익에 손해 되는 일이라고 간절하게 강조해도 방사청 인사들은 들으려 하지 않았다. 국익 차원에서 접근해야 한다고 소신 있게 나올 것으로 상상했던 기대는 실정 모르는 바람이 되어버렸다. 답답한 노릇이었다. "공무원에게 개혁을 기대하는 것은 구운 밤에서 싹이 나길 바라는 것과 같다"는 말이 실감 있게 느껴졌다. 전형적인 공무원의 영혼 없는 복지부동에 좌절감을 느끼지 못한다면 그는 무감각한 사람일 것이다. 결국 우리는 불리한 방산규정에 매인 채 수주전쟁에 나설 수밖에 없었다.

노무현 정부 시절에 방산비리 근절과 방산업무의 효율을 기한다는 명제하에 창설된 방위사업청은 그동안 운용되면서 각 군(軍)이나 80여 개에 이르는 방산업체 관계자들이 하나같이 방산업무 추진에 효율적이지 못하며 개혁해야 한다는 목소리를 10여 년이 넘도록 냈지만, 여전히 한 발자국도 개혁의 발길을 내딛지 못하고 있는 것은 불가사의한 일 중의 하나다.

방위사업청은 우선 조직이론에서 벗어난 조직이다. 방산업무의 효율을 기한다는 목적으로 각 군의 전력증강에 관한 소요제기, 예산획득,

집행, 평가, 감사, 감독을 모두 한 손안에 갖고 있는 비정상적인 조직이라는 사실이다. 이는 업무를 분리하여 견제와 감독을 시켜야 하는 조직이론에서 벗어나고 권한과 업무영역이 과도하게 비대해 조직의 균형이론에도 벗어난 조직이다. 국방예산의 5분의 4를 국방장관 예하에 있는 방사청장이 집행하게 되어있어 국방장관은 종이호랑이가 될 거라는 초기의 우려가 2017년까지 이제껏 유지되고 있다

방산비리를 척결한다고 세계에서 유일하게 진행되고 있는 방사청의 업무방식은 부끄러워 말을 못할 정도다. 국방예산의 집행 주무 책임자를 업무 내용을 제대로 알 수 없는 인원으로 배치시켜 업무의 효율은 물론이거니와 그 업무의 산물인 무기체계의 부실이 나타나는 것이 외면된 채 진행하고 있는 웃지 못할 일이 그것이다.

그것은 함정 건조업무 주무 실무자는 육군 장교가 맡고 있고 육군의 탱크제작 업무 책임자는 공군 장교이고 전투기 생산 업무 실무자는 해군 장교다. 세계에서 그런 업무 방식을 하고 있는 나라는 대한민국밖에 없을 것이다. 그것이 방산비리를 막기 위한 일이라니 어찌 부끄럽지 않을 수 있는가. 방산수출 주제로 외국 관련자와 얘기할 때 얼굴이 뜨거워지는 심정을 안 느껴 본 사람은 모를 것이다. 대명천지 21세기 대한민국의 군조직 실태다. 상황이 그러한대도 여전히 업무방식을 고수하고 있는 현실을 불가사의하다고 하면 과언인가.

그렇게 했어도 그동안 방산비리는 비리대로 척결되지 못했다. 최근에 불거진 방산비리 사건 이후 법조인으로 구성된 방산업무 감독팀을 만들었는데 우습다. 그 팀도 방사청장 예하에 소속시켰다. 무엇보다도 안타까운 일은 생산되는 무기체계는 무기체계대로 부실해져 버렸다는 사실이다. 관련 용어조차 모르는 실무 책임자에게 무기체계의 세밀한 부분까지 내실을 기대하는 것은 상식상 무리였다.

방사청 창설 이전에 해군은 함정을 건조하는 건조 조선소에 조함병과 장교들로 구성된 감독관 팀을 상주시켜 함정건조 전반을 세세히 감독하게 했었다. 그 감독관 팀과 조선소 간에 비리가 발생한다는 것을 근절한다고 창설된 방사청이 취한 세계에 유례없는 조치는 감독관팀을 없애고 소관업무 책임자를 타군 장교가 맡게 하는 조치였다. 무기체계 소요 군은 요구한 무기체계가 요구성능에 맞는지 여부만 확인해서 인수해 가기만 하면 되는 것이지 생산과정에 관여할 필요가 없다는 이론이었다. 언뜻 들으면 맞는 말 같지만, 그 이론은 다분히 이론적인 조치였다는 것이 10여 년간 운용되어 오면서 확인된 사실이다.

어느 무기체계이건 간에 생산과정에서 잘못이 시정되지 못하면 완성된 다음에 문제를 시정 하기는 거의 불가능하거나 가능하더라도 천문학적인 경비가 소요되는 것은 불문가지인데 그럴 경우 나타나는 전투력의 상실은 비교할 수 있는 일이 없다. 특히 함정 건조에 있어서 건조과정의 감독이 필요한 것은 아파트 건설과정의 감리가 필요한 경우와 매우 흡사하다.

아파트를 건설할 때 골조 부분에 들어가는 철근의 직경이나 정격 강도, 시멘트의 양질 여부와 모래의 성분, 비율, 벽 속에 들어가는 파이프나 케이블의 품질 등이 정상품이 아닐 경우 외벽을 바른 다음 아름다운 색깔의 페인트로 마무리하여 말끔한 새 아파트라 하여도 시간이 지나면 무너질 위험이나 부실이 나타날 수 있듯이 함정건조도 철판의 두께나 강도, 늑골 프레임의 치수, 강도, 간격, 외판과 내판 사이에 들어가는 각종 파이프와 케이블의 정격치 여부는 완성된 다음에 회색의 페인트로 마감해 놓으면 보이지도 않고 볼 수도 없는 함정성능의 요소가 된다. 그 볼 수 없는 요소가 전투의 순간에 제대로 작동치 못한다면 그다음 벌어질 상황은 또한 불문가지다.

실제로 잠수함을 건조한 다음 해상 시운전 단계에서 전투체계의 성능이 제대로 나오지 않아 오랫동안 고생한 다음 내장재를 전부 뜯어내고 외판과 내장재 사이에 들어간 케이블을 조사해보니 케이블이 이어져 있는 것이 발견되어 함 전반 케이블을 다시 설치하느라고 법석을 떨었던 사례가 실제로 있었다. 깔아놓은 케이블 길이가 짧자 같은 케이블로 이어 연결했으니 이상 없겠거니 생각했겠지만 미세한 전류 흐름에 영향을 일으켜 예민한 전자장비의 성능을 마비시킨 원인이 되었던 것이다. 그 바람에 함정 인도 일자가 늦어져 전투력 발생이 늦어진 것은 물론이고 신조에 가까운 작업을 다시 하느라고 시간과 노력과 돈을 쏟아 부었던 웃지 못할 사례였다.

 방사청이 군은 무기체계의 생산과정에는 관여하지 말고 완성품만 받아가라는 말은 새 아파트의 골조의 강도는 알 필요 없이 말끔하게 페인트로 마감한 아파트에 들어가 살기만 하라는 말이나 다름없다.
 특히 함정건조는 건조과정이 온전치 않으면 후에 그 부실 여부를 밝혀내거나 시정 하기가 대단히 어려워 전문인력이 단계마다 확인하고 승인해야 할 필요가 있는 작업이다. 방사청은 주기적으로 평가팀을 현장에 파견하여 확인한다고 하지만 지속적으로 확인하고 승인해서 단계가 이어지게 하는 일은 하지는 못한다는 말이니 다분히 표시적인 조치에 불과하다. 그럼에도 불구하고 비리가 생긴다고 전문 감독인력을 없애버리고 용어도 모르는 타 군 장교가 실무를 맡게 하는 빈대 잡으려 초가를 태우는 세기의 우(遇)를 아직도 고치지 못하고 있으니 부끄럽고 우습고 갑갑한 노릇이다.

 방위사업청의 조직과 업무방식이 방산업무를 추진하는데, 도움보다는 장애가 되고 있다는 각 군과 방산업체의 목소리가 그간 거쳐 간 정부에서 수없이 반복되었지만 제대로 반영되지 못하고 제자리에 머문 것은 참으로 괴상하기까지 하다. 수없이 거쳐 간 국방장관이나 매년 국정 감사한다고 난리를 펴는 국회 국방위원회 누구 하나 문제를 제대로 잡고 집요하게 해결노력을 하는 사람을 보지 못했다. 문제의 핵심을 모른 채 대의정치를 부르짖는 사람들이 나대는 것을 보는 것은 대의정치 사회에서 사는 국민의 고통이다. 지난 대선에서 방위사업청을 지목해서 공약을 내건 후보자는 한 명도 없었지만, 국정을 개혁하겠노라고 목에 힘줄이 서도록 대선 운동 기간 내내 목소리를 높이던 신임 대통령을 지켜보고 있다. 두고 볼 일이다.

인도네시아 해군에 잠수함 수출 협상에서 나타난 사항은 인도네시아도 우리가 그랬던 것처럼 장차 잠수함 건조능력을 갖고 싶어한다는 것이었다. 그래서 우리는 그 욕구에 부응하는 대담한 접근을 했다. 대우조선해양에서 인도네시아 조선소 기술자들에 대한 현장기술교육(OJT: on the job training)을 제공하고 인도네시아의 잠수함 건조능력 신장을 위해 공동생산(joint production) 방식을 할 수 있다는 제안을 제의했다.

그러나 만사가 순탄하게 돌아간다면 만사가 아니다. 러시아는 잠수함 3척을 6억 불에 제공하겠다고 나왔다. 거기에다가 3년간 수리부속을 무상으로 주겠다고 한단다. 인도네시아 해군에 숨죽이고 있던 K급 파가 다시 목소리를 높이기 시작했다. K급 잠수함이 다시 '주제'가 되어 나타난 것이다. 나는 장보고급 잠수함 마케팅 외에 다시 전 K 급에 대한 얘기를 많이 하고 다녀야 했다.

밀고 당기는 기나긴 논의 끝에 인도네시아 측과 합의에 도달한 내용은 장보고급 잠수함 3척을 대우조선해양에서 건조하는데 2척은 완제품으로 건조하고 그 건조기간에 인도네시아 조선소 기술자 104명을 대우조선해양에서 잠수함건조에 대한 현장 기술 교육을 실시해 주고 나머지 1척분은 대우조선해양에서 블록을 제작하여 인도네시아 조선소로 이동하여 최종 조립 및 의장을 실시하는 공동생산 방식으로 건조한다는 내용이었다. 인도네시아 해군과 국방부는 한국이 20여 년 전 독일로부터 잠수함 건조기술을 배우던 방식대로 인도네시아 조선소 기술자들을 가르쳐 주겠다는 우리의 제안에 주의하기 시작했다. K급을 내세우는 러시아가 내놓을 수 없는 제안이었다. 결국, 인도네시아 국방부는 한국의 대우조선해양을 신조 잠수함 3척 건조사업의 우선협상 대상자로 선정하고 2012년 말 건조계약을 체결했다. 계약가는 11억 불이었다. 대우조선해양과 자문계약으로 잠수함 마케팅 일을 계속한 지 2년 만의 일이었다.

인도네시아 국방부에서 잠수함 3척 신조 수출계약 당일 현장에서의 필자

잠수함 수출계약 성사는 방산 역사상 처음이었던 것은 물론이거니와 계약가도 단일 계약으로는 최고였다. 잠수함 수출계약 덕분에 2012년 국가의 총 방산수출액은 20억 불을 넘어섰다. 방사청은 한 해에 방산수출액이 20억 불을 넘어섰다며 마치 방사청이 노력하여 수출액이 급상승한 것처럼 대대적인 홍보를 하는 것이었다. 방산수출에 장애가 되니 지원을 갈구하던 요청에 영혼 없는 무소신의 관료적 자세로 일관하던 방사청이었다. 공무원들이 하는 일이 그렇다. 민망한 노릇이었다.

2017년 8월 2일. 한국 조선소의 잠수함 건조사에 기록될 일이 생긴 날이니 바로 첫 수출 잠수함 인도일이었다. 인도네시아 해군용으로 계약했던 수출 잠수함 3척 중 첫 번째 잠수함이 인도되었다. 나는 대우조선해양과 자문계약이 완료된 지 오래되었지만 건조계약 성사에 일조한 것을 잊지 않고 인도식 행사에 초청해주어 참석해서 보니 인도네시아 군부 인사들에게 설명하고 다니던 때가 생각나기도 하고 25년 전 독일 킬에서 장보고함을 인수하던 때가 상기되어 감회가 일었다.

잠수함이란 걸 처음 배운지 20여 년 만에 수출할 정도에 이르렀다는 생각에 오랜만에 뿌듯한 기분도 생겼다. 잠수함 수출에 관한 한 독일, 프랑스, 스웨덴, 네덜란드, 러시아에 이어 세계에서 여섯 번째지만 잠수함을 처음 배워 그렇게 단시간 내에 수출을 이룩한 나라는 없었으니 말이다. 우리에게 그런 정신만 있으면 문제없다.

2017년 8월 2일. 첫 수출 잠수함 인도일
인도되는 잠수함 Nagapasa함 함장과

태국

인도네시아에 출장을 자주 다니면서 오갈 때 꼭 들러서 잠수함 관련 마케팅을 했던 나라가 태국이었다. 태국은 잠수함을 한 척도 갖고 있지 않지만, 동남아에서 잠수함 전력 경쟁이 벌어지자 해군 내부에서 잠수함을 가져야 한다는 목소리가 높아지면서 브리핑을 해달라는 요청이 오고 있었다. 태국은 인도네시아와는 또 달리 우리가 옛날에 했던 것처럼 어떤 잠수함을 어떻게 가져야 하느냐부터 시작해야 하는 국가였다. 그 분야는 내가 가슴을 앓았던 분야이니 반갑기까지 했다.

태국은 그래서 처음부터 '잠수함이란 무엇인가?' 교육으로 시작해야 하는 나라였다. 몇 차례 브리핑 아닌 교육을 했더니 갈 때마다 참석 장교들 수가 늘어났고 급기야 잠수함위원회(submarine committee)를 구성해서 본격적인 확보 연구를 시작하는 것이었다. 태국이 잠수함 확보계획을 추진한다면 내가 보기에 성공적인 잠수함 전력 구축을 이룬 우리가 가장 좋은 파트너가 될 수 있을 것 같았고 경험을 나누어 줄 수 있다고 생각했다.

방산 수출 마케팅을 하다 보면 자기네 나라 군부 고위층과의 관계를 내세우며 중간역할을 하겠다는 현지인들이 나타나게 마련인데 태국 해군 잠수함 프로젝트를 위해서 왕실과 군부에 결정적인 역할을 할 수 있다는 사람들이 역시 여기저기 나타나 연락을 해오는 것이었다. 그런 것을 내세우며 접근하는 사람들은 대개 믿을만한 사람들은 아니지만 그런 현상은 해당 프로젝트가 시행될 가능성에 대한 감각을 잡게 하는 데 도움이 된다. 갖가지 연관을 갖고 있는 사람들이 얻을 수 있는 정보를 갖고 이익을 보려고 하는 사람들이기 때문이다. 태국 역시 잠수함 확보계획에 그런 사람들이 여럿 나타나는 것으로 보아 프로젝트가 가기는 갈 거 같았다.

　나는 태국이 잠수함 확보계획을 집행한다면 어느 나라보다도 한국 해군이 좋은 모델이 될 수 있을 것이고 나도 나의 경험을 살려 제대로 권고할 수 있겠다고 생각하고 있었다.
　현지 대리인은 나를 한국 해군 잠수함 확보사업 초기 단계부터 참가해서 첫 잠수함 함장을 지내고 잠수함 전대장, 전단장을 역임한 인물이라고 소개하고 안 제독은 태국 해군에게 지금 절실히 필요한 선생님이라며 태국 해군 쪽에 열심히 입력시켰다.
　그 덕분에 태국 국방장관과도 여러 차례 만나 상담도 하고 잠수함위원회 인사들을 초청해서 대우조선해양의 건조시설뿐만 아니라 한국 해군 잠수함 부대도 방문해서 견학할 수 있도록 기회를 만들었다. 태국에 출장 가서 교육 같은 브리핑 후에 수많은 질의응답 일정이 끝나면 잠수함위원회 위원장은 우리 팀에게 강 건너 황금색의 왕궁 건물이 보이는 해군 영빈관에서 거창한 만찬을 베풀어주기도 했다. 그는 우리 해군 1번 장보고함부터 9번 함 이억기함까지 함명을 모두 꿰고 있을 정도로 우리 해군 잠수함에 대한 지식이 높았다. 나는 내심 우리 잠수함 사업 초기에 가졌던 야망과 기대가 되살아나는 것 같기도 했다.

　대단히 고무적인 분위기가 기대감을 품게 하던 즈음인 2006년, 또 한 번 알 수 없는 인생사가 나타난다. 말로만 듣던 태국의 고질병이 도진 것이다. 군부 쿠테타가 일어나 모든 것이 중지되었다. 몇 번 만났던 국방장관은 감옥으로 끌려가고 잠수함위원회는 유야무야 증발해 버렸다. 잠수함을 처음 갖는 나라에 나만이 가진 노하우와 경험으로 무언가의 역할을 하리라던 나의 기대 또한 여지없이 무너져 버렸다. 태국의 잠수함 사업은 내가 대우조선해양을 퇴사할 때까지 재개되지 않았다. 인생이었다(C'est la vie!).

　태국은 그 이후 10여 년 가까이 잠수함 획득 사업을 손 놓고 있다가 2016년에 전격적으로 중국이 제의한 조건을 받아들여 중국 잠수함을 도입한다고 발표했다가 얼마 지나지 않아 그마저도 무기한 중단하는 것으로 발표되었다. 태국이 중국과 잠수함 사업을 하기로 했다는 말을 들었을 때 방향을 잘못 잡았다는 생각을 했다. 태국은 정말 다이내믹과는 거리가 먼 나라라는 생각이다. 내가 1973년 해사 3학년 생도 때 축구 선수로 4학년 순항훈련에 편승해서 태국에 처음 갔었을 때는 우리나라보다 낫다는 생각도 들었는데 30여 년이 지나 잠수함 때문에 방콕에 다시 와서 깜짝 놀랐다. 그때나 별로 달라진 게 안 보였기 때문이다. 아니 더 나빠진 것 같기도 했다. 믿기지 않는 일인데 사실이다. 외국 사람들이 한국을 왜 다이내믹 하다고 하는지를 알 수 있게 하는 나라가 태국이다.

　여러 차례 방콕을 방문할 때마다 들었던 생각은 태국은 '위기의식'을 상실한 나라 같다는 것이었다. 제국주의 시대에 입헌 군주제를 실시했던 선진적인 나라인데 오랫동안 평화에 젖은 탓에 모두들 위기의식을 상실했다. 국왕은 대중으로부터 존경만 받고 왕좌를 유지하기 위해 우민정책으로 일관하는 것 같고 군대의 장교는 군복을 입은 정치인으로 변하지 않았다면 어찌 세계사에 유례없는 19번의 쿠데타 역사가 가능하겠는가. 어쨌건 국민을 이렇게밖에 살지 못하게 만든 사람들은 책임을 면할 수 없다는 생각을 지울 수 없었다. 나는 그 장본인들이 왕과 장교들이라고 생각한다. 그렇게 싹이 조금씩 보이던 잠수함 확보계획은 스러지고 말았다. 언제 실현될지는 알 수 없다. 나도 희망을 버린 지 오래다. 또 쿠데타가 일어날 것이니.

페루

내가 태국에 부가해서 잠수함 수리나 신조 소요가 나타날 것으로 꼽은 나라가 남미의 페루였다. 페루는 1911년부터 잠수함을 운용한 나라이니 잠수함 운용에 관한 한 100년이 넘는 역사를 가진 나라이지만 역시 어느 시기부터 투자를 하지 않아 남미에서 최대 척수의 잠수함을 보유하고 있으면서도 내실이 없는 잠수함 보유국이다. 1970년대 중반부터 1980년대 초까지 독일 209급 잠수함 6척을 확보해 운용하고 있었는데 건조한 지 30여 년이 가까이 오도록 정기수리를 한 번도 못하고 있는 실정이었다. 그래서 대우조선해양 회사에 입사하자마자 달려간 곳이 페루였다. 페루는 내가 보기에 당장 정비를 하지 않거나 신조 계획을 추진하지 않으면 머잖아 잠수함 전력 유지가 불가한 나라였다.

페루는 신조보다도 정비가 급한 실정인 것은 예상한 대로였지만 출장을 몇 번 다니면서 잠수함 정비에 관한 브리핑을 하고 나면 처음엔 놀라울 정도로 관심과 열의를 보이다가 지나고 나면 언제 그랬냐는 식의 태도에 맥이 빠졌다. 한 1~2년 마케팅을 하고 나서 무언가 이루어질 만한 시기라고 판단하여 해군 고위 관계자를 초청하여 대우조선해양의 잠수함 건조시설을 보여주니 감격하며 곧 정비를 시작할 거 같이 말하던 사람들이 돌아가고 나서 그 후에 찾아가 얘기를 해보면 진도가 한 발자국도 안 나간 소리를 되풀이한다.

나는 페루에 대해서 30여 년 동안 잠수함 정비를 하지 못했으니 더 이상 정비를 안 하고는 견디지 못할 것이라 생각했지만 30여 년 동안 정비를 하지 못한 이유가 무엇이냐에 대해 너무도 간단하게 생각했다는 잘못을 깨달았다.

　페루의 군조직은 생각보다 복잡했다. 특히 이권 사업에 관한 이해관계가 대단히 복잡했다. 운용부서, 정비부서, 군수부서 간의 이해관계는 이해가 불가했다. 또 하나 잠수함 정비사업을 내걸고 요구하는 반대급부가 전혀 합당하지 않는 것이었다. 잠수함 정비를 하면 드라이도크를 만들어 달라거나 사막 해안가에 부두를 건설해 달라는 등 요구를 하는데 정비사업에 손 떼라는 속내가 있는 게 아닌가 생각이 들 정도였다. 최근에 알게 되었다는 절충교역 개념을 과도하게 내거는 바람에 아마 미래에도 페루와의 방산사업 추진은 쉽지 않을 것이다.

　입사 첫해에 찾아가 잠수함 정비에 관한 얘기를 시작한 이래 가장 낡은 잠수함 2척은 폐선 처리하고 신조로 대치하며 너머지 4척은 순차적으로 정비할 것 같이 몇 년을 끌어오며 이것이 필요하다, 저것이 필요하다 하여 온갖 자료를 다 제공했더니 4년여 지날 즈음에 자기들은 페루 내에서 정비하는 방향으로 가려 한다며 찬바람을 내는 데에 기가 막혔다. 교육은 교육대로 자료는 자료대로 챙기고 내치는 형국이었다. 사기당한 기분이었다.

　나는 페루 해군과 잠수함 사업관계를 이어가는 것은 무익하다는 결론을 내렸다. 대우조선해양을 퇴사하기 전에 특수선부 마케팅팀에게 페루 사업은 더 이상 추진하는 것은 무익하다는 권고를 간곡히 했으나 행여나 하고 몇 년을 더 이어오더니 결국 접는 것이었다. 나름대로 판단해서 추진했던 페루 잠수함 사업의 결과는 남미 사람들에 대해 황당한 인상만 남기고 끝이 났다.

　전역 후 잠수함 수출 마케팅을 시작하면서 나름대로 가장 가능성 있는 나라로 꼽았던 인도네시아, 태국, 페루 중 인도네시아 프로젝트에는 일조했는데 태국, 페루 잠수함사업에는 실패했다. 그 외에도 깊은 논의단계로까진 가지 않았지만, 캐나다 해군의 노후 잠수함 대체를 위해 캐나다에 가서 신조 잠수함에 관한 논의도 했고 미 해군에서 훈련용 재래식 잠수함 필요성 논의가 있을 때 미국 조선소에 가서 논의하기도 했다. 한국의 잠수함 건조능력을 인정한 논의였음은 물론이다.

결국, 잠수함 수출 목표로 세웠던 것의 3분지 1밖에 안 되는 역할이었지만 전역 후 10여 년 가까이 다시 초점을 맞춰 일할 수 있었던 것은 역시 잠수함 덕분이었다. 특이한 경험이었다. 그동안 배우고 익히고 느꼈던 잠수함에 관한 모든 것이 나의 큰 자산이었음을 새롭게 확인한 시간이었다. 잠수함에 관한 문제에 자신 있고 진솔하게 대체할 수 있었던 것은 그동안 '잠수함과 함께' 쌓아온 여정 때문이었다. 국제 마케팅 경쟁 마당은 목표달성을 위해선 종국엔 체면도 양식도 실종되는 싸움판이긴 하지만 진솔함이 바탕 되어야 이긴다는 것을 체험하게 해준 인생의 마당이었다.

제 6 장
잠수함 단상

잠항(潛航)이라는 것

해군 장교생활을 30년 이상 했으니 내가 여태까지 가장 많이 보고 가장 많이 쓴 한문 글자는 '바다 해(海)' 자(字)일 것이다. 일어나서 잠자리에 들 때까지 항상 눈앞에 있었던 글자가 그것이었고 하루에 한 번 정도는 쓴 것 같으니 말이다. 내가 처음 바다 해(海) 자에 대해서 가졌던 생각은 거기에 '어머니 모(母)' 자가 들어가 있다는 것이었다. 왜 바다라는 뜻에 '어머니'가 들어가 있을까? 그 옆의 '물 수(氵)' 변과 합쳐보면 물 옆에 있는 어머니가 바다다?

프랑스어로 바다라는 말은 '라 메르(la mer)'다.
어머니라는 말 '라 메르(la mère)'와 철자 하나가 다르지만, 발음은 똑같다. 그래서 앞뒤 문맥 없이 발음만으로는 프랑스어에서 '바다'와 '어머니'를 구분할 수 없다.

사관학교 생도 시절 제2 외국어로 프랑스어를 선택해서 공부할 때 바다와 어머니가 '동음이의어구나.' 정도로만 생각하고 지나갔는데 잠수함 함장이 되어 바닷속을 잠항하게 되면서부터 바다 해(海)에 들어있는 어머니와 프랑스어의 바다라는 말과 어머니라는 말의 유사성에 대해 새삼스런 생각을 많이 하게 되었다.

그러던 어느 날 해저탐사의 세계적인 전문가 프랑스 사람 클로드 리포(Claude Riffaud)라는 사람이 쓴 『인류의 해저 대모험(La grande aventure des homme sous la mer)』이라는 책을 읽다가 바다와 어머니라는 말이 왜 같은가를 유추해 볼 수 있는 설명을 발견한 것도 그런 생각을 하고 있었던 터였기 때문일 것 같다.

   그의 설명에 의하면 인류가 두 발로 땅을 밟고 살기 시작할 때부터 평원에서 맹수에 쫓길 때 도망갈 수 있었던 곳이 강이나 호수의 잔잔하고 푸근한 물이었다는 것이다. 특히 새끼들을 품에 안은 여자들이 기슭에서 종종걸음을 치며 다급하게 피신한 곳은 미지근하던 바다였다는 것이고 그래서 바다와 물은 그들에겐 '구원'의 이미지였다는 것이다. 그 책에는 바다와 어머니라는 말의 유사성에 대한 분석은 없지만 '바다는 구원처'였다는 설명만으로도 나는 왜 바다와 어머니라는 말이 같을까에 대한 해답을 발견한 것 같아 반가웠다. 내 생각인데 바다가 인류에게 '구원'의 의미였다면 '바다는 어머니'라는 등식이 하등 이상할 게 없지 않을까 하는 것이다. 세상에 어머니보다 더한 구원의 이미지는 없을 것이니 말이다.

   그래서 그 후에 나온 한자 '바다 해(海)'에도 어머니가 들어가 있는 것인가. 한자를 풀이한 책들을 찾아보니 '모든 물(氵)이 흘러들어 오는 곳이 바다(海)이니 이는 모든 것을 받아들이는 어머니의 자애로움과 같다.' 라는 철학적 풀이만 발견했을 뿐이다. 사실 나는 '물은 어머니'라는 좀 더 근원적인 어떤 해석이 있지 않을까 하는 기대를 하고 풀이를 찾았었다. 바다를 구원의 이미지로 어머니와 연결한 것보다는 좀 더 태생적 의미에서 물속은 즉 '어머니의 몸속'이 될 수 있을 거라는 생각을 하고 있었기 때문이다. 왜냐하면, 인간이 애초부터 잉태되고 길러지는 태초의 환경이 어머니 몸속에 있는 '양수(羊水)'라는 '물속'이기 때문이다.

어느 날 잡지를 읽다가 '수중분만'이라는 기사를 발견하고 눈이 확 갔던 것은 물속과 어머니의 관계를 생각하고 있었기 때문은 아니었을까. 산모가 물을 채운 출산 욕조에 들어앉아 아기를 출산하는 이 방법은 신생아가 어머니 몸속의 양수 속에 있다가 바깥인 공기 속으로 나오게 하기보다는 '같은 물속'으로 나오게 해서 환경변화의 충격을 줄이고 산모의 고통도 줄인다는 것이다. 어머니의 몸속이 물속이라는 점에 착안한 출산방법이라는 점에서 고개가 끄덕여졌다.

얼마 전에 태어난 지 몇 시간 되지 않은 신생아가 물속에서 편안하게 수영하는 모습이 TV에 방영되는 것을 보고 다시 그런 생각이 났다. 갓 태어난 아기의 목 둘레에 부드러운 풍선을 감아 머리가 물 위에 뜨게 하여 욕조에 넣으니 아기가 팔다리를 꼼지락 꼼지락 움직이며 수영을 하는 것이었다. 그런데 그 표정이 어찌 그리 편안하고 만족스러워 보이는지 나도 모르게 미소가 지어졌다. 비좁은 어머니 몸속 물통 안에 쭈그리고 있다가 세상에 나오니 이리 널찍하고 편안하구나 하는 것 같았다. "아, 엄마! 기분이 좋아요!" 라는 소리가 곧 나올 거 같다.
 태어나자마자 흰색 포대기로 포옥 싸서 사지를 옴짝달싹 못 하게 해서 바구니 안에 뉘어놓은 신생아실 아기들은 하나같이 일그러진 표정들과는 비교 안 되는 천하의 편안한 표정이 거기 있었다. 물속에서 인간의 평안함이라…….

수상함에서 근무하던 때를 상기해 보면 초급장교 때는 잘 느끼지 못했지만, 계급이 올라갈수록 바다에 나가면 무언가 모르게 마음이 차분해지고 평온해졌던 기억이 있다. 경비임무를 받고 출항해서 바쁘게 임무구역으로 달려갈 때는 그런 기분이 덜 하지만 경비구역에 도착해서 숨차게 물을 차던 스크루의 회전수를 줄여놓고 나면 마스트 끝에서 팽팽하게 뻗어있던 항해기가 축 늘어지고 승조원들이 하나둘 갑판에 나와 심호흡을 한다. 허파에 들어오는 공기부터가 신선하고 복잡하던 육지의 물상들이 안 보이니 홀가분해지는 기분이다. 무에 그리 조급했느냐는 듯 여유 있게 일렁이는 바닷물을 보면 마치 시골에 온 듯 푸근한 마음이 생기기도 했다.

언제부턴가 잠수함을 타고 잠항을 하게 되었다.
푸근한 마음이 생기던 바다 위에 있다가 그런 감상과는 거리가 먼 바닷속으로 들어가게 된 것이다. 잠수함이 잠항을 한다는 건 수면에 있다가 수면 아래로 간단히 위치 이동만 하는 변화 같지만 그리 간단한 일이 아니다. 우주선이 대기권을 이탈할 때나 재진입할 때는 표면에 수천 도의 마찰열을 견뎌야 한다는데 잠수함이 잠항할 때는 열 대신 무시무시한 수압이 기다리는 캄캄한 암흑 속으로 들어가는 것이니 우주선 못지않은 '생사를 건 환경 바꿈'이라 해도 과히 틀린 말은 아닐 것이다.
그런 생각이 가득했던 초기엔 잠항을 할 때 여간 엄숙하지 않았었다. 산모가 아기를 낳으러 들어갈 때 벗어놓은 신발을 다시 신을 수 있을까 뒤돌아본다던데 흡사 그런 마음 같았다.
잠항할 땐 함장이 맨 나중에 함교에서 내려오면서 함교 해치를 닫는다. 함교의 잠항 준비 상태를 최종적으로 확인하기 위해서다. 함교 당직자들을 철수시키고 잠시 동안이지만, 함교에 혼자 있게 되면 갑자기 외로워진다. 비좁은 함교에 당직자들과 몸을 맞대고 서 있을 땐 몰랐는데 그들이 함내로 내려가고 나면 비좁았던 함교가 갑자기 휑해지는 것이 그렇게 넓어 보일 수가 없다. 그 시간은 잠시이긴 하지만 절속(絕

(俗)의 인사를 하는 시간이다.

　잠항한다는 건 세속(世俗)과 모든 인연을 끊는 절속(絕俗) 하는 일같이 느껴졌다. 바다 위는 육지라는 세상으로부터 떨어진 탈속(脫俗)의 동네이긴 하지만 그래도 화려한(?) 동네였다. 푸른 나무와 산새와 꽃은 없어도 하늘이 있고 태양도 보이고 구름도 보이고 서늘한 바람에 무엇보다도 신선한 공기가 있다. 간혹 갈매기도 보이고 배 주위를 뛰노는 돌고래도 있다. 그뿐인가, 저 멀리 있는 세상을 보여주는 상자 속에 다른 사람들도 보인다. 잘하면 집 안방에 앉아있는 애들과 문명의 이기(利器)를 희롱할 수도 있으니 얼마나 화려한 동네인가.

　잠항은 그 모든 것들로부터의 단절이다. 심지어 지구 상에 지천인 공기와도 이별이니 절속(絕俗)이라 함이 과한 말은 아니리라. 수면은 말하자면 부드럽지만 냉엄한 절속의 경계였으니 잠항이란 늘 고된 세계로의 진입같이만 느껴졌었다.

　"자, 세속의 존재들이여 잠시 고행 후에 보자꾸나." 혼자 남은 함교에서의 인사다.

　그런데 이상한 일이다. 잠항을 자주 하다 보니 나도 모르게 물 위에 있을 때보다 물속에 있을 때가 더 편해지는 것이었다. 잠항 준비 지시를 내리던 때의 엄숙한 기분이 빨리 내려가야겠다는 마음으로 변하고 화려한 동네의 존재물들에 대한 인사도 "자, 나는 피안(彼岸)의 바다로 가노라!"로 변했다.

　물속에 대한 느낌이 엄숙하다기보다 편하다는 것은 나 혼자만의 느낌은 아닌 것 같았다. 승조원 전부가 수상항해보다 잠항 항해를 더 기다리는 것이었다.

　잠항 위치를 벗어나 조금 더 수상항해를 계속할라치면 "함장님, 빨리 들어가시지요."라고 말해오는 것이었다. 나는 그런 현상이 우리 승조원들이 초년생에서 진짜 잠수함 승조원으로 바뀌는 증거라는 생각이 들어 즐겁기까지 했다. 초기엔 잠항 준비 지시를 하면 굳게 입을 다물고 무거운 표정으로 작업하던 그들이었으니 말이다.

　사실 수상항해는 얼마나 귀찮고 복잡한 일이 많은지 모른다. 가장 괴로운 일은 제멋대로 오가는 온갖 선박들을 피해 다녀야 하는 일이다. 육지처럼 도로선이 그어져 있는 것도 아니니 가고 싶은 방향으로 마음대로 다니는 선박들을 피해 다니려면 해군함정의 항해 당직사관은 정말 괴롭다. 한반도 인근 해역은 세계에서도 가장 이동물체가 많은 해상교통구역. 야간이나 저시정 기상일 때 레이더에도 잘 잡히지 않는 악마 같은, 쥐방울만 한 어선들이 바로 코앞에 불쑥불쑥 나타날 때마다 항해 당직사관은 가슴을 쓸어내려야 한다. 이 악명 높은 해역에서 어선과 충돌을 일으켜 지휘관의 꿈을 접었던 항해 당직사관들이 얼마였던가. 해상안전이란 해상충돌 회피였다.
　잠항을 하면 그런 크고 작은 악마들이 일거에 사라진다. 항해 선상에 장애물들이 하나도 없게 된다는 말이다. 아름다운 바다가 좋으냐, 안전한 바다가 좋으냐. 해군치고 아름다운 바다가 좋다는 사람은 아마도 항해와는 관계가 없는 그야말로 물 해군일 것이다. 눈감고 가도 거칠 게 없는 안전한 바다라면 그런 바다야말로 얼마나 멋진 바다인가!

　잠항 항해를 시작하면 항해 당직사관의 눈을 대신해서 전방을 주시해야 하는 부직사관도 필요 없고 전후좌우의 장애물을 누구보다도 먼저 발견해서 당직사관에게 보고해야 하는 견시 당직자도 필요 없다. 항해 당직사관은 간간이 음파탐지 당직자로부터 음탐 현황에 대한,

보고를 받고 함 위치와 심도만 잘 유지하면 된다.

정말 눈을 감고 가도 되는 항해다. 아니 눈을 감아야 더 잘 들린다. 그러니 바닷속은 가히 항해를 위한 피안(彼岸)의 바다인 것이다.

바닷속이 더 편해지는 것은 항해 장애물이 없기 때문만은 아니다. 바닷속은 세상 사람들이 모두 겁을 내는 파도가 없기 때문이다. 파도라는 것은 수중파도도 있긴 하지만 대부분 수면파인데, 수상함에서 느끼는 파도는 수면파가 선체를 흔들면 그 흔들림이 갑판 위에 있는 사람의 다리에 전해지고 완충 되어서 머리에 전해지는데 부상상태의 잠수함은 이와는 반대로 선체가 수면 직하에 있기 때문에 수면파에 의한 흔들림이 머리부터 흔들기 때문에 부상상태에서 느끼는 파도는 수상함에서보다 더 괴롭다. 그러나 그런 고통은 잠항하자마자 사라진다. 웬만한 파도는 수면하 50m 정도만 내려가면 깨끗이 사라지고 제아무리 큰 태풍이 들이닥쳐 바다를 뒤집어도 수면 아래 100m 정도만 내려가면 조용하다. 그래서 잠수함은 태풍내습 예보가 내려지면 바다로 나간다. 바닷속은 어느 곳보다도 좋은 피난처이기 때문이다. 뱃멀미에 고생해본 사람은 배가 흔들리다가 갑자기 조용해지면 '평화'가 무엇인지 잘 알 것이다. 바닷속은 파도가 없는 진정한 평화의 바다다.

잠항 항해를 시작하면 편안해지고 차분해지는 이유가 또 하나 있다. 함내 소음이 사라지기 때문이다. 재래식 잠수함의 추진력은 수상, 수중 항해시를 막론하고 배터리여서 수상 항해시는 항상 디젤엔진을 작동해서 배터리 충전을 해야 하는 게 필수적이다. 디젤엔진을 작동하면 잠수함 내 소음 수준이 최고조에 달하는 것은 물론이거니와 엔진에 흡입되는 공기를 유입시키기 위해선 함교 해치를 개방시켜 놓아야 하니 겨울에는 찬 공기, 여름에는 습기 찬 더운 공기가 함내를 채워 춥거나 숨이 막히는 정도가 말이 아니다. 함내에 있는 인원뿐만 아니라 함교에 있는 당직자는 더 괴롭다. 어쩌다 함미 쪽에서 함수 쪽으로 부는 순풍이 생기면 함교탑 후부에 있는 폐기관에서 나오는 엔진 폐기가스가 함교로 계속 들이닥치니 숨쉬기가 곤란할 정도로 고약해진다. 이쯤 되면 모두는 잠항 시간을 기다리게 된다.

　잠항 준비를 하려면 디젤엔진부터 정지시켜야 한다. 디젤엔진을 정지시키면 일시에 소음과 진동이 사라진다. 평화의 시작이다. 함교 해치를 닫으면 엔진실로 빨려들어 가던 찬 공기나 더운 공기 흐름도 사라지고 함내 에어컨으로 시원한 공기가 순환되기 시작한다. 수상항해 내내 들던 소음이 사라지면 정신이 맑아지는 것 같다. 잠항해서 안전심도에 이르면 파도니 소음이니 하는 것들은 이미 먼 동네의 일이 되어 버린다. 갑자기 평화로운 다른 세계로 옮겨온 듯한 느낌이다. 눈을 감고 가도 거칠 게 없고 파도도 없고 진동도 없고 소음도 없는 피안(彼岸)의 바다 물속이다.

　최근 TV에서 나오는 미소를 짓게 하는 카피가 있었다. "수심 7cm의 바닷속, 어머니의 몸 속"이라는 신생아의 집을 나타내는 카피다.

　그래, 우리 모두 태초의 보금자리가 바로 물속 아니었나.

심도(深度)

　바닷속에서 항해하는 잠수함과 지상 위 공중에서 기동하는 항공기는 속력만 다를 뿐 입체기동을 한다는 점에선 하나도 다를 게 없다. 그러나 항공기는 공기 중에서 공기 중으로 날지만 잠수함은 수면상 공기 중에 있다가 물속으로 들어가는 것이니 기동영역의 매질이 변한다는 점에서 판이하게 다르다. 잠수함이 항공기보다도 기동공간이 훨씬 열악하고 복잡한 건 물론이다.

　우선 바닷속은 암흑의 세계다. 아무리 청정해역이라고 해도 맑은 날 햇빛이 도달할 수 있는 수심은 30m밖에 안 된다. 즉, 수심 30m 이하에선 캄캄하다는 것인데 TV 화면에 환상적인 수중풍경이 비치는 것은 심해저에서 특수조명을 써서 촬영한 것이든가 아니면 햇빛이 도달하는 저수심에서 촬영한 것이든가 둘 중 하나다. 바닷속이 캄캄하다는 것이 사람들에게 의외라는 사실인 것 같다는 느낌을 받을 때가 많다.

　잠수함 전단장 시절 육군 4성 장군 한 분이 부대를 방문하여 잠수함 내부를 구경시켜 주었더니 타기 앞에서 고개를 갸우뚱거리며 무엇을 찾고 있는 것이었다.

　내가 왜 그러느냐 물으니 그 장군 왈 "이게 자동차의 핸들에 해당하는 것일 텐데, 왜 앞에 창문이 없지?" 하는 것이었다. 타기 앞엔 각종 계기판만 붙어있는 격벽밖에 없으니 대단히 궁금했던 모양이다. 그 장군은 해군의 군함을 방문했을 때 전방이 훤히 보이는 함교의 타기를 보았거나 수중 관광용 잠수정을 타본 경험 때문에 앞에 창문이 있다고 생각했을 것이다. 수중은 캄캄해서 창문이 있어도 밖을 볼 수 없다고 하니 그럼 앞에 뭐가 있을지 어떻게 알고 가느냐고 물었다. 전방에 방해물이 없다고 확신하며 간다고 대답했더니 "이 사람들 이제 보니 한심한 사람들이구먼." 해서 모두 웃었다. 사람들이 바닷속에서도 눈으로 뭘 볼 수 있을 것이라 생각한다는 걸 알게 되는 건 재미난 일이다.

바닷속의 문제점은 암흑이라는 것보다도 무시무시한 수압에 있다. 수압은 수심이 10m 깊어질 때마다 1기압씩 증가하는데 100m만 내려가면 잠수함 선체에 미치는 압력은 10기압이 늘어난다. '압력'이란 것과 무관하게 사는 사람들은 10기압이라는 것이 얼마나 큰 압력인지 감이 안 잡히겠지만, 소방관들이 쓰는 고층 아파트 25층까지 올라가는 소방호스의 소화수 배출압력이 3기압이니 10기압이면 느슨해진 선체의 볼트를 총알같이 날릴 수 있는 압력쯤으로 보면 크게 틀리진 않을 것이다.

잠망경심도

잠수함에서 잠망경심도란 잠망경을 수면에 내놓고 항해할 때의 수심이다. 별 특별한 게 있을 거 같지 않지만 잠수함 승조원들에겐 특별한 수심이다. 잠수함이 잠항을 시작하면 수면에 있다가 일단 잠망경심도까지 내려간 다음 작전 심도로 내려가기 전에 잠망경을 통해 해상을 살피게 된다. 이때는 부상상태에서 내내 보아왔던 수면 상황이라 별 변동은 없지만 잠수함 안의 타수는 매우 바빠진다. 잠항하자마자 함장이 그 날의 파고와 너울 주기에 따라 잠망경 노출 높이를 지시하면 타수는 그 높이를 유지하기 위해 온갖 경험과 기술을 발휘해야 한다.

　잠망경 노출 높이는 관측이 가능한 최소 높이를 잡아야 하는데 수면이 잔잔할 때는 30cm 정도 노출시키지만, 파도가 높을 때는 1m 정도 노출시켜야 할 때도 있다.

　잠수함 내의 접안렌즈의 높이는 함장의 눈높이에 고정되어 있지만, 바깥 잠망경 끝의 관측 렌즈 높이는 잠수함의 심도를 정밀하게 조정해서 항상 같은 높이가 수면상에 노출되게 해야 한다. 파도가 없을 때는 아무 문제가 없으나 파도가 높고 너울 방향이 이상해서 잠망경의 관측 렌즈가 들쑥날쑥 자주 물속에 잠기게 되면 함장이 한마디 한다.

　"타수! 잘 잡아! 아직 갈매기야!"

　수면상의 갈매기를 봐야 할 텐데 잠망경을 자꾸 물속에 잠기게 해서 수중의 물고기가 보이게 하느냐는 말이다. 잠망경이 물에 잠겨도 물고기가 보이진 않지만, 타수를 은근히 나무라는 말이니 그 말을 해 놓으면 타수의 콧등에 땀이 송골송골 맺히기 시작한다.

　장보고함을 인수하고 나서 얼마 동안은 잠망경심도 유지가 잘 안 되어 매우 짜증이 났었다. 잠항하고 나면 노상 타수를 질책하다 보니 미안한 마음도 들어 어느 날 갑자기 나도 모르게 튀어나온 말이 이 "아직 갈매기야!"라는 말이었다. 타수가 무슨 말인지 몰라 매우 당황한 듯 "넷! 다시 한 번 말씀해 주십시오!" 하길레 "아직 갈매기를 보고 싶은데 자꾸 물고기가 보이냐고!" 했더니 여기저기서 킥킥 소리가 나며 웃는 소리가 들리는 것이었다. 잠망경에 달린 마이크폰으로 지시하면 타수는 스피커로 들으니 다른 대원들이 듣고 킥킥 웃은 것이었다. 계속 타수를 나무라다가 미안한 생각이 들어 분위기 바꿔보려고 순간적으로 한 말이었는데 승조원들 전부를 웃기는 말이 되었다. 그 이후

"아직 갈매기야!"는 잠망경이 물에 잠기지 않게 타기조종을 잘하라는 지시어가 되었다.

잠망경심도를 잘 유지하는 능력은 전술적으로도 매우 중요하다. 잠망경은 관측할 수 있는 최소 높이로 노출시켜야 하는데 내려가서 관측을 놓쳐서도 안 되고 높이 올라가서 접촉도 당하지 말아야 하기 때문이다. '내려가서 못 보고 올라가서 들키는' 잠수함이 안 되려면 잠망경심도 유지능력을 고도로 습득시켜야 한다. 그래서 얼마 동안은 잠항 항해를 시작하면 심도로 내려가기 전에 타수를 바꿔가며 한두 시간씩 교대로 잠망경심도 유지훈련을 시켰어야 했다.

파괴 심도

수면하 150m 정도 내려가면 잠수함 선체 전체에서 '지지직!'하는 소리가 들린다. 두께 5cm 정도의 원형 특수강 늑골 프레임을 두 뼘 정도 간격으로 촘촘히 세우고 다시 그 밖에 두께 1인치 이상의 고장력 강철판을 붙여 만든 선체가 안으로 수축하여 나는 소리다. 견디고 견디다 부서지기는 못하겠기에 오그라지며 내는 절규의 소리이자 다시 물 밖 세상으로 나가기 위해 참는 인고의 신음소리 같았다. 그러다가 수면으로 향하여 수심 50m 근방에 이르면 이번엔 '뻐억!'하는 소리가 함내 전체에 울린다. 오그라들었던 선체가 팽창되면서 다시 제자리로 돌아가는 소리다. 이를 악물고 견디던 중압을 벗어던지는 해방의 괴성으로 들린다. 그 소리를 들으면 기분마저 상쾌해진다. 속이 거북하다가 '꺽!'하며 막혔던 소화기관이 후련해지는 평화로의 복귀 외침 같은 것이다.

잠수함이 인고의 신음소리로 견딜 수 있는 수심은 어디까지일까?

잠수함 선체 건조에 사용되는 특수강인 고장력강은 HY80, HY100, HY130 등이 있는데 재래식 잠수함엔 HY80, HY100 등이 사용되고 핵잠수함엔 HY130을 사용한다. HY80이라는 고장력강은 1평방 인치당 8만 파운드의 압력을 견딘다는 뜻이다.

잠수함 선체가 수압을 견딜 수 있는 최후의 심도를 파괴 심도(collapse depth)라고 하는데 이는 고장력강의 종류, 두께, 늑골 프레임의 두께, 간격, 단각 선체, 이중선체 여부 등에 따라 달라진다. 어떤 잠수함이건 파괴 심도가 얼마라고 제원을 밝히는 잠수함은 없다. 고장력강의 인장력과 선체구조 특성에 따라 나라마다 안전계수를 적용하여 파괴 심도를 설정하지만 대개 재래식 잠수함은 500~600m, 핵잠수함은 600~800m 정도 된다고 보면 된다. 보면 된다고 하는 것은 이론상 그렇다는 말이다. 그 숫자를 도출하기 위해 잠수함 한 척을 건조해서 실험용으로 파괴한 적도 없고 파괴 심도까지 갔다 온 사람도 없다. 즉 파괴 심도는 이론상의 숫자라는 것이다.

최대잠항심도

한편 잠수함이 수압으로 치명상을 입지 않고 안전하게 최대로 내려갈 수 있는 수심을 최대잠항심도(maximum diving depth)로 설정하는데 물론 파괴 심도보다는 얕은 심도이지만 이 역시 잠수함 제원에는 나타나지 않는 수치이다. 이는 어떤 면에선 잠수함에 파괴 심도보다도 중요한 제원에 속한다. 잠수함 요원에게 그가 타는 잠수함의 최대잠항심도를 묻는 것은 "당신이 타는 잠수함을 파괴하려면 폭뢰의 폭파 심도를 얼마로 끊으면 되겠소?"라는 물음에 답을 요구하는 것이니 그런 건 잠수함 요원에게 묻는 교양 없는 질문이다.

잠수함 요원에게 질문 얘기가 나왔으니 말인데 한마디로 잠수함 요원에게 잠수함에 관한 자초지종을 묻는 건 예의가 아니다. 왜냐하면, 잠수함에 관한 어떤 것이든 밖에 밝혀지면 별로 좋지 않기 때문이다. 잠수함이란 '은밀'로 사는 존재다. '은밀'이란 숨고 감추는 것인데 무엇이든지 밝혀진다는 건 그 '은밀'이 하나하나 깨어지는 것이다. '은밀'과 상관없는 일 같지만 모든 것이 상관된다.

예를 들어보자.

잠수함 요원에게 그가 타는 잠수함의 함장 이름이 무엇이냐고 물었다 치자. 함장 이름과 잠수함의 '은밀'이 무슨 상관이냐고 생각하겠지만, 그것은 너무나도 중요한 '은밀의 파괴'다. 이름만 나오면 그 사람이 나온 초등학교 이름부터 성적, 성장 과정, 성격, 가족, 친구 등등. 모든 것이 밝혀질 수 있고 더욱 중요한 것은 그 사람의 사고방식 즉 지휘 스타일로 이어져 전투방식까지 도출할 수 있으니 적이 들으면 얼마나 좋은 정보이겠나. 잠수함 요원에겐 잠수함에 관한 질문은 안 하는 게 좋다. 따라서 말을 많이 하는 잠수함 요원은 요원 자격이 없는 것이다. 말을 많이 하면 나오는 게 많아진다. 잠수함이 물속에서 무엇이든지 방출(Transmit)하는 건 나 여기 있소 하는 바보짓과 같다. 나는 어렸을 때 불렀던 노래가 기막힌 '잠수함 전술가'라는 생각을 한 적이 있다. "꼭꼭 숨어라, 머리카락 보인다!"라는 노래다. 머리카락도 안보일 정도라면 완벽한 '은밀'이다. 잠수함 요원들이여! 입을 다물라!

잠수함은 통상 최대잠항심도보다 얕은 심도에서 작전하지 수시로 최대 잠항심도까지 내려가진 않는다. 불필요하게 최대잠항심도까지 내려가서 선체 피로도를 높일 필요는 없다. 최대잠항심도까지 내려가는 건 잠수함을 건조하고 내압시험을 할 때나 6~7년마다 잠수함을 해체

수리하는 정기수리 이후에 한 번씩 내려가고 그 이하 수심에서 작전하는 게 통상적이다.

　최대잠항심도에까지 내려가는 내압 실험을 하는 날은 승조원이나 조선소 인원 모두에게 무거운 '행사의 날'이다. 그 날은 보통 조선소 건조 실무자 대표와 고위 이사가 함께 탑승한다. 건조 또는 수리를 책임졌던 사람으로서 작업을 보증하겠다는 뜻이지만 적당한 이유를 붙여 동승을 피하는 사람도 종종 있다. 최대잠항심도에 내려가는 전날은 함장을 비롯해 전 승조원은 음주를 금하고 목욕 재개하고 경건한 마음으로 지내는 게 잠수함 승조원의 양식이다. 최대잠항심도란 잠수함으로선 하나의 '도전'에 속하는 심도다. 어느 때 어떤 결정적인 문제로 인해 돌이킬 수 없는 상황이 생길 수도 있는 것이니 정성스런 마음으로 임한다는 일종의 전통 같은 것이다.

　독일에서 장보고함 인수전에 노르웨이 남단 북해 입구 스카게락 해역에서 처음으로 최대잠항심도에 내려가던 날 긴장했던 걸 상기하면 웃음이 나온다. 최대잠항심도에 내려가다가 어느 밸브 하나라도 내압 기능에 하자가 발생하면 수면으로 다시는 못 올지도 모른다고 독일 조선소 사람들이 어찌나 겁을 주던지 난생처음 잠수함을 타고 심해로 내려가는 우리로서는 소리 없이 한숨만 내쉬었었다. 병아리 시절이었다.

　최대잠항심도에 내려갈 땐 아주 천천히 내려간다. 내려가면서 그 심도에 해당하는 밸브의 내압능력을 하나하나 확인해야 하고 누수가 생긴다면 그 현상을 면밀히 판정해서 계속 여부를 결정해야 하기 때문이다. 함 외부로 통하는 어느 관통 밸브가 어떤 심도에서는 누수가 생기다가도 조금 더 내려가면 오히려 누수가 안 생기는 현상이 나타나기도 한다. 이는 수압이 작용하여, 관통구 틈새로 해수가 유입되다가 더 큰 수압이 미치면 선체 자체가 압축되어 틈새를 완전히 막아주기 때문이다. 그래서 약간의 누수가 생겼을 때 시험을 계속할 것인가에 대한 판정이 중요하다. 내려갈수록 누수량이 증가한다면 물론 즉각 시험을 중단하고 올라와야 한다. 그래서 최대잠항심도 시험 중 나타나는 누수는 잠수함 안에 있는 모든 이들에게 희비의 영역을 왔다 갔다 하게 하는 액체 그 자체다.

수심 150m 근방에 이르면 예의 그 지지직거리는 소리가 들린다. 몸도 오그라드는 것 같다. 이때쯤 되면 웃으며 얘기하던 조선소 사람들의 얼굴에서 웃음기가 사라진다. 최대잠항심도 50m 전부터는 5m 간격으로 내려가다가 10m 전부터는 1m씩 아주 천천히 내려간다. 여기에서 누수가 생긴다면 필시 최대잠항심도에서도 누수가 이어진다고 봐야 하고 즉각 시험을 중단해야 한다. 얕은 심도에서보다 신속히 판정을 내려야 한다. 이때 시험이 중단된다면 등산가가 최고봉 몇 미터 전에서 폭설 강풍으로 하산해야 하듯 시험은 다음으로 미뤄야 한다. 그래서 그때쯤 되면 모두는 심도계만 쳐다보며 침을 꼴딱꼴딱 삼킨다. 심도계 바늘이 서서히 움직여 최대잠항심도 숫자에 정확히 도착하고 누수가 없으면 모두는 옆 사람과 조용히 하이파이브를 한다. 최고심도에 이르면 누가 시키지도 않았는데 모두는 조용조용 얘기하고 걸음도 소리 안 나게 살금살금 걷는다. 잠수함에는 대대잠 정숙 규정이라는 게 있는데 대잠세력에게 일체의 소리를 나가지 않게 하려고 의사도 수화로 해야 하는 때가 있다. 최대잠항심도에 이르면 사람들이 자동적으로 바람직한 대대잠 정숙 규정을 지키는 것 같다. 소리 안 내려고 땀까지 흘리는 사람이 있다.

최대잠항심도에 이르러 아무 이상이 없으면 기관장이 물을 한 바가지 가득 담아온다. 밸브를 열어 방금 도달한 최대잠항심도에서 빼낸 심해수다. 함장이 한 모금 꿀꺽 삼키고 난 다음엔 승조원 모두 돌아가면서 한 모금씩 마신다. 같이 탑승했던 조선소 인원들도 모두 한 모금씩 마셔야 한다. 그래야 '최고잠항심도 동지'가 되기 때문이다. 짭짤하고 맛은 없어도 지상에선 마실 수 없는 진짜배기 무공해 심해수이니 두어 모금 벌컥벌컥 들이키는 사람도 있다.

최대잠항심도에 무사히 도착하면 조선소에서 나온 관계자들이 제일 좋아한다. "자! 봐라! 까딱없잖아!"라며 갑자기 당당해지는 것 같다. 목표 심도에 도착하기 전에 누수가 생겨 시험을 중단해야 하는 '불합격' 판정이 났다면 죽을상이 되었을 테니 갑자기 당당해지는 것 같은 표정을 지어도 보아 줄 만하다. 그 날 저녁은 전날 자제했던 주량 보따리를 풀면서 왁자지껄 위험지역에 갔다 온 뒤풀이를 하는 게 보통인데 수중 수백 미터에서 침을 꼴딱꼴딱 삼키며 심도계만 바라보던 표정들과는 매우 다르다. 같이 위험에 처했던 일은 모두를 한데 묶는 접착제다.

안전심도

안전심도(safety depth)라는 심도가 있다. 말 그대로 안전한 심도라는 뜻인데 바닷속치고 어느 한 곳도 안전하다고는 할 수 없지만, 이것은 수압에 대한 안전이 아니라 수면에서 움직이는 이동물체로부터 안전하다는 뜻이다. 정확한 정의는 수면상 이동물체로부터 간섭받지 않는 최저심도다. 바다에 떠다니는 모든 선박은 차이는 있지만, 선체의 일정 부분이 물속에 잠겨있다. 그 깊이를 흘수(吃水)라고 하는데 이 지구상에 있는 모든 선박이나 군함 중 흘수가 30m 이상인 것은 아직 존재치 않는다. 항공모함의 흘수도 15m 내외다. 잠수함에서 심도를 측정하는 것은 선저가 기준이니 잠수함 선체구조의 높이에다 이 30m를 더하면 안전심도가 된다. 그러니 안전심도는 잠수함의 타입에 따라 달라질 수 있어서 나라마다 자국 잠수함의 안전심도를 정해서 사용한다. 우리 해군 잠수함의 안전심도는 현재는 50m이나 대형 잠수함이 나와 선체구조 높이가 높아지면 달라질 것이고 흘수가 30m 이상인 선박이 지구상에 한 척이라도 생겨난다면 아마 안전심도는 또 변경해야 할 것이다.

안전심도의 의미는 수상 이동물체에 의한 간섭이 없는 의미도 있지만, 잠항을 시작한 이후 심심도로 내려가기 전에 잠시 머물면서 각종 장비, 기기의 정렬상태를 다시 확인하는 수심이고, 수면 가까이에서 작전하다가 비상상황이 생기면 세상에서 할 수 있는 모든 수단을 다해 내리꽂아 도달해야 하는 '평화의 수심'이고, 심심도에 있다가 잠망경심도로 부상하기 전에 머물러서 수면상황을 살피는 심도. 말하자면 수중작전의 시발이자 완료 심도라고 해도 무방하다.

공포의 수심

선박들의 흘수가 내려와 있고 부유물도 있고 무엇보다도 반갑지 않은 어망이나 어구들이 산재해 있는 가고 싶지 않은 심도. 여태까지 잠수함 사고의 80%가 발생한 수심. 잠수함 함장이 제일 꺼리는 수심. 잠수함 함장들이 '공포의 심도'로 부르는 안전심도부터 잠망경심도까지 수심을 말한다.

잠항을 시작할 때보다도 야간이나 시정이 나쁠 때 그럼에도 불구하고 잠망경심도로 올라가서 수면을 살피지 않으면 안 되는 상황일 때 함장의 마음이 무거워진다. 안전심도를 떠나기가 정말 싫다. 평화의 심도를 떠나 무엇이 기다리고 있을 줄 모르는 공포의 수심으로 들어가야 하니 말이다. 안전심도에서 수면의 상황을 훤히 볼 수 있게 하는 장치는 왜 여태껏 만들어내지 못하는 거냐?

신(神)만이 아는 그림

잠수함이 안전심도에 있다가 잠망경심도로 올라오는 일만 없다면 잠수함 함장은 할만한 직책일 것이다. 잠수함 함장이 제일 하고 싶지 않은 일 중의 하나가 안전심도에서 잠망경심도로 올라오는 일이라는 말이다. 그 수심엔 무엇이 있을지 알 수 없는 '공포의 수심'이기 때문이다.

잠망경심도로 부상하려면 일단 안전심도에서 수면상황을 면밀히 살펴야 한다. 수면에 아무것도 없다는 확신이 서지 않는 한 부상하면 안 된다. 이때 수면상황을 눈으로 볼 수 없으니 눈으로 보는 것 이외의 모든 방법을 다 동원해서 확인해야 한다. 가장 으뜸 수단이 수동 소나(passive sonar)로 청음분석을 하는 일이다. 그러나 물속에서의 청음이란 공기 중에서보다 잘 들리기는 하지만 바닷물의 특성 때문에 근거리의 음원도 안 들릴 수도 있다는데서 문제가 발생한다. 바닷물의 온도, 밀도, 비중이 다른 층이 이상스럽게 형성되면 음파 통로가 생겨 멀리서도 잘 들을 수 있지만 아주 근거리인데도 음파가 차단되어 들리지 않는 현상이 생기기도 한다.

그러니 소리가 안 들린다고 해서 음원이 없으리라는 확신을 가질 수 없는 것이다. 더구나 불확실한 것은 '소리 내지 않는 물체'가 있을 수 있다는 것이다. '소리 내지 않는 물체', 이게 잠수함에는 항상 원수다. 소리만 듣고 움직이는 잠수함에 듣는 능력을 발휘할 여지를 주지 않는 이 '소리 내지 않는 물체'는 제아무리 핵잠수함이라도 맥을 못 추게 하는 위력을 갖고 있다. 이런 물체를 확인해 볼 수 있는 방법은 잠수함에선 좀처럼 사용하지 않는 능동소나(active sonar)로 음파를 쏘아 볼 수밖에 없다. 물론 안전한 작전 해역에서의 얘기다. 그렇더라도 이 능동소나는 음파송신장치의 배열상 수면 방향으로는 송신각도의 제한이 있어 상당한 거리에서부터 잘 사용해야 한다. 하여간, 할 수 있는 모든 방법을 사용하여 알아보려 해도 눈으로 직접 확인하지는 않았으니 수면상황은 여전히 '신(神)만이 아는 그림'이라는 것이다.

작전 중에 부상하려면 그런 절차가 필요하지만 '긴급부상훈련'할 때는 훈련해역이라 하더라도 사전에 인근에 방해물이 없음을 확인하는 절차가 있다.

훈련하려는 심도에까지 내려갔다가 긴급부상으로 올라올 때까지 장애물이 접근할 염려가 없음을 확인한 후 다시 잠항해서 긴급부상을 하는 게 절차다. 긴급부상이란 수면상황을 확인할 수 있는 여유가 없고 최대한 신속히 부상하는 게 목표이므로 훈련해역이 충분히 안전하다는 것을 확인하는 것이 절대적이다. 그런데 그런 상식적이고 정해진 절차가 있음에도 이 '신만이 아는 그림'을 간과한 어처구니없는 일이 대명천지 21세기 벽두에 벌어진 적이 있다. 하와이 인근 해역에서 있었던 미국 해군 핵잠수함과 일본 수산고등학교 조업 실습선의 충돌사건이 그것이다.

2001년 2월 9일, 하와이 기지에서 미 해군 LA급 7,000톤 핵잠수함 그린빌(GreeneVille) 함이 2차대전 종전 시 일본의 항복서명을 받았던 전함 미조리함 복원사업에 기부했던 복원협회 회원 민간인 16명을 태우고 출항한다. 그린빌 함은 그 민간인들에게 핵잠수함 탑승경험을 시켜주려던 것인데 함장이 변화 있는 무엇을 보여주려 했는지 긴급부상 시험을 해 보이기로 한다. 수중에서 고속으로 경사각 30도 이상으로 수면으로 치솟았다가 떨어지는 잠수함의 긴급부상은 민간인들에게 분명 잊지 못할 선물이 되겠지만, 사전에 절대적으로 확인해야 할 수면상황 확인을 소홀히 한 결정적 잘못이 선물이 아닌 사물(死物)이 된 사건이다.

오아후 섬 10마일 남쪽 수심 600m 해역에서 긴급부상을 시작한 그린빌 함이 수면을 향해 중이던 일본 수산 고교의 500톤 조업실습선 에히메마루의 선미를 들이박고 솟구쳐 에히메마루는 침몰 되고 탑승했던 실습생과 선원 36명 중 사망 9명, 중상자 12명이 발생하는 참사가 발생했다.

그린빌 함은 시험 전에 잠망경으로 수면을 확인했다고 하나 잠망경으로는 근거리 확인밖에 안 되고, 완전부상해서 시각으로는 물론 레이더로도 시험이 완료될 때까지 접근 가능한 이동물을 면밀히 확인하지 않은 실수가 웃지 못할 현대판 '신만이 아는 그림' 무시 사건을 일으켰다.

그린빌 함 함장은 직책이 박탈되고 전역조치 되는 불명예로 마감되었지만, 오랫동안 외교적으로도 시끄럽던 사건이었다. 잠수함 사고이기에 갖가지 자료를 스크랩해 두었던 것이 있어 책을 쓴다. 불가사의한 사건은 현대라고 일어나지 않는 게 아니다.

즉 수면상황은 눈으로 확인하지 않은 한 항상 불확실하다는 사실을 망각하면 잠수함 승조원 자격이 없는 것이다. 그래서 안전심도에서 잠망경심도까지 오르는 과정이 잠수함 함장에게는 항상 가고 싶지 않은 여정이라는 것이다.

안전심도에서 잠망경심도로 오르려면 먼저 안전심도에서 수면에 방해물이 있는지, 여부를 충분히 확인한 다음 마지막 준비는 '전투배치'다. 어떠한 경우라도 신속히 효과적으로 대처할 수 있는 인원배치는 전투배치밖에 없다. 그러나 아무리 한밤중이라도 부상준비태세를 설정하고 수면상황을 살피는 동안이면 이미 잠자던 비당직자까지 하나둘 일어나 배치되는 게 보통이지만 전투배치 구령은 수면상황 파악이 끝나 이제 올라간다는 신호다. 작전관이 전투배치 완료 보고를 해오면 심호흡을 한 번 크게 하고 출발명령을 내려야 한다.

"현 침로, 속력! 잠망경심도 유지하라!"

함장 명령이 떨어지기가 무섭게 타수의 복창 소리가 울리면서 함수가 약간 들리며 비스듬히 수면을 향해 평온의 안전심도를 이탈한다. 이때부턴 심도 변화를 보고하는 기관장의 목소리와 함장의 지시 외엔 함내에 정적이 흐른다.

"심도 40……, 30……."

"심도 25!"

잠망경을 올려야 할 심도다.

"잠망경 올려!"

함장 옆에 서 있던 작전관이 유압 스위치를 젖히기가 무섭게 잠망경 기둥이 발판 밑으로부터 소리 없이 올라오기 시작한다. 발판 밑 선저에 있던 잠망경 기둥 끝의 접안구 몸통이 발판 높이까지 올라오자마자 무릎을 굽혀 접안구 몸통 핸들을 양옆으로 열어젖히고 접안구가 눈높이에 이르면 눈을 대고 잠망경을 돌리기 시작한다. 아직 잠망경의 관측 렌즈는 물속에 있지만, 수면 위로 솟기 전이라도 물속에 비치는 게 있다면 먼저 보기 위해서고 수면상으로 돌출되었을 때 회전속도를 증가시키기 위해서도 물속에서부터 잠망경을 돌린다.

"잠망경 수면상!"

잠망경이 수면상으로 돌출하면 전원에게 알려 주어야 한다. 1차 관문 통과쯤 된다. 잠망경이 무엇과 부딪치지는 않았으니 말이다. 이 순간부터 함장의 팔과 다리 힘은 잠망경을 돌리는데 쏟아야 한다. 그래서 함장은 평소에 팔과 다리 힘을 키우는 운동을 많이 해놓아야 한다. 최대한 빨리 360° 전 방향을 확인해야 하기 때문이다.

엄지손가락으로 잠망경 회전 스위치를 누르고 있으면 유압으로 자동 회전시키는데 10초 정도 걸리지만, 힘을 가하면 6초 만에 회전시킬 수 있다. 이 6초 동안 승조원들은 숨을 죽이고 다음에 이어질 함장의 한 마디에 온 신경을 집중해야 한다. 함장의 다음 말이 무엇이냐에 따라 각자 정해진 행동으로 전광석화처럼 돌입할 준비를 하고 말이다. 출발신호 직전 스타트 선상의 100m 달리기 선수들 태세다. 6초는 참으로 길다. 잠수함 승조원 외에 6초가 그렇게 긴 시간이라는 것을 느낄 수 있는 사람은 별로 없을 것이다. 이윽고 기다리던 함장의 한 마디.

"수면 좋아!"

수면상에 방해물이 없다는 소리다. 기다리고 기다리던 소리. 순간 팽팽히 긴장해 있던 승조원 전원이 함내가 떠나갈 정도로 "수면 좋아!" 복창하는 것으로 긴장을 확 풀어버린다. 그러면 즉각 "전투배치 해제!"다. 잠자다가 일어났던 비당직자들은 다시 침대로 돌아가고 함내는 지극히 평화로운 모습으로 돌아간다.

이상적으로 잠망경심도로 올라왔을 때 한밤의 잠수함 풍경은 그렇다.

그렇지만, 만일 함장이 "잠망경 수면상!"이라고 말한 후 6초 이내에 **"긴급 잠항!"** 이라는 절규를 지른다면 상황은 달라진다. 그땐 아무 생각도, 말도, 물음도 필요 없다. 오로지 하게 되어 있는 반사적 행동만이 가능하다.

100m 달리기 선수가 출발 신호가 나면 무작정 달리는 것 외에 할 게 없듯이 말이다. 근처에 위험물이 있다는 뜻이니 어떤 물체인지, 얼마나 떨어져 있는지, 어떻게 움직이고 있는지 알 필요도 없고 알 수도 없다. 충돌 직전의 상황이라는 것뿐이다. 그러니 0.1초 아니 0.001초라도 빨리 수면을 떠나는 것 외에 해야 할 일은 아무것도 없다. 그러려면 함수를 밑으로 내리꽂게 하는 게 무엇보다도 먼저 해야 할 일이다. 필사적으로 함수를 숙여라! 그것밖에 할 일이 없다. 잠항 타수는 즉시 타각을 최대 잠항 각으로 꺾고 속력을 최대로 증속한다. 탱크 밸브 작동수는 함수 쪽 예비탱크에 해수가 확 들어오도록 오른손이 보이지 않을 정도로 밸브를 돌린다. 함수를 밑으로 숙이게 할 수 있는 기기 작동수 이외의 다른 인원은 함수 쪽으로 용수철처럼 튀어 뛰어가야 한다. 한 사람의 몸무게라도 함수 쪽으로 이동시켜 함수를 밑으로 숙이게 하는데, 도움을 주기 위해서다. 함수가 내리꽂기 시작하면 30° 이상의 함경사가 생기면서 우르릉 탕탕 함내 물건들이 떨어지고 자빠지는 소리가 난다. 그러나 그런 소리가 문제가 아니다. 선체가 수면상 물체와 부딪치는 소리만 안 나면 된다. 이때 들리는 소리는 기관장이 빨리 좀 내려가라고 갈구하는 듯 외쳐대는 심도변동 보고소리뿐이다.

"심도 20!…… 25!…… 30!…… 35!……."

이때 함장은 할 수 있는 게 아무것도 없다. "긴급 잠항!"을 외친 후에 잠망경 접안구 몸통의 양 핸들을 제자리로 접어놓고 기울어지는 선체의 격벽에 기대어 몸을 맡겨 놓으면 할 수 있는 일이라는 게 사실 아무것도 없다. 함내 다른 소리는 들리지도 않고 아까 눈에 들어왔던 물체와 잠수함이 부딪치는 충격만 안 생기면 된다. 안전심도에 도달할 때까지 1분 30초! 그 장장한 시간을 속만 태우고 있어야 할 일이라면 일이다. 처음엔 기울어지는 선체와는 반대로 몸을 세우려고 얼마나 버티고 힘을 썼던지 모른다. 그러나 그런 게 부질없다는 걸 깨우친 다음부턴 격벽에 몸을 맡겨놓고 기울어지는 대로 기울어지면서 기관장의 심도 보고 소리에만 귀를 기울였다.

"심도 40!……45!……"

안전심도에 다 왔는데 이상이 없다. 그렇다면 살아난 것이다!

안전심도에 이르면 자동으로 속력을 저속으로 내리고 함경사(트림: trim)를 수평으로 맞추게 되어있다. 45° 가까이 기울어졌던 함경사가 수평으로 돌아오면 한숨을 크게 쉬어도 된다. 아니 자동적으로 한숨이 크게 쉬어진다.

함경사가 정상으로 돌아오면서 함수 쪽으로 뛰어가 박혔던 승조원들이 좁은 통로를 뛰어갈 때 부딪쳤던 팔꿈치나 어깻죽지를 비비며 하나둘 제자리로 돌아온다. 모두는 말이 없다. 함장이 부상위치를 잘못 잡아 대원들을 죽게 할 뻔했다. 함장 옆을 지나가는 그들의 어깨에 손을 얹어 미안함을 표시해 보지만 딱히 할 말이 없다. 상황이 끝나 함장실로 돌아와 혼자 앉아 허망한 마음으로 한동안 심호흡을 해야 한다. 떨어지고 자빠진 물건들을 제자리에 돌려놓고 다시 잠자리로 돌아간 비당직자들도 쉽게 잠을 이루지 못할 것이다. 이상적이지 못하지만, 천만다행인 한밤 잠망경심도로의 부상 시도 장면은 그렇다.

장보고함을 인수해서 귀국한 후 얼마 지나지 않아 갑자기 대잠훈련 계획이 많이 잡혔다. 여태까지 미국 해군 잠수함이 와야 훈련을 할 수 있었는데 이제 우리 잠수함이 생겼으니 얼마나 좋으냐며 대잠함마다 훈련을 요청하는 바람에 눈코 뜰새 없이 바빠졌었다. 그때 '겁 없이' 잠망경으로 관측하려고 시도하다가 대잠함들이 돌입해 오는 바람에 몇 번 그런 긴급 잠항을 한 이후부턴 나도 웬만하면 꼭꼭 숨어서 대잠함 함장들을 괴롭히는 '지긋지긋한 잠수함 함장'으로 변해갔다.

 반드시 부상해야 할 일이 생긴 것부터 시작해서 예측했던 이동물체가 도저히 이해할 수 없는 근접거리에 들이닥치는 일이 벌어지든가, 부상 위치에 엔진을 꺼놓은 원수 같은 무소음 선박들 같은 악마의 박자들이 앙상블을 이룰 때 잠수함 내의 풍경은 그렇게 그려질 수 있다. 꿀 같은 야밤에 수중 어디에선가 어느 잠수함 함장과 승조원들은 그런 풍경의 주인공들이 되고 있을지 모른다.

 잠수함이 부상한다는 것, 그것은 '신만이 아는 그림'에 대한 '보증서'를 갖지 못하고 떠나는 불확실한 여정이다. 때로는 신의 심술이 나타나는 듯한 불가사의한 그림말이다. 잠수함 함장이 부상 전에 그 그림을 훔쳐볼 수 있다면 잠수함 함장은 아마도 할만한 직책일 것이다. 이 '신만이 아는 그림'이라는 말은 어느 날인가 승조원들을 교육하다가 부상 전에 왜 전투배치를 해야 하는가에 대한 함장으로서의 입장을 얘기하다가 내가 만들어 낸 말인데 그 이후로 부상 전 승조원들을 긴장시키는 관용구처럼 되어버렸다.

 그래서 나는 이런 생각을 해봤다. 그 '신만이 아는 그림'을 훔쳐볼 수 있는 '부유식 잠망경'을 만드는 것이다. 잠수함 통신 안테나에 '부유식 통신 안테나'라는 게 있다. 안전심도에 머물러 있으면서 통신 안테나만을 수면으로 떠오르게 하여 통신문을 받고 다시 안테나를 회수할 수 있도록 하는 방식이다. 이는 안테나 밑에 부이를 달아 수면으로 떠오르게 하고 잠수함과는 케이블로 연결되어 있어서 안전심도에서 통신 송수신이 가능하고 공포의 심도에 장애물이 있어도 안테나만 손상

입을 뿐이니 잠수함의 안전과 은밀 유지에 매우 효과적인 통신 시스템이다. 그런 식으로 부가적인 잠망경을 부유식으로 만들어 잠수함 안전이 특히 취약해지는 공포의 수심 진입 이전에 안전심도에서 사용할 수 있게 하면 좋겠다는 것이다. 요새는 '전자광학식 잠망경(optronic mast)'이 일반화되어 있어서 선체 관통식 잠망경이 아니라 선체 외부에 잠망경을 설치하고 내부로는 케이블로 연결해서 관측 영상을 전자식으로 변환하여, 함 내부에서 수면 상황을 영상으로 볼 수 있다.

부유식 잠망경이란 즉 이미 일반화되어있는 전자광학식 잠망경을 부유식으로만 바꾸는 것이다. 잠수함과 승조원 전부의 생사와 전자광학식 잠망경 하나를 비교하면 필요성은 불문가지다. 그럴 수만 있다면 확언하는데 잠수함의 목숨을 쥐고 있는 '신만이 아는 그림'은 확실히 없앨 수 있을 것이다.

'신만이 아는 그림'을 훔쳐봐야 한다! 훔쳐볼 수 있어야 한다!

운 좋게 잠수함 함장 임무를 끝낸 사람으로서, 한(恨)을 실어 바라는 외침이노라.

조리장(操理長)

잠수함 승조원 수는 같은 톤수의 수상함 승조원 수의 항상 1/3 이하다. 1,000톤급 초계함 승조원 수가 100여 명인데 1,200톤의 장보고급 잠수함 승조원 수는 32명이다.

군함은 크기에 상관없이 전 직별의 부사관이 모두 있어야 소관 임무를 처리해 나갈 수 있다. 잠수함에도 필요한 부사관 직별 수는 거의 모두 포함되어 있으나 한 개 직별 인원이 불과 1~2명이라는 게 수상함과 다른 점이다. 그렇게 적은 인원으로 군함이 필요한 모든 업무를 처리할 수 있는 방법은 이중직별제 운용에 있다. 한 명이 한 개 직별의 업무만을 하는 것이 아니라 둘 내지 세 가지 직별 업무 내지는 고유직별 이외의 당직근무를 한다는 것이다. 예를 들면 통신사는 수상항해시에는 통신 당직근무를 하지만 잠항 항해시에는 타수나 기점판 당직근무를 한다는 것이다. 수상함에서 통신사가 함교에 올라가 타기를 잡거나 전탐실의 기점판 당직근무를 하는 경우는 없다.

그런데 잠수함에서도 오로지 한 개 직별 업무만 하고 당직도 안 서는 유일한 승조원이 있다. 바로 조리장이다. 취사책임자인 조리장은 잠수함에서 함장 외에 당직을 안 서는 유일한 승조원이다. 그래서 '2번 함장'이라 부르기도 한다. 그렇게 부르는 이유는 당직을 안 서는 이유도 있지만, 함장 못지않게 함내 분위기를 좌우하는데 지대한 역할을 하기 때문이다.

해군에서는 군함에 기상도가 둘 있는데 하나는 매일 아침 기상장이 파악해서 함장에게 브리핑하는 '천기 기상도'이고 다른 하나는 사관 당번이 파악해서 주임 상사에게 살짝 알려주는 '함장 기상도'다. 바다 위의 군함 내부가 평화로우려면 기상도가 하나만 좋아서는 안 되고 둘 다 좋아야 한다. 아마 후자의 기상도가 더 중요할지도 모른다.

그런데 잠수함에선 천기 기상도는 함내 평화도에 있어선 중요도가 낮다. 태풍이 오더라도 수중 100m만 내려가면 흔들림 없이 배가 조용하니 기상이 좋고 나쁜 것이 승조원들에게 평화의 절대적 조건은 아니다. 그렇더라도 기상도는 여전히 두 개가 좋아야 한다. 바로 1, 2번 함장 기상도가 그것이다.

1번 함장의 기상도는 물론 비좁은 함내에서 평화의 절대적인 조건이지만 2번 함장의 기상도 역시 잠수함 내 승조원 행복의 필수요건이다.

전 세계 잠수함을 운용하는 국가 해군의 공통점 중의 하나가 잠수함 승조원들의 부식비가 수상함이나 다른 부대원들에 비해 많다는 것이다. 그 이유는 열악한 환경에서 근무하는 데 대한 승조원 사기진작 정책 덕분인데 그러다 보니 음식의 질이 다른 부대에 비해 비교적 좋다.

사실 밀폐된 좁은 잠수함 내에서 세상 풍광을 볼 수 없으니 '보는 즐거움'도 없고 술과 담배는 물론 맛있는 공기조차 마실 수 없으니 '마시는 즐거움'도 없고 매일매일 그것도 하루에 세 번 이상 즐길 수 있는 '먹는 즐거움'은 가능하니 그 전권을 쥐고 있는 2번 함장의 기상도는 그래서 대단히 중요하다. 그의 심사에 따라 반찬이 한 가지가 더 있느냐 없느냐는 물론 맛이 괜찮으냐 아니냐가 결정되고 기발한 메뉴가 나타나 승조원들의 입을 즐겁게 하느냐 아니냐가 달려있으니 얼마나 중차대한 일인가!

2번 함장의 기상도 조절 책임자는 주임상사다. 전원이 조심하기는 하지만 어쩌다 상급자로부터, 듣기 싫은 소리나 기분 나쁜 일이 생겼다면 주임상사가 가서 잘 풀어줘야 한다. 그러지 않으면 전 승조원들에게 막대한 피해가 돌아가기 때문이다.

잠수함 내에서는 수상 항해나 잠항 항해 중을 불문하고 절대 담배를 피울 수 없다. 단지 수상 항해 시에 함교에 올라와서는 담배를 피울 수 있다. 잠항 항해를 하다가 부상해서 수상항해를 시작하면 함교탑 밑에 애연가들이 일렬로 줄을 선다. 함교에 올라가 담배를 피우기 위해서다. 이때의 순서는 계급순이 아니라 철저한 비당직자, 선착순이다. 함교탑 위의 함교 공간은 촘촘히 서도 6명밖에 서 있을 수 없는데 함장과 당직자 3명을 제하면 추가로 2명이 더 서 있을 수 있는 공간이 바로 애연가들의 자리다. 함내에서 함교탑 밑에 줄을 선 순서대로 두 사람씩 올라와서 담배를 피우는데 한 번 올라오면 두 개비까지 허용된다. 그 두 개 비도 너무 느릿느릿하게 피우면 다음 사람에게 눈총받는 것은 물론이다.

이때 함교탑 밑에 줄을 서 있는 순서에 상관없이 함교에 올라올 수 있는 유일한 사람이 바로 제2번 함장 조리장이다. 단지 조건은 한 손에 함장이 마실 커피잔이 들려 있어야 한다. 수상항해가 시작되면 비당직자 애연가들은 선착순으로 함교탑 밑으로 달려가는데 같은 애연가인 조리장은 느긋하게 취사장으로 들어가 커피를 끓인다. 커피를 얼른 만들어 왼손에 커피잔을 턱 들고 나오면 "길 비켜라!"이다. 커피잔은 말하자면 함교 직행통과증이다. 그 통과증을 들고 함교로 올라가는 수직 사다리 밑에 서면 순서를 기다리던 사람이 아무리 계급이 높아도 자리를 비켜준다. 커피가 식기 전에 함교에 도달해야 하는 명제가 있기 때문이다.

　커피잔을 든 조리장은 수직 사다리 밑에서 "조리장 함교로!"라는 신고를 외쳐야 한다. 지금부터 조리장이 함교로 올라가겠다는 뜻이다. 다른 승조원들은 함교에 올라갈 때 수직 사다리 밑에서 신고 구령을 외치는 것이 아니라 수직 사다리를 다 올라와서 함교 바닥 위로 얼굴을 내밀고 "누구누구 함교에!"라고 외쳐서 당직사관에게 신고하는 게 규정인데 조리장은 수직 사다리를 오르기 전에도 출발신고를 해야 한다.
　승조원이 함교에 다 올라와 당직사관에게 신고하는 것은 안전규정이다. 함교 해치는 당직사관의 바로 뒷바닥에 있는데 전방을 주시하는 당직사관이 뒤를 돌아보지 않는 한, 누가 올라왔는지 모르기 때문에 소리를 내어 함교도착을 알리는 것이다. 왜냐하면, 파도 때문에 배가 요동치는 경우 함교에 있는 인원이 함교 밖으로 튕겨 나갈 수 있기 때문이다. 나도 장보고함을 인수해서 북해에서 훈련할 때 너울이 함교를 덮쳐 바다로 쓸려나갈 뻔했던 적이 있다. 함교 바닥을 때린 바닷물이 몸을 들뜨게 한순간 함교 난간을 잡지 않았더라면 나는 지금도 북해 바다 밑에 있을 것이다. 함교에 슬그머니 올라와 뒤에 서 있는 인원이 있을 때 그런 일이 벌어진다면 누가 바다로 떨어져 나갔는지 아무도 모르게 된다. 과거 잠수함에서 종종 일어났던 사고여서 함교에 누가 올라왔노라고 신고하는 것이 규정화된 것이다. 다른 승조원들이 함교에 올라와 도착신고 하는 것과는 달리 조리장이 함교로 올라가기 전에 출발신고를 하는 것은 미 해군에서 있었던 한 현명한 잠수함 함장의 지시 때문에 생긴 인터내셔널 전통이다.

　미 해군 어느 잠수함의 조리장이 함교에 있는 함장에게 커피를 가져오는데 커피잔에 커피를 찰랑찰랑 가득 채우고서도 10m에 가까운 함교 수직 사다리를 오르는데 한 방울도 안 흘렸다는 것이다. 함장은 그러한 그의 재주를 자주 다른 사람에게 자랑했다는 것인데 함장 교대를 하는 날 그동안 조리장이 해준 식사가 참 맛있었고 특히 함교로 날라다 준 커피가 가장 일품이었다고 조리장을 한껏 칭찬했더란다. 거기까지만 하고 끝났으면 좋았을 건데 조리장을 마이크 앞으로 불러내어 어떻게 그렇게 커피를 한 잔 가득히 가지고 수직 사다리를 오를 수 있었느냐 그 비결이 무어냐고 물었단다.

　조리장이 비밀이어서 밝힐 수 없다고 머뭇거리자 이임하는 함장의 간청이라고 요청하자 마지못해 조리장이 밝히길 사실은 커피를 커피잔엔 80%쯤 채우고 입에 한 모금 물고 올라가서 함교 해치에 다다르기 직전에 커피잔에 뱉어 잔을 채웠노라고 털어놨더란다. 함장 교대식장은 순간 폭소가 터지면서 배를 잡고 구르는 사람까지 생기는 난장판이 되었다는 것인데 옆에 앉아있던 후임 함장이 가만히 생각하니 자기도 그 커피를 마시게 되었으니 고민이 아닐 수 없더란다. 그래서 취임사 말미에 이 자리에서 지시사항 1호를 하달하니 자기가 함장으로 근무하는 동안 철저히 시행하기 바란다고 정색을 하고 엄숙히 선언하자 갑자기 장내가 긴장이 감도는 분위기로 변했더란다. 신임 지휘관의 취임사는 그런 부분이 핵이다. 부대원들은 그런 부분을 잘 들어놔야 그가 지휘관으로 있는 한 처신을 잘할 수 있기 때문이다. 조용히 긴장이 감도는 식장에서 후임 함장이 선언한 지시사항 1호는 "앞으로 조리장은 커피를 갖고 함교에 올라오기 전에 함교도착 신고만 하지 말고 출발 신고도 하라!"는 것이었더란다. 커피를 입에 물고는 신고를 할 수 없을 테니 입에 들어갔던 커피를 안마실 수 있는 묘안이었더란다. 함장 교대식장은 다시 한 번 폭소의 장이 되었다는 것인데 그 광경과 현명한 신임 함장을 상상하면 웃음 나오게 하는 유머 스토리여서 기분이 좋아진다.

 장보고함에서도 한동안은 조리장이 든 커피잔은 함교 직행 통과증이고 출발신고도 인터내셔널 전통으로 시행해오다가 내가 좀 더 현명한 조치로 바꿨다.
 그것은 커피잔을 커피가 대여섯 잔 들어가는 보온병으로 바꾼 것이다. 그 이유는 우선 함교에 함장 외에 당직자가 3명이나 있으니 혼자 커피를 마시는 게 맛은 더 있지만 약간 미안한 생각이 들어서였고 또 다른 하나는 한 손으로 수직 사다리를 올라오는 조리장이 아무래도 언젠가는 안전사고를 일으킬 것 같아 안심이 안 되었기 때문이다. 조리장이 수직 사다리에서 추락한다면 보통 대형 사고가 아닐 것이다. 그리고 마지막 이유는 그렇게 하면 입속에 보관했다가 내어주는 커피를 안 마실 수 있는 가장 확실한 방법이었기 때문이다.
 커피잔을 보온병으로 바꾼 이후 한 손에 커피잔을 들고 함교까지 10초 안에 올라오는 조리장의 자격부여 항목은 사라졌지만 그래도 커피가 담긴 보온병을 목에 턱 걸고 나타나면 선착순에 상관없이 함교로 직행할 수 있는 통행권은 살려놨고 출발신고도 유지 시켰다. 이제는 두 손으로 수직 사다리를 다람쥐같이 오를 수 있게 되었고 커피도 더 따뜻해진 데다 함교 당직자들도 조리장의 내방을 기다리게 되었다.

 잠수함 함교는 어느 잠수함이든지 찬 바닷바람이 얼굴을 때리는 지붕이 없는 황량한 노천 함교다. 새벽에 조용한 바다 위에 부상해서 함교에 올라 새벽의 신선한 공기를 마시며 조리장이 따라주는 김이 모락모락 나는 따뜻한 커피를 두 손으로 포옥 싼 채 한 모금 마시노라면 그 맛의 황홀함이라니.

  부상할 때 방해물도 없었기에 마음도 평온하고, 간밤 내내 마시던 맛없는 공기 대신 신선하디 신선한 새벽 바다 공기도 좋고, 거기에 맛있는 커피. 이런 때 나타나는 조리장은 행복의 전달자 같다. 이 세상 어디에 있는 커피 맛이 이보다 더 기막힐 것이냐.

  행복을 한 잔씩 나눠 준 조리장은 상쾌한 공기를 만끽하며 묶여있던 금연의 스트레스를 느긋하게 푼다. 커피를 갖고 함교에 올라온 조리장이 갖는 특권 하나는 담배 두 개 비만 피울 수 있는 게 아니라 함장이 커피잔을 비울 때까지 몇 개비건 피울 수 있다는 것이다. 두 개비까지만 피우고 내려가야 하는 판에 맑은 공기를 만끽하며 서너 개비를 느긋하게 태울 수 있으니 커피를 갖고 올라온 노고치고는 괜찮은 셈이다. 그가 담배를 세 개비쯤은 태울 수 있도록 커피 마시는 속도도 적절히 맞춰줘야 한다. 1번 함장이 2번 함장을 신경 써야 하는 시간이다.

잠수함 식품 시대

군대에서 작전요소의 존재와 상태를 가늠할 수 있게 하는 '작전요소로부터 배출되는 모든 것'을 나타내는 말로 방사(emission)라는 용어가 있다. 부대로부터 나오는 소리, 불빛, 전파, 음파, 열, 쓰레기, 가스, 자국, 냄새 등 모든 것이 그에 해당이 된다. 그런 방출물 형태를 어떻게 이용하느냐 하는 방사작전(emission operation)은 고대부터 현대까지 전투의 승패를 가르는 결정적인 요소가 되어왔다.

중국 춘추전국시대 유명한 초(楚)나라와 한(漢)나라의 싸움은 싸움이 있을 때마다 방사 작전이 없었던 때가 없다시피 했다. 그중에서도 70여 차례의 전투에서 한 번도 패한 적이 없던 불패장군 항우의 기개가 꺾어지는 장면은 바로 방사 작전의 백미다. 유방의 군대가 항우의 군대를 포위하고 한나라 깃발을 무수히 둘러 꽂은 다음 항우 군졸들의 사기를 꺾기 위해 초나라 노래를 불러대는 사면초가(四面楚歌)의 장면은 시각적, 청각적 방사 작전을 제대로 보여주는 장면이다.

현대에 있어서 방사 작전은 옛날과 같은 능동적인 허장성세의 방사자유(emission free)보다는 작전부대의 노출을 최대한 줄이는 방사통제(emission control)가 방사 작전이라고 할 정도로 수동적으로 변했다. 현대군의 가장 중요한 방사형태는 전파(電波)다. 현대 군에서 통신을 차단한다면 작전을 할 수 있을까? 통신 없이 작전이 불가하다면 전파발사는 불가피하다는 얘기다. 그러니 완벽한 방사통제는 불가능하다는 것이다. 아마 전파에 의하지 않는 통신방법이 발명된다면 군작전의 혁명이 일어날 것이다.

 방사통제의 정점이자 백미는 단연 잠수함이다.
 군작전의 필수적인 통신마저도 차단해서 완벽한 방사통제를 하는 유일한 부대가 바로 잠수함이니 말이다. 잠수함 작전에 통신을 안 한다니 이해가 안 갈 수도 있겠지만 잠수함은 '방사하는 통신'은 안 한다는 말이다. 잠수함의 통신은 말하자면 요새 재개되었다는 남파된 북한 간첩이 난수표 방송을 듣는 것과 같은 방식이다. 잠수함 작전 통제소에서 일방적인 방송형식의 통신문만 발송하지 수신했냐 라는 물음이나 수신했다는 응답을 안 하니 난수표 방송이나 다를 게 없다. 왜 그래야 하는지는 잠수함의 존재 이유에 대한 고찰을 잠깐이라도 해보면 금방 알 수 있다.

 잠수함은 '기습(奇襲)'을 위해서 나타난 무기체계다. 기습이란 예기치 않은 곳에 나타나(出其不意) 적의 방비가 안 된 곳을 공격(攻其無備)하는 것이다. 그러기 위해선 무엇이 필요한가? 자신을 감추는 것이다. 자신을 감춘다는 것은 자신을 드러나게 하는 모든 짓은 안 한다는 것이다. 그것이 바로 완벽한 방사통제다.
 잠수함에 보내는 지휘통신문을 정해진 시간에 송신하면 정해진 시간에 수면 가까이 와서 안테나만 내놓고 수신하면 끝이다. 저주파(VLF) 통신 주파수는 물 속에서도 수신이 가능하니 물 밖으로 안테나를 노출시키지 않아도 된다. 정해진 시간에 수신하지 못할 경우가 생겨도 정해진 시간에 반복 송신하니 문제없고 메시지 번호가 매겨져 있어서 메시지를 놓치는 일이 없다. 하여간 잠수함은 들어오는 통신만 이루어지지 나가는 통신은 안 한다는 것이다.

어떤 미국 잠수함 영화에 미사일 발사를 지시하는 지휘통신문이 불분명하게 찍혀 나온 것을 가지고 발사명령이라고 해석한 함장과 다음 통신문까지 기다려서 확인한 다음 발사해야 한다는 부함장 간의 갈등을 그린 것이 나오던데 극단적으로 영화화한 부분이 없지 않지만 송신해서 물어보지 못하는 잠수함의 '방사통제' 개념은 잘 나타내고 있었다.

왜 잠수함은 나가는 통신은 못 할까? 나가는 통신을 못 하는 게 아니라 안 하는 것이다. 나가는 통신을 하는 순간에 자신이 노출되어 '기습' 목적이 사라지기 때문이다. 오로지 '기습'을 위해서 작전의 불편함도 전술적인 불리함도 무릅쓰고 물속으로 들어가는 잠수함으로선 그것을 해칠 수 있는 모든 것은 잠수함의 존재 이유를 박탈하는 것이나 다름없는 것이다.

잠수함이 자신을 과감히 나타내는 순간은 무기를 발사하는 순간뿐이다. 그 순간은 어쩔 수가 없다. 죽느냐 죽이느냐의 결정적 순간이기 때문이다. 당연히 죽여야 하고 죽일 수 있기 때문에 자신을 드러내는 것이다. 그러기 전에는 '꼭꼭 숨어야 한다.'

장보고함을 인수해 갖고 와서 한동안은 항해기인 태극기를 마스트에 달고 수상항해를 할 때면 우리 어선들이 지나가며 손을 흔들고 반가움을 표시해 오기도 했다. 신문 방송에 우리 해군도 잠수함이 생겼다는 뉴스가 나갔었기 때문이었다.

그런데 어느 날 상황이 벌어졌다. 어선이 괴잠수함이 나타났다고 신고를 한 것이다. 추적해보니 장보고함이었다. 나를 신고한 어선은 신문방송을 못 보았거나 아니면 북한 잠수함이 태극기를 달고 위장항해를 할 수도 있다는 깊은 생각을 했을 것이다. 그 후로도 두어 번 신고를 당한 다음부터는 우리나라 어선들에게도 들켜선 안 되는 작전을 해야 했다. 출입항 할 때는 물론이고 특히 부상하는 모습이 들키면 영락없이 신고가 들어갔다. 그래서 나는 '꼭꼭 숨는' 진정한 잠수함 작전을 해야 했다. 우리나라 어선들의 신고정신은 대단하다. 그건 우리나라의 대잠능력이다. 그런 면에서 어선들은 대잠전력인 것이다. 잠수함이 어떤 형태로든지 노출된다는 것은 곧 생명을 잃는 것과 같다는 것이다.

군대의 방사통제라는 것에 대해 실소를 금치 못하게 하는 기사를 신문에서 보았던 기억이 있다. 국정감사에 관한 기사였는데 한 국회의원이 현재 군에 지급되고 있는 전투식량 봉지를 데우면 봉지를 개봉했을 때 수증기가 너무 나와 아군의 위치가 적에게 쉽게 노출될 수 있다며 국감장에서 시연까지 했다는 기사였다. 수증기라는 방사형태가 나와 방사통제가 안 된다는 것인데 방사가 군 작전에 미치는 영향이 크다는 전제를 두고 전투식량의 품질을 문제 삼았다는 것이다.

전투식량이란 정상적인 식사를 할 수 없는 야지나 적지에서 식사 대신으로 취식하는 비상식량인데 그런 환경에서 데워 먹도록 만든 제조 개념이나 데울 때 나타나는 방사를 문제 삼아야지 데워진 봉지에서 나오는 한 줌의 수증기를 문제 삼다니……

민의의 전당인 국회에서 그런 얼치기 짓을 버젓이 그것도 무슨 기막힌 발견인 양 실연했다는 것에 실소밖에 나오는 게 없었다. 국회의원들의 문제점의 하나는 세상에 각 분야의 고수, 대가, 원로가 곳곳에서 자기들을 보고 있다는 사실을 망각하고 있다는 사실이다.

　음식물에 의한 방사 관계가 심각한 부대는 잠수함이다.
　방사를 안하기 위해 통신도 수신만 하는 잠수함이 매일 식사를 하기 위해 나오는 물, 식재료 쓰레기, 음식물 찌꺼기, 사람의 대소변 오물 등이 모두 방사물이 되기 때문이다. 우리 음식이 서양 음식과 달라 유난히 찌끼기와 쓰레기가 많이 나온다. 밥 하나를 하더라도 쌀 씻은 물이 몇 양동이는 나오고 국 하나를 끓이려 해도 다듬은 채소 찌꺼기부터 씻는 물까지 하염없다. 장시간 수중에서 작전하다 보면 이 음식물 때문에 나오는 방사물들 처리가 보통 문제가 아니다. 잠수함에서 나오는 그런 오물들 처리는 오수 탱크에 저장했다가 안전한 해역에 이르러 밖으로 배출하는 게 보통인데 오수 탱크 용량이 무한정 한 것도 아니고 안전한 해역이라고 해도 잠수함으로 인식되지 않도록 조치를 해서 배출해야 하니 간단한 일이 아니다. 허연 쌀뜨물이 바다에 퍼져 있다고 생각해보자. 하늘에서 떨어진 쌀뜨물이라고 볼 리가 없다.
　2차 대전 때 유류 탱크에 작은 파공이 생겨 기름방울을 점점이 유출 시키고 수중항해하는 일본 잠수함을 미국 수상함이 발견하고 잠수함을 낚은 일이 있다. 잠수함을 낚시처럼 낚은 것이다. 그런 정도의 방사는 아니라고 하더라도 잠수함에서 음식물에 의한 방사처리는 난제에 속한다.

　장보고함을 인수해 와서 얼마 지나지 않아 작전 중 쌓이는 음식물 찌꺼기 처리를 고민하다가 사령부 보급부에 '잠수함용 가공식품'을 만들어서 보급해줄 것을 요청했다. 식사를 준비하는 단계에서 물이 많이 필요치 않고 식사 후에도 찌꺼기가 많이 나오지 않고 처리하는 데도 물이 필요치 않은 가공 내지는 반가공 식품을 만들어 보급해 달라고 공문을 보냈더니 잠수함을 타는 사람들이 돈이 많이 들어가는 '특별한 식품'을 만들어 달란다며 유난을 떤다는 말이 들려왔다. 가공식품이 무슨 고급식품인 '특별한 식품'으로 인식하고 왜 그런 '특별한 식품'이 필요한지에 대한 이해가 전혀 없던 시절의 얘기다. 우리는 작전 나가기 전에 쌀을 씻고 말려서 나갔었다. 물만 부으면 밥을 만들 수 있게 말이다. 25년 전 얘기다.

그런데 요즘 나는 어쩌다 대형마트 식품부에 가면 하루하루 늘어나는 '잠수함 식품' 가지 수를 보며 입을 다물지 못할 때가 있다. 가득가득 진열된 식품들이 온통 잠수함 식품이다. 내가 25년 전에 보급부에 요청했다가 요란을 떤다고 지청구 들었던 것보다도 더 세련되고 고급화된 식품들에 놀라지 않을 수 없다.

물만 부어서 밥이 될 수 있는 쌀을 공급해 달라고 했던 것이 물도 필요 없이 적당히 데우기만 하면 김이 모락모락 나고 꼬들꼬들한 밥이 되니 놀랍다는 말로는 부족하고 탄복스럽다.

그뿐인가. 햅쌀밥, 현미밥, 오곡밥, 보리밥, 콩밥 등에 햄버거 덮밥, 낙지 덮밥 등 별의별 밥이 다 있다. 우리 조리장이 한숨을 쉬던 국 종류가 미역국, 북엇국, 시금칫국, 된장국, 해장국 등 하며 데우기만 하면 곧바로 먹을 수 있을 수 있고 배추김치, 열무김치, 포기김치, 총각김치, 갓김치에 생김치, 볶음 김치 등이 대, 중, 소용기에 멋지게 담겨 있다. 밥이며 김치뿐만 아니라 죽, 찌게, 탕, 수프, 카레 등등…….

이 정도면 최고의 잠수함 식품이다. 용기만 챙겨놓으면 완벽한 방사 통제가 가능하다! 그래서 나는 확실히 정의할 수 있다. 이 시대는 진정 '잠수함 식품 시대'다!

아! 천안함!

인양되는 천안함(PCC 772) 함교까지 물이 닿은 것을 본 순간은 숨이 막힐 것 같았다. 두 동강 난 천안함 반쪽이 바지에 얹혀져 예인되어오는 광경엔 눈을 감아버렸다. 육상에 얹어놓은 천안함을 여러 사람이 있을 때 보기 싫어 한참 후에 혼자 가서 보고 우그러진 선체를 붙잡고 울었다. 원통함과 패배감이 북받쳐 나오는 눈물을 참을 수가 없었다. 천안함을 생각하면 언제나 가슴이 쓰리다. 비통함이 그치지 않는다. 이제 그 원한을 갚는 것밖에 남아있는 게 없다. '언제가 될 것이냐'이다.

천안함 뉴스를 처음 듣던 날 아침 나는 그 뉴스를 듣자마자 '어뢰!'라고 생각했다. 어뢰 아니고는 그럴 수 없기 때문이었다. TV와 라디오에선 원인이 무엇이냐고 야단법석이었다. 3일 만에 KBS 방송국에서 라디오 인터뷰 요청이 왔다. 나는 옳다구나 하고 어뢰 공격을 받은 것이라고 몇 번이나 반복해서 말했다. 그러자 왜 그렇게 생각하느냐고 물어본다. 어뢰 아니면 그렇게 될 수 없기 때문이라고 얘기했다. 두 번 세 번 얘기했지만 인터뷰해 왔던 아나운서는 "예~ 그런 생각이시군요~"라며 여러 사람의 의견 중 하나로 간단히 넘겨버리는 것이었다. 나는 기분이 상해서 더 이상 말도 하기 싫을 정도였다. 어뢰를 십여 기를 직접 발사해보고 수십 기의 발사훈련을 집행했던 경험자가 그렇게 강조해서 얘기했는데 여러 의견 중의 하나로 치부해 버리는 것에 화가 났다. 우리나라 사람들은 전문가의 말을 왜 그리 믿지 못하는지 모르겠다.

재래식 무기 중에서 어뢰 외엔 그럴 수 있는 무기가 없다고 말한 것이 그렇게 이해 못 시키는 말인가. 나는 가장 간단하게 명확히 이해시킬 수 있는 대답이라고 생각해서 말한 것인데 그에 대한 반응은 영 딴판이었다. 천안함을 침몰시킨 원인을 밝히는데 국제 전문가 그룹이 몇 주 동안 조사한 다음에야 나왔지만, 아직도 그 원인이 무엇이냐고 묻는 사람도 많고 어뢰라는 걸 믿지 않는 이들도 많다. 참으로 기이하고 화나는 노릇이다.

2010년 3월 26일 밤 9시 22분 백령도 남쪽 1.3km 해역에서 승조원 46명과 함께 함 중앙 부분이 절단되어 두 동강이가 나서 침몰한 천안함은 침몰 된 후 17일 후에 함미 부분이 먼저 인양되고 한 달 가까이 되어 함수 부분이 인양되었다.

한 달 가까이 민군 합동조사단이 조사한 다음 천안함의 침몰 원인이 '중어뢰의 근접 폭발에 의한 버블제트'라고 잠정 결론 내렸지만, 여전히 온갖 사람들이 괴이한 이론들을 발표하며 침몰 원인에 대해 온 나라를 불신의 늪으로 몰아넣었다.

'잠정 결론'이라니. '잠정'이란 말은 아직도 불확실하다는 여지가 있다는 말이 아닌가. 안타깝기만 했다. 좌초나, 함내에서 탄약이 폭발했다느니, 유증기 폭발이니 선체의 피로절단이니 나중엔 잠수함과 충돌한 것이 원인이라는 대학교수라는 인물의 주장도 나왔다.

별 해괴한 주장들이 다 나와서 아무것도 모르는 사람들을 어지럽게 하고 있었다. 우리나라가 섬나라 빼놓고 세계 어느 나라보다도 바다와 같이 사는 삼면이 바다와 맞닿은 해양국가인데, 바다라는 것과 배라는 것과 해군과 군함이라는 것을 아무리 몰라도 그렇지 이렇게 무지할 수 있나……. 아니다! 이것은 무지가 아니라 무시다. 일부러 무시하는 게 아닌 다음에야 이렇게 상식적이고 평이한 얘기를 왜곡하고 반대할 수가 있나. 생각할수록 서글퍼지고 야속스러운 일이었다.

좌초가 원인이다?

'좌초'가 원인이라고 주장하는 사람은 무지하다면 가장 무지한 사람일 것이고 무시하는 사람이라면 치유 불가능한 의도적인 무시자 일 것이다.

좌초란 배가 저수심으로 들어가 해저에 선저가 닿아 움직이지 못하거나 손상을 입는 상태를 말하는데 좌초가 발생하면 가장 먼저 손상을 입는 부분은 선저가 될 거라는 건 아무리 배라는 것을 모르는 사람이라도 이해할 것이다. 해저 저질이 암초냐 뻘이냐 모래냐에 따라 선저 손상부위가 특징지어질 것이지만, 대개 선저가 찢어지거나 굴곡되는 게 통상적이다. 그런데 좌초가 일어나면 가장 먼저 손상을 입어야 할 부분이 멀쩡하다면 그것을 좌초라고 할 수 없다는 것 또한 상식적이 아닌가.

대잠능력을 가진 군함은 함수 쪽 선저에 소나돔(sonar dome)이 밑으로 불쑥 나와 달려있다. 해군들이 '불알'이라고 부르는 음파 송수신 장치다. 천안함도 그 불알이 달려 있었다. 좌초가 일어나면 제일 먼저 부서지는 부분이 이 '불알'인데 그게 멀쩡하다. 함수 쪽의 좌초는 아니라는 증거다. 그럼 함미 쪽 좌초일까. 함수 쪽 좌초가 일어나지 않고 함미 쪽 좌초가 일어날 수는 없는 일이지만 만에 하나 함미 쪽 좌초만 일어났다면 함미 쪽에 선저 밑으로 나와 있는 두 개의 추진축과 추진축을 고정시키고 있는 두 개의 브라켓과 추진기(스크루)에 당연히 손상이 일어나야 한다. 군함에만 추진기축을 고정하는 브라켓과 스크루가 있는 게 아니다. 배라면 모든 배가 가지고 있는 상식적인 구조다. 그런데 함미 쪽에서 밑으로 뽑아져 나와 있는 이 모든 것들이 멀쩡하다. 단지 하나 그 중 추진기 날개 하나가 굽어져 있다.

어떤 사람은 꽤나 배에 대한 지식을 과시하려는지 몰라도 추진기 날개 하나가 굽어진 것은 좌초라는 증거라고 우긴다. 추진기 하나에 날개가 4개가 달려있느니 추진기가 두 개이니 전부 여덟 개 날개 중에 어떻게 좌초가 일어났으면 그중 가운데 있는 한 개의 날개만 굽어질까. 추진기는 돌아가면서 물을 차는 스크루다. 돌아가는 스크루가 해저 무언가에 닿았을 때 스크루 날개 전부가 뭉개지거나 굽어지지 않고 그중 한 개만 굽어졌다? 그것은 다른 이유 때문에 생긴 자국이지 적어도 좌초 때문에 생긴 현상은 아니다. 닮은 것을 찾고 찾다가 못 찾고 새끼발가락 한 개가 닮은 것 같다는 애교 있는 얘기로도 보아줄 수 없는 억지도 상식에 벗어난 억지다. 그리고 세상 어디에도 목선이거나 철선이거나 간에 좌초로 배가 두 동강 난 역사도 비슷한 사례도 없다. 천안함이 두 동강 나서 침몰한 것이 좌초가 원인이라고 주장하는 사람이 쓴 책을 읽다가 다 읽지 못하고 던져버렸다. 상식에 벗어난 편견과 억지 주장을 읽기 위해 더 이상 시간을 허비하고 싶지 않아서였다. 생각이 다르다는 것은 일단 상식선 위에서 하는 얘기여야 한다. 더 이상 말하는 것은 사족이 되리라.

함내 탄약고 폭발?

　함내의 탄약 폭발이 원인이라고 주장하는 사람들은 군함의 구조를 모르는 사람들이다. 군함의 탄약고는 함수 함미 부분의 격실에 있다. 함 중앙엔 기관실이 있어서 탄약고 폭발이라면 함수나 함미가 부서져야 한다. 그런데 함 중앙이 두 동강 났고 함수 함미 부분은 멀쩡하다. 설령 함내 탄약고가 폭발했다 하더라도 탄약고 격실이 부서져야 하는데 격실은 멀쩡하다. 탄약을 기관실에 전부 모아놓고 한꺼번에 폭발시켰다는 것인가? 그렇더라면 기관실이 깨져야 하고 갑판으로도 폭발 여파가 나타나야 한다. 기관실 내도 폭발흔적이 없고 갑판은 깨끗하다. 탄약 작업은 승조원 전원이 동원되어 하는 작업인데 어떻게 탄약을 전부 기관실에 모을 수 있을까? 그런 일이 가능할까? 그런 주장을 하는 사람은 상상력이 풍부하나 공상력만 높은 사람이다. 상상이 가지 않는 얘기다. 더 이상 붙이는 말 또한 불필요한 사족이 되리라.

함내 유증기 폭발?

　함내에 고인 유증기가 폭발해서 군함이 두 동강 났다는 상상력 높은 공상을 하는 사람도 있다. 군함 함저 여러 격실 탱크에 나뉘어 실려있는 유류는 유증기가 발생하면 함내로 들어오게 되어있지 않고 함외로 배출하게 되어있고 설혹 함내로 들어온다 하더라도 함 통풍장치로 제거되기 때문에 한곳에 모일 수가 없다. 모든 통풍장치가 작동이 안 되고 유증기가 한 곳에 몰렸다고 해도 폭발되어 군함을 두 동강 낼 정도의 유증기는 존재하지 않는다. 불가능한 일을 상상하는 것은 공상이고 망상 아닌가.

잠수함 충돌?

잠수함 충돌이란 주장은 침몰 원인을 주장하는 주장 중 가장 무식한 주장 같다. 40m 저수심에 들어올 수 있는 잠수함의 크기는 1,000톤 내외일 수밖에 없다. 그런 잠수함의 추진력은 최대 5,000마력 이하다. 그런 잠수함이 아무리 세게 옆에서 들이박는다 해도 물리적으로 1,200톤 군함이 두 동강 날 수가 없고 그런 자국도 없다. 천안함은 밑에서 위로 큰 힘이 작용하여 안으로 굽어진 자국이 있지만 잠수함이 밑에서 위로 그런 힘을 가할 수 있으려면 수심이 수천 m는 되어야 할 것이고 잠수함 톤 수가 적어도 10,000톤 이상은 되어야 할 것이다. 수심과 톤수가 맞아도 1,200톤 군함을 침몰시킬만한 새깅-호깅현상을 만들어 낼 수 있는 부상속도는 물리적으로 불가하다. 어쨌거나 잠수함이 그랬다면 잠수함도 손상이 없을 수 없을 것인데 그렇게 들이박아 손상된 잠수함의 존재가 세상에 안 알려질 수 있단 말인가. 나는 그럴 수는 없을 거라고 생각한다. 사족 같지만 한 마디 더 붙이면 그렇다.

선체 피로도?

선체의 피로도가 침몰 원인이라는 주장에는 자존심도 상하고 실소가 나온다. 한국의 조선기술이 세계 최고인데 건조한 지 20여 년 밖에 안된 군함이 선체가 피로해서 두 동강 났다면 믿을 수 있나. 아직도 15년 이상은 더 운용할 수 있는 군함인데 말이다. 30년 전에 우리 손으로 건조한 군함도 아직 생생하게 바다를 달리고 있다. 무엇보다도 절단된 면이 피로도가 쌓여 절단된 자국이 아니라 갑자기 거대한 힘이 작용하여 절단된 것임을 나타낸다는 것이다. 20세기 세계 최고인 한국의 조선기술로 건조된 철선 군함이 선체 피로도가 쌓여 갑자기 두 동강이 났다? 나는 해군장교 생활을 30년 넘게 했지만 목선이나 철선이거나 간에 선체가 피로하여 강한 파도에 부딪친 것도 아닌데 멀쩡한 군함이 해상에서 두 동강 났다는 예를 접해본 지식이 없다. 과문 때문인가?

중어뢰에 의한 근접폭발이라는 잠정결론 발표에도 함수 부분이 인양되어야 확실한 침몰 원인이 밝혀질 수 있다며 여전히 시끄럽다. 더 이상 두고 볼 수 없다고 생각이 든 것은 그때쯤이었다. 그래서 신문에 낼 생각으로 칼럼을 쓰기 시작했다. 잠수함 함장 출신으로서 한마디도 없이 가만히 보고만 있는 것은 무책임한 일이라는 생각이 들어서였다.

기상청에 요청해서 그날의 정확한 기상정보를 얻고 그간 발표된 사실들을 스크랩해서 천안함 침몰이 북한 잠수함의 어뢰에 의한 것이라는 잠수함 함장으로서의 분석 칼럼을 썼다. 민군 합동조사단도 '중어뢰'라는 말만 했지 '북한 잠수함'이라는 말은 꺼내지도 않았었다. 나는 잠수함 어뢰 공격에 의한 것이고 공격주체가 북한 잠수함이 아니면 누구냐고 썼다. 뻔한 사실을 가지고 무엇이 그리 두려운지 도대체 화가 나서 견딜 수 없었다.

A4 용지 7장 정도를 써서 조선일보 오피니언 담당자에게 전화를 넣었다. 요새는 오피니언란에 글을 올리려면 인터넷으로 올려서 선택되기를 기다리지만, 당시는 담당자에게 사전에 설명하고 글을 보내서 심사받는 방식이었다.

먼저 내 신분을 밝히고 잠수함 함장으로서 천안함 침몰에 대한 분석을 쓴 것이니 반드시 함수 부분 인양 전에 내고 싶으니 내줄 것인지 아닌지 빨리 알려달라고 요청했다. 내주기 싫다면 다른 신문사에 요청해야겠으니 시간이 없다고 말했다. 그렇다면 일단 글을 보내보라기에 이메일로 발송하고 답을 기다렸다. 그런데 글을 보낸 지 한 시간여 만에 걸려온 전화로 황당한 대답이 먼저 왔다.

오피니언 담당자의 첫 말이 "선생님! 조선일보가 선생님 것입니까?"라는 것이었다.

"네? 무슨 말씀이십니까?"

"아니 이렇게 긴 글을 신문에 내달라니 조선일보가 선생님꺼냐구요?"

A4용지 7장 분량이 기사로서는 길기는 했지만 그래서 분석칼럼이라고 한 것이고 너무 길어서 곤란하니 줄여달라든가 못 내주겠다든가 해야지 대뜸 조선일보가 당신 것이 나는 말은 내용은 불문하고 기사 분량만 갖고 시비 거는 것이었다. 그러면서 글을 반으로 줄여서 다시 보내면 검토해보겠다는 것이었다. 그래서 다시 글을 줄여 봤지만 5장 정도로는 줄일 수 있어도 더 이상 줄일 수 없으니 내주지 못하겠으면 오늘 오후 5시 이전에 빨리 알려달라고 요청하는 말을 덧붙여 보냈다. 그런데 오후 5시가 넘어 6시가 가까워지는데도 연락이 없었다. 조선일보는 틀린 모양이라고 생각하고 다른 신문사 담당자 연락처를 찾고 있는데 다시 연락이 왔다. 그런데 이번엔 대뜸 다급한 목소리다.

"선생님! 보내신 기사 다른 신문사에도 보냈습니까?"

"그쪽에서 연락이 안 와서 다른 신문사를 찾고 있는 중입니다."

"아, 네! 그럼 잠시만 기다리십시오. 국장님과 상의해서 금방 연락 드리겠습니다!"

다급한 목소리로 보아서 그제야 내가 보낸 글을 읽어보고 내용을 파악한 모양이었다. 국장하고 의논한다는 것으로 보아 처음엔 분량만 보고 내쳤다가 다시 보낸 글을 보고 진짜배기 내용이란 걸 파악했음이 분명했다. 얼마 지나지 않아 연락이 왔다.

"선생님, 신문에 싣기로 결정했습니다. 그런데 내일 조간은 안 되겠고요. 모레 조간에 나갑니다."

그렇게 해서 난생처음 2010년 4월 29일 자 조선일보 오피니언란 한 면의 반에 가까운 지면에 내가 처음 썼던 글 전부는 아니지만 줄어든 칼럼을 실을 수 있었다. 다음이 그때 올렸던 칼럼 전문이다.

치밀한 공격에 철저히 당한 '원-투-제로'

안병구 해군 예비역 제독

안병구 前제독은 국내 잠수함분야 개척자. 우리나라 잠수함분야의 개척자로 최고 전문가로 꼽힌다. 미 해군에서 대잠(對潛)훈련을 받았고 1990년 독일에서 2년간 잠수함교육을 받았다. 1992년 대한민국 해군 제1호 잠수함인 '장보고함' 초대함장을 거쳐 잠수함부대 전단장을 역임했다.

잠수함 함장과 잠수함부대 전대장, 전단장으로 근무한 나는 천안함 침몰 소식을 들었을 때 본능적으로 "어뢰에 맞았다."는 느낌이 왔다. 현재 1,200t급 군함을 두 동강 낼 수 있는 재래식 무기는 잠수함 어뢰 딱 한 가지뿐이란 믿음 때문이었다.

대문 열려있는 백령도 해역

백령도 해역은 잠수함에 가장 중요한 접근로가 활짝 열려있다. 수로를 막거나 대잠망을 쳐놓은 것도 아니고 말뚝을 박아놓은 곳도 아닌 넓디넓은 해역이다. 단지 남한 해군 함정 몇 척만이 떠 있어 이런 해역은 침투작전을 시도하는 잠수함엔 매우 쉬운 접근로다. 2차대전 때 독일 잠수함 U-47은 수로를 막아 놓았는데도 만조 때 옆에 생긴 도랑으로 침투해 항구 안의 영국 해군 전함을 침몰시켰다. 천안함이 당한 해역은 이와 비교해 보면 대문을 열어 놓고 있는 곳이나 마찬가지다.

바닷속의 잠수함을 찾아내기 위한 가장 효과적인 방법은 현재까지는 음파에 의한 탐지다. 천안함 같은 초계함에는 음탐기가 있지만 음탐기로 바닷속의 잠수함을 속속들이 잡아내는 데는 한계가 있다. 음파는 바닷물의 온도, 염도, 비중, 유속 등의 특성 때문에 가까운 거리에 있는 잠수함을 찾아내지 못하기도 한다. 계절, 시간, 위치에 따라 불확실해지는 경우도 많아 음탐기를 작동시킨다고 수중의 잠수함을 모두 찾아내기란 어렵다.

백령도는 고기 잡는 그물 때문에 잠수정 침투가 어렵다고 하는데 사실은 그 반대다. 반드시 그러리라고 생각되는 것은 그러지 아니하고 그렇지 않을 것이라고 생각되면 그것을 취하는 것이 잠수함의 침투술이다. 함정들이 접근하지 않는 그물 구역이 침투 잠수함엔 오히려 접근로가 될 수 있다는 사실을 알아야 한다. 그물과 그물 사이로 침투하다가 그물이 스크류에 걸리게 되면 잠수함에선 수영자를 밖으로 내보내 끊고 침투한다. 그물 지역이 오히려 '잠수함의 천국'이 될 수도 있다. 바다에 쳐놓은 그물이 잠수함의 침투를 막아줄 것이란 순진하고 안이한 생각은 버려야 한다.

적당한 달빛의 정조시각

3월 26일. 음력으로 2월 11일. 유속이 3노트나 되는 사리 때. 백령도, 해역의 저조(해수면이 가장 낮아진 상태) 시각(21시 47분)에서 30분가량 전인 21시 18~19분경. 유속이 어뢰 항주에 영향을 주지 않을 거의 정조(물흐름이 멈춘 상태)시각. 잠수함은 어뢰 발사 전에 이미 천안함이 남한 해군 군함임을 확인했을 것이다. 천안함의 함번호까지 확인했을 수도 있다. 칠흑 같은 밤이라면 어뢰를 발사하기가 쉽지 않다. 잠수함은 목표물을 대충 확인하고 어뢰를 쏘지 않는다. 그것은 마치 저격수가 목표물을 확실히 확인하지 않고 방아쇠를 당기지 않는 것과 같다. 천안함이 아니라 미 해군 군함이었더라도 어뢰를 발사했을까. 나는 아니었을 것으로 생각한다.

목표물을 확인하려면 달빛이 있어야 한다. 그 날의 달은 보름달이 되기 나흘 전이라 반달보다 조금 더 컸다. 아주 밝지도 않고 어둡지도 않은 적당한 달빛이다.

시정 거리가 6마일(10km) 이상이었고 구름이 없었다. 목표물을 확인하기에 오히려 이상적인 기상 조건이었다. 해상엔 파고가 2~2.5m로 약간 높았다. 이런 경우가 파도가 잔잔한 때보다 오히려 잠수함이 공격하기에 훨씬 낫다. 잠망경이 함정 레이더에 잘 나타나지도 않고 함정 견시(감시병)들에게 발각될 위험도 적기 때문이다. 더구나 이런 조건에서 함정들은 변침(방향전환), 변속을 자주 하지 않고 일정한 방향으로 저속 항해를 한다. 아니나 다를까. 천안함은 북서침로(방향)를 잡고 저속인 6노트 속력으로 항해 중이었다.

잠수함은 남한 군함임을 확인하고 약 3,000야드(2.7km) 이내의 거리에서 어뢰를 발사했을 것이다. 어뢰 항주심도는 천안함 흘수(배가 물에 잠긴 부분의 깊이)보다 2m 정도 깊은 심도. 천안함의 흘수 수치도 정확히 알고 있었을 것이다. 어뢰 속도를 30노트로 보면 3,000야드 항주에 걸리는 시간은 3분. 어뢰 항주 소음이 천안함의 음탐기에 잡히더라도 대책을 취하기에 충분치 않은 시간을 고려했을 것이다.

5,000t급도 두 동강 내는 중(重)어뢰

일부에선 북한이 어뢰로 함정을 두 동강 낼 능력이 있느냐고 묻는다. 철판에 의한 자기(磁氣) 감응을 이용해 배 밑에서 폭발하도록 어뢰의 항주심도를 맞추어 발사하는 것은 잠수함 중어뢰의 통상적인 운용방법으로서 전혀 어려운 것이 아니다.

잠수함의 현대식 중어뢰는 직경 21인치(533mm)에 7m가 넘는 길이에 무게도 2t 가까이 나간다. 한 기당 가격도 20억~25억 원이나 된다. 현존 재래식 무기 중 가장 크고 폭발력도 가장 크다. 기두부엔 TNT보다 1.5~2배의 폭발력을 낼 수 있는 200~250kg의 특수 고성능 폭약이 들어 있어 수중폭발하게 되면 5,000t급 함정이라도 단번에 두 동강 낼 수 있다.

폭발력은 선체에 직접 부딪혀 폭발시킬 경우보다 함정 아래 1~2m 깊이에서 폭발시켰을 때 더 커진다. 어뢰에 내장된 특수 알루미늄판이 1,500도 정도의 폭발 고온에 의해 해수의 팽창을 일으킨다. 분출 압력이 위로 솟구쳐 함정의 용골(척추)을 부러뜨리면 순간적으로 만들어졌던 폭발의 진공 공간 속으로 다시 흡입 현상이 나타나면서 함체를 다시 밑으로 당겨 함정이 두 동강 난다.

천안함 침몰은 잠수함 중어뢰로 피격된 전형적인 형태다. 사건 당시 백령도 지질연구 분소에 잡힌 폭발음이 TNT 180kg 정도의 폭발음이었다는 분석이 정확하다면 천안함을 침몰시킨 어뢰는 현대식 중어뢰보다는 성능이 약간 떨어지는 어뢰일 가능성이 많다. 제대로 된 현대식 중어뢰라면 TNT 400kg 이상의 폭발력이어야 하기 때문이다.

원통한 순간 1-2-0(원-투-제로)

어뢰를 발사하고 3분 후인 21시 22분(백령도 지질연구 분소의 폭발음 수신 시각 21시 21분 58초)에 천안함의 중앙 갑판이 바다 위로 솟구치고 폭음이 들렸다. 그것으로 모든 게 끝났다.

그때까지 잠수함은 잠망경으로 이 모든 것을 지켜보고 있었을 것이다. 폭음과 동시에 더 이상 지체 않고 북서쪽으로 침로를 잡는다. 그때부터는 복귀작전. 물이 들어오기 시작해 가만히 있어도 북서쪽으로 3노트의 조류가 생기기 시작한다.

이 모든 조건이 우연히 일치된 것일까. 잠수함은 우연을 보고 작전하지 않는다. 주도면밀하게 준비해 공격한다. 우리는 그런 치밀한 계산 공격에 당한 것이다. 잠수함 중어뢰가 함정을 두 동강 내는 것을 잠수함 승조원들은 '1-2-0 (원-투-제로)'라고 부른다. 목표물인 함정 한 척이 어뢰를 맞은 다음 두 척으로 두 동강 났다가 이내 바닷속으로 사라져 없어지는 현상(one ship-two ship-no ship)을 뜻하는 잠수함 승조원들의 용어다. 어뢰를 발사한 잠수함 함장이 보고 싶은 그림이고 잠수함 승조원들이 기다리는 극치의 장면이다. 불행인지 다행인지 내가 잠수함 함장 근무를 끝낼 때까지 그런 순간은 찾아오지 않았다. 하지만 언제라도 전투가 벌어진다면 내가 가진 어뢰 수 곱하기 둘만큼 만들어 낼 수 있다는 자신감으로 바닷속을 휘저어 다녔다. 그런데 그 순간을 이렇게 어이없이 빼앗기고 철저히 당했으니 원통하기 한이 없다. 나뿐이겠는가. 우리 잠수함부대 승조원들 모두 분한 속을 달래고 있을 것으로 생각한다.

어디서 온 잠수함일까?

증거가 없으니 예단하지 말라는 사람들도 있다. 길을 막고 물어보자.

이 지구 상에서 대한민국 해군 군함에 어뢰를 발사한 잠수함이 어디서 온 잠수함일 것 같으냐고. 서해 바닷물을 전부 퍼내서라도 반드시 있을 그 증거를 찾아야 한다. 그래서 이 원통한 원-투-제로를 되갚아 줄 증서로 삼아야 한다. 비명에 간 원혼(冤魂)들이 보고 있다.

〈끝〉

칼럼이 나가자 라디오 인터뷰했을 때보다는 반응이 달랐다. 우선 주요 일간지 주필들이 전화를 걸어왔다. 그런데 이상한 것은 "어뢰가 확실합니까?"라는 질문을 해오는 것이었다. 민군 합동조사단이 내린 잠정결론이 발표되었는데도 지식인들조차 반신반의하고 있었다. 다른 질문은 "북한 잠수함이란 말씀이지요?"라는 것이었다. 나는 하도 화가 나서 "그럼 미국 잠수함일까요?"라고 되물었다. 다음 날 여러 신문 사설에 내가 쓴 칼럼을 근거 삼아 '북'을 지칭하기 시작했다.

"우리 해군의 첫 잠수함인 장보고함 함장과 잠수함 전단장을 지낸 안병구 예비역 준장은 '북이 사전에 잠수함 접근로와 천안함의 움직임, 바닷물의 흐름, 달빛의 밝기 등 자연조건을 치밀하게 파악해 3월 26일 밤 9시 22분을 선택한 것'이라고 단정한다. '북이 아니라면 미국이나 일본, 중국이 그랬겠는가.'라고 그는 반문한다."

나는 참으로 기이했다. 말을 안 하는 것인지 못하는 것인지 다른 사람이 먼저 말 꺼내기를 기다리는 것인지 북한과 대치하고 있는 이 판에 뻔한 사실을 놓고 북한의 소행이라고 왜 목소리를 내지 못하는 것인지 기이하고 속상하고 화가 났다.

전화를 걸어오는 사람들은 신문사 주필들만이 아니었다. 어떤 예비역 해사 대선배는 "자네! 그렇게 알고 있으면서도 왜 사전에 2함대 사령관에게 조언도 안 하고 뭘 했나?"라며 나무라는 것이었다. 예비역 육군 장군이라는 어느 분은 "안 제독님, 제독님은 왜 준장으로 예편하셨습니까? 무책임한 거 아닙니까? 나와서 얘기하면 무슨 소용 있습니까? 안에 계셔서 조치했어야지요!"라며 나무랐다. 앞을 아는 인생이 어디 있으랴만 모두 가슴 쓰리고 안타까워서 하는 소리임을 모를 만큼 내 또한 아둔하지 않으니…….

하여간 나는 어뢰 공격의 증거를 찾아야 한다는데 조바심이 났다.

서해 바닷물을 다 퍼내서라도 증거를 찾아야 한다고 쓴 말은 내 진심이었다. 쇳조각 하나라도 증거는 분명히 있을 것이었다.

그러던 중 5월 초에 대박이 터졌다. 천안함을 침몰시킨 어뢰의 프로펠러와 추진모터, 조종장치를 건져낸다. 더구나 부서진 어뢰 프로펠러엔 한글까지 쓰여 있어 빼도 박도 못하는 증거가 나타난 것이었다. 대박도 보통 대박이 아니었다.

이럴 수 있는 대박이 있나 놀라고 있는데 이게 웬일인가. 어뢰 프로펠러에 쓰인 한글은 북한에서 쓰는 게 아니니 조작된 것이라며 다시 시끄럽게 떠든다.

이것은 뻔한 사실을 두고 말을 감추고 있는 것에 화낼 정도가 아니다. 우리나라가 언제 이렇게 불신과 무질서의 천국이 되었나 화가 아니라 서글퍼졌다. 우리나라 정부가 세계의 이목에 집중된 이 사건을 조작하기 위해 그런 조작증거를 만들어 낼 만큼 사악하고 대범(?)하단 말인가. 생각할 수 있는 일인가.

너무 질서가 없어졌다. 이것은 질서가 없어진 것이지 생각이 달라진 게 아니다.

다행히 정부가 적절한 대책을 취한다. 제3국 전문가팀에게 조사를 의뢰한 것이다. 드디어 미국, 영국, 스웨덴, 오스트레일리아에서 온 24명의 전문가팀이 천안함은 조선민주주의인민공화국 어뢰 공격으로 침몰했다는 조사 결과를 5월 20일 날 발표하기에 이른다. 두 달 만에 나온 '북한 소행' 결론이었다.

내가 촬영한 양육해 놓은 천안함 피폭 함 선체
외부에서 발생한 강력한 폭발력에 의해 선체가 안으로 심하게 굽어져 들어갔다.

백령도 해역은 정말 대문 열어놓은 해역이다. 대문을 잠가놓아도 침투하는 잠수함에 완전 무방비의 해역이다. 경비함 한두 척 배치했다고 문을 잠갔다고 안심하는 안일함이 우리에겐 있다. 도둑이 대문으로 들어오나?

나는 우리 연안에 있는 군항의 안전을 항상 걱정한다. 가장 취약한 군항은 '동해항'이다. 북쪽에서 가깝고 항구를 나서자마자 심심도의 수심이 전개된다. 직선 항로로 바로 북쪽에 북한 제1의 잠수함 기지 마양도가 있다. 항구 밖에서 정박해 있는 군함에 어뢰를 발사할 수 있을 정도다. 출입항 하는 군함은 항상 좋은 목표물로 노출되어 있다.

그다음 취약한 항구는 부산 해군 작전사 기지다. 항구 입구가 역시 곧바로 열려있는 해역으로 연결되어 있고 기지 뒤에 있는 언덕 위에서 항구 입구에 숨은 잠수함을 통제하면 기지 안에 있는 군함들은 독 안의 쥐다. 천혜의 방호항인 진해기지를 확장할 생각은 안 하고 좁다는 이유로 작전사 기지를 부산으로 옮긴 실책을 후회하지 않으려면 항구 밖에 특별한 방어대책을 세워야 하고 예비 출항로를 가져야 하고 뒤편 언덕을 기지화해야 한다. 언덕 위에서 노는 어린이들의 즐거움이 해군 기지를 내려다보며 해군 아저씨들이 움직이는 걸 바라보는 것이고 안방에서 해군기지의 일상을 24시간 촬영이 가능하니 군 기지가 이래서는 안 된다. 특단의 대책이 없으면 언젠가는 후회할 일이 생길 거라는 게 나의 개인적인 염려다.

새로 건설한 제주 해군기지도 마찬가지다. 항 입구 앞에 작은 섬이 하나 있기는 하나 항구가 곧바로 개방해역으로 연결되어 있고 예비 출항로가 없다. 역시 군항 입구 접근로에 특별한 방호 대책이 필요한 항구다.

군항은 방호를 위한 일정한 길이의 접근 수로와 비상시 사용 가능한 예비 출항로가 있어야 하는데 그런 측면에서 우리의 군항들의 취약점이 있다. 침투공격 의도가 있는 적으로부터 하나같이 손쉽게 당할 수 있는 상태에 놓여있는 한국 해군 군항들이다. 군항이 폐쇄되는 것은 해군력이 묶이는 것이다. 백령도 해역이 아니라 바로 우리 안마당에서 당하는 제2의 천안함과 한국판 스캐퍼 홀로우(Scapa flow)가 언제라도 나타날 수 있다. 우리 군항들이 불안하다.

잠수함 영화 비평

 군 영화 중에서 해군 영화는 드문 편인데 그중에서도 특히 잠수함 영화는 드물다. 잠수함 영화에 대해서 비평을 쓰기로 마음먹은 이유는 다른 것에 있지 않다. 영화에 관한 예술성이나 기법, 기술 등과 같은 부문이야 나로선 능력 밖의 얘기이니 언급하기 어렵지만, 해군 영화에 관한 한 특히 우리나라 영화인들이 바다와 해군에 대한 무지와 무성의를 두고 보기 민망해서다.
 내가 해군 출신이어서가 아니라 우리나라 국민들은 우리나라가 세계에 드문 삼면이 바다에 면한 해양국가인데도 마치 육지국가 국민인 양 바다에 대해서는 무지하고 무관심하다는 생각이다. 그 무지와 무관심 모두를 비판할 생각은 없지만 적어도 여러 사람이 보는 바다에 관한 영화를 만들거나 취급하는 사람들이 너무도 바다와 해군이라는 존재에 무지와 무성의를 드러내는 것은 참으로 보기에 민망하다. 영화인들이라고 바다와 해군에 대해서 다 잘 알 수는 없는 일이니 무지할 수는 있다 하더라도 여러 사람이 보이는 예술품에 대해서 예술가로서의 최소한의 성의가 결핍되어 있다면 이것은 비판 당하지 않을 수 없는 일이다.

 영화인들이 바다와 해군에 관한 영화를 만들거나 취급하면서 가장 우습게 보이고 무성의하게 느껴지는 부분이 '용어'다. 예를 들면 육지에서는 자동차를 셀 때 한 대, 두 대하고 비행기를 셀 때도 한 대, 두 대. 하지만 배를 셀 때도 한 대, 두 대하면 얼마나 이상해지는지 모른다. 배는 한 척, 두 척해야 옳은 단위를 쓰는 것이다. 그렇듯 바다와 해군에서는 달리 쓰는 말이 많은데 그것을 알아보지도 않고 그냥 써버리니 무지하다는 것보다도 '무성의'하다는 비판을 하지 않을 수 없다.

특히 배에서 쓰는 용어는 같은 뜻이라고 해도 어선, 상선, 군함별로 달리 쓰는데 그것을 구분하지 않고 여기저기 마구잡이로 써넣으면 얼마나 어설프고 무지하게 보이는지 모른다. 어선에서 배 앞부분과 뒷부분을 '이물', '고물' 한다면 상선에서는 '선수', '선미'라 하고 군함에서는 '함수', '함미'라 한다. 그런데 해군영화를 만들면서 '이물', '고물' 같은 용어를 사용하게 했다면 해군들은 알아듣지도 못할뿐더러 군함을 어선으로 만드는 꼴이니 얼마나 우스운가.

스펙터클 한 대작 전쟁영화에서부터 단순한 병영생활에 관한 영화까지 군대와 관련된 영화가 수없이 많지만 군 영화에 관한 한 방화와 외화의 수준 차이가 크다는 것이 평소의 느낌이다. 주제나 규모, 연출, 촬영기법 등이 외화를 많이 따라가긴 했어도 방화가 특히 떨어지는 부분은 주제와 관련된 '전문성 접근'이라고 생각된다.

외화 군 영화를 대할 때 우선 느껴지는 느낌은 자연스럽다는 것이다. 감독이나 연출가가 혹시 군 출신이 아닐까 생각들 정도로 전체적인 구성에서부터 섬세한 부분까지 매우 자연스럽다. 자연스럽고 거부감이 없다는 것은 주제의 구성과 전개, 속도, 장면 등등이 정말 군대의 그것과 차이가 없다는 것인데 그중에서도 배우들의 군인다운 모습과 대사, 억양이 매우 자연스럽다는 것이다.

얼마 전에 TV에서 외화 해군 영화 한 편을 봤는데 해군 장교 복장을 한 미국 배우 진 핵크만의 모습에서 배우가 아니라 오래전부터 보아왔던 어떤 미 해군 장교를 다시 보는 것 같아 눈이 크게 떠졌다. 두발, 표정, 옷매무새, 대사, 행동 모두에서 해군 장교생활 30년 넘게 한 내 눈에도 조금도 어색함이 없었다. 그것은 배우에게 해군 장교 유니폼을 입혀놓은 것이 아니라 현역 해군 장교 모습 그대로였다. 내용을 보기 전에 그 배우 모습 하나로도 기분이 좋았다.

우리나라에서 만든 군 영화를 보면 실제와는 다른 어색한 면을 느낀다. 배우들의 대사, 어조가 나타나는 순간부터 어설프다. 어떤 영화에서는 장발의 한 배우가 군모만 쓰고 연기를 하고 있었다. 한국 군대에 그런 용모를 한 군인이 어디 있단 말인가. 연기를 위해 그 머리털 하나 깎을 마음이 없단 말인가. 그건 배우나 감독이나 관객을 모독하는 것이다. 최소한의 성의도 열의도 없는 그런 연예인들은 경멸받아 마땅하다. 군 영화에 출연하는 배우의 용모를 우선 군인처럼 만들어내지 못하면 그건 군 영화로서 첫걸음부터 틀린 것이다. 그 외에도 전문적인 접근이 필요한 분야가 얼마나 많은데 그런 기초적인 준비 하나 제대로 갖추지 않고 사실감을 전하려 한다는 것은 어불성설이다.

흔하지 않은 잠수함 영화 몇 편을 예로 삼아 영화 속의 무리한 내용을 집어내려는 의도도 있지만, 영화 속 대사를 우리 말로 옮기는 자막 처리의 우스꽝스러움을 가려내어 우리 영화인들이 전문적인 군 영화, 아니 바다와 해군에 얼마나 무지하고 무성의한지를 비판하려는 것이다. 영화를 만드는 것도 아니고 남이 만든 영화에 자막 하나 넣는 작업도 제대로 하지 못해서 좋은 영화를 우스꽝스럽게 만드는 우리 영화인들이 제발 읽기를 바라면서 말이다.

U-571

미국 잠수함 영화 'U-571'은 제2차 세계대전 중 유명한 대서양 전투의 하나를 각색한 영화다. 대서양에서 연합군의 공격으로 피해를 받아 전투불능 상태에 빠진 독일 잠수함 U-571의 구조요청 통신을 도청한 연합군 측이 독일의 비밀 통신기를 탈취하기 위해 독일 잠수함으로 위장하여 U-571에 접근한다. 우여곡절 끝에 U-571을 탈취했으나 독일 해군 대잠함의 공격을 받고 침몰 직전까지 가는 상황에 빠진다. 하지만 U-571의 단 한발 남은 어뢰로 독일 대잠함을 침몰시키고 비밀 통신기를 확보해 귀환한다는 줄거리다. 실제로는 일어나기 어려운 스토리지만 영화적 요소를 만들어 흥미를 유발하는 영화적인 영화다.

내가 잠수함 부대장을 하던 시절에 본 영화 같은데 비평을 쓰려고 DVD를 사서 반복적으로 틀어보니 옛날에 느꼈던 씁쓸한 기분이 되살아난다. 그때나 지금이나 그런 기분이 나는 이유는 영화 자체의 허구성 때문이 아니라 수많은 우리나라 사람들이 볼 자막 글이 너무도 맞지 않아 안타깝기 때문이다.

외화 해군 영화의 자막 글이 해군답지 못하고 맞는 말이 아닌 것은 U-571 영화뿐만 아니라 거의 모든 외화의 공통된 병폐라고 자신 있게 말할 수 있다. 지금까지 수입된 외화 해군 영화는 거의 전부 보았다고 생각하는데 장면에 맞는 해군 용어와 대사를 정확하게 처리한 자막이 있는 영화는 기억에 없다. 나는 그런 이유가 외화 배급인들이 자막처리 하는데 전문적인 노력으로 접근하지 않고 무성의하게 처리하기 때문이라고 생각한다.

영화 U-571도 마찬가지였다. 영화가 시작되자마자 U-571이 연합군에게 공격당하는 장면부터 나오는데 잠망경심도에 있다가 긴급 잠항을 하려는 장면에 "All hands! forward!" 라는 원어 대사가 "전원! 이물로!" 라는 자막으로 나와서 처음부터 입맛을 다시게 한다.

　잠수함에서 '긴급 잠항'은 최고의 비상상황을 나타내는 용어다. 적에게 들켰거나 피격이 임박했을 때, 충돌 위험이 인지되었을 때 가장 신속히 수면으로부터 잠항하기 위해 취해지는 명령인데 이 명령이 떨어지면 타수는 자동적으로 타각을 잠항 최대 각으로 꺾고 속력을 최대로 높여 함수가 신속히 밑으로 향하게 하는 반사적인 조치를 취해야 하고 동시에 당직자가 아닌 승조원들은 전원이 함수 쪽으로 용수철같이 튀어 뛰어가야 한다. 절체절명의 순간인 만큼 0.1초라도 함수를 밑으로 기울이기 위해서 함 조종에 필요한 인원 외에는 함수 쪽으로 달려가는 것이다. 이런 경우에는 잠수함에서 사용하는 용어는 "총원 함수로!"다. 그런 명령을 해군이 모르는 "전원 이물로!"라는 명령어로 한다면 무슨 말인지 몰라 어리둥절할 것이다.

　'이물'이라는 용어는 어선에서 쓰는 말이다. 함상 생활을 하면서 가장 많이 듣는 말이 '갑판, 함수, 함미, 함교' 등의 말이다. 이는 일상생활과 직접 연관된 용어여서 하루에도 수십 번은 쓰는 지극히 평범한 해군 용어다. 그런 용어를 '이물, 고물, 선수, 선미, 선교' 등으로 자막 처리한 외화 해군 영화가 대부분이니 나는 그런 현상이 정말 이해가 안 된다.

　조금 지나다 보면 더 우스운 자막이 나온다. U-571이 계속 폭뢰 공격을 당하는 중에 파이프가 파열돼 해수가 뿜어나오자 이번엔 긴급부상을 명령하는 대사가 나온다. 그러나 자막은 엉뚱한 뜻으로 바뀌어 나온다. 원어 대사는 "Blow the tanks! surface!"였다. 잠수함에서 블로우(blow) 라는 용어는 해수 탱크에 고압공기를 불어넣어 해수를 배출시킨다는 뜻이다. 해수를 배출시키면 함 중량이 감소 되어 위로 떠오르는 것이다.

그런데 자막은 놀랍게도 "탱크를 다 폭파시키고 부상하라!"라고 되어있다. 탱크를 폭파하라니? 탱크를 폭파하면 잠수함은 가라앉는다. 가라앉으면 다 죽는다. 대사는 잠수함을 부상시켜 살리라는 명령인데 자막은 가라앉혀 모두 죽이라는 말로 되어있다. 우습지 않은가.

블로우(blow)라는 영어 단어엔 물론 '폭파시키다'라는 뜻도 있다. 그런데 자막처리 하는 사람은 '불다, 불어내다'라는 뜻은 제쳐 두고 왜 '폭파시키다'라는 뜻만 가져다 썼을까. 잠수함과 관련된 전문용어라는 인식 없이 군 영화이니 '폭파'라는 뜻이 맞을 거라고 간단히 생각했을 거라는 게 내 생각이다.

이런 경우를 해군에서는 '서울대식 번역'이라고 한다. 서울대 영문과 출신의 실력 좋은 학사장교 한 명이 있었는데 이 친구가 해놓은 번역이 모두 해군적인 뜻과 전문성과는 상관없이 사전에 있는 뜻으로만 엮어놓아서 한바탕 웃음판을 만들었던 일 이후로 그런 얼토당토않은 번역을 일컫는 말이 되어버렸다. 좋은 영어 실력을 전문적인 뜻과 결합하지 못한 경험부족 사례를 얘기하는 것이니 서울대 출신들은 오해 없기 바란다.

영어사전에 있는 뜻만 갖다 붙이면 이상한 번역이 되는 것은 자명한 일이다. 같은 뜻이라 하더라도 정서와 느낌이 맞는 말을 골라야 하는 게 번역 아닌가. 그래서 번역을 '또 하나의 창작'이라고 하는 것일 게다. 자막 작업은 중요한 번역 아닌가.

잠수함에 관한 지식이 없더라도 탱크를 폭파하고 부상하라는 건 상식적으로도 맞지 않는 말이다. 영화 속의 대사를 직역만 해도 "탱크 불어! 부상!"이 되어야 한다.

내가 만일 함장으로 그런 상황에 있었다면 "기관장! 빨리 불어! 부상해!"라고 외쳤을 것이다. 탱크의 불기 밸브(blow valve)를 조종하는 사람은 기관장이기 때문이다. 그런데 탱크를 폭파하라니…….

잠수함 경력자에게 간단히 자문을 구했어도 되었을 일을 여러 사람이 보는 영화장면을 어떻게 그렇게 어처구니없게 만들 수 있는 건지 이해 불가다.

U-571을 공격하던 연합군 구축함이 사라져 부상하려는 순간이다. 잠망경으로 수면을 관측한 함장이 외치는 "Everything clear, Lookout on the bridge!" 라는 원어 대사가 "아무도 없어, 파수병은 브리지로!"라는 자막으로 나타난다. '파수병'이란 용어는 함정에서 쓰지 않는다. 육군 용어로도 '초병' 또는 '보초병'이란 용어는 들어봤어도 '파수병'이란 용어는 들어보지 못했다. 조선 시대 사극에서나 나오는 용어다.

'Lookout(룩 아웃)'이란 용어는 군함에선 '견시(見視)'라는 말이다. 함교에 위치해서 군함의 전후좌우 수면과 공중을 살피다가 눈에 보이는 것이 있으면 당직사관에게 보고하는 임무를 가진 당직자다. 그런 이상한 자막 대신 "수면 좋아! 견시 함교 배치!"라는 해군답고 현장냄새 풍기는 자막이었다면 얼마나 좋았을까. 관객에게 생소한 용어라도 군대 용어를 써서 군대의 한 면을 그대로 보여야 맛이 살아나지 시장에서 쓰는 말로 부대를 지휘하는 건 어설픈 병정놀이처럼 보일 뿐이다.

해군용어는 수많은 사건과 사고를 거쳐 다듬어진 역사성을 갖고 있다. 파도치고 바람 부는 악조건에서도 서로 간의 통신에 모호성이 나타나지 않도록 간결하고 명확하게 되어있다는 게 특징이다. 잠수함에서 일어나는 대사인데 실제는 어떻게 이루어지고 있는지 알아보려고 노력한 흔적이 없다. 놀라운 일이다.

영화 U-571 자막의 오류는 끝이 없다. U-571을 탈취하러 출항하는 미국 잠수함 SS-33의 타일러 대위를 호칭하는 자막이 처음부터 끝까지 '중위'로 되어있다. 주인공 타일러의 견장 계급장이 대위를 나타내는 굵은 금줄 두 줄로 선명하게 보이고 대사도 대위를 호칭하는 'Lieutenant'로 되어있는데 자막은 시종일관 '중위'로 나온다. 원어 'Lieutenant'는 해군 계급으로는 대위(大尉)이고 육, 공군 계급 호칭으로는 중위(中尉)다. 굵은 금줄 두 줄이 해군 대위 계급장이란 걸 모른 탓이고 해군 계급 호칭이 육, 공군과 다르다는 기초지식도 없었다는 소치다. 그것을 알고 있는 사람들은 그림과 글이 다르다는 것에 고개를 흔들거나 입맛을 다셨을 것이다.

  타일러 대위는 SS-33 함의 부장(副長)으로 함장 자격심사에서 떨어졌다. 군함의 부장은 함장 유고 시 함을 지휘하게 되어있는 함내 서열 2위의 장교다. 대사는 '부장'을 의미하는 'Executive officer'라고 계속 나오는데 자막은 끝까지 '부관'이다.

  '부관'이란 장성급 장교의 비서 역할을 하는 장교를 일컫는 말이었다. SS-33의 함장 계급은 소령이었다. 소령 함장의 부관이 대위라는 말인데 세계 어느 해군도 그런 편제는 없다. 부관이란 직책은 지금은 '보좌관'이란 말로 바뀌어 사용하지도 않는다. 이래저래 맞지 않는 말이다. 조금이라도 군에 대한 지식이 있는 사람들이라면 모두는 입맛을 다실 것이다.

  U-571 영화는 잠수함의 엔진이 물속에서 돌아가고 해수 파이프를 망치로 건드리자 파이프가 부서지면서 해수가 분출하는 등의 과장된 연출장면도 여럿 있으나 해군적인 맛을 느끼게 하는 세밀한 부분도 군데군데 보여 전체적으로 영화적인 흥미를 갖게 하는 영화다. 그러나 우리나라에서 배급과정을 거치면서 무성의한 자막처리로 격이 떨어진 영화라고 부르고 싶다.

  U-571 영화의 오류 자막을 노트에 적다가 포기하고 말았다. 잘못된

자막보다는 제대로 된 자막을 찾을 수가 없었기 때문이다. 우스꽝스러운 서울대식 번역 자막 천지였다. 여기에 예로 든 것은 그중 몇 개에 불과하다.

　영화 수입업자를 예술가 부류에 넣기는 무리일 것 같으나 영화의 내용과 정서를 최대한 원작에 가깝게 관객에게 전달해야 하는 자막처리는 예술의 장르에 속할 것 같기도 하다. 수천수만 명 관객이 볼 영화의 자막을 전문가의 자문이나 고증을 받은 흔적이 없이 어처구니없게 만들어 내놓는 것은 예술가의 자세에선 한참 멀다. 그 오류투성이 자막을 보면서 영화를 볼 관객들을 생각하면 안타깝기 그지없다.
　얼마 전에 가수로서는 처음으로 은관문화훈장을 받은 국민가수 이미자 씨가 어느 신문과의 인터뷰에서 "예술이란 뭐라고 생각하십니까?"라는 질문에 "예술이란 성의(誠意)라고 생각합니다."라고 대답했던 기사를 읽었던 것이 생각난다.
　"어느 분야이든 간에 여러 사람들에게 들리고 보이게 하려는 사람은 한 올의 흐트러짐도 나타나지 않도록 자기가 할 수 있는 최선을 다해야 하는 게 아니냐."고 했다.
　고마운 생각이 들게 하는 말이어서 스크랩했었다. U-571에 자막을 넣었던 예술가가 들었어야 할 말이다. U-571을 수입해서 배부했던 당사자들은 이 시점에서라도 할 수 있는 '성의'가 무엇일까를 생각하고 실행한다면 그나마도 보아주련만······.

붉은 10월의 추적(The hunt for Red October)

　미국 영화 '붉은 10월의 추적'은 냉전 시 미·소간의 첨예한 군사력 대치 시기에 소련의 최신예 타이푼급 전략 잠수함 '붉은 10월호'가 처녀 출항할 때 그 함장 라미우스 대령이 잠수함을 이끌고 미국으로 망명하려는 의도가 나타나 이를 둘러싼 미·소간의 정보전과 잠수함 전을 구상하여 만든 영화다.

라미우스 대령이 출항하면서 남겨놓은 망명의도를 뒤늦게 알게 된 소련 당국이 붉은 10월호를 찾아 격침하려 하고 라미우스의 의도를 알아차린 미국 측이 원자로 고장을 가장하여 붉은 10월호의 승조원들을 이함시킨 다음 침몰시킨 것처럼 보이게 한 후 망명하려는 라미우스를 교묘하게 도와 붉은 10월호와 라미우스를 미국으로 데려온다는 내용이다. 냉전 시기라는 시대 상황 속에서 자유진영 내에서 두려워했던 공산 진영의 최신예 전략 잠수함 진수를 계기로 미·소의 치열한 정보전에 외교전까지 가미해서 그럴싸한 흥미를 갖게 구성한 영화다.

이 영화의 영화적 예술성이나 요소의 진위에 대해선 알지도 못하겠거니와 내 영역도 아니지만, 영화의 장면 대부분을 차지하고 있는 잠수함의 움직임에 관한 한 슈퍼맨(superman)이나 스파이더맨(spiderman) 영화 같은 미국식 황당무계한 과장과 허구로 가득 찬 영화라는 것은 말할 수 있다. 미국인들은 거창한 상상 내지는 가공을 평범한 사람들의 일상과 엮어 마치 사실인 것처럼 느끼게 하고 흥미를 유발하는 특별한 재주를 가진 사람들이다. 슈퍼맨이나 스파이더맨같이 있을 법하지도 않은 주제를 영화로 만들어 사람들이 재미있어 하는 것을 보면 그런 생각을 하지 않을 수 없다.

이 영화는 한 가지 있는 사실을 살짝 과장하고 공상에 해당할만한 일을 약간만 확대해서 처음부터 아예 황당무계한 것으로 생각하고 보는 영화와는 다르게 점차적으로 진짜같이 느껴지도록 교묘하게 만들어진 영화다. 그러나 잠수함 측면에서 보면 과장과 허구가 전부라고 해도 과언이 아니다. 그런 부분을 빼놓고 보면 이 영화는 아마 존재할 수도 없었을 것이다.

우선 붉은 10월호의 추진소음을 제거시킨다는 제트추진 장치라는 것이 그 숨겨진 과장의 시작이다. 제트추진 장치란 함정의 추진기를 회전시켜 추진력을 얻는 대신 해수배출을 일으켜서 추진력을 얻는 방식을 말하는데 거대한 잠수함을 고속항주 시키려면 얼마만큼 해수배출이 이루어져야 하고 해수를 그만큼 배출시키려면 얼마나 높은 마력의 펌프를 작동시켜야 하는지, 또 그럴 때 얼마만 한 소음이 나는지는 조금만 생각해도 그럴 수 없는 일인데 작동만 하면 금세 모든 소음이 사라지는 귀신 곡할 장치로 나오니 정말 귀신 곡할 허구다. 실제로 소련이 일부 소형 잠수함의 추진방식으로 적용한 예도 있긴 하지만 18,000톤에 달하는 세계에서 가장 큰 대형 핵잠수함의 추진방식으로까지 과장 적용해서 귀신 같은 미국 잠수함 음탐사도 접촉을 잃게 한다는 희한한 장치로 만들었다. 마치 슈퍼맨이 동력에 관한 의심 없이 허공을 비행하는 것과 같은 허구다.

붉은 10월호를 추적하는 미국 잠수함 음탐사가 붉은 10월호의 전투정보실(CIC)에서 승조원들이 군가 부르는 소리를 4,000야드 거리에서 듣는다는 장면이 나오는데 엄청난 과장이다. 잠수함 내의 소음이 외부로 발산된다는 것은 상식에 속하는 사항이지만 타이푼급 전략 잠수함의 선체는 HY-100 이상의 특수 고장력 강철판에 양각선체(double hull)인 점과 전투정보실은 함의 중심에 위치한 걸 감안하면 3중 4중 선체 내에서 내는 작은 소리로 봐야 하는데 그 소리가 밖으로 전달되어 4,000야드 떨어져 있는 미국 잠수함이 '노래'라고 알아듣는다는 것은 불가능하다. 수만 마력의 제트 추진장치를 작동시키는 펌프 소리는 안 들리고 잠수함 내부에서 부르는 노랫소리는 듣는다니 앞뒤가 맞지 않는다. 잠수함 내부의 소리가 수중으로 퍼져 나간다는 사실을 그렇게까지 확대 과장해 버렸다.

미·소 두 나라 잠수함이 수중에서 서로를 탐지하며 읽는 장면 중에 상대방이 어뢰발사관 외부 문 개폐 여부를 서로 알아채는 장면이 나오는데 이 또한 시쳇말로 뻥이다. 잠수함 어뢰발사관은 발사관 끝에 있는 내부 문과 선체에 달린 외부 문이 있는데 어느 것도 열릴 때 소리가 나지 않게 되어있다. 들리지 않는 소리를 양측 음탐사들이 마치 눈으로 보고 있는 듯이 얘기하는데 귀신이 울고 갈 음탐사들이다. 어뢰발사관 개폐소리가 들리도록 만들어졌다면 엉터리로 만들어진 잠수함이다.

두 나라 잠수함이 수중에서 서로 스치듯 기동하는 장면 또한 있을 법한 일이 아니다. 두 대형 전략 핵잠수함이 수중에서 수 마일까지만 접근해도 위험거리 안에 들어선 것인데 암흑인 수중에서 그렇게 스치듯이 기동한다는 것은 미치지 않으면 할 수 없는 짓이다.

소련의 대형 잠수함이 심해의 협곡 사이로 다닌다는 얘기도 있을 수 없는 얘기고 무엇보다도 과장이 지나쳐 거의 공상과학(SF) 수준으로 간 부분은 붉은 10월호가 자기를 추격하는 다른 소련 잠수함이 발사한 어뢰를 심해의 협곡 바위 가까이로 유인해서 바위 바로 앞에서 자기는 급회두하여 빠지고 어뢰는 그대로 전진하다가 바위에 부딪혀 폭발하게 하는 부분이다. 붉은 10월호가 바위에 부딪히기 10초 전이었고 어뢰에 맞기 10초 전이었다. 거대한 잠수함의 회두 기동성이 가히

F-22 전투기에 버금가는 기동성이 아닌 한 일어날 수 없는 일이다.

다시 붉은 10월호가 추적하는 소련 알파급 잠수함이 발사한 어뢰에 대해 어뢰 방향 쪽으로 전속으로 접근해서 어뢰가 폭발할 수 있는 시간을 뺏어 어뢰를 회피한다는 장면은 이미 공상과학 쪽으로 갔는데 한 번 더 간다고 어떠냐 하는 식으로 간 컴퓨터 게임 수준의 허구다. 어뢰라는 것은 발사함으로부터 안전거리만 벗어나면 접촉 신관에 의해 한시라도 목표물 철판에 의한 자성 자극으로 폭발되는 것이니 붉은 10월호가 아무리 빨리 접근한다고 하더라도 폭발시간을 놓칠 리가 없는 것이다.

영화 뒷부분에 붉은 10월호에 간 미국 잠수함 함장이 붉은 10월호를 조정해서 소련 알파급 잠수함이 발사한 어뢰를 유인해서 다시 알파급 잠수함 쪽으로 돌입시키는 장면은 공상과학 쪽으로 이미 기울어졌는데 한 번 더 간다고 뭐라고 하랴 하는 듯 완전히 공상과학임을 선언하는 장면이다. 수중에서 잠수함의 기동을 아예 공상과학으로 해결했다고 넘기고 보더라도 다른 분야에서도 실제와는 너무도 달라 마음에 안 드는 부분이 있다.

소련 잠수함 승조원들이 전부 정복을 입고 근무하는 것과 미국 잠수함 함장이 붉은 10월호에 건너가는 부분이다. 공간 넓고 거치는 게 없는 수상함에서도 평상시 정복 근무는 하지 않는데 비좁은 잠수함 내에서 정복근무를 하는 것으로 처리한 이유를 모르겠다. 내가 러시아 잠수함을 탑승한 적이 있는데 그들은 우리보다도 더 작업복 같은 잠수함 근무복을 입고 근무하고 있었다. 장면의 색깔 효과 때문일 거라고 밖에 생각 들지 않는데 이 영화는 실제상황과는 아예 상관없다는 뜻일 것이다.

　미국 잠수함 함장이 심해구조장비(DSRV)를 타고 붉은 10월호에 가는 부분은 해군으로서 입맛이 다셔지는 부분이다. 근처에 붉은 10월호를 격침하려고 하는 소련 잠수함이 있고 여차하면 전투가 벌어질지도 모르는 상황인데 함장이 자기가 지휘하는 잠수함을 떠난다니 있을 수 없는 일이다.

　이것은 미국식 사고방식의 문제가 아니라 해군 상식 측면에서 그렇다. 그런 경우라면 당연히 부장을 보내야 한다. 이런 영화적인 부분들이 작가가 아직 '해군'을 제대로 이해하고 있지 못하다는 증거다.

　이 영화에 나타난 공상과 허구들을 종합해 보면 소설가들은 자기들 눈에 반짝하는 새로운 어느 한 가지를 보면 그것을 바탕으로 발상을 전환해서 흥미를 유발하는 상상과 침소봉대의 대가들이라는 생각이다. 이 영화의 원작 소설을 쓴 톰 클랜시(Tom Clancy)는 이 소설이 세계의 베스트셀러가 된 이후 미국 국방성은 물론 백악관 참모와 중앙정보국(CIA) 요원들에게까지 정보활동에 관한 강의를 하고 다녔다니 놀랍고 재미난 일이다. 더구나 아카데미상까지 받고 우리나라가 자동차 수십만 대를 수출해야 얻을 수 있는 1억2천만 달러를 황당무계한 이 영화 달랑 한편으로 흥행수입을 챙겼다니 허망하기도 하고 약간 약이 오르기도 한다.

　이 영화는 스케일 상으로 거대하고 장면의 색 조화를 고급스럽게 하려고 실제에서 벗어나면서까지 애쓴 흔적이 많이 보이는데 한국으로 수입되면서 품격 떨어지는 자막을 붙여서 적어도 한국에서는 누더기가 되어버린 영화다.

군함을 몰고 항해하다 보면 가장 많이 쓰는 용어가 침로(course), 방위(bearing), 거리(range), 속력(speed), 타각(rudder) 등이다. 그런데 이 영화에선 내가 해군 생활 30여 년을 넘게 했어도 보도듣도 못한 용어가 나와 어리둥절하게 한다.

'침로'를 '계침'이란 말로 자막 처리한 게 그것인데 어디서 그런 말을 찾아냈는지 신기하기까지 하다. "침로 320도!"라고 해야 할 명령을 "계침 320도!"라고 해서 저게 무슨 말인가, 한참 쳐다봤다. 그것뿐이 아니었다. 'bearing'이란 용어는 '방위'라는 말인데 어떤 장면에선 '방위'라고 써넣고 다른 장면에선 '방향'이란 말로 쓴다. 한 장면에선 '함장' 했다가 다른 장면엔 '선장'으로 나온다. 군대용어 사용에 대한 기초상식이 전무하다.

붉은 10월호의 함장이 어뢰를 회피하기 위해 다급히 내리는 명령, "right full rudder!"를 "조타 우현!"으로 자막을 넣었는데 소련 잠수함 함장이 다른 장면에서 내리는 똑같은 명령을 "급진 우현!"이란 말로 써넣었다. 그 용어는 군함의 함교 당직을 섰던 수병들이 하도 많이 들어서 전역 후에도 자동차를 몰고 가다가 급하게 우회전을 해야 할 때 외친다는 "키 오른편 전타!"라는 말이다. 틀린 말을 썼어도 일관성이 없이 중구난방으로 써넣었다. 용어는 일정해야 한다는 군사용어에 대한 이해나 상식이 전혀 없는 것이다. 세계적으로 떠들썩했던 대작 영화의 자막 글치고는 '품격'이라는 말을 붙여주기가 민망할 정도로 촌스럽다. 역시 무성의다.

특전 U보트(Das Boot)

독일 제작의 이 잠수함 영화는 제2차 세계대전 중 독일이 프랑스를 점령하고 로셀르에 잠수함 기지를 설치해서 대서양 전투가 최고조에 이르는 1941년 독일 잠수함 한 척이 겪는 일화를 각색한 영화다.

영국으로 향하는 수송선단 공격임무를 띠고 로셀르 기지를 출항한 U-96이 지루한 초계 끝에 수송선단을 발견하여 상선 3척을 침몰시키지만, 연합군 구축함의 공격을 받아 승조원 전원이 거의 탈진 상태에 빠진다. 그러나 기지복귀 요청이 거부되고 크리스마스가 다가오는데 지중해 작전명령이 떨어져 지브랄탈 해협 돌파작전을 시도하다가 폭뢰 공격을 받고 심해저에 가라앉는 생사의 갈림길에 빠진다. 천신만고 끝에 가라앉은 잠수함을 살려내 부상해서 라셀르 기지로 돌아오지만 침몰했을 것으로 알았던 잠수함의 귀환을 환영하기 위해 군악대와 환영인파가 운집한 기지에 도착하는 순간, 순식간에 나타난 연합군 전투기의 공습으로 U-96이 부두에서 침몰 되고 사지를 빠져나왔던 승조원 대부분도 부두에서 허망하게 사망하는 전쟁의 허무와 비극을 그린 영화다.

우선 이 영화는 여태까지 나온 잠수함 영화 중 잠수함의 실상과 전투의 면면을 전문적이면서 사실적으로 가장 잘 나타낸 영화로 꼽고 싶다. 이 영화의 감독은 독일 잠수함에서 승조원들과 장기간 같이 생활해 보았던지, 아니면 잠수함 승조원 출신이던지, 아니면 적어도 잠수함 출신 전문가의 긴밀한 조언을 받으며 영화를 만들었을 거라는 생각이다. 독일에서 장보고함을 인수하기 전에 독일 잠수함에 파견되어 수주일 실습을 한 경험으로 얘기하는 것이다. 영화 장면의 거의 전부가 잠수함 내부이기 때문에 장면에 보이는 세트, 승조원들의 행동과 대사, 장면의 전개 속도 등이 잠수함 승조원 출신의 눈으로 보아도 어색함이 느껴지지 않는다.

영화 중 사실에서 조금 과장되었거나 무리가 될만한 장면을 꼽으라면 출항 전날 저녁에 바에서 승조원들이 인사불성이 되도록 술을 진탕 마시는 것이라든지 폭뢰 공격을 당하는 장면 몇 개 정도다.

나는 어느 나라 해군이든지 잠수함이 출항 전날 승조원들이 인사불성이 되도록 진탕 술을 마실 거라고는 생각지 않는다. 출항 전날 그렇게 술을 마시고는 이튿날 임무를 제대로 수행할 수 없기 때문이다. 조금 과장된 연출이다.

U-96이 폭뢰 공격을 수십 발 당하는 가운데 함 내부의 진동으로 천장에서 철제 빔이 떨어지는 장면이 있다. 어뢰 재장전 장치인 것 같은데 그것이 천장에 덜렁덜렁 달려있다는 것도 이상하거니와 폭뢰폭발 진동으로 그것이 떨어진다는 것도 이상하다. 그것이 이탈될 정도의 근거리 폭발이라면 압력 선체도 온전할 것 같지는 않고 갑판에 설치된 수중청음 장치나 속력계도 온전치 않을 것 같은데 그것들은 멀쩡하다. 폭뢰 폭발 때문에 해수 파이프의 볼트가 튀어나오고 선체가 좌우로 흔들릴 정도면 선체 바로 옆에서 폭발한 것인데 함내에서 들리는 소리는 거리가 꽤 떨어진 곳에서 폭발한 소리로 들린다.

즉 진동과 폭발음이 일치하지 않는다. 일반 관객들은 알아차리지 못하겠지만 잠수함 내에서 폭뢰 폭발을 근거리에서 경험한 바에 의하면 그렇다. 영화적인 과장이 약간 있더라도 폭뢰 폭발 시 잠수함 내의 상황을 어느 영화보다도 잘 그려낸 영화다.

이 영화의 인상적인 부분은 역시 마지막의 반전 부분이다. 지브랄탈 돌파에 실패하고 파괴 심도에 가까운 280m 해저에 가라앉았다가 천신만고 끝에 잠수함을 살려 기지로 돌아왔는데 살아 돌아온 영웅들이라고 대대적인 환영행사가 벌어지는 부두에 갑자기 공습경보 싸이렌이 울리면서 난데없이 들이닥친 연합군 전투기 10여 대의 공습으로 축하마당이 순식간에 아비규환의 현장으로 변한다.

전투기들이 내리꽂으며 퍼붓는 폭탄과 기총소사로 U-96의 갑판이 벌집처럼 갈라지고 환영나왔던 인파가 이리저리 뛰다가 무너지는 건물 더미에 깔리고 살아 돌아온 영웅들도 거의 쓰러져 버리는 마지막 부분은 대사 하나 없이 수 분간 무자비한 공습과 아우성 속에 모든 것이 무너져 버리는 장면만 이어진다.

폭탄에 맞아 서서히 침몰해 가는 U-96의 모습을 부두에서 쓰러져 피를 흘리며 쳐다보고 있던 역전의 함장이 함교탑 끝이 물속으로 사라지는 것을 바라보며 아무 대사도 설명도 없이 숨져가는 장면을 마지막으로 영화가 끝난다. 허망하다. 하도 허망하여 영화가 끝났어도 한동안 멍하니 있게 된다. 반전을 드라마틱하게 만든 영화다.

그런데 많은 외화 해군영화가 그렇듯 이 영화 역시 한국인의 손을 거치면서 영화의 격을 사정없이 떨어뜨리고 있으니 바로 촌스러운 자막처리가 그것이다.

작전관 대위가 함장과 같이 사관실에서 식사를 하다가 당직교대를 하기 위해서 보고하고 나가는 장면이 있다. 그런 광경은 군함에선 식사 때마다 일어나는 일상적인 광경이다. 차기 당직자가 식사를 하고 나가서 교대를 해주어야 이전 당직자가 와서 식사할 수 있기 때문이다. 그런데 그때 "당직교대 하겠습니다."라고 말하는 게 보통인데 이 영화에선 "당번 대기 하겠습니다."라는 자막을 넣었다. 도대체 무슨 뜻인지 모르겠다. 군함에서 '당번'은 수병이 하는 직책이다. 원어 대사 'watch'란 말은 '당직'을 뜻하는 말인데 당직과 당번을 구분치 못한 데다 작전관인 대위를 당번으로 만들어 버렸다. 이 자막 하나로 해군영화로서의 격이 여지없이 무너져 내리는 듯하다.

'plane'이란 단어의 뜻은 사전에는 '평면, 비행기'라는 명사 외에 '평탄한'이라는 형용사로도 쓰이고 '비행기로 가다'라는 자동사로도 쓰인다. 그러나 잠수함 구조를 나타내는 용어일 때는 '타기(舵機)'를 뜻한다. 잠수함의 타기는 요새는 그 형태와 위치가 많이 다양해졌지만 2차 대전 당시는 모두 함수타(艦首舵, bow plane)와 함미타(艦尾舵, stern plane)가 있어서 이의 각도를 조종해서 수중 입체기동을 했다.

그런데 이 영화에선 타각 명령 "Bow plane up 15, Stern plane down 5!" 라는 대사를 "선수 평면 상향 15, 선미 평면 하향 5!"라고 넣어 알아먹지 못할 자막으로 만들어 버렸다. 선수, 선미라는 말도 군함 용어가 아니고 상향, 하향 같은 자칫 잘못 들으면 혼동을 일으킬만한 말은 함정용어로는 사용치 않는다. '평면'이라는 말은 도대체 무슨 뜻인지 모르겠다.

옳은 용어는 "함수타 위로 15, 함미타 아래로 5!"다. 그런 이상한 타각 명령 대사는 영화 전편에 수도 없이 많이 나오는데 모두 틀린 말이어서 짜증이 날 정도다. 그뿐만이 아니라 장교와 부사관 호칭, 조함 용어가 모두 엉터리여서 일일이 적어내기도 힘들다. 해군 용어 전문가 내지는 잠수함 경력자에게 자문만 구했어도 잘 만들어진 영화의 격이 훼손되지 않았을 텐데 안타까운 노릇이다. 모두 무성의다. 수천수만의 관객에 대한 도리가 아니다.

독일 잠수함의 아버지
칼 되니츠(Karl Doenitz) 제독

　독일 해군 잠수함의 아버지로 불리는 칼 되니츠(Karl Doenitz) 제독은 해군 장교로서 제1, 2차 세계대전을 모두 겪은 드문 인물 중의 한 사람이다. 1910년에 독일 황제해군 사관후보생으로 입대해서 1차대전 때는 독일 제국해군 U-68 함장으로 시칠리아 해역에서 호송선단을 공격하다가 잠항타 고장으로 잠항을 못 하게 되어 영국 해군에 포로로 잡혀 전쟁이 끝날 때까지 영국에서 전쟁포로 생활을 했고, 2차대전이 시작될 때는 U보트 부대 재건을 맡아 1차대전 패전 후 완전히 없어졌던 독일 해군의 잠수함부대를 복구시킨 후 U보트 부대 사령관으로서 무제한 잠수함전을 전개하여 전쟁 기간 내내 연합군에게 공포의 대상이 되고 세계 최대의 해양강국 영국을 항복 직전까지 몰고 갔던 전쟁 지휘자였다.

　2차대전 기간 중 독일 해군의 총수가 되고 패전 1주일 전에 독일 국가원수가 되어 연합군에게 항복의 백기를 들었던 당사자이고 항복 후 다시 전쟁포로의 신분이 되었다. 2차대전 후 연합군의 전범 군사 재판에 의해 종신형에 총살형 언도를 받은 전범들이 많았던 가운데서도 연합군에게 가장 큰 피해를 입히고 고통을 주었던 장본인이었음에도 가장 짧은 10년 감옥형만을 받았던 전쟁수행의 원칙주의자였다.

　전범재판의 연합국 검사들이 형장으로 보낼 전범 죄목을 찾아내려 집요하게 파헤쳤으나 감옥형밖에 언도 할 수 없었다는 것은 전쟁 지휘자로서의 원칙을 벗어나지 않았다는 증명이었다.

한 예로 상선을 격침 시킨 후 구조를 요청하는 상선 선원들에게 기총소사하여 이들을 사살시킨 U보트 함장은 총살형에 처했으나 그들의 반인륜적인 행위를 지시한 되니츠 제독의 혐의를 파헤쳐 형장의 이슬로 보내려 했으나 그들을 구조하라고 두 번 세 번 지시한 되니츠 제독의 지시전문이 발견되어 되니츠 제독에게는 사형을 구형할 수 없었다.

그는 전쟁을 하되 전쟁원칙으로 싸운 전쟁 지휘자였다. 결국, 연합국 검사들은 되니츠 제독을 형장으로 보내지 못했고 그는 1955년에 만기 출소하여 90세까지 살고 파란만장한 일생을 접은 특이한 인물이었다.

말년에 그가 U보트 부대 재창설 책임을 맡은 날부터 전쟁을 시작하여 승전, 패전, 감옥 가는 날까지 그의 생애 대단원이었던 10년간의 일과 패전의 소용돌이 속에서 국가원수가 되어 전쟁을 마감했던 20일간의 일을 정리하여 『10년 20일』이라는 회고록을 썼다. 2차대전에 관한 기록은 승리 측인 연합군 측에 의해 쓰인 것이 대부분인데 이 책은 연합군을 가장 괴롭혔던 독일 잠수함부대 지휘관 당자가 썼다는 점에서 회고록이라기보다는 역사상 가장 치열했던 대서양 잠수함 전 전사라 할만한 책이다. 군인이 쓴 회고록이어서 패전에 대한 변명 내지는 책임회피나 전쟁을 빙자한 위선보다는 종전 이후 접하게 된 연합군 자료와 자신들이 결정하고 대처했던 자료를 비교하면서 독일 잠수함부대의 영광과 몰락을 치밀하고 솔직하게 서술하고 있어서 그에게 고통을 당했던 서방측의 관심과 연구의 대상이 되었던 역사서라 할 수 있는 책이다. 이 책은 목차의 제목은 많지만 크게 나누면 U보트 부대 재건 시기, 대서양 잠수함 전 수행, 패전 시기 국가지휘부에서의 역할 등 세 부분으로 나눌 수 있다.

U보트 부대 재건 시기의 얘기는 어떤 잠수함을 건조할 것인가부터 시작해서 요원양성, 전술개발, 훈련, 통신시험, 작전통제 연습 등으로 고심하는 내용 들이어서 잠수함 전력을 처음 구축하려는 나라의 해군들에게 매우 흥미를 일으키는 내용이다.

나는 이 부분이 가장 흥미로웠다. 우리 해군이 어떤 잠수함을 가져야 하는 가로 고심하던 10여 년 전이 상기되어서였다. 당시 한국 해군은 비록 전쟁에 임박한 상태는 아니었다 하더라도 잠수함 전력을 제로(zero)에서 출발한다는 명제에 있어선 50여 년 전의 독일 해군과 많이 다르지 않았다. 잠수함 함장까지 지냈던 잠수함 경험자가 어떤 잠수함을 가져야 하는가로 그렇게 고심했는데 잠수함 근무경험이 전무 한 문외한이 잠수함의 그림을 그리려 했을 때 공포심까지 생겼던 심사가 상기되지 않을 수 없었다. 나는 지금도 자부심보다는 한숨을 쉬며 상기하는 일이다. 내가 10여 년 전에 읽어야 했던 책이었다. 뒤늦게 대했지만, 독일에 잠수함을 배우러 온 초심자는 낮에는 교관들로부터 잠수함을 배우고 저녁 시간에는 되니츠 제독으로부터 잠수함 전사를 배우며 보냈다.

대서양전투는 말 그대로 독일 잠수함부대의 성공과 실패의 전말을 보게 하는 내용이다. 독일 해군으로서도 준비가 안 되는 상태에서 시작된 전투였지만 대잠전투에 대한 이해와 준비가 이루어지지 않았던 연합군 측에 대한 독일 잠수함부대의 빛나는 전과와 잠수함 요원들의 투혼은 이 부분의 백미다. 1차대전 때 독일 해군에게 뜨거운 맛을 본 영국이 전후 베르사이유 조약으로 독일 해군전력을 회생치 못하도록 묶어놓았음에도 전쟁 직전에 영·독 해군협정으로 독일 잠수함 전력만은 영국과 동일수준까지 허용하여 또다시 독일 잠수함에 의해 식은땀을 흘리게 되는 지경까지 가는 상황은 참으로 전력에 대한 이해와 미래를 내다보지 못한 잘못이 어떠한가를 느끼게 하는 재미있는 사실이다.

　전쟁발발과 동시에 영국 해군의 심장을 때렸던 스캐퍼 홀로우(Scapa Flow) 침투작전이나 500톤 크기의 잠수함으로 미국 샌프란시스코 연안까지 작전반경을 넓혔던 믿을 수 없던 사실들의 해답을 찾을 수 있다. 그러나 육군 위주였던 독일 전쟁 지휘부가 자원배분에 있어 해군을 육군이나 공군보다 늘 뒤에 놓았던 것이나 미국의 압도적인 해군력과 물량공급 능력, 독일 최고사령부의 잠수함전 인식 부족으로 인한 잠수함 전력의 분산, 항공기와 레이더의 발달 등으로 전황이 악화되고 잠수함 전이 위축되면서 몰락과 패배의 길을 밟았던 이유를 솔직하게 밝히고 있다.

　국가지휘부 일원으로 역할을 한 얘기는 처음엔 흥미가 덜하나 점점 생각하게 만드는 부분이다. 전쟁 발발 전에 극우, 극좌로 나뉜 사회혼란의 와중에서 본질적으로 보수성을 띤 군부가 정부에 동조할 수밖에 없었다는 상황과 왜 재무장 선언과 팽창정책을 지지할 수밖에 없었는지에 대한 고백을 하고 있다. 그러나 원치 않는 전쟁이 벌어졌다 하더라도 군인은 승리하기 위해서 일단 최선을 다하지 않을 수 없다는 자신에 대한 변호는 국가에 대한 충성과 군인 정신을 생각하게 한다.

　전쟁을 수행함에 있어 장교는 언제나 '도덕적 원칙'을 지켜야 한다는 그의 전쟁관과 장교관은 나치정부하의 장교로부터 들을 수 있는 말인가 싶을 정도로 인상적이다. 그런 그의 전쟁관과 장교관은 뉘른베르크 전범 재판에서 가려진다.

미국, 영국, 프랑스, 소련의 4개국 검사들이 한 가지라도 도덕적 원칙을 벗어난 지시를 한 예가 있으면 찾아내어 그를 형장의 이슬로 만들려 했지만 할 수 없이 '연합군을 괴롭힌 죄'로밖에 묶지 못하고 감옥형 10년의 낮은 형량밖에 선고할 수 없었다는 것이 그 증거다. 대부분의 전쟁 지휘자들에 대한 사형과 종신형이 서릿발같

칼 되니츠 (Karl Doenitz) 제독 (1891~1980)

이 떨어졌던 전범재판 법정이었지만 도덕적 원칙을 벗어난 그의 전투 지시를 찾아내지 못하기 때문이었다. 지탄받는 제3제국 정부의 장교였지만 호감이 가는 부분이다.

전선이 무너지고 패망이 눈에 보이는 항복 1주일 전에 국가원수의 지위에 오르는 얘기는 몇 페이지 안 되지만, 읽은 다음에 생각에 잠기게 하는 부분이다. 패전이 불을 보듯 명확해지고 패전 후의 온갖 비난과 책임, 쏟아질 공격을 예상하면서도 걷잡을 수 없이 무너지는 국가와 국민에 대해 누군가는 조금이라도 혼란을 줄이고 국민의 생명을 구할 수 있는 조치를 취해야 한다는 국가지도자로서의 책임과 희생을 감수했다는 결심에 대해선 깊은 경외심을 갖게까지 한다. 그러나 "장교는 정치에 관여해서는 안 된다."던 그의 소신과는 무관하게 할 수 없이 '정치장교' 범주의 인물이 되어버려 제3제국과 함께 현재까지도 흔쾌히 받아들여지지 않고 있다.

국가원수가 된 이후 그는 연합 측이 강력히 강요한 '동시 항복'이 아니라 '분리 항복'이라는 묘한 순차적 항복방법을 연합 측과 합의하여 혼란을 줄이고 수백만 독일 국민들의 생명을 구하게 된다. 마지막에 쓰는 그의 말이다.

"전쟁을 끝내는 책임과 혼란을 막기 위해 나의 모든 힘을 다하는 것이 국민에 대한 나의 임무였다는 생각엔 변함이 없다. 점진적인 항복이 이루어진 것으로 대단히 많은 생명이 구해졌다. 나 자신이 그 마지막 임무를 수행하는데, 얼마간의 영향을 주었다는 사실에 나는 항상 감사해 할 것이다."

설혹 그에게 잘못이 있더라도 마지막에 한 그의 희생만으로도 독일 국민은 그에게 빚진 게 아닌가. 그런데 아직도 독일 군인은 정복 차림으로는 그의 무덤에 참배하는 것을 금하고 있을 정도로 그를 받아들이고 있지 않으니 제3자의 안타까운 시각으로 바라볼 뿐이다.

나는 이 책을 런던의 어느 책방에서 우연히 발견했다. 독일에서 장비 제작사 교육 중에 영국제 장비가 있어서 장교 몇 명을 인솔해서 런던 근교의 그 장비 제작사에 교육을 받으러 갔을 때 런던 시내를 걷다가 책방이 있어서 영국 온 김에 책이나 한 권 사가자고 들어갔었다. 독일에선 책방이 보여도 별로 들어가 보고 싶은 마음이 안 생기는데, 영국이니 영어책이 아니겠나 마음이 조금 편했기 때문이었을 것이다. 서가를 이리저리 보고 있는데 붉은색 표지의 두툼한 책등에 흰색으로 『Karl Doenitz』라고 쓰여있는 게 눈에 들어왔다. 칼 되니츠라는 이름은 독일 해군 잠수함의 아버지 정도로만 알고 있었지 사실 그에 관한 지식은 별로 없었던 때였다.

책을 펴보니 그의 영문판 회고록이었다. 목차를 훑어보니 아니 이건 내가 알고 싶어 하던 제목들이 아닌가! 다른 책과 달리 세세한 제목이 수록된 목차를 훑어 보면서 가슴이 두근거리기 시작하는 걸 느꼈던 거 같다. 무슨 귀중한 고서적 같은 걸 발견한 느낌이었다. 그 날 저녁부터 몇 주일간 낮에는 교육을 받고 숙소에 돌아와서는 그 책 읽기에 몰입했다. 정말 흥미 있었다. 내가 궁금해하던 문제들이 콕콕 집어져 있어서 어떤 부분에선 침을 꼴딱꼴딱 삼키며 읽을 정도였다. 나는 그런 부분은 이후로도 몇 번 다시 읽었다. 500여 페이지가 넘는 그 책을 다 읽고 나서 느꼈던 감흥이 잊혀지지 않는다. 이런 책을 발견했다니…….

그 책을 다 읽었던 때가 독일 해군에서 소화방수 훈련을 받던 독일 잠수함기지 노이슈타트(Neustadt) 장교 숙소에서였는데 마지막 페이지까지 다 읽고 난 1992년 2월 싸늘했던 어느 날 저녁 나는 숙소를 나와 조용한 기지 부두를 혼자 걸으며 감흥에 젖었었다. 남이 알지 못하는 무엇인가를 나 혼자 읽고 흥분에 휩싸였었다. 이건 나 혼자만 알고 있을 내용이 아니다. 앞으로 수없이 양성해야 할 우리 잠수함 요원들이 알아야 할 지식이다. 이 책을 번역해야겠다! 그리고 출판해서 그들에게 읽혀야겠다!

나는 흥분에 젖어 그 날 이후 오랫동안 나를 옭아맬 거창한 결심을 한다. 앞으로 몇 달간 내가 몰입해야 할 무엇인가를 찾았다고 생각하니 주먹이 불끈 쥐어지고 긴장감이 기분 좋게 몰려왔다. 당장 그 이튿날부터 두툼한 대학노트에다 번역을 기세 좋게 쓰기 시작한다.

인생은 역시 순간이다. 그 날 부두를 걸으며 한 그 결심 때문에 나는 이후 몇 년간을 번역작업의 구속에 잡혀 허덕일 줄을 그 흥분의 순간엔 몰랐다. 몇 달간일 거라고 예상했던 내 예상은 너무도 멋모르는 나만의 상상이었다.

　장보고함을 인수하고 해상훈련에 돌입하니 번역작업에 차분히 매달릴 수 있는 환경으로부턴 멀어져 갔다. 한참을 덮어놨다가 다시 시작하고를 반복하니 연속성도 사라지고 달리던 관성도 덜해지고 부담감이 늘어나는 게 기세 좋던 시작과는 너무도 달라진다. 그냥 계속하자니 시간도 없고 진도가 더뎌 그만두자니 여태까지 해온 게 아깝고 자존심도 상한다. 점점 원수가 되어갔다. 가다가 중지하면 간 것만큼 간 것이 아니라 간 것만큼 헛수고로 갈 것만큼 부담이다. 이러지도 저러지도 못하겠다.

　애초의 감흥에 잡혀 500여 페이지나 되는 책을 가량없이 번역해야 겠다고 마음먹었던 거창한 결심이 후회막급이었다. 첫 잠수함 함장 스트레스도 나날이 덮쳐오는데 이 무슨 사서 고생이냐. 번역도 창작이라는 것인데 제대로 번역을 못 하면 지식의 전파는커녕 비난만 일 것인데 이 무슨 헛고생이냐. 생각할수록 무모했던 결심이 후회되었다.

　그러나 포기하기엔 자존심이 허락지 않았다. 나중엔 오기가 생겨나기까지 했다. 좌우간 포기는 할 수 없었다. 그러다가 독일에서의 모든 일을 끝내고 장보고함을 운송선에 싣고 귀국항해를 시작하면서 한동안 놓았던 번역작업을 재개했다. 항해만 하면 되는 운송선에서 아침을 먹고 책상에 앉아 작업을 시작하면 하루해가 금방 지나는 기분이었다. 내가 조함해야 되는 것도 아니니 무료한 항해기간을 지낼 수 있는 안성맞춤의 일이었다. 귀국항해 기간 35일간을 고스란히 번역하며 보냈다.

　그렇더라도 한국에 도착할 때까지 번역을 끝낼 수 없었다. 번역을 끝낸 것은 번역을 해야겠다고 마음먹은 때부터 무려 2년여가 지난 후였다. 장보고함 인수일 전에 번역을 끝내서 귀국할 때는 장보고함과 함께 갖고 가는 보물로 삼아야겠다고 생각했던 것이 얼마나 가량없는 바람이었는지 모른다. 하여간 귀국해서도 한참 지난 1994년 여름, 마지막 문장 번역을 끝내고 만세를 부르던 어느 날을 기억한다. 몇 년간 얽매여 있던 스트레스에서 벗어나는 해방의 여름이었다. 거제도에 있는 대우조선소에 중간 정비차 들어가 있던 때였다. 후련하고 시원했던 그 날의 해방감은 잠수함과 인연을 맺은 후 맛보는 몇 번째의 살맛 나게 하는 해방감이었다.

그러나 번역을 끝낸 것은 1차 작업이 끝난 것이었다. 책으로 만드는 출판이라는 작업은 또 다른 세상사의 영역이었다. 번역만 끝나면 모든 것이 해결될 줄 알았던 것은 우물 안의 개구리가 세상사를 모르는 것이나 다름없었다. 가도 가도 끝이 없는 게 인생이라 했으니…….

서울의 출판사를 잡아서 연필로 쓴 번역문을 맡겨 타이핑 시키고 교정을 보는 일은 생각처럼 수월치가 않았다. 몸은 진해에 있으니 타이핑 원고를 소포로 주고받을 수밖에 없었다. 500여 장이 넘는 원고는 무게만도 장난이 아니었다. 처음 받은 타이핑 원고를 보니 활자의 크기도 페이지마다 틀리고 띄어쓰기 오류, 오자, 탈자가 겹쳐 책의 원고라는 것이 믿어지지 않을 정도였다. 그런데 첫 타이핑은 타이핑이 중요한 거라서 원래 그렇단다. 교정을 붉은색 펜으로 해줬는데 거의 모든 페이지가 붉게 되는 것이었다. 서너 차례 원고를 주고받으니 붉은색이 점점 사라져 갔지만, 출동이 있으면 그나마도 한동안 중지해야 하니 출판 준비를 하기에 1년여가 다시 지나간다. 세상사 쉬운 게 없다. 나는 그 번역서를 내려고 바둥거리며 힘은 들었지만, 출판, 인쇄분야에 지식을 얻는 즐거움도 있었다.

난생처음 겪어보는 오묘한 출판 과정을 거쳐 결국 되니츠 제독의 영문판 회고록 『Ten Years and Twenty days』는 '제2차 세계대전 잠수함 전사 『10년 20일』'이라는 제목으로 국문판을 냈다. 번역을 시작한 지 3년 3개월 만이었다. 책 한 권 만들어내는 일이라는 게 정말 간단한 일이 아니었다. 인쇄에 들어가기 전에 몇 달 동안 대여섯 번 원고를 읽으며 오자를 집어내는 일에 몰두했건만 막상 책이 나온 후에 보니 그래도 오자가 보이는 것이었다.

"현대판 소쩍새에게는 한 송이 국화꽃을 피우기 위해서라기보다도 책 한 권이 나오기 위하여"로 바꾸면 맞을 거 같다.

하여간 나는 잠수함을 배우러 독일에 갔다가 독일 해군 잠수함의 아버지 되니츠 제독을 만나 잠수함을 통해서 교감했고 잠수함에 대한 많은 것을 배웠다. 그는 없었지만, 그가 남긴 책은 나를 생각에 잠기게 하기에 충분했다. 그의 책을 번역하느라고 고생도 했지만, 그것을 통해서 깨우친 다른 하나는 다시는 번역서 같은 걸 내려고 시도하지 말아야겠다는 것이다.

칼 되니츠 제독의 회고록 '10년 20일' 국문판

제 7 장

한국 해군 잠수함의 미래

한국 해군 잠수함은 불완전한 잠수함

어떤 경우에도 침몰하지 않는 배라면 세상에서 가장 안전한 배일 것이다. 잠수함은 침몰했다가도 다시 멀쩡하게 물 위로 떠오르니 그만큼 안전한 배는 없을 것이다. 그런데 사람들은 잠수함은 가장 위험한 배라고 생각한다. 그것은 배 자체보다도 물속이라는 환경을 생각해서 그러는 것이다.

물속이라는 곳은 물 위의 세상과는 매우 달라서 많은 제약이 따른다는 것을 상식적으로 알고 있기 때문이다. 만일 물속으로 들어간다는 것이 태평양에 있다가 대서양으로 가는 것 같은 환경 변화라면 그렇게는 생각지 않을 것이다.

환경이 바뀌더라도 먼저 있던 곳에서와 별로 다르지 않다면 같은 움직임을 할 수 있겠지만, 완전히 다르다면 움직임이 같을 수는 없을 것이다. 물속은 움직임을 제약시키는 최악의 환경이다.

재래식 잠수함의 문제점은 물속에서 물 밖에 있을 때와 같은 기동성을 유지할 수 없다는 것이다. 추진력의 제한 때문이다. 공기불요 추진체계의 적용으로 잠항 시간은 증가 되었지만, 기동력은 크게 변화하지 않았다. 아니 변화할 수가 없다는 것이다. 기동성이 추진력의 사용 정도와 직결되어 있기 때문이다.

재래식 잠수함을 '불완전한 잠수함'이라고 부르고 추진력의 사용 정도와 상관없이 물 밖에서와 다름없는 속력을 지속적으로 낼 수 있는 핵 추진 잠수함을 '완전한 잠수함'이라고 부르는 이유다. 따라서 한국 해군이 보유한 잠수함은 '불완전한 잠수함'이라는 카테고리를 벗어나지 못한다.

한국 해군이 3,000톤급 잠수함을 건조하는 이유

2017년 현재 한국 해군은 1,200톤의 장보고-I급 잠수함 9척, 1,400톤의 장보고-II급 7척을 보유하고 있고, 2척이 완성되고 있어서 조만간 장보고-I, II급 잠수함을 각 9척씩, 총 18척을 보유할 것이다. 2020년부터는 3,000톤 장보고-III급 잠수함을 인수해서 노후 된 장보고-I급을 대체할 계획이다. 재래식 잠수함으로서 3,000톤은 세계에서 가장 큰 재래식 잠수함이다.

현재 건조되고 있는 3,000톤 장보고-III급 잠수함은 자체설계, 자체건조 개념으로 건조되고 있다. 선체는 물론 전투체계, 무기까지 순 한국산으로 그동안 한국이 잠수함을 건조해온 경력의 결정판이 될 잠수함이다. 3,000톤급 재래식 잠수함의 개념은 장보고함 건조사업 초기부터 잡아놓은 개념이었다. 1,400톤 AIP 장보고-II급 잠수함은 잠수함 사업 초기엔 없었던 개념이고 장보고-I급과 지금의 장보고-III 개념만 있었을 뿐이었다. 목표연도는 2015년으로 잡았었는데 자체설계, 자체건조 개념으로 추진하다 보니 개발 종목 때문에 중간에 몇 차례 계획을 수정해 최종적으로 2020년으로 잡은 것이다.

장보고-I급 건조사업이 완료되던 시점이 2001년이었는데 3,000톤급 건조가 시작되는 2010년 이후까지는 잠수함 건조사업이 중단되고 기술발전이 계속되지 못하는 문제를 제기하여 장보고-I급 사업종료 직전에 서둘러 수립해서 '징검다리' 사업으로 추진했던 것이 장보고-Ⅱ급 사업이었다. 당시는 스털링 엔진(stirling engine), 폐회로 디젤엔진(closedcycle diesel engine), 연료전지(fuel cell) 방법 등 잠수함의 공기불요추진체계(AIP) 개념이 나와 왕성하게 논의되던 시기였는데 우리가 연료전지 방법을 선택해서 AIP 장보고-Ⅱ급 잠수함사업을 추진한 것은 매우 정확한 선택이었다. 당시는 연료전지 방법이 실험만 끝났을 뿐 사용실적이 없는 재래식 잠수함의 신종 추진체계였다는 점에서 우리 해군의 잠수함 사업 개척의 역사에 해당하는 부분이다. 장차 AIP 체계는 핵추진 잠수함을 갖지 못하는 모든 국가 잠수함들의 추진체계가 될 것이다.

그런데 왜 3,000톤급 재래식 잠수함이었나?

그것은 장차 핵잠수함 건조를 염두에 둔 개념선택이었다는 점을 이제 밝히는 바이다. 장보고함 사업 초기시절 잠수함을 연구하는 단계에서 획득했던 지식 하나는 '핵잠수함의 최소 톤수는 3,000톤'이라는 사실 하나였다. 무슨 장비가 들어가야 하는지 왜 그래야 하는지는 알 수 없었다. 단지 최소 3,000톤급 잠수함을 건조할 수 있고 운용할 수 있어야 한다는 사실 하나는 묻지 않아도 알 수 있는 일이었다. 당시는 냉전 시기였고 핵잠수함의 '핵' 자도 발음하는데 조심스러워 우리는 우리가 가져야 할 핵잠수함을 '미래추진체계 잠수함'이라고 부르며 의사를 소통했었다. 그러나 한 가지 확실했던 것은 언젠가는 우리도 핵잠수함을 가지게 될 것이라는 막연한 기대였다.

몇 년 후 해군본부에서 소요제기를 제출하면서 그 개념을 '중(重) 잠수함'으로 이름 지었다. 국방부가 소요제기를 받아들인 덕분에 세월이 흘러 어느덧 그 중잠수함이 건조되고 있는 것이다. 나는 중잠수함 소요제출 시기에 국방부 장관이시던 분이 하셨다는 말을 전해 듣고 놀랐던 것을 생생하게 기억하고 있다.

그분은 해군이 제출한 소요제기에 대해 "그렇지! 한 3,000톤은 돼야지! 해군이 지금 갖고 있는 천몇백 톤짜리 가지고 되겠어?"라고 하셨다는 것이다. 그 덕분에 지금 3,000톤 장보고-Ⅲ급 잠수함이 건조되고 있다고 생각한다. 그 반대로 그 당시 다른 사람이 그 자리에 있어서 "무슨 소리야? 3,000톤짜리 잠수함이 왜 필요하다는 거야?" 했다면 어떻게 되었을까. 나는 가끔 생각한다. 역사는 필요한 시기에 필요한 사람에 의해서 영광스러워진다는 말을 나는 믿는다. 나는 육군 4성 장군 출신이셨던 그분이 우리가 처음에 가졌던 개념을 알고 그런 말을 했다고는 생각지 않는다. 그러나 미래의 우리 잠수함이 그 정도는 되어야 하지 않겠느냐고 생각했다는 것은 육군 장군 출신이면서도 해군 제독보다도 긴 안목을 가졌지 않았는가 생각이 들어서 놀라웠었다.

한국 해군이 핵잠수함을 가져야 하는 시기

　북한이 핵실험을 다섯 차례나 감행하고 잠수함 발사 탄도미사일(SLBM)뿐만 아니라 대륙 간 탄도미사일(ICBM) 발사시험을 수시로 해대는 판국이고 국회에서 우리도 핵잠수함을 가져야 하지 않느냐고 국회의원들이 주장하는 상황이 되었으니 30여 년 전 장차 핵잠수함을 염두에 두고 대형 재래식 잠수함 개념을 세웠던 역사를 말할만한 시기가 되었고 이제는 '핵' 자를 발음하는 것이 부담스럽지 않다.
　말할 것도 없이 이제는 한국 해군이 '완전한 잠수함'인 핵잠수함을 가져야 하는 시기에 이르렀다. 우리 주위는 잠수함 전력 강국뿐이다. 러시아, 중국, 일본은 우리보다 월등한 잠수함 전력을 가졌고 북한은 잠수함 보유 척수로는 세계 제일인 데다 잠수함 발사 탄도미사일 시험을 해대고 있다. 잠수함 전력으로는 한국은 완전히 포위된 상태다. 이보다 더 '완전한 잠수함'을 가져야 하는 완전한 필요조건이 갖춰졌던 시기는 없었다. 마치 한국 해군이 핵잠수함을 갖도록 강요하는 형국이다.
　우리가 핵잠수함을 가져야 하는 국제적 환경은 더 할 것 없이 마련되었는데 정작 내부의 열망은 뜨겁지가 못한 것이 아쉽고 이상하다. 북한이 잠수함 발사 탄도미사일 시험을 하던 시기에 국회의원 몇이 처음으로 핵잠수함을 확보해야 한다고 주장한 이후 후속 움직임이 없다.

　나는 핵잠수함 확보 문제를 풀 수 있는 열쇠는 어디까지나 '국가의 의지'라고 생각한다. 혹자는 핵잠수함을 핵무기와 연결하여 30여 년 전에 있었던 '한반도 비핵화 선언'을 들먹이며 불가하다고 주장하고 심지어 미국 해군 전략 핵잠수함이 우리 군항에 입항하는 것도 비핵화 선언에 위배 된다고 목청을 높이는 부류도 있다. 모두 어처구니없는 주장들이다.

  우선 핵잠수함은 핵무기가 아니다. 핵잠수함이란 원자로에서 발생하는 열로 보일러를 작동시켜 증기로 터빈을 돌려 추진력을 얻는 잠수함이지 핵무기를 가진 잠수함이란 정의가 아니다. 재래식 무기를 장착한 핵 추진 잠수함을 핵무기로 본다면 원전으로 발생 된 전력으로 지상에서 지상군 재래식 무기를 이동시킬 때 그 무기도 핵무기라고 불러야 한다. 우리나라는 20기 이상의 원자로를 가지고 있고 원자로 수출도 하는 세계 10대 원전발전 국가에 속하는 나라다. 지상군 무기는 원전에 의해 생산된 전력으로 수없이 운용되고 있다. 그 무기가 전부 핵무기라고 부르는 사람은 없다. 핵잠수함의 원자로는 추진력을 내는 원전과 같은 동력원이지 핵무기가 아니라는 사실이다.

  핵잠수함이 핵무기냐 아니냐의 문제를 떠나 한반도 비핵화 선언을 근거로 핵잠수함 보유에 문제를 제기하는 부류는 북한의 핵실험 감행 앞에 문제 제기의 타당성이 없다. 1991년 남북한이 한반도 비핵화 공동선언에 합의하자 남한에서는 주둔해있던 미군의 전술핵 무기가 전부 반출되었지만, 북한은 몰래 핵무기를 개발하여 2006년 핵실험을 터뜨려 세계에 충격을 주었다. 그 순간 남북한이 합의한 한반도 비핵화 선언이란 것은 폐기된 것이다. 비핵화 선언이 폐기된 이상 우리가 핵무기를 생산한다고 해도 정당한 일일 것인데 하물며 핵무기가 아닌 핵잠수함을 갖지 못한다는 근거로 대는 것은 어불성설이다. 북한이 다섯 차례의 핵실험을 해댄 현재까지도 한반도 비핵화 선언을 들먹인다. 북한 사람들도 들이대지 못하는 주장을 하는 부류들은 참으로 이해 불가한 부류들이다.

혹자는 당시 노태우 정부가 남북한이 한반도 비핵화 선언에 합의하기 한 달 전에 일방적으로 한반도 비핵화 선언을 발표한 것을 두고 자의적 의사로 선언한 것이므로 세계에 약속한 것이니 북한의 핵실험과 무관하게 지켜야 한다고 한다. 나는 당시 비핵화 협상이 진행되는 중간에 왜 서둘러 그런 선언을 했는지 이해 못 하고 답답해하는 사람이다. 그러나 말대로 여하튼 핵무기는 갖지 않겠다고 자의적으로 선언했다고 하자. 그렇다 하더라도 핵잠수함 보유에 해당하지는 않는다. 그런 선언 때문에 핵잠수함을 가질 수 없다고 주장한다면 원전도 가질 수 없다고 말해야 한다. 따라서 그런 주장은 반대를 위한 반대이고 괴변이다. 나를 죽일 무기를 만들건 말건 나는 그런 건 안 만든다고 했으니 아무 대응책도 갖지 않겠다? 그건 날 죽여도 좋다는 소리다. 그런 말엔 할 말이 없다. 그러니 자의적 선언이라는 것도 이제는 설득력이 없다. 국가 생존을 위한 정당한 자위노력을 막을 권리는 이 세상 어느 국가 에게도 없는 것이다.

따라서 눈앞에 다가온 가시적인 위협과 현실적인 국제환경에서 한국 해군이 보유하도록 강요당하다시피 된 잠수함은 우선 '강력한 재래식 대지 미사일을 장착한 핵추진 잠수함(SSCN)'이다. 그리고 그것을 해결할 수 있는 길은 '국가의 의지'에 달린 문제로 남게 되었다. 그런 '완전한 잠수함'만이 우리를 파괴하려는 상대에 대하여 우리의 자의대로 결정적 타격과 응징을 가할 수 있는 효과적인 수단이기 때문이다.

지금 시작해도 확보할 때까지는 10년 이상이 소요될 핵잠수함이다.

최근 들어 북한이 핵실험을 여섯 차례나 실시하고 잠수함 발사 미사일을 쏴대는 상황이 되자 대통령의 입에서도 우리도 핵잠수함 보유를 검토할 시기가 되었다고 언급할 정도에 이르렀다. 핵잠수함이라는 단어에서 '핵'자를 발음하기도 어려웠던 때를 생각하면 격세지감이 든다.

한국 해군이 핵잠수함을 가져야 한다는 당위성이 국내는 물론 국제적으로도 이처럼 무르익었을 때가 없었다. 시대적 상황이 가져다준 이 호기를 놓치면 천추의 한이 될 것이다.

시시각각 죄어오는 거대한 위협에 언제까지 명분 없어진 비핵화 선언에 매여 '불완전한 잠수함'으로 미래를 대비한다고 손 놓고 있을 것인가?

후기(後記)

　해사에 입학할 때나 임관하던 때 잠수함에 '잠' 자도 몰랐던 내가 어떻게 잠수함과 인연이 맺어져 한국 해군이 가져야 할 잠수함의 그림을 그리고 한국 해군의 첫 잠수함 초대 함장이 되고 잠수함 부대장직을 거치면서 잠수함 전력 구축에 역할을 할 수 있었던 여정은 나의 행운이었고 명예스런 해군 장교생활의 토대가 되었다. 처음 시작하는 일이 고난은 있었지만, 열정과 흥분을 선사 받는 명예스런 임무였다고 생각한다.

　전역 후에 세계를 돌아다니며 잠수함 수출 마케팅 활동을 하고 방산 역사상 처음으로 잠수함 3척 수출에 일조할 수 있었던 것도 생각지 못했던 잠수함이 만들어 준 특별한 경험이었다. 그동안 배우고 체험하고 극복했던 잠수함에 관한 모든 것이 나의 일생의 자산이 되어있었음을 느낀 시간이었다. '잠수함과 함께한 여정'의 열매였다는 생각이다.

　공직이란 어느 사람이 아니면 안 된다는 것은 없을 것이다. 누구든지 임무를 받으면 최선을 다해 임무를 완수해서 역사의 벽돌을 하나 올려놓는 것이 공직자의 덕목일 것이고 그 과정의 전말을 밝혀놓는 것은 다음을 위한 디딤돌이 될 수 있을 것이다. 그것은 그 과정에 가슴 앓았던 모든 오해와 아픔의 치유 방법이기도 할 것이다.

　잠수함은 평화 시에는 조용한 '존재의 위협'이지만 전쟁 시에는 적에게 선도적, 최종적 타격을 가할 수 있는 확실한 '전쟁 수단'이다. 우리는 조속히 '완전한 잠수함'인 핵 추진 잠수함을 확보해야 한다. 확실한 전쟁 수단을 갖고 있어야 평화를 유지할 수 있기 때문이다. 한국 해군 첫 핵잠수함의 초대 함장이 또다시 당시의 색깔을 담은 책을 쓸 수 있게 되길 바라는 것이 졸저를 접는 바람이다.

2017년 10월
해군 예비역 준장 안병구

한국 해군 1번 잠수함 초대 함장의 潛水艦 회고록

잠수함과 함께

초판 1쇄	2017년 10월 14일
지은이	안병구
발행인	황승훈
디자인	이슬기
교정·교열	김진섭
발행처	도서출판 다물아사달
등록번호	제2015-000025호
주소	서울특별시 중구 서소문로6길 34, 609호
전화	02-2281-5553
팩스	02-2281-3953
홈페이지	www.damulasadal.com
가격	18,000원
ISBN	979-11-955026-8-4 03810
CIP제어번호	CIP2017025200

이 도서의 국립중앙도서관 출판도서목록(CIP)은 서지정보유통지원시스템 홈페이지(http://seoji.nl.go.kr)와 국가자료공동목록시스템(http://www.nl.go.kr/kolisnet)에서 이용하실 수 있습니다.

ⓒ 안병구 2017, Printed in Korea.

- 이 책은 저작권법에 따라 보호받는 저작물이므로 무단전재와 무단복제를 금지하며, 이 책 내용의 전부 또는 일부를 이용하려면 반드시 저작권자와 도서출판 다물아사달의 서면 동의를 받아야 합니다.
- 파본이나 잘못된 책은 구입처에서 교환해 드립니다.